信息系统实证研究的
20种重要理论与应用
II

袁勤俭　杨雨娇　张一涵　著

机械工业出版社
CHINA MACHINE PRESS

本书沿袭了前作《信息系统实证研究的 20 种重要理论与应用》的研究范式，以近 30 年关于实证研究的国内外期刊论文和学位论文作为主要研究对象，对信息系统实证研究的重要理论进行了系统梳理，在此基础上，详细论述了这些理论的源流演进，归纳总结出理论的应用现状，从而挖掘出理论在实证研究方面的应用展望。本书的内容特色在于：①系统梳理信息系统实证研究的重要理论；②详细论述信息系统实证研究理论的源流演进；③全面总结信息系统实证研究理论的应用现状；④深入展望信息系统实证研究理论的潜在方向。本书的学术创新与价值在于：①本书在前作基础上继续系统梳理信息系统实证研究的重要理论，为信息系统实证研究的理论大厦添砖加瓦；②本书较前作更加言简意赅，有助于读者快速抓住理论核心。

　　本书适合管理信息系统、电子商务、管理学等学科的硕士生、博士生及从事相关领域实证研究的研究人员学习和参考。

图书在版编目（CIP）数据

信息系统实证研究的 20 种重要理论与应用. Ⅱ / 袁勤俭，杨雨娇，张一涵著 . —北京：机械工业出版社，2023.10
　　ISBN 978-7-111-74002-5

Ⅰ. ①信… 　Ⅱ. ①袁… ②杨… ③张… 　Ⅲ. ①信息系统 – 研究 　Ⅳ. ① G202

中国国家版本馆 CIP 数据核字（2023）第 189679 号

机械工业出版社（北京市百万庄大街 22 号　邮政编码 100037）
策划编辑：张有利　　　　　　　责任编辑：张有利
责任校对：丁梦卓　　王　延　责任印制：李　昂
河北鹏盛贤印刷有限公司印刷
2023 年 11 月第 1 版第 1 次印刷
185mm × 260mm · 15.75 印张 · 337 千字
标准书号：ISBN 978-7-111-74002-5
定价：79.00 元

电话服务　　　　　　　网络服务
客服电话：010-88361066　机 工 官 网：www.cmpbook.com
　　　　　010-88379833　机 工 官 博：weibo.com/cmp1952
　　　　　010-68326294　金 书 网：www.golden-book.com
封底无防伪标均为盗版　机工教育服务网：www.cmpedu.com

　　为实证研究寻找理论基础是研究的重大难点。为了解决信息系统实证研究寻找理论难的问题，也为了节约信息系统实证研究人员寻找理论所耗费的时间，在南京大学信息管理学院"亮点工程"的资助下，我们将研究团队的前期研究成果结集成《信息系统实证研究的20种重要理论与应用》一书，并于2020年12月由机械工业出版社出版。该书一经发行就广受信息管理与信息系统、电子商务等领域的师生、研究人员及相关从业人员的好评，在学界和业界产生了较大影响。在广大同人的支持和鼓励下，为了推进信息管理与信息系统的学科发展，也为了可以给信息系统实证研究人员提供更多的理论武器，研究团队决定继续深耕信息系统实证研究的理论。经过近三年的研究，我们又对20种理论的演化及其在信息系统实证领域的应用进行了系统性分析，在南京大学信息管理学院和机械工业出版社的支持下，我们在本书中分享了这些重要理论及其应用。

　　本书沿袭了前作《信息系统实证研究的20种重要理论与应用》的研究范式，以近30年关于实证研究的国内外期刊论文和学位论文作为主要研究对象，对信息系统实证研究的重要理论进行了系统梳理，在此基础上，详细论述了这些理论的源流演进，归纳总结出理论的应用现状，从而挖掘出理论在实证研究方面的应用展望。本书的内容特色在于：①系统梳理信息系统实证研究的重要理论。为了帮助研究人员解决"理论搜索难、获取不全面、信息不准确"的问题，本书不仅包括了社会交换理论、理性选择理论等应用较广、成果丰硕的研究理论，也将正念觉知理论、技术支配理论等研究较少、处于前沿的理论纳入其中；不仅包括了信息觅食理论、信息生态理论等信息管理与信息系统研究的常用理论，还包括了认知失调理论、协同演化理论等跨领域、跨学科的理论。②详细论述信息系统实证研究理论的源流演进。为帮助科研人员更好地选择适合研究主题的理论，进而对理论的发展趋势有所洞见，本书详细论述了理论的起源与发展。以书中对技术接受与使用统一理论（UTAUT）的研究为例，UTAUT 是在理性行为理论、计划行为理论、技术接受模型等 8 个理论模型的基础上提出的，在发展过程中虽然衍生出消费者情境的 UTAUT 2 模型，但努力期望、社会影响等因素的作用仍存在争议，这也是后续研究可以重点关注的方向。③全面总结信息系统实证研究理论的应用现状。了解理论的应用现状，有助于学者避免重复选题，更好地把握学术动态，甚至突破现有的研究窠臼。本书基于研究问题、研究对象、研究方法等维度对相关实证研究进行归纳梳理，从而全面总结出这些理论的应用现状。以书中对认知负荷理论（CLT）的研究为例，CLT 的应用研究多局限于用户的信息检索行为，对数据处理、业务管理等其他信息系统使用情境的关注则相对较少，且认知负荷水平的测量精度也有待细化，这些正是目前的应用研究有待改善的方面。④深入展望信息系统实证研究理论的潜在方向。研究展望可为已发展成熟的理论提供反思契机从而另辟蹊径地拓展新的应用方向，也可为引入不久的新兴理论提供更广阔的想象空间从而丰富理论的应用现状。本书在理论梳理、论述、总结的基础上，结合理论的发展和应用情况对每一种理论都提出了深入的研究展望。以书中对行动者网络理论（ANT）的研究为例，ANT 在中国情境下的理论应用和发展仍有待深化，未来不仅可以在区块链技术、人工智能和机器学习领域进一步丰富应用情境，更需要依据中国国情充分发挥 ANT 对我国社会技术活动的解释能力。

本书的学术创新与价值在于：①本书在前作基础上继续系统梳理信息系统实证研究的重要理论，为信息系统实证研究的理论大厦添砖加瓦。鉴于信息系统领域的相关理论浩如烟海，寻找合适的理论基础应用于实证研究，不仅有难度而且耗时多。虽无法穷尽全部理论，但只要是与信息系统研究相关的重要理论，无论研究成果的多寡、理论出现的早晚、涉及领域的广狭，本书均尽力网罗，旨在通过对信息系统研究领域相关理论的系统梳理，为科研人员的研究之路提供指引。②本书较前作更加言简意赅，有助于读者快速抓住理论核心。一方面，理论的形成并非一蹴而就，往往会经历观点的发展和模型的演化，若要全面且准确把握理论的基本内容，可能要花费相当多的精力，本书基于对理论起源与发展的深入理解，在每个理论的开篇用一句话简明扼要地阐述理论的核心思想，有助于读者迅速理解理论的内涵；另一方面，在信息系统研究中应用不同理论解决的研究问题类型不尽相同，各个理论有不同的侧重和交叉，如有一些理论侧重于解决用户行为相关问题，也有一些理论更适用于社会网络分析研究，本书以信息系统领域具体研究问题为导向清晰展现了理论的应用情况，科研人员可结合自身的研究兴趣进行挖掘，实现理论研究或应用研究的创新。

本书由袁勤俭拟定大纲，共分为20章。第1章由邓锦峰、吴建华、袁勤俭著；第2章由杨雨娇、袁勤俭著；第3章由李思瑜、袁勤俭著；第4章由杨雨娇、颜祥林、袁勤俭著；第5章由赵思栋、岳泉、雷晶、袁勤俭著；第6章和第16章由王瑞、袁勤俭著；第7章由谭旸、袁勤俭著；第8章由刘琪琪、黄奇、袁勤俭著；第9章由雷晶、刘影、袁勤俭著；第10章由徐娟、黄奇、袁勤俭著；第11章由虞佳玲、王瑞、袁勤俭著；第12章由吴川徽、黄仕靖、袁勤俭著；第13章由张一涵、袁勤俭、沈洪洲著；第14章由袁人杰、袁勤俭著；第15章由周宇生、袁勤俭著；第17章由刘子萌、袁勤俭著；第18章由肖雨、袁勤俭著；第19章由杨聪聪、岳泉、袁勤俭著；第20章由杨欣悦、袁勤俭著。最后，由袁勤俭、杨雨娇、张一涵负责统稿和定稿。

本书的出版得到了南京大学信息管理学院的资助，特此感谢！本书的20章内容是由正式发表在《情报理论与实践》《现代情报》《信息资源管理学报》等CSSCI期刊上的论文修改而成的，请允许我们在此向王忠军、马卓、于媛等主编和编辑老师及匿名审稿专家致以衷心的感谢！我们也要感谢在本书的出版过程中，机械工业出版社给予的支持和帮助。在撰写本书的过程中，我们参阅了大量的国内外优秀成果，请允许我们在此向其作者敬表谢意！此外，作为本书的第一责任人，请允许本人在此向所有参与本书撰写的各位同事和同学表示诚挚的感谢！

需要指出的是，虽然在完成本书的过程中，我们竭尽所能追求完美，但若有不妥和疏漏之处，敬请各位专家和广大读者批评指正（yuanqj@nju.edu.cn），以便再版时更正，提高本书的质量。

袁勤俭

2023年11月于南京大学

| 目 录 |

第1章

信息觅食理论的演化及其在信息系统研究领域的应用与展望

　　为了更好地解释信息搜寻行为，受行为生态学领域的最优觅食理论启发，Pirolli 等人于 1995 年首次提出了信息觅食理论（information foraging theory，IFT）。其核心思想是：为了提升信息搜寻的效率，个体会根据其信息需求，在成本许可的情况下，尽可能地优化信息搜寻的方法和策略[一]。

　　自信息觅食理论提出以来，涌现出了不少有价值的研究成果。为了揭示信息觅食理论的基本原理及应用现状，Mantovani 从认知角度对信息觅食理论的优点及局限性进行了分析，认为信息觅食理论虽将信息环境引入传统认知模型，但忽略了其社会文化维度，因而虽有助于浏览器的原则性设计，但未必能作为合适的人类认知模型[二]；杨阳等人则梳理了信息觅食理论的理论背景和基础概念，并重点阐述了信息觅食理论的基本模型[三]；更进一步地，考虑到信息觅食理论在设计中的实用价值，Fleming 等人总结了在软件工程领域研究中基于信息觅食理论的调试工具、重构工具及重用工具的设计，并对信息觅食理论在该领

一　PIROLLI P, CARD S K. Information foraging in information access environments[C]// CHI '95: Proceedings of the SIGCHI Conference on Human Factors in Computing Systems. New York: ACM Press/Addison-Wesley Publishing Co., 1995: 51-58.

二　MANTOVANI G. The psychological construction of the Internet: from information foraging to social gathering to cultural mediation[J]. Cyberpsychology & behavior, 2001, 4(1): 47-56.

三　杨阳，张新民. 信息觅食理论的研究进展 [J]. 现代图书情报技术，2009, (1): 73-79.

域的适用性和实用性进行了深入分析，指出信息觅食理论未来的研究方向⊖。

随着信息觅食理论的不断发展，其在信息行为方面的应用越来越受到学界的关注，并积累了不少研究成果。然而，由前述可知，虽然已有文献对信息觅食理论进行了评述，但是多为信息觅食理论基本原理的阐述，较少涉及该理论的应用现状；此外，前述的综述文献发表较早，最新的文献也只发表于 2013 年，并未反映该理论的最新研究成果。因此，为了有助于学界全面了解信息觅食理论的应用进展，本章拟在对信息觅食理论进行简要介绍之后，对信息觅食理论的演化及其在信息系统研究领域的应用现状进行评述，指出现有研究存在的问题，提出值得拓展的潜在研究方向。

1.1 信息觅食理论的起源与发展

信息觅食理论源自人机交互领域有关智能信息访问的研究，Pirolli 在研究中发现，研究参与者面临的问题并不仅仅是收集更多的信息，而是如何优化信息策略以减少信息搜寻的时间，从而获得单位成本的最大收益⊖。为了寻求这类问题的解决方案，Pirolli 对行为生态学领域的相关文献进行了深入分析，发现最优觅食理论的要素有助于解释人类对获取和理解信息的适应能力⊜，并进一步结合理性分析的方法，以"觅食"一词来代表个体进行信息搜寻的过程，在此基础上形成了信息觅食理论。信息觅食理论的演化大体上可以划分为基础模型、认知模型和行为预测模型三个阶段。

1.1.1 信息觅食理论的基础模型

为了达到特定目标，信息觅食者会做出一系列的信息行为，即在信息斑块内部或之间使用个人信息菜单寻找必要的信息。在这一基础上，Pirolli 等人引入了 Stephens 等人提出的两个模型：斑块模型和菜单模型®，作为信息觅食理论的基础模型，用以分析不同的信息搜寻策略。

1. 斑块模型

斑块模型阐述了觅食者在资源不平均分布的环境中的决策问题，假设自然环境中的食物资源是呈斑块状分布的。而信息觅食理论实现了从动物觅食到信息觅食的跨越，将个体在信息觅食过程中遇到的相关信息也看作是呈斑块状分布的，即信息环境中的觅食者同

⊖ FLEMING S D, SCAFFIDI C, PIORKOWSKI D, et al. An information foraging theory perspective on tools for debugging, refactoring, and reuse tasks[J]. ACM transactions on software engineering and methodology, 2013, 22(2): 1-36.

⊖ PIROLLI P. Information foraging theory: adaptive interaction with information[M]. New York: Oxford University Press, 2007.

⊜ MACARTHUR R H, PIANKA E R. On optimal use of a patchy environment[J]. The American naturalist, 1966, 100(916): 603-609.

® STEPHENS D W, KREBS J R. Foraging theory[M]. Princeton: Princeton University Press, 1987.

样会面临着资源的不平均分布及如何觅食资源的问题（见图 1-1）。

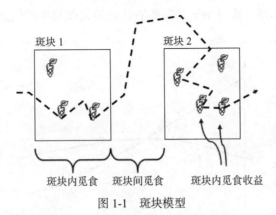

图 1-1　斑块模型

资料来源：PIROLLI P. Information foraging theory: adaptive interaction with information[M]. New York: Oxford University Press, 2007.

在斑块模型的基础上，Pirolli 假设信息觅食活动中觅食者的累积收益为 G，并结合在斑块间移动的时间及在斑块内觅食的时间，提出了觅食行为累积收益图（见图 1-2），其中，横坐标代表觅食进行的时间，纵坐标代表觅食活动的累积收益，因此，觅食活动的平均收益率 R 就表示为累积收益 G 与觅食活动所花费的总时间 T_B+T_W 之间的比值：

$$R = \frac{G}{T_B + T_W}$$

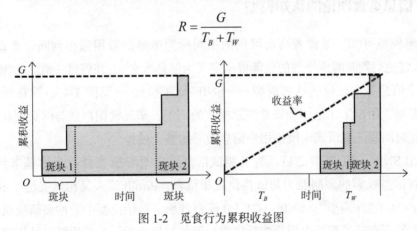

图 1-2　觅食行为累积收益图

资料来源：PIROLLI P. Information foraging theory: adaptive interaction with information[M]. New York: Oxford University Press, 2007.

2. 菜单模型

除了要考量在不同的信息斑块中觅食的时间，个体在信息觅食时还需要考虑应该选择什么样的食物，或者抛弃何种类型的食物。传统的菜单模型有助于解释觅食者在不同的斑块中应该觅食哪些猎物的问题，因此，在传统菜单模型的基础上，Pirolli 等人进一步提出了一种最优菜单选择模型[⊖]，用以帮助用户制定更为合理的觅食策略。在最优菜单选择

⊖　PIROLLI P, CARD S K. Information foraging in information access environments[C]// CHI '95: Proceedings of the SIGCHI Conference on Human Factors in Computing Systems. New York: ACM Press/Addison-Wesley Publishing Co., 1995: 51-58.

模型中，觅食者可以根据信息平均收益率和信息分布情况判断菜单内是否应该包含该类信息，这种最优菜单的选择方法可用于判断能够达到最大收益率的信息子集。一个最优菜单选择过程如图 1-3 所示。

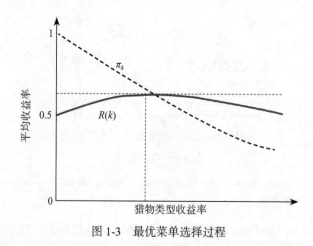

图 1-3　最优菜单选择过程

资料来源：PIROLLI P. Information foraging theory: adaptive interaction with information[M]. New York: Oxford University Press, 2007.

1.1.2　信息觅食理论的认知模型

由菜单模型可知，觅食者会对可用的不同行为策略的效用做出判断。在此基础上，Pirolli 等人将他们判断时所处理的局部提示定义为信息线索[一]，并将这一概念考虑进来，进一步构建了信息觅食理论的认知模型——SNIF-ACT 模型[二]（见图 1-4），旨在通过描述链接、页面布局、用户工作记忆和视觉注意模式的词汇，来反映用户在与网页交互时的链接选择及交互时间和注视模式，模拟用户信息搜寻的整个过程[三]。

在提出 SNIF-ACT 模型之后，为了测试信息线索对导航选择行为的基本预测能力，并进一步将信息线索的预测能力与链接位置相结合，Pirolli 等人又相继提出了 SNIF-ACT 1.0 和 SNIF-ACT 2.0 模型[四]。SNIF-ACT 1.0 模型继承了初始模型中的冲突解决机制，假设一个页面上的所有链接都是由用户按顺序进行评估并处理的，并使用随机效用模型对某一链接被选中和执行的概率进行计算，结合激活扩散理论来评估信息线索的效用[五]。与 SNIF-ACT 1.0 不同，SNIF-ACT 2.0 模型实现了一种基于经验的机制，进一步将信息线索和链接

⊖　PIROLLI P, CARD S K. Information foraging[J]. Psychological review, 1999,106(4): 643-675.

⊖　PIROLLI P, FU W, REEDER R, et al. A user-tracing architecture for modeling interaction with the World Wide Web[C]//AVI '02: Proceedings of the Working Conference on Advanced Visual Interfaces. New York: Association for Computing Machinery, 2002: 75-83.

⊜　PIROLLI P, FU W. SNIF-ACT: a model of information foraging on the World Wide Web[C]// Proceedings of UM 2003: User Modeling 2003. Berlin/ Heidelberg: Springer, 2003: 45-54.

⊛　FU W, PIROLLI P. SNIF-ACT: A cognitive model of user navigation on the World Wide Web[J]. Human-Computer interaction, 2007, 22(4): 355-412.

⑤　柯青，王秀峰. Web 导航模型综述：信息觅食理论视角 [J]. 现代图书情报技术，2014,30(2): 36.

位置融入模型中, 并结合贝叶斯机制进行 Web 链接的评估, 使得该模型能够动态地建立一个期望水平, 即按顺序处理网页上每个链接目标信息被找到的可能性, 从而帮助用户选择最好的链接, 而不用耗尽整个网页上的所有链接。

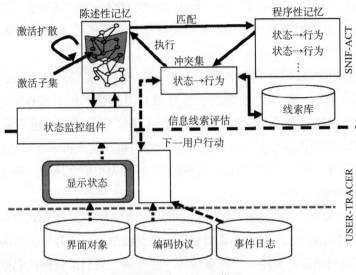

图 1-4 SNIF-ACT 模型

资料来源: 柯青, 王秀峰. Web 导航模型综述: 信息觅食理论视角 [J]. 现代图书情报技术, 2014, 30(2): 35.

整体而言, SNIF-ACT 模型为不同用户在各种任务中的个人 – 信息交互行为提供了极好的契合, 但 Fu 等人指出, 链接的顺序处理假设在某些类型的网页中可能并不适用, 且专家用户也可能无法使用当前的模型来满足目标需求[⊖]。因此, 未来 SNIF-ACT 模型在不同类型的网页或专业领域的应用还有待学者对其做进一步扩展。

1.1.3 反应式信息觅食理论的行为预测模型

作为一个功能完备的认知模型, SNIF-ACT 模型多用于描述基于 Web 的导航行为, 且必须针对所研究的每个信息搜寻语境进行定制, 因而很难将其应用于新的领域。因此, 为了探究基于 Web 导航行为的信息觅食理论能否用于预测开发人员浏览源代码的导航行为, Lawrance 等人提出了 PFIS(programmer flow by information scent)模型[⊖]。

PFIS 模型建立在 WUFIS(web user flow by information scent)算法的基础上[⊜], 并对

⊖ FU W, PIROLLI P. SNIF-ACT: a cognitive model of user navigation on the World Wide Web[J]. Human-Computer interaction, 2007, 22(4): 355-412.

⊖ LAWRANCE J, BELLAMY R, BURNETT M M, et al. Using information scent to model the dynamic foraging behavior of programmers in maintenance tasks[C]// CHI '08: Proceedings of the SIGCHI Conference on Human Factors in Computing Systems. New York: Association for Computing Machinery, 2008: 1323-1331.

⊜ CHI E H, PIROLLI P, CHEN K, et al. Using information scent to model user information needs and actions on the web[C]// CHI '01: Proceedings of the SIGCHI Conference on Human Factors in Computing Systems. New York: Association for Computing Machinery, 2001: 491-496.

WUFIS 中使用的 Web 路径跟踪方法进行了扩展，将信息检索技术与扩散激活机制相结合，旨在计算在给定具体需求的情况下，开发人员从源代码中的一个类或方法到另一个类或方法的特定"链接"的概率。然而，Lawrance 等人指出，尽管 PFIS 模型对导航行为良好的预测效果通过实证研究得到了证实，但由于该模型假设源代码不变，且需要预先描述信息觅食的目标才能做出预测，在开发人员的目标及源代码发生变化的研究中，PFIS 模型可能未必适合对用户的行为建模[⊖]。

因此，考虑到开发人员在其任务中通常会发生的目标演变，Lawrance 等人提出了一种反应式信息觅食理论，并将 PFIS 模型扩展为 PFIS-Ⅱ 模型，用于预测开发人员的动态导航行为。与 SNIF-ACT 模型不同，PFIS-Ⅱ 模型既不需要认知建模，也不需要估计语义相关性。相反，PFIS-Ⅱ 将信息空间视为源代码拓扑结构和开发人员所获线索这两者的结合，即使没有明确的觅食目标，只须使用用户公开的导航行为和信息环境，就能够成功预测开发人员日常活动中的导航行为。

为了探究多因素模型能否提升预测导航行为的准确性，Piorkowski 等人将 PFIS-Ⅱ 模型进一步细化为 PFIS-Ⅲ 模型[⊖]。PFIS-Ⅲ 模型使用数据模型来预测开发人员的斑块间导航行为，根据开发人员的当前位置用初始权重激活一些斑块，然后结合源代码提示、开发人员的导航历史及信息空间的拓扑结构将此激活扩展到其他斑块，并根据结果权重对斑块排序，最后返回排名最低的斑块作为其预测结果。与单因素模型相比，PFIS-Ⅲ 模型的这一扩散激活机制有助于在一定程度上提升预测的准确性。在 PFIS-Ⅲ 模型的基础上，为了进一步探究在可变信息空间中开发人员的导航行为，Ragavan 等人提出了 PFIS-V 模型，旨在用数据模型来表示多个信息空间的变体，对开发人员在可变信息空间中的心理模型和觅食行为做出不同假设。研究结果表明，PFIS-V 的预测准确率要比 PFIS-Ⅲ 高出 25% 左右[⊜]。

由此可见，随着信息觅食理论的不断发展，在未来的研究中可能会建立更为精确的模型以预测信息觅食行为，并进一步验证将反应式信息觅食理论应用于其他类型的信息行为的可能性。此外，虽然已有学者将 PFIS-Ⅲ 模型用于解决推荐工具中的结构不良问题[⊛]，但其研究中包含的线索类型有限，因此，如何将 PFIS 模型的准确性发展为有效的工具也是未来值得关注的研究方向。

⊖ LAWRANCE J, BURNETT M M, BELLAMY R, et al. Reactive information foraging for evolving goals[C]// CHI '10: Proceedings of the SIGCHI Conference on Human Factors in Computing Systems. New York: Association for Computing Machinery, 2010: 25-33.

⊖ PIORKOWSKI D, FLEMING S D, SCAFFIDI C, et al. Modeling programmer navigation: a head-to-head empirical evaluation of predictive models[C]// Proceedings of 2011 IEEE Symposium on Visual Languages and Human-Centric Computing (VL/HCC). Pittsburgh: IEEE, 2011: 109-116.

⊜ RAGAVAN S S, PANDYA B, PIORKOWSKI D, et al. PFIS-V: modeling foraging behavior in the presence of variants[C]// CHI '17: Proceedings of the 2017 CHI Conference on Human Factors in Computing Systems. New York: Association for Computing Machinery, 2017: 6232-6237.

⊛ PIORKOWSKI D, FLEMING S D, SCAFFIDI C, et al. Reactive information foraging: an empirical investigation of theory-based recommender systems for programmers[C]// CHI '12: Proceedings of the SIGCHI Conference on Human Factors in Computing Systems. New York: Association for Computing Machinery, 2012: 1479.

1.2　信息觅食理论在信息系统研究领域的应用进展

1.2.1　信息觅食理论在信息搜寻行为的影响因素研究中的应用

信息搜寻是指查询、评估和处理相关信息源的行为活动。人们进行信息搜寻，是为了缓解问题空间的不确定性状态，从而制定合理的行为决策。目前已有一些学者使用信息觅食理论，分别从信息环境、用户认知及信息线索等角度对信息搜寻行为进行了深入探讨。

1. 在信息环境对信息搜寻行为的影响研究中的应用

用户进行信息搜寻行为的信息环境是不断变化的，信息的多元化也使得日益复杂的信息环境中充斥着大量不确定性信息。为了了解信息环境如何参与信息搜寻的整个过程，Ko 等人基于信息觅食理论提出了一种新的程序理解模型，将程序理解描述为一个搜索、关联和收集相关信息的过程，并通过对开发人员程序理解过程的分析，发现他们是通过信息环境中的各种提示来形成对信息相关性的感知的，如果信息环境能够给出明确的提示，就能够帮助开发人员以更有效的方式来寻找并收集信息[⊖]。Maxwell 等人则结合斑块模型来探究交互式信息检索环境中的结果多样化对信息搜寻行为的影响，研究发现与非多样化系统相比，多样化系统可以提供更大的主题覆盖范围，使用户在减少浏览文档数量的同时可以发出更多的查询请求，从而减少搜索结果中的潜在偏差[⊜]。

随着信息技术的发展，信息安全的威胁也日益凸显，为了探究信息环境的风险属性与相关信息的搜寻是否存在关联，Wang 等人从查询词条数、信息类型及结果页面浏览量三个方面来反映用户搜寻策略的变化，发现未知风险的威胁不易理解且难以观察，因而用户更倾向于关注其风险评估信息而不是应对措施，而恐惧性威胁则促使搜索者使用更多的搜索词，并浏览更多的结果页面来查询应对信息[⊜]。

此外，信息觅食理论的核心问题就在于如何寻求单位成本的信息收益最大化。在这一基础上，Taylor 等人假设页面的时间延迟会增加用户返回页面的成本，并通过研究发现，延迟一旦增加到一个临界值，就会触发用户对情境常态的感知变化，从而会通过检查更少的页面来减少搜索的广度[⊜]。而 Flavián 等人通过对信息搜寻过程中用户的行为和情绪反应的研究，同样也发现了信息环境中与时间维度相关的因素会很大程度地影响用户的情绪状

⊖　KO A J, MYERS B A, COBLENZ M J, et al. An exploratory study of how developers seek, relate, and collect relevant information during software maintenance tasks[J]. IEEE transactions on software engineering, 2006, 30(12): 972-981.

⊜　MAXWELL D, AZZOPARDI L, MOSHFEGHI Y. The impact of result diversification on search behaviour and performance[J]. Information retrieval journal, 2019, 22(1): 425-442.

⊜　WANG J, XIAO N, RAO H R. Research note: an exploration of risk characteristics of information security threats and related public information search behavior[J]. Information systems research, 2015, 26(3): 629-631.

⊜　TAYLOR N J, DENNIS A R, CUMMINGS J W. Situation normality and the shape of search: the effects of time delays and information presentation on search behavior[J]. Journal of the American society for information science and technology, 2013, 64(5): 912-921.

态，特别是时间压力会导致用户在搜索过程中难以集中注意力，从而加快其信息搜寻进程，只能获得较为肤浅的搜寻结果○。

2. 在用户认知对信息搜寻行为的影响研究中的应用

用户认知是互联网用户在进行信息搜寻的过程中所产生的一系列心理活动。心理学领域的研究表明，个人认知会对信息行为产生一定程度的影响○。根据这一观点，一些学者开始使用信息觅食理论来探究用户认知和信息搜寻行为之间的相关关系。

为了了解认知差异对信息搜寻行为的影响，Muntinga 等人以医务工作者为对象来探究以获取医疗信息为目的的搜寻行为，对参与者的眼动数据进行定性分析，发现不同年龄段的人在使用搜索策略上存在偏差，年长用户大多采用"非基于 URL 的策略"，而年轻用户则采用"基于 URL 的独占策略"，并且年轻用户会从更客观的角度对所获信息进行评估○。Chin 等人在其研究中同样发现了与年龄相关的认知差异，即在同等的信息获取环境下，由于年龄增长导致的认知老化，老年人在信息搜寻过程中的探索性较低，且对信息获取效率的感知也不高，因此会采取与年轻人不同的信息搜寻策略来获取所需信息，根据不同的任务情境调整他们对局部线索的使用○。此外，Piorkowski 等人讨论了生产偏差的压力是否会使开发人员采取不同的信息搜寻策略，结果表明，通过学习获取信息的开发人员更倾向于构建层次化、明确的信息结构，而进行修复工作的人员则相反○。

此外，也有学者采用整合认知的方法来更全面地对信息搜寻行为进行研究。付文姝结合用户认知的多个方面，包括需求动机、知识结构、信息技能等，发现与认知总体水平较低的用户相比，认知水平越高的用户越能快速地选择合适的信息策略，即使遇到阻碍也能以更高的效率完成信息的获取○。

3. 在信息线索对信息搜寻行为的影响研究中的应用

用户在搜寻信息的过程中，是先利用有效的辅助工具推断出相关的信息线索，再根据这些线索在目标页面上获取其所需信息的。因此，也有一部分学者将信息线索的影响考虑

○ FLAVIÁN C, GURREA R, ORÚS C. An integrative perspective of online foraging behavior with search engines[J]. Psychology & marketing, 2012, 29(11): 841-846.

○ FORD N, WILSON T D, FOSTER A, et al. Information seeking and mediated searching. Part 4: cognitive styles in information seeking[J]. Journal of the American society for information science and technology, 2002, 53(9): 728-734.

○ MUNTINGA T, TAYLOR G. Information-seeking strategies in medicine queries: a clinical eye-tracking study with gaze-cued retrospective think-aloud protocol[J]. International journal of human-computer interaction, 2017, 34(48): 508-515.

○ CHIN J, PAYNE B R, FU W, et al. Information foraging across the life span: search and switch in unknown patches[J]. Topics in cognitive science, 2015, 7(3): 446-448.

○ PIORKOWSKI D, FLEMING S D, SCAFFIDI C, et al. To fix or to learn? How production bias affects developers' information foraging during debugging[C]// Proceedings of 2015 IEEE International Conference on Software Maintenance and Evolution (ICSME). NW Washington, DC: IEEE, 2015: 12-18.

○ 付文姝. 基于信息觅食理论的高校图书馆用户信息获取行为研究 [D]. 哈尔滨：黑龙江大学，2015: 24-37.

进来，对用户的信息搜寻行为进行了大量的讨论。Moody 等人通过研究证明，更丰富的信息线索为相关的、准确的信息的存在提供了更大的可能性，从而可以帮助用户节省搜寻时间；而缺乏信息线索则会降低快速或准确定位所需信息的可能性[⊖]。袁红等人则提出了信息线索的关联性，发现相互关联的信息线索有助于促进信息搜寻行为的不断拓展[⊜]。谢珍的研究也表明，在信息搜寻的过程中，擅长发现并利用信息线索的人，能更快搜寻到所需信息[⊜]。

信息的呈现可能会提供的大量有用的信息线索，帮助用户实现有效的内容浏览。Adipat 等人的研究结果表明，基于树状图来表示内容适配可以显著减少信息搜索的时间，同时提高信息搜索的准确性，并且额外特征的呈现能够进一步提高用户的信息感知能力[⊕]。而信息线索的感知能力也是信息搜寻行为的重要影响因素，在这一基础上，王媛媛等人使用斑块内信息搜寻模型来模拟用户的信息搜寻全过程，发现信息线索不仅会影响信息斑块内的信息搜寻行为，还能够决定用户对不同信息斑块的选择[⊕]。此外，Cress 等人则在信息觅食理论的基础上结合扩散激活理论，进一步提出了扩散的信息线索模型，用远端线索（感兴趣的话题）和近端线索（标签）来分别代表个体知识结构和集体知识结构，发现用户在信息搜寻时会根据远端线索进行导航路径的选择，而关联程度更高的近端线索和远端线索则会为用户提供更优的导航路径[⊗]。

然而，信息在网页上的呈现并非总是有序的，复杂网页中分布的多个信息斑块可能会对用户的注意力分配产生影响。Lee 等人认为用户可以依据信息线索对网页中信息斑块的可信度进行评估，并通过实验分析参与人员的眼动追踪数据，发现高强度的信息线索，例如整齐的布局或高质量的图片，会增强用户对信息斑块的可信度的感知，从而获取用户更高的关注度[⊕]。Blackmon 则假设目标信息斑块的语义相似度是决定注意力分配的一个重要因素，但通过实验得到了不同的结果，即网页设计这一信息线索对于注意力几乎没有影响[⊗]。

由此可见，无论是基于信息搜寻行为的动机、过程还是结果，信息觅食理论都能够作为研究信息搜寻行为的有用视角，用于检验各种搜寻行为及对行为产生影响的多种因素。然而现有研究还存在一些问题：①从数据收集方式来看，研究大多使用招募参与者的

⊖　MOODY G D, GALLETTA D F. Lost in cyberspace: the impact of information scent and time constraints on stress, performance, and attitudes online[J]. Journal of management information systems, 2015, 32(1): 198-213.

⊜　袁红，杨婧. 信息觅食视角的学术信息探索式搜索行为特征研究 [J]. 情报科学，2019, 37(5): 61-65.

⊜　谢珍. 基于信息觅食理论的大学生信息搜寻行为实证研究 [J]. 情报理论与实践，2016, 39(11): 75-76.

⊕　ADIPAT B, ZHANG D, ZHOU L. The effects of tree-view based presentation adaptation on mobile web browsing[J]. MIS quarterly, 2011, 35(1): 114-116.

⊕　王媛媛，刘丽. 基于信息觅食理论的信息搜寻行为模式构建 [J]. 情报理论与实践，2015, 38(10): 39-41.

⊗　CRESS U, HELD C, KIMMERLE J. The collective knowledge of social tags: direct and indirect influences on navigation, learning, and information processing[J]. Computers & education, 2013, 60(1): 62-72.

⊕　LEE H, PANG N. Information scent-credibility and gaze interactions: an eye-tracking analysis in information behavior[J]. Information research, 2017, 22(1): 20-23.

⊗　BLACKMON M H. Information scent determines attention allocation and link selection among multiple information patches on a webpage[J]. Behaviour & information technology, 2012, 31(1): 5-14.

方式来获取实验数据，其数据客观性难以保证；②现有研究多为基于横截面数据的研究，缺少基于时间变化的动态分析，未能考虑到用户对于系统的熟悉程度对其信息搜寻行为的影响；③上述有关信息线索对个体注意力分配的影响研究，并未得出一致的结论，这可能与研究情境、实验方法等因素有关，未来可继续对这一问题进行深入探究，探讨产生分歧的原因。

1.2.2　信息觅食理论在信息系统设计和优化研究中的应用

信息觅食理论有助于揭示在信息搜寻过程中对信息行为及策略产生影响的多种因素，而信息系统的设计和优化则需要将这些关键因素考虑进来。因此，研究学者常利用信息觅食理论来挖掘有效的工具，并将其运用于信息系统的设计和优化研究中。

一些学者分析了将信息觅食理论应用于导航系统设计和优化工作中的可行性。导航系统作为影响用户体验和满意度的主要因素，支持用户通过浏览和路径选择来定位目标信息，Fang 等人在此基础上结合 Web 内容、结构及访问数据，基于信息觅食理论生成一种基于 Web 挖掘的方法，将网站的导航结构建模为距离矩阵以区分内容和索引页，若将该矩阵与访问模式相结合，便可使用查找信息的可能性、效率和难易程度三个指标来衡量网站的可导航性，帮助开发人员持续地对网站的可导航性进行监控和评估，并快速预测对可导航性产生影响的不良设计，以便更好地进行系统优化[一]。Lawrance 等人也通过实验发现，开发人员在调试工作中的导航行为与信息觅食理论的假设是一致的，并且与其他模型相比，基于信息觅食理论构造的 PFIS 模型能够更准确地预测开发人员的导航行为，从而证明了将信息觅食理论应用于交互式软件调试工具的设计的可执行性[二]。

一些学者则尤为关注信息线索对于导航系统的价值。Willett 等人提出用户界面可以通过中小型组件的使用来改善导航系统的线索提示，在此基础上构建了一个基于 Java 的软件框架，生成一种嵌入式可视化工具，结合数据源信息，开发人员无须编写新的代码就可以使用这一工具直接在用户界面插入小型线索部件，从而通过向现有组件添加视觉线索的方式进行界面优化[三]。徐芳等人则将信息线索作为主要组成部分，结合信息觅食理论和格式塔五原则，构建出学科导航网站信息优化模型，旨在实现文字型、图像型、音频型及视频型等不同类型的信息线索优化，帮助用户更准确地获取所需信息资源，提高学科导航网站性能[四]。

此外，信息觅食理论也为系统设计和优化工作提供了需求分析方面的新思路。Chi 等

○　FANG X, HU P J H, CHAU M, et al. A data-driven approach to measure web site navigability[J]. Journal of management information systems, 2012, 29(2): 178-205.

◎　LAWRANCE J, BOGART C, BURNETT M, et al. How programmers debug, revisited: an information foraging theory perspective[J]. IEEE transactions on software engineering, 2013, 39(2): 201-210.

⊜　WILLETT W, HEER J, AGRAWALA M. Scented widgets: improving navigation cues with embedded visualizations[J]. IEEE transactions on visualization and computer graphics, 2007, 13(6): 1130-1136.

⊗　徐芳，孙建军. 信息觅食理论与学科导航网站性能优化 [J]. 情报资料工作，2015, 36(2): 48-50.

人假设用户的 Web 浏览模式是由信息需求引导的，因而利用信息觅食理论来研究用户的导航行为，一方面，研究使用 WUFIS 算法在给定信息需求的条件下对用户导航行为进行建模，并发现生成的预测使用日志可以用于模拟用户导航路径并推断网站的可用性；另一方面，研究还提出了一种 IUNIS 算法，根据用户的遍历路径来推断用户的信息需求，从而进行 Web 环境的个性化设置，帮助开发人员能够及时对网站内容或设计进行动态调整以更好地适应用户的信息需求⊖。McCart 等人则基于有关斑块模型的假设，重点探究小型企业网站如何满足用户的信息需求，并提出了一种自动斑块和轨迹发现技术，根据点击流数据来量化小型企业网站中用户访问行为，使网站流量模式能够通过不同的斑块及轨迹来了解并区分"目标"和"非目标"的访问者行为⊜。此外，不同的信息需求会使得用户采取不同的行为或策略，Jin 等人发现用户在搜索引擎进行检索时，除了相关性判断之外还存在着进一步的信息过滤和筛选，因而为了帮助用户进行有效的信息搜寻，基于信息觅食理论开发出一种可执行工具，用于识别网页中的信息积累和信息量，在这一工具的支持下，用户搜寻信息的过程中访问页面的数量有所减少，信息获取效率也得到了有效提升⊝。

由以上分析可知，由于信息觅食理论对行为良好的预测力和解释力，其在基于行为的信息系统设计和优化研究中积累了丰富的应用成果。然而，现有研究还存在几项问题：①研究的进行是在少部分人参与的实验室实验的背景下，其外部有效性未能得到验证，未来可以更多地使用真实系统中的用户行为数据，以提升实验结果的外部有效性；②研究的设计思路大多依赖用户点击流数据及浏览轨迹，并通过模拟用户的信息行为对信息系统进行设计和优化，未来的研究可以考虑结合不同用户特征及信息环境，进一步完善信息觅食理论的模型和框架，为信息系统的设计和优化提供帮助。

1.2.3　信息觅食理论在信息搜寻效率评估研究中的应用

人们在进行信息搜寻的过程中不断优化其行为策略，是为了提升信息搜寻效率。应用信息觅食理论对信息搜寻效率进行评估，有助于发现信息搜寻过程中存在的问题，优化信息搜寻的时间，因此，在信息搜寻效率评估的相关研究中，信息觅食理论得到了广泛应用。

信息搜寻效率往往是由成本和收益共同决定的。Azzopardi 等人基于信息觅食理论提出了一个用户停止模型，用来获取用户在页面中所花费的时间，并通过评估页面中的元素

⊖　CHI E H, PIROLLI P, CHEN K, et al. Using information scent to model user information needs and actions on the web[C]// CHI '01: Proceedings of the SIGCHI Conference on Human Factors in Computing Systems. New York: Association for Computing Machinery, 2001: 491-496.

⊜　MCCART J A, PADMANABHAN B, BERNDT D J. Goal attainment on long tail web sites: an information foraging approach[J]. Decision support systems, 2013, 55(1): 238-244.

⊝　JIN X Y, NIU N, WAGNER M. Facilitating end-user developers by estimating time cost of foraging a webpage[C]// Proceedings of 2017 IEEE Symposium on Visual Languages and Human-Centric Computing. Raleigh: IEEE, 2017: 32-34.

相关性来衡量结果页面的效用，随后根据时间和效用计算用户的信息搜寻效率，帮助用户根据这一指标调整其信息行为，此外，研究还使用了 CWL 框架生成的聚合效用曲线，对成本及效用的不同度量方法进行比较，发现基于信息觅食理论的度量方法能够更准确地反映用户的信息行为和效率[⊖]。Maxwell 等人则根据实验所得日志数据，对实验参与人员的信息搜寻时间进行度量，包括发布查询的时间，在结果页面停留的时间及检查结果和文档所花费的时间，并将参与者保存的相关文档数量作为收益，形成多个随时间变化的增益曲线，用来评估不同搜索系统中的信息搜寻效率及其差异[⊜]。除了决策时间之外，Li 等人将浏览的产品数量及决策过程中的认知消耗也作为消费者生成决策的成本，并用决策满意度来衡量消费者获得的最终效用，帮助在线购物网站评估不同情况下消费者的决策绩效，发现产品评论的信息序列性对消费者在线购物决策的执行效率会产生显著的影响，适当地增加产品评论信息的连续性可以减轻消费者对认知能力耗竭的担忧，提高其决策绩效[⊜]。

此外，除了对成本和收益的具体量化进行效率评估，Piorkowski 等人在开发人员进行 bug 修复任务的过程中进行了一项有声思考实验，使用有序的测量量表来获取开发人员对于信息搜寻成本及信息获取价值的预期值和实际值，并将预期值和实际值进行比较，评估开发人员预测成本和价值的准确性。研究发现，预测成本和价值的准确性是决定效率下限的关键因素，若能有效提升这一准确性，则能使开发人员的工作效率提升 50% 以上，而研究结果表明，目前多数开发人员对于成本的预期值要低于实际值，而对于价值的预期值则远远高于实际值[⊗]。

由此可见，不同于传统的信息检索理论，在使用信息觅食理论进行效率评估研究时，除了结果的查全率和查准率之外，研究人员还将用户的认知消耗及结果满意度等考虑在内，从用户认知与实践的角度出发来探索有效评估信息效率的方法和工具。但现有研究仍存在着不足：①研究多集中于以时间为成本的效率评估，信息收益的衡量则相对分散，未来的研究可以探索更为统一的衡量标准，尝试将结果相关性与用户满意度相结合，对信息搜寻效率进行更为全面的评估；②现有研究证实信息觅食理论在开发人员工作绩效评估研究中的适用性，然而除开发人员以外，在其他领域的工作人员的工作过程中同样需要面临复杂的信息搜寻任务，但鲜有学者考虑到使用信息觅食理论来满足其他类型的工作领域对效率评估的需求。

⊖　AZZOPARDI L, THOMAS P, CRASWELL N. Measuring the utility of search engine result pages: an information foraging based measure[C]// SIGIR '18: The 41st International ACM SIGIR Conference on Research & Development in Information Retrieval. New York: Association for Computing Machinery, 2018: 606-613.

⊜　MAXWELL D, AZZOPARDI L, MOSHFEGHI Y. The impact of result diversification on search behaviour and performance[J]. Information retrieval journal, 2019, 22(1): 425-442.

⊜　LI M X, TAN C H, WEI K K, et al. Sequentiality of product review information provision: an information foraging perspective[J]. MIS quarterly, 2017, 41(3): 869-886.

⊗　PIORKOWSKI D, HENLEY A, NABI T, et al. Foraging and navigations, fundamentally: developers' predictions of value and cost[C]// FSE 2016: Proceedings of the 2016 24th ACM SIGSOFT International Symposium on Foundations of Software Engineering. New York: Association for Computing Machinery, 2016: 99-106.

1.3 结论与展望

通过文献综述可以发现，信息觅食理论作为信息系统领域的一项基础理论，其发展大致经历了由基础模型到认知模型，再到行为预测模型的转变，且研究人员在拓展模型应用领域、提升模型准确性等方面仍在不断探索。此外，由于信息觅食理论对用户行为的良好解释力，大量学者将其应用于用户行为研究中，已经涌现出丰富的研究成果。这些成果主要集中在三个方面："信息搜寻行为的影响因素研究""信息系统设计和优化研究""信息搜寻效率评估研究"。

然而，现有研究仍然存在着不足之处：①研究多使用横截面数据，但随着信息搜寻过程的持续，个体认知也在不断变化，对系统的熟悉程度是否会对信息搜寻行为及其效果产生影响还需要进一步探讨；②与信息线索相关的研究大多集中于信息线索的丰富度或与信息线索相关的用户感知，较少考虑信息线索的类型，且对于信息线索与注意力分配的研究还未得出一致的结论；③为了方便控制，多数研究采用了实验室实验的方式，来获取特定环境下用户点击流数据及用户浏览轨迹，且在模型构建与程序设计完成之后，未能对结果的外部有效性做进一步验证；④在效率评估研究中，对信息收益的衡量标准往往只考虑结果相关性或用户满意度，且在对工作绩效进行评估时，研究对象也仅局限于开发人员这一特定群体。

为了进一步完善信息觅食理论的相关研究，并弥补现有研究的不足，未来的研究方向可以总结为：①尝试在具有多种信息斑块的可变信息空间中预测人们的觅食行为，在此基础上进一步扩展 PFIS 模型，以提升其作为预测模型的准确性；②结合更多类型的信息线索，针对不同用户或不同环境的需求，在软件开发之外的环境中使用 PFIS 模型的准确性来进行有效的工具设计；③收集纵向研究数据，将由于时间作用而产生变化的影响因素考虑在内，进行基于时间变化的动态分析，并在探究因果关系的同时对各类因素的作用效果进行多方面的考量；④有关信息搜寻过程中注意力如何分配的研究问题，可尝试使用眼动追踪等方法，对现有研究存在的分歧进行分析，通过更多的讨论和梳理得出更具普遍性的结论；⑤丰富研究情境，使用日志文件获取更为客观的用户数据，进一步验证信息系统的设计思路和优化模型在真实网站中的实用性与适用性，此外，还可以对除导航系统以外不同类型的信息系统的设计及优化方案进行讨论；⑥可以考虑使用结果相关性及用户满意度相结合的方式来衡量信息收益，还可以进一步探索反映信息收益的其他因素，寻求更为有效的评估信息搜寻效率的方法；⑦针对不同的工作环境，应用信息觅食理论对电子商务平台、在线医疗系统、人工智能等其他领域内信息工作者的效率评估问题进行研究。

第2章

信息生态理论的演化及其在
信息系统研究领域的应用与展望

信息生态（information ecology）这一概念源于 20 世纪 60 年代信息科学、系统科学与生态学的跨学科研究，经过数十年的成果积累逐渐形成了信息生态理论。信息生态理论的核心思想是借鉴自然生态理念，将信息看作一种资源，通过调节人和信息环境所构成的信息生态系统，实现对信息资源的合理利用。

信息生态理论为信息科学研究提供了一种融合生态学理论的方法论，越来越多的学者以信息生态系统为对象，分析信息管理与信息系统领域的研究问题。为了帮助学界了解信息生态理论的研究进展，一些文献进行了综述性研究。例如，Wang 等人运用文献计量和知识图谱方法，从国家地理区域、研究课题、研究方法、资金来源、研究热点、研究趋势等方面分析信息生态的研究现状[⊖]。李北伟等人则基于整体论哲学思想梳理了信息生态理论研究方法，从科学研究基础和具体研究方法两方面评述系统论、信息论等系统科学研究方法，以及模型分析法、仿真法、实证研究法等具体技术方法在信息生态研究中的应用[⊖]。此外，还有学者对信息生态理论在特定领域的研究现状进行了梳理，如康蠡归纳出图书馆信息生态圈协调进化的内涵、标准，并通过分析该生态圈进化的条件、途径、过程，探讨

⊖ WANG X W, GUO Y, YANG M Q, et al. Information ecology research: past, present, and future[J]. Information technology & management, 2017, 18(1): 27-39.

⊖ 李北伟，张鑫琦，单既民，等 . 我国信息生态研究方法评述 [J]. 情报理论与实践，2013, 36(8): 105-110.

了图书馆信息生态理论圈协调进化机制[⊖]。已有综述性文献主要论述了信息生态理论的发展情况，对信息生态理论应用现状的梳理仅局限在行业领域层面，未见文献全面、系统梳理信息生态理论在信息系统研究领域的应用现状。因此，本文拟在简要阐述信息生态理论的起源与发展的基础之上，以信息管理与信息系统领域具体研究问题为导向，系统梳理信息生态理论的应用情况，旨在帮助学界准确把握理论应用现状，为后续研究更好地应用信息生态理论提供参考。

2.1　信息生态理论的起源与发展

2.1.1　信息生态理论的起源

信息技术的不断发展和广泛应用使信息成为人类社会的重要生产要素与战略资源，合理利用信息资源可以大大提高社会生产力，但信息资源配置失衡会造成信息超载、信息污染、信息垄断、数字鸿沟等负面问题。鉴于信息有着同自然资源类似的性质，加之信息危机爆发正值人文社会学科大范围引入生态学的相关理论，故而有人提出信息生态这一概念用以研究人与信息环境间的矛盾。

虽难以追溯信息生态最早的提出者，但以下几位学者的观点颇具代表性，为信息生态理论的形成奠定了坚实基础。1978 年，Horton 较早正式提出"信息生态"概念，基于生态学知识讨论了组织中信息的流动与映射问题[⊜]。1989 年，Capurro 提出宏观层面的信息生态，从国家政策、法规制度、人文环境等层面分析人与信息之间的矛盾，论述了信息污染、信息贫富差距导致的数字鸿沟等问题，强调了信息生态平衡的重要性[⊜]。1997 年，Davenport 等人则通过研究企业信息化问题，提出了微观层面的信息生态，其主张采用系统观分析组织内部不同信息利用方式产生的复杂问题[㉃]。1999 年，Nardi 等人又通过将信息生态系统定义为"在特定环境下由人、实践、价值和技术组成的系统"，论述了文化心理层面的信息生态，强调人的信息行为在信息生态系统中的重要性^㊄。在信息生态理论化的过程中，焦点问题逐渐从探讨信息生态的伦理问题转向研究信息生态系统。学界普遍认可信息生态理论以信息生态系统为研究对象，分析系统内各要素的相互作用关系。

信息生态系统的构成要素有二要素说、三要素说和四要素说等几种学术观点。二要素说将信息生态系统与自然生态系统进行类比，认为信息生态系统由"信息人（对应自然生态系统的生物群落）—信息环境（对应生物群落的生存环境）"构成；三要素说则将信息

㊀　康蠡 . 国内图书馆信息生态理论研究述评 [J]. 图书情报工作，2016, 60(1): 142-148.

㊁　HORTON F W. Information ecology[J]. Journal of systems management,1978, 29(9): 32-36.

㊂　CAPURRO R. Towards an information ecology[C]//NORDINFO Seminar on Information Quality: Definitions and Dimensions, 1989, Royal School of Librarianship, Copenhagen, Netherlands. London: Taylor Graham, 1990: 122.

㊃　DAVENPORT T H, PRUSAK L. Information ecology: mastering the information and knowledge environment[M]. Oxford: Oxford University Press, 1997.

㊄　NARDI B, O'DAY V. Information ecologies: using technology with heart[M]. Cambridge: MIT Press, 1999.

单独列为一项因素，认为信息生态系统由"信息人—信息—信息环境"构成；四要素说则在三要素说的基础上从信息环境中提取出信息技术作为一项独立因素，主张信息生态系统由"信息人—信息—信息技术—信息环境"构成。上述三种学术观点的分歧主要在于对信息环境的不同理解，三要素说和四要素说对二要素说中广义的信息环境进行了逐步细分。以四要素说为例，信息人是信息生态系统的核心，按信息加工过程可分为信息生产者、信息加工者、信息传递者和信息消费者，信息人之间可相互作用；信息要素是信息生态系统中的关键，可与信息生态系统内的其他要素产生直接作用，信息资源合理配置是信息生态系统平衡的关键；信息技术要素是信息生态系统得以正常运转的保障，包括信息检索技术、信息加工技术、信息传播技术和信息安全技术等；信息环境要素则分为信息生态系统内部环境和外部环境，如信息活动发生的时间与空间、信息相关制度等属于系统内部环境，经济、社会文化等属于系统外部环境[一]。

2.1.2　信息生态理论的发展

一方面，许多文献在电子商务、电子政务、社交网络及图书馆等诸多领域对信息生态理论进行实证检验，于实践中促进了理论的发展。其中，电子商务信息生态理论研究发展较为成熟，如 Zhu 等人进行了一项国家制度环境与电子商务之间关系的跨国研究，通过分析二级数据集发现由各种制度环境因素形成的国家信息生态理论在电子商务发展的各个阶段均产生影响[二]；Wang 等人则以淘宝网为研究对象，从生态系统角度分析信息生态因子、信息生态理论链及其信息生态理论圈，并建立了中国电子商务信息生态模型[三]。在电子政务方面，Bekkers 等人提出电子政务是技术、政治、经济、社会与制度等类型的环境共同演化过程的结果，作者详细阐述了电子政务信息生态理论中的组织现象（如跨界信息交换），并从政治经济学视角分析了组织间信息交换的过程[四]。随着 Web 2.0 的到来，信息生态理论也被逐步引入社交网络研究中，如 Naghshineh 等人介绍了德黑兰大学的一项概念研究，该研究将社交网络看作信息生态系统，通过识别与管理社交网络用户的背景和兴趣，并将用户的交互模式纳入系统学习目标，从而探索社交网络内部的信息生态[五]。此外，近年来不少学者从信息生态理论视角进行数字图书馆研究，如 Garcia-Marco 运用信息生态理论中的

[一]　娄策群. 信息生态系统理论及其应用研究 [M]. 北京：中国社会科学出版社，2014.

[二]　ZHU L, THATCHER S M B. National information ecology: a new institutional economics perspective on global e-commerce adoption[J]. Journal of electronic commerce research,2010,1(11):53-71.

[三]　WANG X W, STOSSLEIN M, AN C. An information ecological model for e-commerce in China-design, empirical analysis, and its application to TaoBao.Com[C]// International Symposium on Information Proceeding. Oulu: Acad Publ, 2009: 277-280.

[四]　BEKKERS V, HOMBURG V. The information ecology of e-government: e-government as institutional and technological innovation in public administration[M]. Amsterdam: IOS Press, 2005.

[五]　NAGHSHINEH N, ZARDARY S. Information ecology as a mind tool for repurposing of educational social networks[C]// Proceedings of the 3rd World Conference on Educational Sciences. Amsterdam: ELSEVIER SCIENCE BV, 2011: 3640-3643.

概念探讨图书馆领域不断变化的环境，研究发现在影响数字图书馆发展的现代信息生态理论的趋势中有信息管理的普遍性、数字融合、技术标准化与杠杆化等八个值得注意的过程[⊖]。

另一方面，信息生态理论引入中国后，国内学者将生态学概念与信息科学研究内容进一步融合形成了信息生态位、信息生态链，丰富了信息生态理论的内涵：①信息生态位。生态位通过将物种持续生存所需的条件和资源抽象为多维空间概念来描述物种在群落中的生态地位[⊖]。娄策群基于生态位的定义，将信息生态位界定为信息人在信息生态环境中所占据的特定地位，并列举出知识生态位、科学生态位、技术生态位等具体信息生态位类型[⊜]。信息生态位存在重叠与分离两种状态，过分重叠会引起信息人之间的过度竞争，过分分离会造成信息资源利用不充分，两种极端情况都不利于信息社会发展[⊗]。②信息生态链。虽然关于信息生态链的定义仍有争议，但目前主流的观点认为信息生态链是指信息生态系统中不同种类信息人之间信息流转的链式依存关系[⊕]。信息生态链虽然结构形态与生态学的食物链相似，但本质却不相同，其利用生态学思想研究信息生态系统中的信息传递链，重在研究信息的传递与利用，属于信息生态理论与信息链的交叉应用[⊗]。

2.2 信息生态理论在信息系统研究领域的应用进展

2.2.1 信息生态理论在信息系统设计与使用研究中的应用

信息系统设计与使用是复杂的人机交互过程，需要考虑用户（信息人）、系统传递的内容（信息）、构成系统的软硬件（信息技术）、系统规则等内部环境及社会文化等外部环境（信息环境）的相互影响，因此许多研究应用信息生态理论解决信息系统设计与使用中的问题。

1. 信息系统设计优化研究

微观层面的信息生态理论主张采用系统观分析组织内部不同信息利用方式，不少文献将信息生态理论应用于人机交互界面设计。例如，Detlor 从信息生态理论视角分析企业信息管理系统，划分出信息文化、信息政策、物理环境及信息工作人员等信息生态因子，并结合系统开发增值模型提出了企业门户设计框架[⊕]。类似地，Benford 等人强调信息人在

⊖ GARCIA-MARCO F J. Libraries in the digital ecology: reflections and trends[J]. Electronic library, 2011, 29(1): 105-120.

⊖ RICKLEFS R E. 生态学：第 5 版 [M]. 孙儒泳，尚玉昌，李庆芬，等译 . 北京：高等教育出版社，2004.

⊜ 娄策群 . 信息生态位理论探讨 [J]. 图书情报知识，2006(5): 23-27.

⊗ 肖希明，唐义 . 信息生态理论与公共数字文化资源整合 [J]. 图书馆建设，2014(3): 1-4, 16.

⊕ 娄策群，周承聪 . 信息生态链：概念、本质和类型 [J]. 图书情报工作，2007, 358(9): 29-32.

⊗ 靖继鹏，张向先 . 信息生态理论与应用 [M]. 北京：科学出版社，2018.

⊕ DETLOR B. The corporate portal as information infrastructure: towards a framework for portal design[J]. International journal of information management, 2000, 20(2): 91-101.

信息生态系统中的重要性，创建体现人文活动轨迹的互动界面，通过分析参与者的体验结果，讨论了人机交互中的显示器交互、显示器生态及文化体验轨迹[⊖]。而 Vasiliou 等人则将信息生态系统中信息人之间的协作设计活动理解为物理布局、信息流和人工制品三个层面的认知系统，分析了分布式认知在信息系统设计过程中的作用，结果表明分布式认知有助于理解协作设计的特征并支持设计活动的交互[⊖]。此外，也有文献基于信息生态理论提出信息系统功能优化方案，如 Finin 等人以博客圈的信息生态系统为研究对象，设计了包含博客链接网络和帖子链接网络的博客圈模型，用以识别垃圾博客、查找主题意见、识别感兴趣的社区、建立信任关系，并检测有影响力的博主[⊜]。Stepaniuk 等人则在模因理论和信息生态理论的框架下，设计了一种通过情绪极性标记对数字视觉内容（DVC）进行可视化分析的方法，并在 Facebook 上以"搭便车旅行"主题为例，通过仿真实验对 DVC 模型进行了检验[⊗]。

2. 用户技术使用经验研究

现有研究主要应用信息生态理论分析了用户在学习、医疗健康及生活娱乐方面的技术使用经验：①学习相关。例如，Gasparini 等人将学生课堂视为信息生态系统，进行了为期一年的试点研究，通过观察、访谈获取的定性数据结合阅读偏好相关定量数据，追踪 iPad 被引入后课堂信息生态系统的变化情况[⊛]。Henning 等人则根据文化心理层面的信息生态理论制定分析框架，通过学习成果、访谈数据和在线讨论帖子等多源数据的比较分析，调查了研究生群体在虚拟学习环境中的学习轨迹[⊗]。②医疗健康相关。例如，Unertl 通过观察和半结构化访谈收集了医疗保健团队与患者之间的工作流程、信息流及健康信息交换（HIE）技术使用经验的相关数据，研究从健康信息生态理论视角分析 HIE 技术对组织、卫生保健提供者和患者的影响，并确定了信息消费者、信息交换促进者和信息存储库等 HIE 的参与主体[⊕]。③生活娱乐相关。例如，Magee 等人以日常生活信息搜寻（ELIS）理论和信息生态理论为框架，通过语音信箱进行访谈，调查了青少年在日常生活中使用技术的连续

⊖ BENFORD S, CRABTREE A, FLINTHAM M, et al. Creating the spectacle: designing Interactional Trajectories through Spectator Interfaces [J]. ACM transactions on computer-human interaction, 2011, 18(3): 1-28.

⊖ VASILIOU C, IOANNOU A, ZAPHIRIS P. Understanding collaborative learning activities in an information ecology: a distributed cognition account[J]. Computers in human behavior, 2014, 41: 544-553.

⊜ FININ T, JOSHI A, KOLARI P, et al. The information ecology of social media and online communities[J]. AI magazine, 2008, 29(3): 77-92.

⊗ STEPANIUK K, STURGULEWSKA A. Hitchhiking experiences and perception of affective label polarity in social networking sites-potential memetic implications for digital visual content management[J]. Sustainability, 2020, 13(1): 223.

⊛ GASPARINI A A, CULEN A. Acceptance factors: an iPad in classroom ecology[C]// Proceedings ofInternational Conference on e-Learning and e-Technologies in Education. New York: SDIWC,2012: 140-145.

⊗ HENNING E, VAN DER WESTHUIZEN D, DISEKO R. Knowledge ecologies in fragile online learning environments[J]. Perspectives in education, 2005, 23(4): 55-70.

⊕ UNERTL K M, JOHNSON K B, GADD C S, et al. Bridging organizational divides in health care: an ecological view of health information exchange[J]. JMIR medical informatics, 2013, 1(1): e3.

性，研究发现政策法规、情感、人生阶段和未来目标四方面的因素会造成青少年的技术使用中断[a]。Barassi 则采用数字民族志方法探究用户关于数字监控和自我量化应用程序的观点与处理方式，从信息生态理论视角分析技术是如何在信息环境中的被创造和使用，以及技术所引发的个人数据商品化与监控的关键问题[b]。

3. 用户数字技能评估研究

不少研究基于信息生态理论分析用户使用数字技术的能力，如 Steinerova 采用半结构化访谈和概念映射方法研究了科研人员的信息素养对其研究信息生态的影响，结果表明纪律文化、价值观和任务等多维度的因素会影响学术工作情境下的信息生态平衡[c]，其后，作者构建出信息环境的概念模型，并通过分析科研人员的学术读写能力相关的在线调查数据，识别出研究价值、信息价值和数据价值等决定信息研究社会影响程度的因素[d]。也有研究将信息生态理论与信息素养相结合构建用户数字技能评估模型，如代磊等人则从信息生产素养、信息传递素养、信息分解素养、信息消费素养四个信息生态维度评估大学生的信息素养，并结合生态学理论的 Shannon-Wiener 指数公式和 Pianka 公式建立了包含 12 项一级指标和 47 项二级指标的大学生信息素养测度模型，采用纯语言多属性群决策方法采集数据，对 5 名在校大学生进行了信息素养测评[e]。

信息生态理论在信息系统设计与使用研究中的应用成果较为丰富，但仍存在一些问题：①已有文献主要从信息人或信息技术等单一信息生态维度分析研究问题，而信息系统设计与使用这一人机交互过程涉及信息、信息人、信息技术和信息环境的相互作用，未见有研究系统分析各要素间的相互作用，尤其是信息技术对信息人产生的影响。以智能决策辅助工具为例，使用决策系统有助于减轻用户的工作负担，但是过度使用也可能产生负面影响，未来可基于信息生态理论视角分析使用决策辅助工具的利弊。②研究用户的技术使用经验是了解信息技术如何带来变革的重要途径，已有研究主要通过定性方法进行了小样本的探索性研究，为了提高研究结果的外部效度，未来可从信息、信息人、信息技术和信息环境四要素提炼出可操作化的变量与假设，通过定量数据进行验证性研究。③随着全球人口老龄化的加剧，使用信息系统的老年人将越来越多，且老年人非数字原住民，在信息社会可能面临更多的问题，而当前研究的主要对象为全年龄段人群或青少年学生，少见专门针对老龄人口的研究。未来研究可以老年人这一特殊的信息人群体为研究对象，结合信

⊖ MAGEE R M, AGOSTO D, FORTE A. Four factors that regulate teen technology use in everyday life[C]// Proceedings of ACM Conference on Computer Supported Cooperative Work and Social Computing. New York: ACM, 2017, 511-522.

⊖ BARASSI V. Baby veillance? Expecting parents, online surveillance and the cultural specificity of pregnancy apps[J]. Social media & society, 2017, 3(2): 1-10.

⊜ STEINEROVA J. Information literacy practices of researchers in workplace information ecologies[C]// Proceedings of the 5th European Conference on Information Literacy. Berlin: Springe, 2018: 30-39.

⊗ STEINEROVA J. The Societal Impact of Information Behaviour Research on Developing Models of Academic Information Ecologies[J]. Information research-an international electronic journal, 2019, 24(4): colis1905.

⊕ 代磊，刘羽萱. 信息生态视角下大学生信息素养评价 [J]. 现代情报，2018, 38(12): 40-47.

息生态理论分析老年人的数字技能短板，协助老年人有效使用各种信息系统。

2.2.2　信息生态理论在信息服务研究中的应用

信息服务的主要内容是及时了解用户信息行为和信息需求的同时，收集、处理不同载体上的分散信息，再将用户需要的信息及时传递。信息服务本质上是通过信息技术实现信息资源的合理调配，信息生态理论也主张通过调节信息人与信息环境的相互作用促进信息合理利用，二者的核心理念不谋而合。故而，不少文献将信息服务平台看作信息生态系统，基于信息生态理论进行信息服务研究。

1. 信息服务影响因素研究

许多文献从信息生态理论视角分析电子政务服务的影响因素，如张建光等人基于信息生态理论和智慧政务的相关研究，构建智慧政务信息生态理论发展机制理论模型，并通过结构方程模型分析了政府信息化从业人员的调查数据，实证研究发现信息生态理论是对智慧政务发展具有重要影响的研究变量，以及智慧政务平台建设、智慧政务服务能力、智慧政务影响力同样对智慧政务应用效果具有显著作用[⊖]。还有研究分析了国家层面的电子政务影响因素，如 Cullen 等人将信息生态理论结合太平洋岛国文化因素提出了分析发展中国家电子政务可持续发展的新框架，作者提出在开发电子政务应用程序时要将知识和信息传播的文化态度作为信息环境考虑在内[⊜]。类似地，Ochara 探究了信息生态理论视角下非洲国家的电子政务服务水平，通过回归分析发现社会文化背景与电子政务水平相关，并且组织产生的中介作用对激发当地社区参与至关重要[⊜]。除了电子政务的相关研究，也有文献分析了哪些因素会影响图书馆信息服务效果，如杨梦晴从信息生态系统视角构建了移动图书馆社群化服务系统仿真概念模型，仿真结果表明用户参与的积极性是移动图书馆社群化服务系统仿真模型的敏感性参数[⊛]。此外，Unertl 采用民族志等定性方法探究技术支持下的健康信息服务情况，通过信息生态理论框架分析信息网络的组成部分及人与技术的关系，研究发现地理位置、组织、健康信息技术基础设施及网站之间和网站供应商之间的健康信息交换技术的不一致性均会影响健康信息交流情况[⊕]。

⊖　张建光，张腾，王芳. 智慧政务信息生态发展演进关键影响因素研究 [J]. 现代情报，2018, 38(3): 3-9.

⊜　CULLEN R, HASSALL G. An information ecology approach to sustainable e-government among small island developing states in the pacific[C]// Proceedings of the 46th Annual Hawaii International Conference on System Sciences. New York: IEEE, 2013: 1922-1931.

⊜　OCHARA N M. Towards transformational government: An ecological view of e-Particicpation in Africa[C]// 12th European Conference on eGovernment (ECEG), JUN 14-15, 2012,Barcelona, Spain. Kidmore End: ACAD,2012: 563-571.

⊛　杨梦晴. 基于信息生态系统视角的移动图书馆社群化服务系统动力学仿真研究 [J]. 情报科学，2020, 38(1):153-161.

⊕　UNERTL K M. Understanding the impact of health information exchange technology: workflow elements, patterns of use, and information ecologies[D]. Nashville: Vanderbilt University, 2009: 127-131.

2. 信息服务模式优化研究

信息服务模式优化是提升信息服务质量的必要举措，许多研究基于信息生态理论提出了信息服务新模式。例如，Pekkarinen 等人则基于文化心理层面的信息生态理论观点将信息生态理论理解为技术、人类和社会环境的相互作用与共同进化，通过访谈收集芬兰公共组织关于信息服务环境的观点并进行定性分析，分析结果表明数字时代应该以不同的方式解释和突出信息生态理论的构成因子，比如在信息服务模式上强调信息系统的开放性和多样性而非保持单一的封闭系统[⊖]。Schlaeger 等人则采用案例研究探讨了官方微博对地方治理的影响，从信息生态理论视角分析了相关人员的深度访谈数据和政府工作文件数据，研究发现中国地方政府微博在很大程度上充当"测试机构"，尝试与其他微博用户和微博服务运营商进行互动，作者指出地方政府也应逐渐从被动的服务提供商转变为"服务预测者"，充分利用运营商提供的工具提高个性化服务能力[⊖]。此外，高翊梳理了图书馆微信信息服务的属性、特征、发展模式，通过构建具有信息生产功能、信息组织功能、信息传递功能、信息利用功能、信息共享功能、信息监督功能、信息反馈功能的图书馆微信信息服务生态系统，实现图书馆信息服务模式的优化[⊜]。

信息生态理论在信息服务研究方面积累了较多成果，但仍有不足：①信息服务质量是不同影响因素相互作用的结果，且不同因素对服务质量的影响程度也不同，已有文献仅分析了哪些因素会影响信息服务质量，未来可从组态视角采用定性比较分析方法，进一步识别出哪些信息生态因素是提高信息服务质量的必要条件，并解释信息服务影响因素的组合效果。②已有研究主要分析了电子政务、图书馆及医疗健康等具体情境下的信息服务影响因素和服务模式，即更注重分析具体信息环境中的信息服务问题，而信息技术作为实现信息服务平台中信息资源调配的重要工具却常常被忽视，未见相关研究应用信息生态理论分析信息技术在信息服务过程中的作用。以个性化推荐技术为例，目前信息服务平台几乎都整合了个性化推荐功能，未来研究可继续分析在信息服务生态系统中这一新兴技术是不是实现信息资源合理配置的有效工具。

2.2.3 信息生态理论在网络信息传播研究中的应用

Web 2.0 时代，网络已成为反映民情民意的重要渠道，网络信息传播以现代信息通信技术为载体，涉及不同信息人对信息资源的生产、加工、分享和利用，传播过程既受经济文化等社会环境的影响，同时也会反作用于外部环境。整体网络世界和局部网络社区中的信息传播可视作不同层级信息生态系统中的信息资源流转。信息生态理论为分析复

⊖ PEKKARINEN S, HASU M, MELKAS H, et al. Information ecology in digitalising welfare services: a multi-level analysis[J]. Information technology & people, 2020, 33(6): 1-24.

⊖ SCHLAEGER J, JIANG M. Official microblogging and social management by local governments in China[J]. China information, 2014, 28(2): 189-213.

⊜ 高翊. 图书馆微信信息服务生态系统模型构建研究 [J]. 图书馆理论与实践，2021, (3) :58-64.

杂、多样的网络信息传播过程提供了很好的研究视角，因此不少研究将其应用于网络信息传播研究。

1. 网络信息传播的影响因素与演化机制研究

信息生态理论主要应用于社交媒体平台的网络舆情传播分析，如李明等人基于信息生态理论视角研究了突发事件网络舆情的发生机制，从信息人、信息、信息技术与信息环境四个维度提炼出事件信息、发布主体、信息受众、信息技术及信息环境等解释变量，通过清晰集定性比较分析法（csQCA）对 40 起突发事件进行比较分析，结果表明社会安全突发事件借助网络媒体平台容易激发公众负面情绪，从而提升网络舆情的热度，且发布主体的非理性是突发事件网络舆情的重要原因⊖。王微等人则将信息生态理论结合计划行为理论构建了移动短视频 UGC 网络舆情传播行为影响因素模型，并通过问卷调查和结构方程模型进行实证检验，研究结果表明信息、信息技术、信息环境三要素通过信息人的传播意愿对移动短视频 UGC 网络舆情传播行为产生正向作用，且信息、信息技术和信息环境对移动短视频 UGC 网络舆情传播意愿的影响依次减小⊜。而 Ma 等人又将信息生态理论结合自组织理论，构建了微博大数据生态系统的自组织演化模型，分析了微博大数据生态系统的动态演化过程、驱动力和现状，并以"马航 MH370 失联"为例，验证了自组织演化模型的有效性⊜。此外，段荟等人则以信息生态理论为基础构建了网络用户信息茧房形成机制研究模型，并通过问卷调查收集数据对模型进行了实证检验，研究结果表明价值认知、信息环境、信息技术是网络用户形成信息茧房的影响因素，而兴趣对于网络用户形成信息茧房的影响不显著⊜。

2. 网络环境治理策略研究

网络舆情治理是净化网络环境的重要方面，杨小溪等人通过文献调研和专家调查法，从网络信息环境、网络信息人和相关网络舆情信息等方面提取关键因素构建出网络舆情预警模型，并以"武汉开通在线问诊""杭州开通健康码"两项网络舆情事件为例，运用多层次模糊综合评价法进行了舆情预警评估，研究结果验证了模型的完整性和实用性⊜。也有学者从技术批判视角提出网络环境的治理方向，如 Calvo 将信息生态理论和政治经济学联系起来，通过问卷调查和访谈探索用户更愿意使用免费社交网站的原因，研究结果表明这

⊖ 李明，曹海军 . 信息生态视域下突发事件网络舆情生发机理研究：基于 40 起突发事件的清晰集定性比较分析 [J]. 情报科学，2020, 38(3): 154-159,166.

⊜ 王微，王晰巍，娄正卿，等 . 信息生态视角下移动短视频 UGC 网络舆情传播行为影响因素研究 [J]. 情报理论与实践，2020, 43(3): 24-30.

⊜ MA J, XUE T, MI C M, et al. The self-organizing evolutionary model of micro-blogging big data ecological system and empirical research[C]// Proceedings of 2015 IEEE International Conference on Grey Systems and Intelligent Services (GSIS), AUG 18-20, 2015, Leicester, UK. New York: IEEE,2015: 509-514.

⊜ 段荟，袁勇志，张海 . 大数据环境下网络用户信息茧房形成机制的实证研究 [J]. 情报杂志，2020, 39(11): 158-164.

⊜ 杨小溪，郑珊珊，晋兆雨，等 . 基于信息生态理论的网络舆情预警评价指标体系研究 [J]. 情报理论与实践，2021, 44(3): 143-148.

种选择偏好是用户的技术想象与获取效率、团队合作和大众传播的相互作用，而选择免费软件的根本原因是对技术供应商利益最大化的抵制心态，并指出网络社区信息生态理论平衡发展需注意过度商业化问题[⊖]。Kish 则关注到大数据和社交媒体等新技术造成的网络用户注意力商品化对社会生态可持续发展的威胁，从基础问题、非理性驱动因素、广告政策及产权等四个维度论述了社交媒体广告是如何破坏社会信息生态系统的，作者认为过度利用大数据进行广告宣传会造成用户行为操纵问题，导致炫耀性消费，并在制度、研究、政策及个人层面提供了一系列的解决方案[⊜]。

信息生态理论应用于网络信息传播研究已有一定的研究基础，但仍有以下局限：①网络信息生态系统既可以是整体的网络世界，也可以是特定的网络社区，已有研究只分析了单一信息生态系统中的信息流转情况，但信息生态系统是开放系统，不同生态系统之间也存在相互作用。未来研究可以网络社区为分析单位探究不同群体间的信息传播情况，如利用信息生态理论分析网络水军控评对网络舆论的影响。②现有研究结论多基于横截面数据，而网络信息传播是复杂的动态变化过程，基于横截面数据的研究无法有效发现随时间产生的变化，未来可采用纵向研究采集面板数据进一步分析网络信息生态系统中各要素间的动态相互作用。

2.2.4　信息生态理论在数据安全与隐私保护研究中的应用

信息技术是现代社会生产力提升的重要支柱，但也会加剧信息安全问题。数据安全与隐私保护旨在通过技术和管理措施，确保网络数据在传输和交换过程中的安全性，在信息生态理论视角下可理解为通过改进信息技术和调整信息规则等信息环境保障信息人安全使用信息资源，因此有文献将信息生态理论应用于融入数据安全与隐私保护的研究中。

韩秋明以英国下议院发布的《网络安全：个人在线数据保护》报告为研究对象，剖析了英国信息专员办公室、TalkTalk 公司及其用户、第三方合作机构、公共安全部门等信息人在个人数据保护生态系统中的角色，总结相关经验和做法后分析在线个人数据保护生态系统中存在的生态链割裂、生态位失位、生态系统失衡等问题，从信息人和信息环境等方面剖析产生问题的可能原因，并构建个人数据保护的宏观机制和提出解决问题的微观策略[⊜]。佟林杰等人则反思了政府数据开放中的信息生态理论紊乱现象，经过深入剖析政府数据开放中的数据安全和隐私保护问题，从顶层架构、平台支持、技术支撑和保障机制四个

⊖　CALVO D. Free software meets Facebook: placing digital platforms' usage by free culture communities[J]. New media & society, 2020: 1-21.

⊜　KISH K. Paying attention: big data and social advertising as barriers to ecological change[J]. Sustainability, 2020, 12(24): 1-17.

⊜　韩秋明. 基于信息生态理论的个人数据保护策略研究：由英国下议院"网络安全：个人在线数据保护"报告说开去 [J]. 图书情报知识, 2017, (2): 94-104.

方面提出了应对策略[⊖]。此外，Jin 等人从信息生态理论的角度分析小红书 UGC 内容供给与商业化需求之间的矛盾，针对诚信、道德等影响数据安全的严重问题，构建了实现信息优化利用和有效创新的社交电商平台信息生态理论内容治理机制[⊜]。

尽管信息生态理论十分适用于分析数据安全与隐私保护问题，但目前这方面的应用研究仍停留在结合信息生态理论对宏观层面数据安全和隐私保护问题进行理论性探讨分析上，未见有研究应用信息生态理论对具体的信息安全问题进行实证研究，未来可以针对 Vlog 隐私披露、应用程序的隐私保护政策有效性等互联网生活中亟待解决的现实问题，基于信息生态理论提出研究假设并进行实证检验。

2.3　结论与展望

通过对信息生态理论相关文献的梳理与归纳可知，其在信息系统研究中的应用集中在信息系统设计与使用研究、信息服务研究、网络信息传播研究及数据安全与隐私保护研究四个方面。

现有研究尚存在一些局限性：①缺少适当的研究方法丰富研究结论。首先，已有研究主要采用定性研究方法对用户的技术使用经验进行探索性研究，缺少定量方法；其次，已有文献虽以信息生态理论为框架分析了哪些因素会影响信息服务效果，但未深入分析哪些因素是提高信息服务质量的必要条件；最后，网络信息传播是复杂的动态变化过程，而现有研究结论多基于横截面数据。②信息技术要素在信息生态系统中的作用研究得不够透彻。一方面，信息系统设计与使用方面的研究未分析信息技术对信息系统使用者产生的影响；另一方面，信息服务方面的研究更关注特定信息环境中的信息服务情况，未特别重视信息技术在信息服务过程中的作用。③人口老龄化会导致信息系统的老年用户越来越多，且老年人非数字原住民，在信息社会可能面临更多的问题，而当前研究对老年人信息生态理论的情况关注不多。④信息生态系统是开放系统，不同生态系统之间也存在相互作用，已有研究只分析了单一信息生态系统中的信息流转情况，而忽视了群体间的网络信息传播。⑤尽管信息生态理论很适用于分析信息安全问题，但目前这方面的应用研究还不算充分，且既有文献多分析宏观层面的数据安全和隐私保护问题。

为此，提出相关研究思路以供参考：①针对研究方法上的问题，未来可从信息、信息人、信息技术和信息环境四个维度中提炼出技术使用相关的假设并进行实证检验，还可采用定性比较分析方法解释信息服务影响因素的组合效果，或者采用纵向研究分析网络信息生态系统中各要素间的动态相互作用。②为了深入研究信息技术在信息生态系统中的作

⊖ 佟林杰，刘博. 信息生态视域下政府数据开放中的数据安全和隐私保护问题研究 [J]. 图书馆理论与实践，2020(5): 67-72.

⊜ JIN Y F, YU H J. Content governance mechanism of social e-commerce platform from the perspective of information ecology: A case study of xiaohongshu[C]// Proceedings of the 2nd International Conference on E-Commerce and Internet Technology. Los Alamitos: IEEE, 2021: 159-162.

用，未来可以继续分析信息技术对信息系统用户及信息服务质量的影响，如分析信息服务生态系统中个性化推荐技术是否有利于信息资源合理配置。③为了协助老年人有效使用各种信息系统，未来研究可以老年人群体为研究对象，结合信息生态理论分析老年人的数字技能短板，开发出适老化的信息系统设计元素。④未来研究可以网络社区为分析单位探究不同群体间的信息传播情况，如以信息生态理论为分析框架探析网络水军控评对网络舆论的影响。⑤未来可以应用信息生态理论分析 Vlog 隐私披露、应用程序的隐私保护政策有效性等互联网生活中亟待解决的现实问题，进一步丰富数据安全方面的研究内容。

第3章

UTAUT 的演化及其在
信息系统研究领域的应用与展望

技术接受与使用统一理论（unified theory of acceptance and use of technology，UTAUT）由 Venkatesh 于 2003 年提出，其核心思想是：绩效期望、努力期望、社会影响和促成条件会影响用户的技术使用意愿与行为，并且性别、年龄、经验和自愿性对这种影响起调节作用[一]。

UTAUT 作为解释用户技术使用意愿与行为的重要理论，在信息系统研究中得到了广泛的应用。为了把握 UTAUT 的发展与应用现状，一些学者对 UTAUT 进行了相关的综述性研究，主要集中在 3 个方面：①知识图谱的总览。Williams 等人利用文献计量法分析了UTAUT 相关文献的重要作者、常用方法和研究热点[二]。②模型框架的梳理。Venkatesh 等人总结了 UTAUT 模型框架在应用中的拓展形式，包括新的外生机制、新的内生机制、新的调节机制和新的结果机制[三]。③ UTAUT 影响要素及其关系的总结。韩啸基于国内文献分析了 UTAUT 核心要素间的相互作用[四]，Dwivedi 等人则运用荟萃分析法探究了 UTAUT 核心

⊖ VENKATESH V, MORRIS M G, DAVIS G B, et al. User acceptance of information technology: toward a unified view[J]. MIS quarterly, 2003, 27(3): 425-478.

⊜ WILLIAMS M D, RANA N, DWIVEDI Y K. The unified theory of acceptance and use of technology (UTAUT): a literature review[J]. Journal of enterprise information management, 2015, 28(3): 443-488.

⊜ VENKATESH V, THONG J Y L, XU X. Unified theory of acceptance and use of technology: a synthesis and the road ahead[J]. Journal of the association for information systems, 2016, 17(5): 328-376.

⊜ 韩啸. 整合技术接受模型的荟萃分析：基于国内 10 年研究文献 [J]. 情报杂志，2017, 36(8): 150-155.

要素和拓展要素间的关系[⊖]，还有学者运用文献计量法和内容分析法总结了 UTAUT 在信息技术采纳中的影响因素[⊜]。

在信息系统研究领域，用户的技术使用意愿与行为都可以基于 UTAUT 进行有效的解释，因此，UTAUT 在信息系统研究中的应用越来越受到学界的关注。然而，由以上研究可知，现有的综述性文献主要集中于对知识图谱的总览、模型框架的梳理、影响要素及其关系的总结，还未见有以研究问题为导向的综述性文献。因此，为了帮助学者较为全面地了解 UTAUT 及其在信息系统研究领域的应用现状，本章将首先对 UTAUT 的起源与发展进行简要的介绍，然后对 UTAUT 在国内外信息系统中的应用现状进行梳理和归纳，并指出现有研究中存在的问题及今后值得关注的研究方向。

3.1　UTAUT 的起源与发展

3.1.1　UTAUT 的起源

在 UTAUT 被提出之前，学界主要运用理性行为理论（TRA）、计划行为理论（TPB）、技术接受模型（TAM）、动机模型（MM）、TAM-TPB 复合模型（C-TAM-TPB）、PC 利用模型（MPCU）、创新扩散理论（IDT）及社会认知理论（SCT）八个理论模型来解释用户的技术使用意愿与行为。然而，实际应用中发现这八个模型各有侧重，在技术使用意愿与行为研究中都存在视角单一、要素不全的问题，这导致了模型解释力的低下。为了弥补这一缺陷，Venkatesh 等人在这八个理论模型的基础上进一步提出了 UTAUT，构建了以绩效期望（performance expectancy）、努力期望（effort expectancy）、社会影响（social influence）和促成条件（facilitating condition）为决定因素，性别（gender）、年龄（age）、经验（experience）和自愿性（voluntariness）为调节因素的模型框架[⊜]，如图 3-1 所示。其中，绩效期望是指个人认为使用该系统将有助于自己获得收益的程度，是由 TAM 的感知有用性、MM 的外在动机、MPCU 的工作适配、IDT 的相对优势、SCT 的成果期望整合而成的要素；努力期望是指个人认为使用该系统的轻松程度，是由 TAM 的感知易用性、MPCU 的复杂性和IDT 的易用性整合而成的要素；社会影响是指对他人认为自己应该使用该系统的重要程度的感知，是由 TRA 的主观规范、MPCU 的社会因素和 IDT 的形象整合而成的要素；促成条件是指个人认为存在支持系统使用的组织和技术基础结构的程度，是由 TPB 的感知行为控制、MPCU 的促成条件和 IDT 的兼容性整合而成的要素；此外，经验是指个人对该类系统的体验程度；自愿性是指个人认为使用该系统是出于自由意志的程度。经检验，

⊖　DWIVEDI Y K, RANA N, JEYARAJ A, et al. Re-examining the unified theory of acceptance and use of technology (UTAUT): towards a revised theoretical model[J]. Information systems frontiers, 2019, 21(3): 719-734.

⊜　张熠，徐艺玲，程慧平，等.UTAUT 模型在国内 IT/IS 采纳实证研究中的应用现状分析 [J]. 现代情报，2018, 38(11): 123-129.

⊜　VENKATESH V, MORRIS M G, DAVIS G B, et al. User acceptance of information technology: toward a unified view[J]. MIS quarterly, 2003, 27(3): 425-478.

UTAUT 与八个基础的理论模型相比在性能上有了显著的提升，它对使用意愿的解释力能达到 70%，对使用行为的解释力能达到 50%。值得注意的是，UTAUT 是在组织环境下提出的，主要用于解释组织中员工的技术使用意愿与行为，因此，在脱离组织的环境下，模型的解释力将会下降。

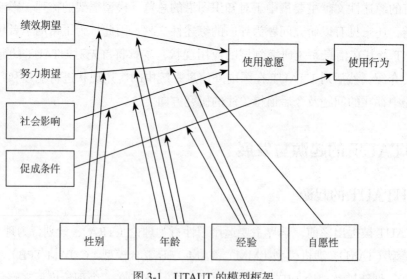

图 3-1　UTAUT 的模型框架

3.1.2　UTAUT 的发展

　　为了进一步探究非组织环境下用户的技术使用意愿与行为，Venkatesh 等人对 UTAUT 的模型框架进行了调整，将理论的应用情境拓展到了消费者情境中，由此提出了 UTAUT 2[⊖]，如图 3-2 所示。UTAUT 2 在 UTAUT 的基础上新增了享乐动机（hedonic motivation）、价格价值（price value）和习惯（habit）三个因素作为技术使用意愿与行为的决定因素，并保留了年龄、性别和经验三个调节因素。其中，享乐动机是指使用该系统所带来的乐趣或愉悦，由于在消费者情境下，内部动机是用户技术使用的重要驱动力，而 UTAUT 只强调了外部动机对用户技术使用的影响，因此 UTAUT 2 基于动机理论将享乐动机作为影响用户技术使用的内部动机对模型进行了补充；价格价值是指个人在感知收益和使用成本之间的认知权衡，与组织中的系统使用不同，消费者在系统使用中必须承担与系统和服务购买相关的成本，因此价格价值也是用户技术使用的重要影响因素；习惯是指个人由于学习而倾向于自动做出某种行为的程度，不少学者表明扩展使用意愿与使用行为之间的驱动机制对于用户的技术使用研究十分必要，已有研究为这种模型拓展提供了支持，比如 Limayem 等人在万维网持续使用的研究中发现习惯在使用意愿与持续使用行为之间

　　⊖　VENKATESH V, THONG J Y L, XU X. Consumer acceptance and use of information technology: extending the unified theory of acceptance and use of technology[J]. MIS quarterly, 2012, 36(1): 157-178.

具有调节作用，这表明习惯影响着消费者的技术使用[⊖]，因此 UTAUT 2 将习惯作为影响用户技术使用意愿与行为的重要决定因素。此外，由于消费者的技术使用意愿与行为主要取决于自身的意志，不存在被迫消费的情况，因此自愿性在模型中的调节作用不再成立，故将其从模型中剔除。经检验，在消费者情境下 UTAUT 2 的性能相较于 UTAUT 有所提升，对使用意愿的解释力能达到 74%，对使用行为的解释力能达到 52%。

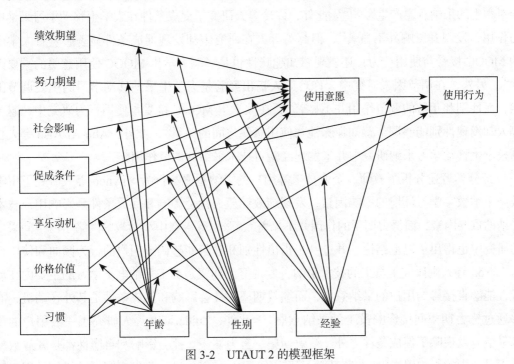

图 3-2　UTAUT 2 的模型框架

3.2　UTAUT 在信息系统研究领域的应用进展

3.2.1　UTAUT 在技术采纳研究中的应用

在信息技术飞速发展的当下，促进用户的技术采纳对于技术的生存与发展至关重要。然而，影响用户采纳意愿与行为的因素复杂多样，用户特征、用户感知等都与之密切相关，作为解释用户技术使用的关键理论，UTAUT 在此问题中具有重要的参考价值，因此，许多学者运用 UTAUT 来解释不同服务领域中用户的技术采纳。

1.UTAUT 在知识服务类技术采纳研究中的应用

学生是知识服务的主要对象，部分学者研究了学生对知识服务类技术的采纳意愿与行为。明均仁等人研究了高校学生在移动图书馆采纳中的行为模型，发现绩效期望是影响

⊖　LIMAYEM M, HIRT S G, CHEUNG C M K. How habit limits the predictive power of intention: the case of information systems continuance[J]. MIS quarterly, 2007, 31(4): 705-737.

学生使用意愿的主观因素，能够对其使用意愿产生直接影响⊖。王钱永等人则发现努力期望是影响本科生 MOOC 学习意愿的直接因素⊜，然而在大学生移动图书馆采纳研究中，明均仁等人却没有发现这样的关系，只证明了努力期望能够通过绩效期望间接影响其采纳意愿⊜。另外，Abu-Al-Aish 等人在移动学习研究中发现，社会影响特别是讲师的影响，是学生技术采纳意愿的重要影响因素⊛，而陈鹤阳等人关于移动图书馆的研究却表明社会影响不会对学生的采纳意愿产生影响⊕。此外，许玲等人研究了促成条件在大学生移动学习采纳中的作用，发现其影响并不显著⊗，但赵英等人在研究中却发现促成条件显著影响着大学生的 MOOC 接受与使用行为，还发现感知趣味性也是影响大学生 MOOC 使用意愿的重要因素⊕。另外，在调节因素研究中，许玲等人指出经验是大学生采纳移动学习的主要调节因素，而性别和年龄的调节作用并不显著⊗，在大学生 MOOC 接受与使用行为研究中，赵英等人却发现性别能够调节感知趣味性与使用意愿之间的关系⊕，此外，Abu-Al-Aish 等人在高校学生移动学习采纳研究中并未发现经验对技术采纳的调节作用⊛。

　　部分学者还分析了教师、企业员工等用户的采纳意愿与行为。Pynoo 等人研究了中学教师采纳数字学习环境的影响因素，发现绩效期望、社会影响和促成条件是影响用户技术采纳的重要因素，而努力期望的作用并不显著⊗，张思等人在中小学教师网络学习空间采纳的研究中也得出了以上结论，并进一步指出性别和教龄能够调节用户的行为倾向和使用行为⊗。Yoo 等人则研究了员工的技术采纳，发现努力期望是员工采纳电子学习的主要内在动机，能够直接影响用户的采纳意愿，而绩效期望、社会影响和促成条件是其外在动机，能够通过努力期望间接影响员工的采纳意愿⊕。此外，Zuiderwijk 等人研究了一般用户的技术采纳，发现除了促成条件之外，绩效期望、努力期望、社会影响和自愿性都是开放数据技术采纳中的影响因素⊕。在移动学习研究中，Wang 等人进一步发现享乐动机也是用户采

⊖　明均仁，张俊，杨艳妮，等. 基于 UTAUT 的移动图书馆用户行为模型及实证研究 [J]. 图书馆论坛，2017, 37(6): 70-77.

⊜　王钱永，毛海波. 基于 UTAUT 模型的 MOOC 学习行为因素分析 [J]. 电化教育研究，2016, 37(6): 43-48.

⊜　明均仁，郭财强. 移动图书馆用户采纳行为模型构建及实证研究 [J]. 图书馆论坛，2018, 38 (10): 93-101.

⊛　ABU-AL-AISH A, LOVE S. Factors influencing students' acceptance of m-learning: an investigation in higher education[J]. International review of research in open and distance learning, 2013, 14(5): 82-107.

⊕　陈鹤阳，谭宏利. 基于 UTAUT 和 TTF 模型的移动图书馆用户采纳行为研究 [J]. 现代情报，2018, 38(1): 60-68.

⊗　许玲，郑勤华. 大学生接受移动学习的影响因素实证分析 [J]. 现代远程教育研究，2013, (4): 61-66.

⊕　赵英，杨阁，罗萱. 大学生对 MOOC 接受与使用行为的调查研究 [J]. 中国远程教育，2015, (8): 37-43.

⊗　PYNOO B, DEVOLDER P, TONDEUR J, et al. Predicting secondary school teachers' acceptance and use of a digital learning environment: a cross-sectional study[J]. Computers in human behavior, 2011, 27(1): 568-575.

⊗　张思，刘清堂，黄景修，等. 中小学教师使用网络学习空间影响因素研究：基于 UTAUT 模型的调查 [J]. 中国电化教育，2016(3): 99-106.

⊕　YOO S J, HAN S H, HUANG W H. The roles of intrinsic motivators and extrinsic motivators in promoting e-learning in the workplace: a case from South Korea[J]. Computers in human behavior, 2012, 28(3): 942-950.

⊕　ZUIDERWIJK A, JANSSEN M, DWIVEDI Y K. Acceptance and use predictors of open data technologies: drawing upon the unified theory of acceptance and use of technology[J]. Government information quarterly, 2015, 32(4): 429-440.

纳意愿的影响因素，同时，性别和年龄能够调节用户的采纳意愿[一]，李武等人在电子书阅读客户端的研究中还发现感知价格也能对用户的采纳意愿产生重要影响[二]。

2.UTAUT 在交易服务类技术采纳研究中的应用

部分学者探索了用户采纳交易服务类技术的驱动因素。Martín 等人分析了用户采纳在线购买的影响因素，发现绩效期望有效提高了用户的采纳意愿，并指出个人创新能力越强的用户受绩效期望的影响越大[三]，但在移动支付研究中，Teo 等人运用神经网络法分析了用户采纳意愿的影响因素，并未发现绩效期望与用户采纳意愿间存在显著的关系[四]，Afshan 等人在移动银行研究中也得出了相同的结论，但通过进一步分析可以发现，绩效期望能够通过影响用户的初始信任和任务技术匹配间接影响其采纳意愿[五]。另外，在对在线机票购买的研究中，Escobar-Rodríguez 等人发现努力期望是用户采纳意愿中最重要的影响因素[六]，在网上银行研究中，Im 等人进一步指出不同文化背景下努力期望对采纳意愿的影响程度不同[七]，此外，在手机钱包采纳研究中，Shin 还发现年龄能够调节努力期望和采纳意愿之间的关系[八]，而 Zhou 等人在移动银行研究中却发现努力期望只能通过绩效期望间接影响用户的采纳意愿[九]。还有学者讨论了社会影响因素在技术采纳中的作用，Slade 等人在移动支付研究中发现，社会影响显著影响着用户的采纳意愿[十]，但在线上购票应用程序的采纳研究中，Jeon 等人则指出社会影响与用户采纳意愿间的关系并不显著[十一]。另外，在移动银行研

[一] WANG Y S, WU M C, WANG H Y. Investigating the determinants and age and gender differences in the acceptance of mobile learning[J]. British journal of educational technology, 2008, 40(1): 92-118.

[二] 李武，胡泊，季丹. 电子书阅读客户端的用户使用意愿研究：基于 UTAUT 和 VAM 理论视角 [J]. 图书馆论坛，2018, 38(4): 103-110.

[三] MARTÍN H S, HERRERO Á. Influence of the user's psychological factors on the online purchase intention in rural tourism: integrating innovativeness to the UTAUT framework[J]. Tourism management, 2012, 33(2): 341-350.

[四] TEO A C, TAN G W H, OOI K B, et al. The effects of convenience and speed in m-payment[J]. Industrial management & data systems, 2015, 115(2): 311-331.

[五] AFSHAN S, SHARIF A. Acceptance of mobile banking framework in Pakistan[J]. Telematics and informatics, 2016, 33(2): 370-387.

[六] ESCOBAR-RODRÍGUEZ T, CARVAJAL-TRUJILLO E. Online purchasing tickets for low cost carriers: an application of the unified theory of acceptance and use of technology (UTAUT) model[J]. Tourism management, 2014, 43: 70-88.

[七] IM I, HONG S, KANG M S. An international comparison of technology adoption testing the UTAUT model[J]. Information & management, 2011, 48(1): 1-8.

[八] SHIN D H. Towards an understanding of the consumer acceptance of mobile wallet[J]. Computers in human behavior, 2009, 25(6): 1343-1354.

[九] ZHOU T, LU Y, WANG B. Integrating TTF and UTAUT to explain mobile banking user adoption[J]. Computers in human behavior, 2010, 26(4): 760-767.

[十] SLADE E L, DWIVEDI Y K, PIERCY N C, et al. Modeling consumers' adoption intentions of remote mobile payments in the United Kingdom: extending UTAUT with innovativeness, risk, and trust[J]. Psychology & marketing, 2015, 32(8): 860-873.

[十一] JEON H M, ALI F, LEE S W. Determinants of consumers' intentions to use smartphones apps for flight ticket bookings[J]. The service industries journal, 2019, 39(5-6): 385-402.

究中，周涛等人指出知识、财力资源及系统配置的支持是用户使用行为的重要促成条件⊖，而 Martins 等人却指出促成条件对移动银行的采纳并无显著影响◎。此外，陈洁等人还研究了 UTAUT 2 的要素在微信支付采纳中的作用，研究发现感知娱乐性有助于提升微信支付的使用意愿⊜，Chopdar 等人在移动购物应用采纳研究中则发现习惯和价格价值也是影响用户采纳的重要因素㉃，但在 Baptista 等人关于移动银行的研究中，价格价值并不会显著影响用户的采纳意愿㉄。

还有部分学者探索了用户采纳交易服务类技术的调节因素。Chong 运用神经网络方法分析了移动商务的采纳，发现年龄是最重要的调节因素，具体而言，年轻用户比老年用户拥有更高的采纳意愿，同时，性别在一定程度上也能影响用户的采纳行为㉅。然而，Lian 等人在网上购物研究中却指出，男性用户与女性用户的采纳行为之间不存在显著差异㉆，在移动银行研究中，Oliveira 等人也指出性别不是调节用户采纳意愿的重要因素，此外还指出年龄对用户采纳意愿与行为的调节作用也不显著㉇。

3.UTAUT 在健康服务类技术采纳研究中的应用

健康服务的对象可以分为普通用户和专业用户，现有研究主要集中于分析普通用户技术采纳的影响因素上。在健康类 app 用户使用研究中，殷猛等人发现社会影响、绩效期望和努力期望是用户使用意愿的主要决定因素，其中，社会影响对用户使用意愿的影响最大㉈，然而，在健康类 app 使用研究中，胡德华等人却指出社群影响对大学生用户使用意愿的直接影响并不显著，通过进一步分析发现，社群影响可以通过用户的努力期望、感知风险和个人创新性间接影响用户的使用意愿㉉。另外，在健康信息技术研究中，Kijsanayotin

---

⊖ 周涛，鲁耀斌，张金隆 . 整合 TTF 与 UTAUT 视角的移动银行用户采纳行为研究 [J]. 管理科学，2009, 22(3): 75-82.

◎ MARTINS C, OLIVEIRA T, POPOVIČ A. Understanding the Internet banking adoption: a unified theory of acceptance and use of technology and perceived risk application[J]. International journal of information management, 2014, 34(1): 1-13.

⊜ 陈洁，朱小栋 . 基于 UTAUT 和 ITM 整合视角的微信支付用户使用行为影响因素研究 [J]. 现代情报，2015, 35(4): 35-40.

㉃ CHOPDAR P K, KORFIATIS N, SIVAKUMAR V J, et al. Mobile shopping apps adoption and perceived risks: a cross-country perspective utilizing the unified theory of acceptance and use of technology[J]. Computers in human behavior, 2018, 86: 109-128.

㉄ BAPTISTA G, OLIVEIRA T. Understanding mobile banking: the unified theory of acceptance and use of technology combined with cultural moderators[J]. Computers in human behavior, 2015, 50: 418-430.

㉅ CHONG A Y L. Predicting m-commerce adoption determinants: a neural network approach[J]. Expert systems with applications, 2013, 40(2): 523-530.

㉆ LIAN J W, YEN D C. Online shopping drivers and barriers for older adults: age and gender differences[J]. Computers in human behavior, 2014, 37: 133-143.

㉇ OLIVEIRA T, FARIA M, THOMAS M A, et al. Extending the understanding of mobile banking adoption: when UTAUT meets TTF and ITM[J]. International journal of information management, 2014, 34(5): 689-703.

㉈ 殷猛，李琪 . 基于保护动机理论的健康 APP 用户使用研究 [J]. 现代情报，2016, (7): 63-70.

㉉ 胡德华，张彦斐 . 基于 UTAUT 的大学生健康类 APP 使用影响因素研究 [J]. 图书馆，2019, (3): 63-68.

等人指出促成条件是影响用户采纳的重要因素，组织支持与技术支持都是提升用户采纳意愿的重要促成条件[⊖]，然而，在移动医疗的采纳研究中，Hoque 等人却发现促成条件并不能显著影响老年用户的采纳意愿与行为[⊜]。除上述因素外，Kijsanayotin 等人在健康信息技术研究中还发现，自愿性和经验也能影响用户的采纳意愿与行为，具体而言，用户的选择自由权能够有效提高用户的采纳意愿，同时，拥有信息技术使用经验的用户往往表现出更高的技术采纳倾向[⊖]。另外，在移动健康系统的采纳中，Dwivedi 等人还发现 UTAUT 2 中的价格价值和享乐动机也是重要的影响因素，其中，享乐动机对采纳意愿的影响在不同文化背景下存在差异[⊜]。

此外，专业用户的采纳意愿与行为也受到学界的关注。Jeng 等人在临床决策支持系统研究中发现，专业医疗人员的采纳意愿主要受到绩效期望和努力期望的影响，而社会因素对医疗人员采纳意愿的影响并不显著，这是因为医疗人员更倾向于根据自身经验对系统价值进行判断，从而决定自己的采纳行为[⊕]。Shibl 等人在临床决策支持系统的采纳研究中也得出了相同的结论，还指出促成条件也能显著影响医疗人员的采纳行为，其中，工作流程的保障、适当的培训及系统集成是促进医疗人员系统采纳的三个重要促成条件，另外，研究还指出经验丰富的医疗人员往往拥有更高的感知易用性，因此具有更高的系统采纳意愿[⊛]。

4. UTAUT 在信息交流服务类技术采纳研究中的应用

信息交流服务系统按照用途可以分为专用信息系统和通用信息系统，已有研究主要集中于探索专用信息系统采纳的影响因素。在专用信息系统中，政务信息系统因专注于信息和通信技术的整合[⊛]而成为学界关注的热点。在电子政务采纳研究中，Rana 等人发现绩效期望、努力期望、社会影响和促成条件是用户采纳意愿的主要影响因素，其中，促成条件可以直接影响用户的采纳意愿，而其余因素只能通过影响用户的态度间接影响其采纳意

⊖ KIJSANAYOTIN B, PANNARUNOTHAI S, SPEEDIE S M. Factors influencing health information technology adoption in Thailand's community health centers: applying the UTAUT model[J]. International journal of medical informatics, 2009, 78(6): 404-416.

⊜ HOQUE R, SORWAR G. Understanding factors influencing the adoption of mHealth by the elderly: an extension of the UTAUT model[J]. International journal of medical informatics, 2017, 101: 75-84.

⊜ DWIVEDI Y K, SHAREEF M A, SIMINTIRAS A C, et al. A generalised adoption model for services: a cross-country comparison of mobile health (m-health)[J]. Government information quarterly, 2016, 33(1): 174-187.

⑭ JENG D J F, TZENG G H. Social influence on the use of clinical decision support systems: revisiting the unified theory of acceptance and use of technology by the fuzzy DEMATEL technique[J]. Computers & industrial engineering, 2012, 62(3): 819-828.

⑮ SHIBL R, LAWLEY M, DEBUSE J. Factors influencing decision support system acceptance[J]. Decision support systems, 2013, 54(2): 953-961.

⑯ GUPTA B, DASGUPTA S, GUPTA A. Adoption of ICT in a government organization in a developing country: an empirical study[J]. The journal of strategic information systems, 2008, 17(2): 140-154.

愿[⊖]。在移动政务采纳中，朱多刚等人则发现努力期望不仅能通过绩效期望和感知信任间接影响用户的使用意愿，还能对用户使用意愿产生直接的影响[⊜]，而在政务社交媒体研究中，吴云等人却发现公众的付出预期与其使用意愿之间没有显著的关系[⊜]。此外，Gupta 等人研究了政府员工的电子政务采纳行为，发现男性员工和女性员工在电子政务采纳中没有明显差异[⊛]，而 Wang 等人在信息亭研究中却发现，性别能够调节公众的技术采纳意愿，具体而言，男性用户的绩效期望对其采纳意愿的影响更强，而女性用户在技术采纳时更容易受社会因素的影响。另外，研究还发现年龄也是公众采纳意愿的重要调节因素，老年用户在技术采纳中受努力期望的影响更为显著[⊛]。除了政务信息系统外，用于学术交流的社交媒体也受到学界的关注。Gruzd 等人采用半结构式访谈法研究了学者的社交媒体采纳行为，发现 UTAUT 的四个核心要素在学术界的社交媒体采纳中都发挥着重要的作用，其中，绩效期望和社会影响是学者们采用社交媒体进行学术交流的主要驱动因素，而努力期望和促成条件在一定程度上阻碍了学者对学术社交媒体的采纳[⊛]。在学术虚拟社区研究中，吴士健等人也发现绩效期望、努力期望、社会影响和促成条件是用户使用学术虚拟社区进行知识共享的决定性因素，此外还发现，用户的感知知识优势能显著调节四个决定性因素与用户使用意愿之间的关系[⊕]。

部分研究还分析了信息交流服务中通用信息系统的用户采纳意愿与行为。Lin 等人研究了即时通信技术的采纳，发现社会影响和努力期望能直接影响大学生的技术采纳意愿，其中，社会影响对大学生采纳意愿的影响最为显著，还发现促成条件能直接影响大学生的技术采纳行为[⊛]。文鹏等人在微信用户使用意愿研究中也证实了同样的关系，此外还发现绩效期望也有助于提高用户的微信使用意愿，当用户认为微信相对于其他工具具有更高的优越性时，用户会更倾向于使用微信[⊛]。

此外，其他信息技术的采纳研究也受到学界的关注。在区块链技术采纳研究中，Queiroz 等人发现绩效期望和社会影响能显著提高专业人员的技术采纳意愿，而促成条件

⊖ RANA N P, DWIVEDI Y K, WILLIAMS M D, et al. Adoption of online public grievance redressal system in India: toward developing a unified view[J]. Computers in human behavior, 2016, 59: 265-282.

⊜ 朱多刚，郭俊华. 基于 UTAUT 模型的移动政务采纳模型与实证分析 [J]. 情报科学，2016, 34(9): 110-114.

⊜ 吴云，胡广伟. 政务社交媒体的公众接受模型研究 [J]. 情报杂志，2014, 33(2): 177-182.

⊛ GUPTA B, DASGUPTA S, GUPTA A. Adoption of ICT in a government organization in a developing country: an empirical study[J]. The journal of strategic information systems, 2008, 17(2): 140-154.

⊛ WANG Y S, SHIH Y W. Why do people use information kiosks? A validation of the unified theory of acceptance and use of technology[J]. Government information quarterly, 2009, 26(1): 158-165.

⊛ GRUZD A, STAVES K, WILK A. Connected scholars: examining the role of social media in research practices of faculty using the UTAUT model[J]. Computers in human behavior, 2012, 28(6): 2340-2350.

⊕ 吴士健，刘国欣，权英. 基于 UTAUT 模型的学术虚拟社区知识共享行为研究：感知知识优势的调节作用 [J]. 现代情报，2019, 39(6): 48-58.

⊛ LIN C P, ANOL B. Learning online social support: an investigation of network information technology based on UTAUT[J]. Cyberpsychology & behavior, 2008, 11(3): 268-272.

⊛ 文鹏，蔡瑞. 微信用户使用意愿影响因素研究 [J]. 情报杂志，2014, 33(6): 156-161.

与采纳意愿之间的关系在不同地区特征下表现不同，具体而言，在发展中国家，促成条件是阻碍区块链技术采纳的关键因素，而在发达国家，由于其已具备必要的促成条件来支持区块链技术的采纳，因此促成条件对采纳的影响并不显著[⊖]。在云存储服务研究中，曹越等人发现绩效期望、努力期望和社会影响因素都能影响用户的采纳意愿，还发现友好的界面和简单的操作等都是用户采纳行为的促成条件，此外，研究还指出用户的性别和经验在云存储服务的采纳中没有显著的调节作用[⊜]。部分学者还分析了移动打车软件使用意愿的影响因素，研究发现社会影响对用户使用意愿的影响最为显著，用户的选择在很大程度上受到身边熟人的影响，研究还发现绩效期望也是提高用户使用意愿的重要因素，在决定是否使用移动打车软件时，用户看重的是打车软件给自己带来的便利和帮助，此外，研究还指出感知趣味性能够积极影响用户的使用意愿，而感知价格水平在技术推广阶段是阻碍用户使用的主要因素，另外，努力期望在移动打车软件中对用户采纳意愿的影响并不显著[⊛]。

由上述研究可知，UTAUT 在技术采纳中的应用研究非常丰富，但仍存在一些不足，对以上研究成果与不足的总结为：①从应用领域来看，当前研究主要集中在知识服务、交易服务、健康服务和信息交流服务领域，鲜有 UTAUT 在娱乐服务和生活服务领域中的应用；②从数据分析方法来看，已有的研究多采用偏最小二乘法来分析 UTAUT 中各要素对用户技术采纳的影响，只有少数研究运用神经网络方法进行分析，由于神经网络方法既可以检测线性关系，又可以检测非线性关系，因此具有更好的分析效果，未来可以推广神经网络方法在研究中的应用；③从数据收集方法来看，研究多采用问卷调查法，数据可靠性难以验证，未来可以使用系统生成的用户行为数据或专业评估者的评估数据进行研究以增加数据的可靠性；④从影响因素来看，绩效期望在各服务领域中都是影响用户采纳的重要因素，而努力期望在知识服务和信息交流服务中的作用、社会影响在知识服务和交易服务中的作用、促成条件在知识服务、交易服务和健康服务中的作用仍存在争议，此外，性别和年龄在技术采纳中的调节作用也未得出一致的结论，今后的研究可以借助元分析进一步探讨存在争议的因素在各类技术采纳中的作用；⑤从研究热点来看，与移动知识服务、线上交易服务和移动健康服务相关的技术及系统是近几年的研究热点，随着技术的发展，5G技术、VR 技术、AI 技术及物联网等新兴技术在未来生活中将会呈现出越来越高的应用价值，相应地，智慧办公、智能家居等新型系统的应用也会越来越广泛，这些技术与系统都是今后值得关注的研究方向；⑥从研究情境来看，当前研究多脱离组织环境探讨独立个体的技术采纳，鲜有研究结合组织特征进行分析，未来研究可以结合组织的结构特征分析组织中各级员工的技术采纳差异。

⊖　QUEIROZ M M, WAMBA S F. Blockchain adoption challenges in supply chain: an empirical investigation of the main drivers in India and the USA[J]. International journal of information management, 2019, 46: 70-82.

⊜　曹越，毕新华. 云存储服务用户采纳影响因素实证研究 [J]. 情报科学，2014, 32(9): 137-141.

⊛　孟健，刘阳. 移动打车软件用户使用意愿影响因素研究 [J]. 现代情报，2016, 36(2): 25-31.

3.2.2　UTAUT 在用户满意度研究中的应用

用户满意度是评价信息系统成功与否的关键指标[一]，对用户的技术选择和采纳后行为有着重要的影响。用户满意度与用户的技术使用密切相关，满意度的形成依赖于使用过程中用户对各种因素的感知，因此部分学者利用 UTAUT 来研究用户满意度的影响因素。

在泛在学习技术研究中，Shin 等人发现绩效期望和努力期望显著影响着用户满意度[二]。在急诊环境下的电子病历使用研究中，Maillet 等人也得出了相同的结论，此外还发现促成条件也能直接影响护士的满意度，而社会影响与护士满意度之间没有显著的直接关系，只能通过影响绩效期望和电子病历的实际使用评价间接作用于护士的满意度[三]。Chan 等人则按照准备、目标、定位和发行四个技术发布阶段分析了不同阶段中影响用户满意度的关键因素，研究发现在电子政务技术的准备阶段，社会影响对公众满意度的影响最为显著，提高公民意识、扩大技术的社会影响力是提高满意度的关键手段；在目标阶段，绩效期望、努力期望和促成条件能影响目标用户的需求满足感，从而对公众满意度产生显著的影响；在定位阶段，绩效期望是公众满意度最重要的影响因素，由于电子政务技术的定位是替代传统的政府服务访问手段，因此，在此阶段突显电子政务技术的性能优势是提高用户满意度的关键途径；而在发行阶段，绩效期望、努力期望和促成条件能有效缓解公众对电子政务技术使用的担忧，因此三者对公众满意度的影响最为显著[四]。

由上述研究可知，UTAUT 的四要素都能直接或间接影响用户满意度，且不同技术发布阶段，影响用户满意度的关键因素不同。今后对满意度问题的研究可以从两方面进行改进：①不同用户对技术的关注点不同，这将导致各用户满意度的不一致，因此，有必要讨论不同年龄、不同性别及不同经验的用户满意度水平之间的差异；②还没有研究从技术类型角度讨论用户满意度，未来研究可以讨论不同技术类型下用户满意度影响因素之间的差异。

3.2.3　UTAUT 在技术持续使用研究中的应用

信息技术的最终成功依赖于用户的持续使用[五]，只有当信息技术被持续使用时，企业

[一] DELONE W H, MCLEAN E R. Information systems success: the quest for the dependent variable[J]. Information systems research, 1992, 3(4): 60-95.

[二] SHIN D H, SHIN Y J, CHOO H, et al. Smartphones as smart pedagogical tools: implications for smartphones as u-learning devices[J]. Computers in human behavior, 2011, 27(6): 2207-2214.

[三] MAILLET É, MATHIEU L, SICOTTE C. Modeling factors explaining the acceptance, actual use and satisfaction of nurses using an electronic patient record in acute care settings: an extension of the UTAUT[J]. International journal of medical informatics, 2015, 84(1): 36-47.

[四] CHAN F K Y, THONG J Y L, VENKATESH V, et al. Modeling citizen satisfaction with mandatory adoption of an e-government technology[J]. Journal of the association for information systems, 2010, 11(10): 519-549.

[五] BHATTACHERJEE A, PEROLS J, SANFORD C. Information technology continuance: a theoretic extension and empirical test[J]. Journal of computer information systems, 2008, 49(1): 17-26.

才能获得稳定的价值。技术持续使用是一种长期的技术使用行为[⊖]，因此，UTAUT 在此问题中也同样适用。

现有研究主要探讨了技术持续使用的影响因素。在敏捷信息系统持续使用研究中，Hong 等人发现感知有用性、促成条件和用户习惯可以直接影响用户的持续使用意愿，而感知易用性与持续使用意愿之间没有显著的直接关系，只能通过感知有用性和满意度对持续使用意愿产生间接的影响，另外，社会影响与用户持续使用意愿之间的关系并不显著[⊜]。然而，在电子学习研究中，Mohammadyari 等人将社会影响分为个人影响和组织影响，进一步分析了社会影响在技术持续使用中的作用，结果发现社会影响是用户持续使用意愿的重要影响因素，一方面，组织影响直接影响着用户的持续使用意愿，另一方面，个人影响能通过影响绩效期望和努力期望间接影响用户的持续使用意愿[⊜]。除了对决定因素的研究外，部分学者还讨论了调节因素在技术持续使用中的作用。高峰研究了网络教学方式的持续使用，发现年龄能够调节绩效期望与持续使用意愿之间的关系，年长教师的持续使用意愿更容易受绩效期望的影响，此外，性别和经验也是教师持续使用意愿的调节因素，女性教师和没有网络教学经验的教师往往更容易受社会因素的影响[⑩]。然而，Shin 等人在泛在学习技术研究中却发现，经验对用户持续使用意愿的影响并不显著[⑤]。

此外，还有学者分析了用户持续使用意愿的形成过程。Venkatesh 等人借助 UTAUT 和期望确认理论分析了电子政务持续使用意愿的形成，发现用户持续使用意愿的形成过程是一个期望确认过程，在此过程中，UTAUT 中的绩效期望、努力期望、社会影响和促成条件是用户进行期望确认的四个方面，对各方面的肯定性确认能够积极影响用户在各方面的使用后感知，进而提高用户的持续使用意愿[⑥]。

由上述研究可知，绩效期望、努力期望、促成条件和用户习惯都能直接或间接影响用户的持续使用意愿，而社会影响在技术持续使用中的作用还存在争议，另外，性别和年龄能够调节用户的持续使用意愿，而经验的调节作用还有待进一步确认，未来的研究可以通过扩大样本的种类和数量，增强样本随机性和多样性，以验证社会影响和经验在技术持续使用中的作用。此外，UTAUT 的四要素是用户进行期望确认的四个方面，对各方面的肯定性确认有助于提高用户的持续使用意愿。另外，技术持续使用是一个长期的持续过

⊖ CHAN F K Y, THONG J Y L, VENKATESH V, et al. Modeling citizen satisfaction with mandatory adoption of an e-government technology[J]. Journal of the association for information systems, 2010, 11(10): 519-549.

⊜ HONG W, THONG J Y L, CHASALOW L C, et al. User acceptance of agile information systems: a model and empirical test[J]. Journal of management information systems, 2011, 28(1): 235-272.

⊜ MOHAMMADYARI S, SINGH H. Understanding the effect of e-learning on individual performance: the role of digital literacy[J]. Computers & education, 2015, 82: 11-25.

⑩ 高峰. 高校教师网络教学方式的采纳和使用：基于技术接受与使用整合理论的研究 [J]. 开放教育研究，2012, 18(1): 106-113.

⑤ SHIN D H, SHIN Y J, CHOO H, et al. Smartphones as smart pedagogical tools: implications for smartphones as u-learning devices[J]. Computers in human behavior, 2011, 27(6): 2207-2214.

⑥ VENKATESH V, THONG J Y L, CHAN F K Y, et al. Extending the two-stage information systems continuance model: incorporating UTAUT predictors and the role of context[J]. Information systems journal, 2011, 21(6): 527-555.

程，而已有研究多采用横截面数据，缺乏对技术持续使用的动态分析，未来研究可对用户行为进行持续跟踪以获取纵向数据，动态分析用户的持续使用行为。

3.2.4　UTAUT 在技术推荐研究中的应用

用户的技术推荐是一种高效且低成本的技术宣传途径，能为企业创造额外的商业价值。由于技术推荐是一种技术采纳后行为，与用户的技术使用行为密切相关，因此，有学者运用 UTAUT 来解释用户的技术推荐意愿与行为。

在生物识别技术的采纳与推荐研究中，Miltgen 等人发现用户的技术采纳意愿能够直接影响其推荐意向，而其他因素只能通过用户的采纳意愿间接作用于用户推荐意向，其中，感知有用性和促成条件能够通过采纳意愿间接影响用户的推荐意向，而感知易用性和社会影响对用户推荐意向的影响并不显著⊖。然而，在微信支付的使用及推荐意向研究中，常亮却发现便利条件不能影响用户的推荐意向，而社群影响能够通过使用意愿间接对用户的推荐意向产生积极影响⊜。在移动支付推荐意向的影响因素研究中，Oliveira 等人也发现了相同的结论，此外还分析了 UTAUT 2 中的享乐动机和价格价值在技术推荐中的作用，研究发现享乐动机和价格价值并不是用户推荐意向的影响因素⊝。

综上所述，目前研究存在几点不足：①研究只检验了绩效期望、努力期望、社会影响和促成条件等因素与用户推荐意向之间的间接关系，对技术推荐问题的解释不够直接，未来研究可探索 UTAUT 或 UTAUT 2 中的要素对用户推荐意向的直接影响；②已有研究表明用户的使用意愿是其推荐意向最直接的影响因素，绩效期望是用户推荐意向的间接影响因素，而努力期望、享乐动机和价格价值对用户推荐意向的影响并不显著，另外，社会影响和促成条件在技术推荐中的作用还存在争议，未来研究可拓展 UTAUT 在其他技术中的应用以进一步探讨促成条件和社会影响对用户推荐意向的影响；③研究多以推荐意向为终点，还未见有对用户推荐行为进行深入分析的研究。

3.3　结论与展望

通过梳理 UTAUT 在信息系统领域中的研究成果可以发现，研究大多集中在"技术采纳研究""用户满意度研究""技术持续使用研究"和"技术推荐研究"这 4 个方面。

现有研究主要存在的不足包括：①研究多采用横截面数据，然而随着时间的变化，用户的经验和需求也在不断发展，纵向数据更有助于理解变量重要性的动态变化规律及变量

⊖　MILTGEN C L, POPOVIC A, OLIVEIRA T. Determinants of end-user acceptance of biometrics: integrating the "Big 3" of technology acceptance with privacy context[J]. Decision support systems, 2013, 56: 103-114.

⊜　常亮 . UTAUT 和 DOI 整合模型：微信支付使用及推荐意向影响 [J]. 企业经济，2018, 37(8): 119-125.

⊝　OLIVEIRA T, THOMAS M, BAPTISTA G, et al. Mobile payment: understanding the determinants of customer adoption and intention to recommend the technology[J]. Computers in human behavior, 2016, 61: 404-414.

间的因果关系。②模型影响因素考虑不完整，许多潜在因素在研究中未被发掘，妨碍了对各因素作用机制的研究。③用户的行为意愿并不总能代表用户的实际行为，目前多数研究只分析了用户的行为意愿，而没有分析用户的实际行为，有必要进一步验证各影响因素对用户实际行为的影响。④研究数据多通过问卷调查方法采集，数据容易受主观因素的影响而与真实情况有出入，数据质量无法保证，导致研究结论缺乏说服力。⑤ 5G 技术、VR 技术、AI 技术及物联网等新兴技术正在快速发展之中，在生活中的应用也越来越广泛，由此衍生出的各类新型信息系统也越来越丰富，目前 UTAUT 在这些新兴技术与新型系统中的应用较为缺乏。⑥系统设计及优化与用户的技术使用密切相关，已有研究分析了技术采纳、用户满意度、技术持续使用和技术推荐中的用户行为特征与影响因素，这些都能为系统的设计及优化提供指导，然而，目前还没有 UTAUT 在系统设计及优化中的应用研究。⑦在技术推荐问题中，研究只验证了各影响因素与用户推荐意向之间的间接关系，还未得出直接的研究结论，变量间的直接关系还需要进一步地验证。⑧当前研究仍存在不一致的结论，努力期望、社会影响和促成条件等决定性因素，以及性别、年龄和经验等调节因素在部分研究问题中的作用还有待考证。⑨ UTAUT 是在组织环境下提出的理论，然而现有研究多脱离组织环境对独立个体进行分析，还没有研究结合组织特征分析用户的技术使用行为。

基于以上几点不足，未来的研究可以从这样几个方面进行改进和探索：①对研究问题进行持续的跟踪，获取纵向研究数据，以探究变量之间的因果关系和动态规律。②通过引入 UTAUT 2 中的要素和潜在的调节因素，完善模型的框架，提高模型的解释力。③收集用户的行为数据，在行为意愿研究的基础上进一步探索 UTAUT 的要素对用户行为的影响，完善用户行为研究。④尽可能使用客观数据，或者将客观数据与主观数据相结合，以保障数据的真实有效性，可以运用系统日志中的用户行为数据或通过工具实时捕捉用户与系统的交互数据进行研究。⑤拓展 UTAUT 的应用领域，着手研究 UTAUT 在 5G 技术、VR 技术、AI 技术和物联网等新兴技术及相关信息系统中的应用，同时，持续关注这些技术的最新发展状况，使 UTAUT 的应用研究与最新技术趋势保持同步。⑥运用 UTAUT 解决系统设计及优化问题，探索用户使用意愿及行为的影响因素，并据此为系统设计及优化提供参考，此外，还可以分析面向不同系统类型、不同用户群体的系统功能设计及界面设计方案。⑦构建用户推荐意向与各影响因素之间的直接关系模型，运用偏最小二乘法或神经网络法验证变量间的直接关系。⑧通过扩大样本量、拓展应用场景，讨论各影响因素在不同场景中的作用，并对研究结果进行分析和归纳以得出一般性结论。⑨在组织环境中研究组织员工的技术使用行为，可以结合组织的结构、文化等特征分析组织员工的技术使用特征。

| 第4章 |

技术支配理论的演化及其在
信息系统研究领域的应用与展望

1998 年，Arnold 等人通过对决策辅助相关文献的演绎分析提出了技术支配理论（theory of technology dominance，TTD）[一]。TTD 的核心思想是：决策者在使用智能决策辅助工具时，可能会倾向于依赖技术工具提供的建议，而非自主判断。

自理论提出后，已有学者将 TTD 应用于研究信息系统中的技术依赖问题。为了帮助学界了解 TTD 的研究进展，Triki 等人在详细阐述 TTD 基本内容的同时，对其理论的发展进行综述，并在 TTD 的基础上结合其他决策辅助研究成果，提出了 TTD 优化模型[二]。Triki 等人的研究是目前唯一一篇系统介绍 TTD 的综述性文献，但他们更偏重于梳理决策者依赖智能决策辅助工具的影响因素研究，并未关注 TTD 在信息系统领域的应用进展。因此，为了帮助学界准确地把握 TTD 的应用现状，以及更好地将 TTD 应用于技术依赖问题的研究，本章拟系统地评述 TTD 在信息系统研究领域的应用进展。

一 ARNOLD V, SUTTON S G. The theory of technology dominance: understanding the impact of intelligent aids on decision maker's judgments[J]. Advances in accounting behavioral research, 1998, 1: 175-194.

二 TRIKI A, WEISNER M M. Lessons from the literature on the theory of technology dominance: possibilities for an extended research framework [J]. Journal of emerging technologies in accounting, 2014, 11: 41-69.

4.1　TTD 的起源与发展

4.1.1　TTD 的起源

TTD 源自人们对智能决策辅助工具在会计信息系统作用的研究。1998 年，Arnold 和 Sutton 发现会计信息系统中有两个值得深思的问题：一是为什么智能决策辅助工具在会计信息系统中发挥的作用如此有限；二是怎样才能设计出更有用的智能决策辅助工具并如何使用才更有效果。为了探寻问题的答案，经过深入分析会计信息系统中决策者对智能决策辅助工具依赖现象后，Arnold 等人在心理学和认知科学理论的基础上，结合人工智能及用户交互相关的知识，通过对会计学决策辅助依赖相关的文献进行演绎分析，最终提出 TTD，探索了决策者与智能决策辅助工具的最佳适配条件。

TTD 认为决策者使用智能决策辅助工具时可能会对技术工具产生依赖，而依赖会引起技术对决策的支配作用。为避免歧义，TTD 对"依赖""支配"做出了清晰的界定，前者是指个人使用智能决策辅助工具并将工具提供的建议纳入判断的程度；后者则是指智能决策辅助工具代替决策者掌握决策的主导权[⊖]。

TTD 将决策者对智能决策辅助工具的依赖情况及技术支配效应分为三个方面研究：①研究哪些因素会让决策者对智能决策辅助工具产生依赖。②探索在哪些情境下决策者容易受到智能决策辅助工具的支配。③探讨智能决策辅助工具的长期使用是否会降低决策者的专业能力或妨碍决策者的认知进化。针对每方面的研究主题，理论凝练出了 2 ~ 3 项可测试命题（见表 4-1）。此外，TTD 提出的预测模型可以预测决策者对智能决策辅助工具的依赖情况（见图 4-1），模型根据影响决策者依赖智能决策辅助工具的因素判断依赖趋势，模型中的影响因素分别是任务经验、任务复杂性、决策辅助熟悉度及认知匹配度。其中，任务经验是决策者完成任务的经验水平及决策者为完成特定任务已有的策略水平；任务复杂性是决策者在完成某项任务时所面临的认知能力挑战的程度；决策辅助熟悉度是决策者基于先前经验或重要培训对智能决策辅助工具感到适应的程度；认知匹配度是使用智能决策辅助工具完成任务的认知过程与决策者常规认知过程相匹配的程度[⊖]。

表 4-1　TTD 可测试命题

方面	命题内容
1	命题 1：当用户经验水平不高时，任务经验与智能决策辅助工具的依赖程度之间存在负相关关系
	命题 2：任务复杂性与智能决策辅助工具的依赖程度之间存在正相关关系
	命题 3：当任务经验和任务复杂性较高时，决策辅助熟悉度与智能决策辅助工具的依赖程度之间存在正相关关系

⊖　ARNOLD V, SUTTON S G. The theory of technology dominance: understanding the impact of intelligent aids on decision maker's judgments[J]. Advances in accounting behavioral research, 1998, 1: 176.

⊖　ARNOLD V, SUTTON S G. The theory of technology dominance: Understanding the impact of intelligent aids on decision maker's judgments[J]. Advances in accounting behavioral research, 1998, 1: 181-183.

（续）

方面	命题内容
2	命题4：当任务经验和任务复杂性较高时，认知匹配度与智能决策辅助工具的依赖程度之间存在正相关关系
	命题5：当用户的专业知识与智能决策辅助工具不匹配时，用户的专业知识水平与决策失误风险之间存在负相关关系
	命题6：当用户的专业知识与智能决策辅助工具匹配时，智能决策辅助工具的依赖程度与决策优化之间存在正相关关系
3	命题7：持续使用智能决策辅助工具与审计人员在相应领域能力的下降之间存在正相关关系
	命题8：在给定的问题领域中广泛、长期使用智能决策辅助工具与知识的增长及该领域能力的进步之间存在负相关关系

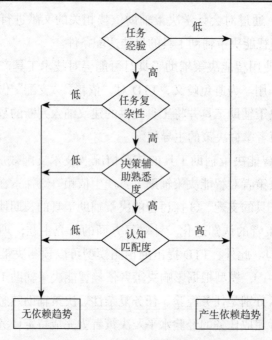

图 4-1   TTD 预测模型

4.1.2   TTD 的发展

TTD 的发展主要集中在两个方面：一是继续研究决策者依赖智能决策辅助工具的影响因素，丰富 TTD 模型；二是深入研究决策者使用智能决策辅助工具进行决策的认知过程，探索依赖产生的情境。

一方面，后续研究基于 TTD 引入了信任、信心、解释、绩效激励等其他影响因素。Triki 等人利用演绎分析法与四步理论构建法，在回顾 TTD 与其他决策辅助研究的基础上，提出了包括初始信任、信心、建立的信任及解释四个新因素的 TTD 拓展模型[⊖]。Hunton 等人则在任务复杂性、任务经验的基础上，引入绩效激励作为自变量，调查专业

⊖   TRIKI A, WEISNER M M. Lessons from the literature on the theory of technology dominance: possibilities for an extended research framework [J]. Journal of emerging technologies in accounting, 2014, 11: 41-69.

买方财务分析师在真实工作环境下的决策辅助依赖行为，研究发现绩效激励更高的分析师不容易依赖决策辅助[○]。此外，Parkes 认为任务特征可以从主观和客观角度加以区分，其在设计实验时不仅考虑了任务复杂性形式的客观任务特征对决策辅助依赖的影响，还将任务难度形式的主观任务特征纳入考量范围，通过不同任务经验水平的受试者使用智能决策辅助工具完成两项复杂程度迥异的破产任务决策的实验，发现任务的主客观特征都会影响依赖行为，并且任务难度起完全中介作用[○]。

另一方面，学者们研究了不同情境下决策者使用智能决策辅助工具的认知过程。Arnold 等人提出 TTD 后，研究了知识库系统的解释工具对不同用户决策效果的影响，结果表明：解释工具使决策者更愿意接受决策辅助的建议，并且决策者的任务经验起调节作用[○]。Mălăescu 等人则通过研究用户对决策辅助系统限制性强弱的偏好，发现新手偏好限制性强的系统，专家则偏好灵活的系统；作者认为这可能是因为系统的限制性对新手而言可以提供认知上的指导，而对专家而言则是一种认知负荷[○]。另外，Al-Natour 调查了在线购物时用户使用智能决策辅助工具实施决策与用户独立做出决策间的感知相似性，研究发现：感知过程相似性对用户感知决策辅助的有用性和可信性有显著的正向作用，并且用户的专业知识水平调节感知相似性对感知有用性和可信度的影响[○]。

4.2　TTD 在信息系统研究领域的应用进展

4.2.1　信息系统设计方面的技术依赖研究

TTD 认为用户与信息系统的适配十分重要，合适的系统功能设置能够发挥技术依赖带来的正面作用，而不合适的系统不仅无法提高决策效果，还会造成对技术的过度依赖，引起决策风险。因此，不少文献应用 TTD 研究信息系统设计方面的技术依赖问题。

1. 系统限制性的影响研究

系统限制性最初是指"系统将用户的决策过程限制为所有可能过程的特定子集的程度和方式"[○]，智能决策辅助工具一般通过在系统中嵌入规则来限制用户与决策辅助工具的

○ HUNTON J, ARNOLD V, RECK J L. Decision aid reliance: a longitudinal field study involving professional buy-side financial analysts[J]. Contemporary accounting research, 2010, 27(4): 997-1023.

○ PARKES A. The effect of individual and task characteristics on decision aid reliance[J]. Behaviour & information technology, 2017, 36 (2): 165-177.

○ ARNOLD V, CLARK N, COLLIER P A, et al. The differential use and effect of knowledge-based system explanations in novice and expert judgement decisions[J]. MIS quarterly, 2006, 30(1): 79-97.

○ MĂLĂESCU I, SUTTON S G. The effects of decision aid structural restrictiveness on cognitive load, perceived usefulness and reuse intentions[J]. International journal of accounting information systems, 2015, 17: 16-36.

○ AL-NATOUR S, BENBASAT I, CENFETELLI R T. The effects of process and outcome similarity on users′ evaluations of decision aids[J]. Decision sciences, 2008, 39(2): 175-211.

○ SILVER M S. Differential analysis for computer-based decision support[J]. Operations research, 1988, 36(6): 905.

交互方式。Seow 调查了系统限制性是否会影响使用者识别智能决策辅助工具没有提到的风险，结果显示：使用限制性更强的决策辅助的参与者识别非提示项数量更少，这表明系统较高的限制性程度会增强用户识别系统非提示风险的决策偏见^㊀。Masselli 等人则通过一项电子化的税务实验，研究了嵌入式审计标志（审计警告触发器）对报税员的税务报告决策的影响，研究结果表明：加入审计标志会使报税员对纳税申报单的调整更加频繁，所做决策也更保守^㊁。

此外，还有文献研究不同类型的决策辅助系统的限制性差异。Dowling 等人比较了五家大型国际审计公司所采用的审计支持系统，调查发现决策辅助系统的类型与限制性强弱显著相关；相较于大型项目，小型项目更偏向使用低限制性的系统；作者解释小型项目的审核员往往手工制作客户文件，因此手工清单等低限制性的系统是主要决策辅助类型^㊂。Arnold 也解释了不同项目对系统限制性偏好有差别的原因，他认为系统限制性强到一定程度会迫使所有用户执行相同的流程，即流程的标准化，而大型项目更需要标准化的流程；另外，他还指出标准化也意味着思想多样性的消失，因此过度的限制性也将导致用户对系统的机械化使用^㊃。

2. 系统反馈机制的影响研究

反馈机制主要分事前反馈和事后反馈，解释工具是常见的反馈机制形式。Arnold 等人调查了知识库系统中的解释工具，发现新手和专家使用系统的方式完全不同；新手偏好系统的事前反馈功能，他们使用解释工具来指导完成任务；而专家则倾向于事后反馈功能，他们通过解释工具来理解系统所做决策的缘由；作者认为，新手、专家与系统的认知匹配程度不同，由此对反馈机制的偏好不同，而这种偏好差异可能是为了协调用户所做决策与系统建议之间的差别^㊄。也有研究在设计信息系统时，考虑到了反馈机制偏好的差异性，如 Yamada 等人在设计具有解释功能的实时列车调度交互式系统时，将新手和专业人员对解释功能的不同偏好考虑进去^㊅。

此外，Mascha 等人设计了 2×2 的实验室实验，研究不同任务难度下反馈机制对决策效果的影响，实验控制反馈类型为基于内容（高）和基于规则（低）的两个不同水平的反

㊀ SEOW P S. The effects of decision aid structural restrictiveness on decision-making outcomes[J]. International journal of accounting information systems, 2011, 12(1): 40-56.

㊁ MASSELLI J J, RICKETTS R C, ARNOLD V, et al. The impact of embedded intelligent agents on tax-reporting decisions[J]. Journal of the American taxation association, 2002, 24(2): 60-78.

㊂ DOWLING C, LEECH S. Audit support systems and decision aids: current practice and opportunities for future research[J]. International journal of accounting information systems, 2007, 8(2): 92-116.

㊃ ARNOLD V. The changing technological environment and the future of behavioural research in accounting[J]. Accounting & finance, 2018, 58(2): 315-339.

㊄ ARNOLD V, CLARK N, COLLIER P A, et al. The differential use and effect of knowledge-based system explanations in novice and expert judgement decisions[J]. MIS quarterly, 2006, 30(1): 79-97.

㊅ YAMADA T, SATO T, TOMIYAMA T, et al. Interactive system with explanation function for real-time railway crew rescheduling[J]. IEEJ transactions on electrical and electronic engineering, 2017, 12(2): 56-66.

馈，并设置了两个不同难度的决策任务，通过参与者在使用专家系统软件的前中后期对制造业公司的内部控制环境进行评估的实验，可以发现：对于复杂的案例，较低的反馈水平是有帮助的，而对于非复杂的案例，较高的反馈水平是有帮助的，且复杂任务中基于规则的反馈和非复杂任务中基于内容的反馈都能使经验丰富的决策者做出更准确的决策；结合认知负荷的相关知识，作者认为反馈机制缓和了用户与决策辅助间专业知识的不匹配，从而对用户的技术依赖产生作用⊖。

由上述内容可知，虽然 TTD 在信息系统设计方面的研究已经积累不少成果，但现有研究尚有可改进之处：①除上文提到的系统限制性及反馈机制，还有其他与技术依赖有关的功能值得研究。例如，许多系统都具备自动填充功能，该功能虽然可以减轻使用者的工作量，但对新手用户而言很可能会造成过度依赖。②信息技术的进步加快了信息系统的更新频率，但频繁更新可能会给用户带来不适应，从而削弱技术依赖的正面作用，尚未有研究考虑系统更新频率带来的影响。③TTD 目前主要应用在会计信息系统设计方面，而各个行业的信息系统中都存在技术依赖现象，且不同行业的用户对系统功能设计的偏好有所不同，因此，将 TTD 的研究情境拓展到其他行业十分必要。

4.2.2 信息系统使用过程中的技术依赖研究

在信息系统使用过程中，用户对技术的过度依赖是阻碍信息系统发挥最大作用的原因之一。TTD 提出了用户任务经验、任务复杂性等影响决策辅助依赖的因素，许多学者应用 TTD 研究信息系统使用过程中的技术依赖问题。

1. 用户特征的影响研究

大部分学者将用户按任务经验区分为新手和专家，研究不同用户使用信息系统的差异。Noga 等人检验了手工编制报税表的税务人员与使用税务决策支持系统（TDSS）的税务人员所做决策的异同，结果表明：使用 TDSS 可以提高所有税务人员的决策质量，但与使用 TDSS 经验丰富的税务人员相比，新手税务人员决策能力较差⊜。Arnold 等人则在破产判决的背景下调查了不同专业水平的受试者使用智能决策辅助工具的效果，他们的结论是：新手更依赖决策辅助的意见，在决策过程中产生的偏见也更多，而专家使用系统来辅助决策时则会减少偏见，并且在分析和解决复杂问题时智能决策辅助工具可看作对专家判断的补充⊜。

另有文献研究了执法、教育情境下的信息系统使用产生的技术依赖。例如，Jensen 等

⊖ MASCHA M F, SMEDLEY G. Can computerized decision aids do "damage"? A case for tailoring feedback and task complexity based on task experience[J]. International journal of accounting information systems, 2007, 8(2): 73-91.

⊜ NOGA T, ARNOLD V. Do tax decision support systems affect the accuracy of tax compliance decisions? [J]. International journal of accounting information systems, 2002, 3(3): 125-144.

⊜ ARNOLD V, COLLIER P A, LEECH S A, et al. Impact of intelligent decision aids on expert and novice decision-makers' judgments[J]. Accounting & finance, 2004, 44(1): 1-26.

人通过学生（新手）和执法人员（专家）分别使用决策辅助系统检测执法场景中欺骗行为的"可信度评估"实验，探究了复杂任务情境下任务经验对决策辅助使用的影响，结果表明：两组实验对象在使用决策辅助系统后评估准确性都有所提高，并且新手比专业人士更依赖决策辅助，但当系统意见与用户判断相矛盾时用户往往会忽略系统⊖。Goldwater 等人则考察了基于技术的教育传递系统（TBEDS）对学生（即新手用户）程序性知识获取的影响，研究发现重复的经验练习与程序知识获取之间存在着很强的相关性，并且当重复练习达到一定的舒适度和熟悉度后，学生更加愿意使用 TBEDS⊜。

2. 任务特征的影响研究

任务复杂性是 TTD 提出的影响智能决策辅助依赖的任务特征。Goddard 等人将任务复杂性作为用户过度依赖技术建议（即自动化偏差）的环境因素纳入考量范围，通过医生在不同复杂程度的模拟处方场景中使用决策辅助系统开处方的实验，结果发现任务复杂性与自动化偏差的程度存在正相关关系⊝。Parkes 则以用户依赖决策辅助系统的程度衡量系统说服力，通过在破产决策背景下分析影响决策辅助系统说服力的因素，发现任务复杂性与系统说服力之间存在正相关关系，并且系统提供指导性决策意见可以提高系统说服力⊗。

3. 任务特征与用户特征的交互影响研究

任务特征和用户特征往往共同影响着决策过程，因此也有学者对信息系统使用过程中任务特征与用户特征的交互作用展开研究。Hampton 将任务经验、任务复杂性、决策辅助熟悉度及认知匹配度操作化为可测量的变量，采用混合实验设计对 TTD 第 1 方面的所有命题进行测试，实验结果支持 TTD 的整体模型，再次验证了任务特征与用户特征的交互作用⊕。Parkes 则通过 65 名新手和 65 名经验丰富的从业者分别使用决策辅助系统完成两项复杂程度不同的破产任务决策的实验，来究发现：任务复杂性相同时，个人的专业知识与决策辅助依赖程度呈负相关；而随着任务复杂性的提高，使用者对智能决策辅助工具的依赖程度会增加，但专业知识能减轻依赖程度⊛。

综合来看，现有文献应用 TTD 研究信息系统使用过程中的技术依赖问题仍存在一些不足：①当前研究主要考虑了任务特征及用户特征对技术依赖的影响，然而个人易受群体

⊖ JENSEN M L, LOWRY P B, BURGOON J K, et al. Technology dominance in complex decision making: the case of aided credibility assessment[J]. Journal of management information systems, 2010, 27(1): 175-202.

⊜ GOLDWATER P M, ZAHLLER K A. Novice-level knowledge acquisition using a technology-based educational delivery system: the role of experimental practice[J]. Advances in accounting behavioral research, 2010, 13: 59-88.

⊝ GODDARD K, ROUDSARI A, WYATT J C. Automation bias: empirical results assessing influencing factors[J]. International journal of medical informatics, 2014, 83(5): 368-375.

⊗ PARKES A. Persuasive decision support: improving reliance on decision aids[J]. Pacific Asia journal of the association for information systems, 2013, 4(3): 1-13.

⊕ HAMPTON C. Determinants of reliance: an empirical test of the theory of technology dominance[J]. International journal of accounting information systems, 2005, 6(4): 217-240.

⊛ PARKES A. The effect of individual and task characteristics on decision aid reliance[J]. Behaviour & information technology, 2017, 36 (2): 165-177.

的影响，环境因素在用户使用信息系统的过程中不容忽视。例如，在工作中组织政策对用户的技术依赖倾向可能会产生重要影响。然而，尚未发现研究这些因素对技术依赖影响的文献。②当前文献主要研究以学习、工作为目的的信息系统，然而用户使用信息系统的目的不同，影响技术依赖的因素可能会有所不同，未来可以将研究领域拓展到以生活、娱乐为目的的信息系统，研究不同目的情境下用户技术依赖是否存在及存在哪些差异。③与信息系统设计方面的研究类似，TTD 在信息系统使用过程中的研究主要在会计或审计领域，都采用的是实验室中的实验研究，实验室中的实验环境过于理想，无法做到完全模拟真实的决策情境。

4.2.3 用户长期使用信息技术的风险研究

长期使用智能决策辅助工具是否会降低决策者的专业能力，以及妨碍决策者的认知进化，这也是 TTD 在信息系统领域的重要应用之一。Dowling 等人通过比较三家国际审计公司的审计师在不借助审计支持系统的情况下所列出的常见关键业务风险（描述性知识），探究了持续使用智能决策辅助工具（审计支持系统）对审计人员在相应领域能力的影响，结果表明较少使用审计支持系统的审计师比习惯使用审计支持系统的审计师表现得更好[⊖]。Dowling 等人还在研究监管机构的执法风格如何影响审计公司的合规性时，将决策辅助工具的长期影响考虑进去；他们认为监管由合作性转向强制性，会使各公司调整其审计系统的程序以降低检查风险，但这不一定会提高审计质量，从长期来看，还可能限制审计师的知识发展和审计公司的创新[⊖]。此外，De Santis 等人讨论了大数据技术对会计人员进行决策任务的影响，他们认为大数据技术的进步可能会令使用者过于依赖技术，尤其是依赖技术（工具）在决策过程中提供的结果，长此以往，使用者的技能下降会越来越明显[⊜]。

另有学者研究了在学习中长期使用信息系统的影响。Jones 等人测量了两组学生分别使用不提供答案解析的基础版计算机程序和提供答案解析的拓展版计算机程序学习高级会计的成绩，发现使用基础版的学生得分更高，他们认为这是由于长期使用拓展版减少了学习新知识所付出的努力，导致学生过度依赖学习工具，从而缺少独立思考带来的知识提升[㊃]。Mccall 等人则比较了使用嵌入显性知识的知识管理系统（KMS）与使用传统参考资料（手册、教科书）这两种方式，对新手决策者的判断效果及知识获取的影响。通过分析学生使用以上两种方式后的成绩变化和显性知识获取情况，可以发现：当可以访问系统或材料

⊖ DOWLING C, LEECH S A, MORONEY R. Audit support system design and the declarative knowledge of long-term users[J]. Journal of emerging technologies in accounting, 2008, 5(1): 99-108.

⊖ DOWLING C, KNECHEL W R, MORONEY R. Public oversight of audit firms: the slippery slope of enforcing regulation[J]. A journal of accounting, finance and business studies, 2018, 54(3): 353-380.

⊜ DE SANTIS F, PRESTI C. The relationship between intellectual capital and big data: a review[J]. Meditari accountancy research, 2018, 26(3): 361-380.

㊃ JONES S H, WRIGHT M E. The effects of a hypertext learning aid and cognitive style on performance in advanced financial accounting[J]. Issues in accounting education, 2010, 25(1): 35-58.

时，KMS 用户的表现优于传统参考资料用户，但当删除各自的系统或材料时，结果相反；作者认为使用 KMS 看似有益，但从长期来看，会阻碍用户对相关领域专业知识的开发⊖。

综上所述，以上文献虽然都探讨了信息技术长期使用带来的影响，但仍有可以继续深化的地方：①现有研究多是对信息技术长期使用的影响进行了讨论和推测，目前尚未有研究针对信息技术长期使用的影响进行深入的纵向研究，也因此未能确切地厘清用户长期使用后的认知变化过程。②大数据智能、人机混合增强智能等⊜不断发展的新技术将提供更高效的决策意见，但长期使用这些技术对用户的知识积累及认知进化将产生什么样的影响，仍是未来可以结合 TTD 探索的问题。

4.3　结论与展望

TTD 聚焦于信息系统的人机交互过程，其在信息系统研究中的应用集中在信息系统设计方面的技术依赖研究、信息系统使用过程中的技术依赖研究及用户长期使用信息技术的风险研究。

通过对文献的回顾和梳理可以发现，现有研究尚存在以下局限性：①应用 TTD 研究的信息系统类型及系统功能相对单一；②没有考虑组织、系统更新频率等其他因素对信息技术依赖的影响；③对信息技术长期使用的影响缺乏采用面板数据进行长期纵向实证研究；④少有研究将 TTD 应用到新兴信息技术相关的问题上；⑤ TTD 的研究情境未能从会计或审计行业拓展到各行各业；⑥研究方法多为实验室中的实验研究，实验室中的实验环境过于理想，与真实情境还有一定距离。

为此，我们进行了展望：①可以将研究领域从学习、工作领域拓展到生活、娱乐等领域，并且研究诸如自动填充等其他功能设置对技术依赖的影响；②可以将组织作为调节变量研究用户特征对技术依赖的影响，并且可收集面板数据研究系统更新频率对系统使用的影响及其影响机制；③可以结合技术接受模型⊜等信息系统理论及知识螺旋⊕等知识管理理论，研究信息技术对决策者、决策效果的动态影响，探究长期使用信息技术过程中显性知识与隐性知识的转化；④未来研究应该关注人工智能等新兴技术发展过程中需警惕长期依赖技术的负面作用；⑤应用 TTD 解决医疗诊断系统、地震预警系统、交通调度系统等其他领域信息系统设计和使用方面的问题是下一步研究的重点；⑥关键事件等方法可作为实验法的补充研究，从而减少实验环境下人为干预带来的影响，增强研究结果的效度和信度。

⊖　MCCALL H, ARNOLD V, SUTTON S G. Use of knowledge management systems and the impact on the acquisition of explicit knowledge[J]. Journal of information systems, 2008, 22(2): 77-101.

⊜　PAN Y. Heading toward artificial intelligence 2.0 [J]. Engineering, 2016, 2(4): 411.

⊜　VENKATESH V, BALA H. Technology acceptance model 3 and a research agenda on interventions[J]. Decision sciences, 2008, 39(2): 275.

⊕　NONAKA I. A dynamic theory of organizational knowledge creation[J]. Organization science, 1994, 5(1): 15.

第5章

理性选择理论的演化及其在
信息系统研究领域的应用与展望

1990 年，美国社会学家 Coleman 在《社会理论的基础》(*Foundations of Social Theory*)一书中正式提出理性选择理论 (rational choice theory, RCT) [一]。RCT 的核心思想是个体行动者在面临选择时会理性地考虑自己的价值偏好和结构的制约，最终选择效用最大化的行动方案。

RCT 强调用系统的不同组成部分（如个体、群体、组织）的行为来解释系统的行为，这种方法可以被用来解释不同层面的社会选择，所以，该理论自提出以来就被学者们广泛应用于经济学、社会学、犯罪学、信息科学等领域。为了有助于学界了解 RCT 的研究进展，部分学者对该理论进行了梳理和评述：谢舜等人从行动系统、社会规范和法人行动论三个方面阐述了 RCT 的基本观点 [二]；丘海雄等人则梳理了 RCT 的起源与争论，重点论述了社会学中 RCT 的内容和应用策略 [三]；李凤翔同样介绍了 RCT 的产生背景和理论内容，并进一步分析了 RCT 的现实意义，评估 RCT 对现实中社会现象的解释力 [四]。

由前述内容可知，虽然已有文献对 RCT 发展进行了评述，但是未见有关 RCT 的应用评述文献。然而，在信息系统研究领域，用户对信息技术与信息系统的采纳和使用、信息

[一] COLEMAN J S. Foundations of social theory[M]. Cambridge: Harvard University Press, 1990.

[二] 谢舜，周鸿. 科尔曼理性选择理论评述 [J]. 思想战线，2005（2）：70-73.

[三] 丘海雄，张应祥. 理性选择理论述评 [J]. 中山大学学报：社会科学版，1998,（1）：118-125.

[四] 李凤翔. 理性选择理论述评 [J]. 经济研究导刊，2014,（36）：302-303.

或知识共享行为和信息安全政策遵从行为等都是学界十分关注的问题，这些涉及用户行为的预测与解释都可以从 RCT 的视角进行研究，并且已经积累了不少有价值的文献。为此，本章拟在简要介绍 RCT 的起源与发展之后，系统地介绍 RCT 在信息系统研究领域的应用现状，以帮助学界把握 RCT 在信息系统研究领域应用的最新进展。

5.1　理性选择理论的起源与发展

5.1.1　理性选择理论的起源

20 世纪末，社会经济蓬勃发展，社会结构也在不断变化，人们出于各种目的建立的社会组织正在取代各种原始社会组织，新的组织制度和规范也随之出现。然而，社会交换理论和结构功能主义等传统的社会学理论已经无法很好地解释当前社会系统中个体的活动与社会结构和组织制度之间相互影响的关系，因此需要一种解释力更强的社会理论。社会学家 Coleman 受到社会交换理论从个人交换中分析社会系统的方法、从博弈论中研究个体如何在错综复杂的相互影响中得出最合理的策略的思想，以及政治哲学与社会哲学对规范和法规的分析的影响[⊖]，同时借鉴了新古典经济学派的经济人假设和有限理性学说，将理性人的行动原则是效用最大化作为假设前提，以微观的个人行动作为研究起点，将宏观的社会系统行为作为研究目标，研究个体的理性选择行动的结合如何影响制度结构，以及制度结构如何影响社会系统行为，进而实现微观与宏观的连接。

1990 年，Coleman 在《社会理论的基础》一书中提出理性选择理论（RCT），标志着社会学中理性选择理论的正式确立。他认为对人的理性选择行动有决定性影响的因素有两个（见图 5-1）：一是个人的利益与价值偏好，个人会从收益与成本两个角度来衡量每个备选行为方案的优劣，若收益大于成本，则选择该方案，反之放弃该方案；二是结构制约，主要包括市场结构、权威结构和信任结构，经济机制在市场结构中发挥着主导作用，而在权威结构和信任结构中，权力或实力、信任、社会规范都发挥着重要作用。

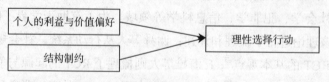

图 5-1　理性选择行动影响因素

5.1.2　理性选择理论的发展

RCT 被提出后，早期的社会学学者利用 RCT 探讨集体规范和社会制度等宏观社会问

⊖　俞弘强. 社会交换理论与理性选择理论之比较研究：以布劳和科尔曼为例 [J]. 中共浙江省委党校学报，2004，(3): 61-65, 103.

题。随着社会经济的发展和社会规范的日益完善，RCT 采用的个体主义方法论更加受到重视，研究者们纷纷将研究重点转向微观的社会生活问题及新经济环境下的组织行为，RCT 的应用也逐渐从社会学领域向其他领域扩散。

　　RCT 最先被应用于政治领域和社会领域内的相关研究。早期文献主要应用 RCT 研究了政治抗议[⊖]、集体利益违背行为[⊜]、法律违背行为[⊜]、经济政策调整[⊛]、自然资源分配政策[⊛]及公民投票[⊛]等宏观问题，用来考察公民社会行为与社会制度的关系。在 2010 年前后，RCT 逐渐被国内外学者用来探究慈善捐赠与志愿活动^{⊛⊛}、医疗和养老保险^{⊛⊛}、居住地选择^{⊛⊛}、居民社区治理与社区参与^{⊛⊛}等微观层面的日常社会问题。

　　近年来，RCT 在政策法规方面的研究重心开始从政治制度和经济制度向组织内部规范转移，研究领域也从社会经济领域拓展到信息系统领域。基于 RCT 对组织规范进行的探讨在信息安全政策（information security policy，ISP）研究中应用得最为广泛。Bulgurcu 等人在理性选择理论框架的基础上结合计划行为理论，建立了 ISP 遵从模型（见图 5-2），该模型的核心概念是：一个人的遵从意愿（是否遵从信息安全政策）是由一个包含理性选择的成本收益分析过程决定的，并且，在决定他们最终的选择行为时，人们也会考虑一些

⊖　MACY M W, OPP K D. The rationality of political protest: a comparative analysis of rational choice theory[J]. Contemporary sociology, 1991, 20(1): 67.

⊖　GIBSON M L. Public goods, alienation, and political protest: the sanctuary movement as a test of the public good model of collective rebellious behavior [J]. Political psychology, 1991,12(4): 625.

⊜　CLARK G L. Problematic status of corporate regulation in the United States: towards a new moral order[J]. Environment and planning A, 1992, 24(5): 713.

⊛　CLARK G L, MCKAY J, MISSEN G, et al. Objections to economic restructuring and the strategies of coercion: an analytical evaluation of policies and practices in Australia and the United States[J]. Economic geography, 1992, 68(1): 44.

⊛　SALAZAR D J, LEE R G. Natural resource policy analysis and rational choice theory: a strategy for empirical research[J]. Natural resources journal, 1990, 30(2): 283.

⊛　ALDRICH J H. Rational choice and turnout[J]. American journal of political science, 1993, 37(1): 246.

⊛　李维安，姜广省，卢建词. 捐赠者会在意慈善组织的公益项目吗：基于理性选择理论的实证研究 [J]. 南开管理评论，2017, 20(4): 49.

⊛　文艺花，刘明."滇池关爱日"活动中志愿者参与滇池治理的动机研究：基于科尔曼的"理性选择理论" [J]. 鄱阳湖学刊，2019, (2): 41.

⊛　KAPLAN G, SHAHAR Y, TAL O. Supplementary health insurance from the consumer point of view: are Israelis consumers doing an informed rational choice when purchasing supplementary health insurance? [J]. Health policy, 2017, 121(6): 708.

⊛　刘军伟. 基于理性选择理论的农民工参加新型农村养老保险制度影响因素研究 [J]. 浙江社会科学，2011, (4): 77.

⊛　WEISKE C, PETZOLD K, SCHAD H. Multi-local living: The approaches of rational choice theory, sociology of everyday life and actor-network theory[J]. Tijdschrift voor economische en sociale geografie, 2015, 106(4): 392.

⊛　丁波，王蓉. 新型城镇化背景下农民工定居选择意愿的研究：基于科尔曼理性选择理论视角 [J]. 西北人口，2015, 36(4): 11.

⊛　雷喆. 理性选择理论下社区治理的多元主体及其关系构建 [J]. 哈尔滨师范大学社会科学学报，2019, 10(3): 34.

⊛　徐萍. 理性选择理论视角下的居民社区参与研究 [D]. 南京：南京理工大学，2015: 9.

不那么理性的因素，如组织规范和自我效能[⊖]。

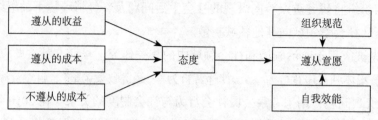

图 5-2   ISP 遵从模型

后续学者在 ISP 遵从模型的基础上，对理性选择分析模型进行了拓展，主要包括两个方面：其一是对模型自身变量的深入研究，如将收益定义为外在收益和内在收益，具体细分为经济收益、声誉收益、享乐性等；将经济风险、安全风险、隐私侵犯和声誉受损等纳入风险分析中。其二是在模型中适当地纳入新的变量，探究个体差异和情境因素如何影响收益风险评估，进而影响理性选择行为的结果。D'Arcy 和 Lowry 在 ISP 遵从模型的基础上，除了考虑成本收益评估外，首次将情绪引入 ISP 遵从性研究中，突出了情绪对 ISP 遵从态度的独立影响[⊖]。Li 等人则探讨了个人的自我控制能力是如何调节风险收益分析的[⊜]。Vance 等人还研究了非正式制裁能否降低个人进行负面选择的可能性^㉕。这些研究对模型变量进行了完善，将感性选择和非正式规范的制约纳入考量范围，弥补了 RCT 存在的一些理论缺陷，也使更多的学者认识到 RCT 在研究信息系统领域相关问题所能发挥的重要作用。

5.2   理性选择理论在信息系统研究领域的应用进展

5.2.1   理性选择理论在信息技术与信息系统采纳和使用研究中的应用

信息技术的发展给现代社会带来了许多好处，信息技术与信息系统方便、高效的特点有助于个人和组织实现预期目标，但同时也充满了潜在的风险，如隐私和安全问题。个人和组织需要对比采纳信息技术与信息系统的收益和风险，进行风险收益分析来决定是否使用这些技术或系统。RCT 为个体和组织的选择行为研究提供了理论基础，很多学者根据 RCT 对信息技术与信息系统采纳和使用行为进行了深入的探究。

⊖ BULGURCU B, CAVUSOGLU H, BENBASAT I. Information security policy compliance: an empirical study of rationality-based beliefs and information security awareness[J]. MIS quarterly, 2010, 34(3): 529.

⊖ D'ARCY J, LOWRY P B. Cognitive-affective drivers of employees' daily compliance with information security policies: a multilevel, longitudinal study[J]. Information systems journal, 2017, 29(1): 51.

⊜ LI H, LUO X, ZHANG J, et al. Self-control, organizational context, and rational choice in internet abuses at work[J]. Information & management, 2018, 55(3): 360.

㉕ VANCE A, SIPONEN M T. IS security policy violations: a rational choice perspective[J]. Journal of organizational and end user computing, 2012, 24(1): 25.

1. 理性选择理论在信息技术采纳和使用研究中的应用

部分学者探究了在新技术背景下影响个人和组织的技术选择行为的因素。卞一洋选用云计算的案例作为代表性的新兴技术研究环境来研究新技术对组织的商业影响，通过并行探究原有技术的停止和新技术的采纳的双重视角，来解释为何企业会趋向于使用新 IT 技术；结果显示，新旧信息技术的成本和价值会整体影响组织层面的信息技术选择意愿及转化过程[一]。李艾等人则结合潮流理论提出了一个新技术扩散的理论模型，在对 1 000 多家制造企业的问卷调查中发现，在电子商务技术扩散或接受过程中，营利性和潮流压力是影响企业采纳电子商务技术的显著因素[二]。Taneja 等人还研究了理性的信念对个人在 Facebook 上选择使用隐私控制的态度和意图的影响，他们对美国一所公立大学的本科生的调查发现，不使用隐私控制产生的资源脆弱性、威胁严重程度、隐私风险和工作障碍，以及使用隐私控制带来的内在利益和信息安全会影响个人对于隐私控制技术的态度[三]。

还有学者发现 RCT 可以为用户对在线个性化广告（online personalized advertising，OPA）的接受与抗拒行为提供理论解释。Zhu 等人从收益与风险分析的角度探讨了用户感知关联性对 OPA 连续使用意图的影响，通过对企业员工的问卷调查发现：个性化广告与消费者的相关性越强，他们对隐私侵犯的感知就越低，进而正向影响着消费者持续使用 OPA 的意愿[四]。Chen 等人则探讨了负效应视角下非个性化的感知成本、隐私问题和机会成本对消费者抗拒 OPA 行为的影响，他们调查了中国消费者对天猫的"猜你喜欢"的反应，研究发现接受 OPA 所产生的隐私问题和机会成本可能会导致消费者对个性化广告的抗拒[五]。

另外一部分学者将 RCT 引入不道德信息技术的使用行为研究中。Charki 等人探究了法律干预如何通过影响用户对不道德信息技术（非法在线竞标）的选择，研究发现制裁的正规性、信息技术使用的可见性及声誉效益会增强法律干预对用户选择行为的影响[六]。Holsapple 等人则从最大效益和社会规范的角度分析了影响软件盗版行为发生频率的关键因素，其中包括软件的价值、软件可访问性和可见性、法律和技术监督、正式制裁和非正

[一] 卞一洋. 前沿信息技术的商业影响 [D]. 合肥：中国科学技术大学，2018: 41.
[二] 李艾，陈明亮. 赢利性与潮流压力对新技术扩散影响的实证研究：以电子商务技术扩散为例 [J]. 研究与发展管理，2005, (2): 12.
[三] TANEJA A, VITRANO J, GENGO N J. Rationality-based beliefs affecting individual's attitude and intention to use privacy controls on Facebook: an empirical investigation[J]. Computers in human behavior, 2014, 38: 164.
[四] ZHU Y Q, CHANG J H. The key role of relevance in personalized advertisement: examining its impact on perceptions of privacy invasion, self-awareness, and continuous use intentions[J]. Computers in human behavior, 2016, 65: 446.
[五] CHEN Q, FENG Y Q, LIU L N, et al. Understanding consumers' reactance of online personalized advertising: a new scheme of rational choice from a perspective of negative effects[J]. International journal of information management, 2019, 44: 59.
[六] CHARKI M H, JOSSERAND E, BOUKEF N. The paradoxical effects of legal intervention over unethical information technology use: a rational choice theory perspective[J]. The Journal of strategic information systems, 2017, 26(1):70.

式制裁、道德规范和自我控制力等[⊖]。Kartas 等人还探讨了不同水平的电子游戏玩家是如何做出使用游戏控制台（外挂）决策的，研究人员对 285 名不同年龄和收入的受访者进行了在线问卷调查，发现不同的玩家会根据自己的游戏水平与道德观念衡量使用游戏控制台的成本和收益[⊖]。

2. 理性选择理论在信息系统采纳和使用研究中的应用

众多学者根据理性选择理论框架探究了为什么用户和组织选择采纳、使用信息系统来支持他们的工作任务。多数学者认为信息系统的服务效用所带来的感知收益超过了感知风险是选择采纳和使用信息系统的主要原因。Liang 等人结合 RCT 和信息系统成功模型研究患者的在线健康信息系统使用情况，研究发现在线健康信息系统的使用会因感知到的益处而增加，因感知到的风险而减少，其中信息和系统质量增强了感知收益，降低了感知风险[⊜]。Njenga 等人得出了类似的结论，他们运用定量分析的方法来解释用户对感知服务效用与隐私安全风险之间的权衡如何影响继续使用移动银行服务的意愿，研究结果显示：消费者继续使用手机银行服务的意愿在很大程度上是由感知到的服务效用驱动的，而隐私风险并不是一个显著的威慑因素^⑲。在此后的进一步研究中，Logan 等人又以社交媒体为研究对象，从理性选择的视角解释了用户在对社交媒体感到疲劳的情况下仍然继续使用社交媒体的行为，他们发现当社交媒体的感知有用性和用户的自我效能感知收益超过了用户对隐私问题的感知风险时，继续使用社交媒体会带来比停止使用社交媒体更积极的结果是用户选择继续使用社交媒体的原因^⑯。然而，Wu 等人研究移动医疗教育系统支持下患者的依从性行为时却发现促使患者遵从医生医疗建议的主要因素是患者对治疗的成本收益分析及患者的自我效能，使用移动医疗教育系统的感知有用性和享乐性对患者的依从性行为并没有显著影响^⑰。

除了探究采纳新信息系统或持续使用信息系统的影响因素，以及使用信息系统及其带来的好处、价值和影响外，还有一些研究人员聚焦于用户和组织为什么选择拒绝或停止

⊖ HOLSAPPLE C W, IYENGAR D, JIN H H, et al. Parameters for software piracy research[J]. The Information society, 2008, 24(4): 210.

⊖ KARTAS A, GOODE S. Use, perceived deterrence and the role of software piracy in video game console adoption[J]. Information systems frontiers, 2012, 14(2): 275.

⊜ LIANG H, XUE Y. Online health information use by disabled people: the moderating role of disability[C]// Proceedings of the 34th International Conference on Information Systems(ICIS). Milan: The Association for Information Systems, 2013: 13.

⑲ NJENGA K, NDLOVU S. On rational choice, risk and utility in mobile banking[C]// Proceedings of E-Leadership Conference on Sustainable E-Government and E-Business Innovations. Pretoria: institute of Electrical and Electronics Engineers, 2013: 57.

⑯ LOGAN K, BRIGHT L F, GRAU S L. "Unfriend me, please!": social media fatigue and the theory of rational choice [J]. The journal of marketing theory and practice, 2018, 26(4): 364.

⑰ WU D Z, LOWRY P B, ZHANG D S. Patient compliance behavior in a mobile healthcare system: an integration of theories of rational choice and planned behavior[C]// Proceedings of the 48th Annual Hawaii International Conference on System Sciences (HICSS).Kauai: institute of Electrical and Electronics Engineers, 2015: 2980.

使用信息系统。在组织层面上，Recker 以一家正在考虑是否停止使用促销计划系统来规划促销活动的大型零售机构作为研究对象，探究停止使用该信息系统的原因，他发现信息系统的感知有用性是该机构继续使用信息系统的直接前提，感知工作障碍是导致停止使用信息系统的主要原因[⊖]。Kutsch 等人在对 IT 项目经理进行的访谈中发现了类似的答案，成本合理性是项目经理选择是否采纳项目风险管理的主要理性选择因素，当实施项目风险管理的成本大于降低风险的收益时，采纳项目风险管理并非理性选择[⊜]。Pheng 等人则从社会规范的层面对中国内地、中国香港及新加坡的大型建筑公司不采纳业务连续性管理系统的现象进行了探究，揭示了潜在风险意识和相关制度规范的缺乏是组织不采纳该系统的深层原因[⊜]。在用户层面上，Zhang 等人结合 RCT 和现状偏差理论，探究了在理性决策过程中，现状偏差因素（过渡成本、隐私保护信念、沉没成本和医疗服务习惯）是如何在成本和收益感知上进行分配的，以此来解释为何在线医疗服务系统访问率相对较低的问题[⊜]。陈渝和黄亮峰则将 RCT 中的社会环境和社会规范制约纳入考量范围，对信息系统成功模型与 RCT 进行整合，提出了用户对电子书阅读客户端的流失意愿整合模型，该模型在感知成本和感知风险的基础上，引入社会影响作为外部影响因素，分析三者对电子书阅读客户端用户流失意愿的作用机理[⊜]。

由前述内容可知，用户或组织会对与特定情况相关的所有因素进行分析，以评估他们对信息技术与信息系统的担忧，当感知到的好处（如更好的服务或补偿）等比感知到的风险更大时，用户和组织会不那么关注隐私保护、安全性等问题，更愿意选择接受和继续使用，由此可见 RCT 在信息技术与信息系统采纳和使用研究中发挥的重要作用。然而，前述文献中仍然存有局限性：①现有研究过多地关注个体与组织的价值和利益偏好，如采纳和使用信息技术与信息系统带来的经济效益，鲜有文献考虑到社会规范、社会效益等因素的调节作用。②在应用 RCT 分析信息技术与信息系统采纳和使用行为时，现有研究聚焦于影响某一种信息技术与信息系统采纳的因素及继续使用或停止使用的原因，未来的研究可以对两种或两种以上信息技术与信息系统进行横向对比，进而更清晰地了解影响选择行为的因素和原因。

⊖ RECKER J. Reasoning about discontinuance of information system use [J]. Journal of information technology theory & application, 2016,17 (1): 54.

⊜ KUTSCH E, HALL M. The rational choice of not applying project risk management in information technology projects[J]. Project management journal, 2010, 40(3): 78.

⊜ PHENG L S, LIU J Y, KUMARASWAMY M. Institutional compliance framework and business continuity management in mainland China, Hong Kong SAR and Singapore[J]. Disaster prevention and management: an international journal, 2010, 19(5): 612.

⊜ ZHANG X F, GUO X T, WU Y, et al. Exploring the inhibitors of online health service use intention: a status quo bias perspective [J]. Information & management, 2017, 54(8): 994.

⊜ 陈渝，黄亮峰. 理性选择理论视角下的电子书阅读客户端用户流失行为研究 [J]. 图书馆论坛，2019，39(9): 125.

5.2.2　理性选择理论在组织内部信息系统安全管理研究中的应用

为了规范组织员工的信息系统使用行为，保护组织信息安全，大多数组织都制定了信息安全政策（ISP），规定了组织信息和技术资源的正确使用方式。然而，有许多员工在知情的情况下仍然选择忽视或绕过这些 ISP 来使用信息系统，给组织带来了巨大的信息系统安全风险。深入了解组织内部员工的 ISP 遵从行为，也成为信息系统安全管理的重要研究课题。在 RCT 中，制度与规范的制约是影响选择行为的重要因素，所以很多学者以此为出发点，探究了理性选择因素如何影响员工遵从或违背 ISP 的行为。

部分学者认为自我规范和组织环境会影响员工的 ISP 遵从行为。Li 等人考察员工遵从 ISP 的意愿是如何受成本效益评估、个人规范和组织环境因素的驱动的。结果表明，员工的遵从意愿是感知利益和安全风险相互影响的结果，其中感知安全风险会受到个人规范和组织情境的制约⊖。基于 Li 等人的研究结论，袁园园通过风险利益来分析个人规范及组织环境因素对员工的 ISP 遵从意向的影响，研究发现员工的 ISP 遵从意向很明显受到个人的自我规范和自我效能的影响，感知遵从 ISP 行为的利益和不遵从 ISP 行为的代价也积极地影响着员工的遵从意向⊜。然而，有的学者并不认同将遵从 ISP 行为作为一种纯粹的理性现象，因为它们往往忽视了情感，而情感是影响理性决策的一个关键因素。D'Arcy 和 Lowry 将认知和情感因素与理性选择理论的构建相结合，通过对美国的一些计算机专业人士的调查研究发现，道德信念、组织规范和个人主观规范都对 ISP 遵从性的行为有着显著影响，同时积极情绪和消极情绪分别与员工的遵从意愿存在正向和负向的关系⊜。

还有部分学者将一般威慑理论中"制裁"的概念划入 ISP 违背行为的研究中。一种观点认为制裁的确定性和严重性对 ISP 遵从行为意图有显著影响。林润辉等人构建了一个威慑理论与 RCT 的整合框架，采用情境模拟实验的方法进行了实证研究，研究结果表明，制裁的确定性和严重性通过影响违反代价进而影响员工的 ISP 遵守意愿⊛。王冬梅则以 Bulgurcu 的 ISP 遵从模型为基础，构建员工 ISP 违背行为的影响因素模型，通过对企业员工的问卷调查数据分析发现，除了感知收益、中和技术和同事偏差行为，感知制裁确定性也会影响员工的 ISP 违背意图⊝。然而，另外一种观点却认为，与正式制裁相比，非正式制裁（如失去管理层的信任和失去同事的尊重等）的影响更加显著。Vance 等人以芬兰的一家科技公司和一家大型银行的员工为研究对象，探究正式制裁和非正式制裁对员工 ISP 遵从行为的影响。实证结果表明，非正式制裁、道德信念和感知利益的影响能够解释员工违

⊖　LI H, LUO X, ZHANG J, et al. Self-control, organizational context, and rational choice in internet abuses at work[J]. Information & management, 2018, 55(3): 364.

⊜　袁园园. 影响员工遵从互联网使用策略意向的因素分析 [D]. 杭州：浙江理工大学，2012: 57.

⊜　D'ARCY J, LOWRY P B. Cognitive-affective drivers of employees' daily compliance with information security policies: a multilevel, longitudinal study[J]. Information systems journal, 2017, 29(1): 47.

⊛　林润辉，谢宗晓，吴波，等. 处罚对信息安全策略遵守的影响研究：威慑理论与理性选择理论的整合视角 [J]. 南开管理评论，2015,18(4): 158.

⊝　王冬梅. 理性选择视角下信息安全违背行为影响因素实证研究 [D]. 镇江：江苏科技大学，2014: 61.

反 ISP 的行为，而正式制裁的影响则不显著⊖。同样地，Hu 等人在研究企业环境中的信息安全不当行为时发现，正式制裁对 ISP 违背行为的影响不如员工个人的道德信念和自我控制能力更有效⊜。

通过对上述文献的梳理发现，众多学者在该主题研究中引入了威慑理论中的威慑概念，丰富了 RCT 在信息系统安全管理中的风险的定义。在早期研究中，学者们探讨 ISP 违背行为的问题一般会结合基于实用主义的威慑理论，将目光主要集中在正式制裁上。在后续的研究中，非正式制裁、激励和道德评估等也开始受到 ISP 学者的关注。然而，在基于 RCT 进行的信息系统安全管理研究中也存在着一些局限性：①多数研究将 ISP 遵从性意愿作为实际遵从性行为的替代，未来的研究可以通过收集员工过去自我报告的互联网使用情况或监控他们的实际互联网使用情况来直接预测实际遵守行为。②上述研究都将员工视为潜在的信息安全风险，将防止和制裁员工的信息系统安全政策违背行为作为研究重点，却没有认识到员工可以通过有益的行为帮助组织保护信息和技术资源，没有探究理性选择因素对于员工主动保护组织信息系统安全行为的影响。

5.2.3　理性选择理论在信息或知识共享行为研究中的应用

Coleman 认为，系统内部的共同性规范和相互信任是理性的社会活动的关键。根据这一观点，众多学者着手研究社会规范和信任在组织内部信息或知识共享行为中发挥的作用。

Lee 等人在研究在线学术会议论文共享行为时发现，当学界鼓励分享的社会规范更强时，学者们更愿意去分享⊜。Gezelius 则以挪威远洋渔场的渔民为研究对象，研究发现：渔民通过 GPS 共享鱼群位置信息的选择取决于双方相互合作的信任程度，渔民之间合作互利的社会规范使得信息共享合作策略成为参与者最有利的选择⊛。在社交网络领域的研究中，Lin 等人提出了"知识保留"（knowledge withholding）的概念，即在没有强制要求和适当激励的情况下，个人倾向于保留知识而不是共享知识，他们从理性选择、规范和情感连接三个维度解释软件开发团队成员的知识保留行为，研究发现，在企业环境中，团队规模和贡献可感知性对知识保留行为并无显著影响，而企业内部的公平分配和成员相互信任程度对知识共享行为有着显著影响⑧。

⊖　VANCE A, SIPONEN M T. IS security policy violations: a rational choice perspective [J]. Journal of organizational and end user computing, 2012, 24(1): 30.

⊜　HU Q, XU Z C, DINEV T, et al. Does deterrence work in reducing information security policy abuse by employees? [J]. Communications of the ACM, 2011, 54(6): 60.

⊜　LEE J Y, LEE Y, WADHWA P. Conference paper sharing among academicians: calculative and normative aspects of rational choice[J]. Academy of management learning and education, 2010, 9(2): 219.

⊛　GEZELIUS S. Can norms account for strategic action? Information management in fishing as a game of legitimate strategy[J]. Sociology, 2007, 41(2): 215.

⑧　LIN T C, HUANG C C. Withholding effort in knowledge contribution: the role of social exchange and social cognitive on project teams[J]. Information & management, 2010, 47(3): 195.

部分基于 RCT 进行的信息或知识共享研究将共享看作是一种涉及风险收益计算的选择行为。Lee 等人以 2006 年管理学会议的会议论文作者为研究对象,以被模仿的感知风险、请求者的学术地位、与分享行为相关的感知收益为自变量,研究收益和成本分析如何影响学者之间的实际分享行为。研究发现,与高学术地位的询问者交往的潜在好处超过了与请求者相关的模仿的感知风险,进而解释了学者们的论文分享行为⊖。Taneja 等人则研究了用户在 Facebook 上使用隐私控制拒绝信息共享的行为,他们提出,社交网络用户会评估使用隐私控制的收益(社会规范、享乐性、信息安全等)及不使用隐私控制的潜在风险(隐私风险、威胁程度等),进而选择是否使用隐私控制⊖。

由前述内容可知,信息技术和互联网的不断发展使得信息或知识共享已经不再局限于组织内部,研究重点也逐渐转移、过渡到了组织外部,即社交网络中用户的信息或知识共享。现有研究仍然存在着不足:①前述文献并没有考虑利他动机、集体利益和社会效益等理性因素是否可以解释信息或知识共享行为。②现有研究鲜有关注信息或知识共享的渠道和形式。信息系统与传输技术的更新为信息的整合和知识交流提供了更多、更便捷的渠道,同时也给知识产权带来了巨大的风险,对于信息或知识共享的收益和成本的分析、如何达到效用最大化都要有新的理解。

5.3 结论与展望

通过文献综述发现,目前国内外在信息系统研究领域已经涌现出一些基于理性选择理论的应用研究成果,这些成果主要集中在信息技术与信息系统采纳和使用研究、组织内部信息系统安全管理研究及信息或知识共享行为研究三个方面。

现有研究仍存在一些不足之处,主要包括:①多数研究使用的是横截面数据,无法进行真实的因果关系检验,没有考虑到随着时间的推移,理性选择因素对用户选择的影响会产生变化。②现有研究大多数使用访谈和问卷调查的方式让受访者自我报告他们的选择方式与选择意愿,对于涉及制度规范和道德规范的问题,有些人可能会隐瞒他们的真实意图,因为他们认为不遵守是不受社会欢迎的,这就可能造成研究数据过于主观、真实性难以把控的问题。③在探讨信息技术与信息系统采纳和使用的问题上,更多地从单一的研究对象出发来探讨理性选择因素对采纳和使用行为的影响,较少地关注个体和组织面临多种信息技术与信息系统时的选择行为。④研究过多地关注个体和组织的负向选择,所以对理性选择框架中的预期风险因素进行细分的研究较多,而对收益因素进行的拓展较少。⑤没有对行动者的个体差异进行深入研究,目前研究过多地分析自我效能对选择决策的调节作用,却忽视了个体间的客观差异,如文化背景差异、身份差异等对选择行为的中介作用。

⊖ LEE J Y, LEE Y, WADHWA P. Conference paper sharing among academicians: calculative and normative aspects of rational choice[J]. Academy of management learning and education, 2010, 9(2): 220.

⊖ TANEJA A, VITRANO J, GENGO N J. Rationality-based beliefs affecting individual's attitude and intention to use privacy controls on Facebook: an empirical investigation[J]. Computers in human behavior, 2014, 38: 164.

⑥理性选择的目标是行动者实现最大效用，然而大多数研究关注理性选择的决策过程，并没有对选择行为产生的结果进行效用的度量与评估。

为了弥补现有研究的不足，进一步完善并丰富与 RCT 相关的理论和实践研究，今后的研究可以从几个方面进行拓展：①重视用户选择意愿及行为随时间推移而发生的动态变化，可考虑通过长期的纵向研究来探究理性选择因素对用户实际选择行为的影响。②结合实验室实验、现场试验、模拟实验等方法，提高获取的用户数据的准确度，并提高研究结果在现实中的解释效果。③对比不同的信息产品与服务，探讨影响用户选择的差异因素，进而推动信息系统的迭代开发，使信息系统设计更符合用户的预期效用，也是未来的研究方向之一。④感知收益会对个体的正向选择产生显著影响，未来的研究可以从内在收益和外在收益两个方面完善理性选择过程中的感知收益的内涵，对理性选择因素进行全面考虑。⑤行动者的个体客观差异更可能会产生不同的选择结果，未来的研究可以针对不同层次的研究对象进行差异研究，并对研究结果进行归纳和整理，提出具有共性的综合性研究。⑥比较行动者的感知收益、感知风险和选择行为发生后产生的实际收益与风险之间的差异及其对后续选择行为的影响。

第6章

正念觉知理论的演化及其在
信息系统研究领域的应用与展望

正念觉知（mindfulness）又名正念、心智觉知，1979 年，美国医学博士 Jon Kabat-Zinn 开设减压诊所，并设计了"正念减压"（Mindfulness-Based Stress Reduction，MBSR）课程，用以治疗抑郁、疼痛、压力过大等，自此，正念觉知作为一种新的减压疗法在医学界和心理学界广泛传播开来。正念觉知理论的核心思想是有意识地将注意力完全集中在当下的时刻，关注自己内部感受和外部环境，并且以不评价、不判断的心态接纳一切。

目前以正念觉知理论为基础的研究主要集中在医学领域和心理学领域，教育学和生物学等其他领域也涉及相关研究；研究内容主要包括情绪调节、心理健康问题及各种疾病的应用治疗等。基于以上研究，学界已经出现了一些关于正念觉知的综述性研究，Kee 等人利用主题建模的方法确定了目前学界关于正念觉知的研究范围⊖；Goldberg 等人对正念研究的方法进行了审查，提出了具体的方法改进建议⊜，也有学者针对具体领域的正念觉知进行了综述性研究，如 Dunning 等人利用荟萃分析方法对儿童和青少年心理健康方面应用正

⊖ KEE Y H, LI C X, KONG L C, et al. Scoping review of mindfulness research: a topic modelling approach [J]. Mindfulness, 2019, 10(1): 1474-1488.

⊜ GOLDBERG S B, TUCKER R P, GREENE P A, et al. Is mindfulness research methodology improving over time? A systematic review [J]. PLoS ONE, 2017, 12(10): e0187298.

念干预的研究进行了总结[一]；王静等人利用文献计量学方法对我国正念减压疗法在护理领域的应用现状及发展趋势进行了分析[二]；Fischer 等人整合了不同学科中关于正念与可持续消费间关系的研究[三]。总体而言，现有的总结性研究数量依然匮乏，且研究大多集中在医学和心理学领域。

随着正念觉知理论的广泛传播和信息技术的飞速发展，信息系统领域也逐渐出现了一些与正念觉知理论相关的应用研究，然而目前国内尚未有相关研究成果的总结，因此本章结合信息系统领域中现有的正念研究，对目前正念觉知理论在信息系统领域的应用进行分析，以期探索未来可能的研究方向。

6.1　正念觉知理论及其应用领域的演化

6.1.1　正念觉知理论的起源与发展

正念觉知由佛教中的冥想练习发展而来，古典正念觉知主要包括"觉知""注意""记住"三层含义，"觉知"与"注意"是指要有意识地对自身状态和周围环境进行观察，注意自己的当下情绪及自身对该情绪的固有偏见，"记住"则是指时刻提醒自己进行正念觉知的注意力训练[四]，它是一种稳定的心理状态，要求人们有意识地将注意力集中在某个固定对象上，静心观察当下。后来，Kabat-Zinn 将其应用于临床和心理治疗，由于其显著疗效和普遍适用性，正念干预得到了快速发展和越来越多的关注。除了"觉知""注意"和"记住"，西方社会又将"不评价"和"接纳"纳入正念觉知的概念，正念心理疗法的先驱 Kabat-Zinn 定义正念为"有意识地专注于当下的一种认知，不带任何批判地体验每一时刻"[五]；Bishop 等人在分析了众多学者的文献后提出了正念的操作性定义："当下时刻注意力的自我调节，并且对当下采取好奇、开放和接受的态度"[六]。

在对正念觉知进行了明确的定义后，为探索其调节情绪的作用机理，学者们提出了相关模型进行理论性解释。Shapiro 等人提出了再感知模型来解释正念干预如何对情绪产生积极影响[七]；Garland 等人提出正念应对模型解释正念觉知在积极再评价过程中的作用机

[一] DUNNING D L, GRIFFITHS K, KUYKEN W, et al. Research review: the effects of mindfulness-based interventions on cognition and mental health in children and adolescents—a meta-analysis of randomized controlled trials [J]. Journal of child psychology and psychiatry, 2019, 60(3):244-258.

[二] 王静，谢仙萍. 我国正念减压疗法相关护理研究的文献计量学分析 [J]. 中国当代医药，2019, 26(16): 209-212.

[三] FISCHER D, STANSZUS L, GEIGER S, et al. Mindfulness and sustainable consumption: a systematic literature review of research approaches and findings [J]. Journal of cleaner production, 2017, 162: 544-558.

[四] 朱婷婷. 第三代行为治疗的核心概念：心智觉知 [J]. 医学与哲学（人文社会医学版），2010, 31(9):32-34.

[五] KABAT-ZINN J. Mindfulness-based interventions in context: past, present, and future [J]. Clinical psychology: science and practice. 2003, 10(2):144-156.

[六] BISHOP S R, LAU M, SHAPIRO S, et al. Mindfulness: a proposed operational definition [J]. Clinical psychology: science and practice, 2004, 11(3): 230-241.

[七] SHAPIRO S L, CARLSON L E, ASTIN J A, et al. Mechanisms of mindfulness [J]. Journal of clinical psychology, 2006, 62(3):373-386.

理[⊖]；为进一步探索正念训练如何扩散积极情绪，Garland 等人在拓展 – 建构理论及情感神经科学的基础上提出螺旋模型，表明正念干预能够激发正向情绪从而抑制负向情绪的增长[⊖]；Chambers 等人将正念研究和情绪调节研究进行了概念整合，提出正念情绪调节模型，进一步验证了正念觉知在情绪调节中发挥的重要作用[⊜]。

在上述理论模型的基础上，神经科学和脑科学研究者对正念影响情绪加工的神经机制做了进一步的科学探索。Davidson 等人采用脑电波技术观察冥想练习者观看情绪影片时的脑电活动，对照实验结果显示正念干预可使左侧前额叶脑区激活显著增强，该部位可增强人类的正向情绪并增强流感疫苗抗体的作用[⊕]。Creswell 等人探讨了正念特质与识别情感标签的神经基础，提出正念与更广泛的前额皮质激活有关，且在情感标记中降低了双侧杏仁核的活动，而杏仁核通常与负向情绪相关[⑤]。Hölzel 等人通过剖析正念减压参与者的功能性磁共振成像得出，正念觉知与大脑中涉及学习和记忆过程、情绪调节、自我参照处理、视角获取的脑区灰质浓度变化有关[⑥]。以上神经科学相关研究进一步表明了将正念觉知理论应用于临床治疗的合理性和可行性。

6.1.2　正念觉知理论应用领域的演化

随着科学界对正念的研究一步步深入，正念觉知对情绪的调节作用及其调节机理得到广泛认可，因此正念干预在临床治疗中也得到了更加普遍的应用。起初正念觉知主要应用于心理学和医学领域，更多地用于治疗抑郁症、心理焦虑、职业压力等心理问题和肿瘤及创伤性疾病的医学恢复，在显现出显著疗效后，学者开始探索其在医疗保健、组织管理、计算机科学等领域的重要应用，对正念觉知理论应用的演化进行梳理，有利于充分把握正念觉知的内涵及发展，以便其更好地与信息系统领域进行结合。

在心理治疗中，有关正念觉知理论的研究主要分为两个方面：一方面是抑郁症、焦虑障碍等负向情绪的治疗，如束晨晔等人阐述了冥想对抑郁症个体情绪、行为方面的影响，指出正念冥想有助于调节患者情绪，改善不良行为[⑦]；任峰等人提出药物合并正念认知

⊖ GARLAND E L, GAYLORD S, PARK J. The role of mindfulness in positive reappraisal [J]. Explore: the journal of science and healing, 2009, 5(1):37-44.

⊖ GARLAND E L, FREDRICKSON B, KRING A M, et al. Upward spirals of positive emotions counter downward spirals of negativity: insights from the broaden-and-build theory and affective neuroscience on the treatment of emotion dysfunctions and deficits in psychopathology [J]. Clinical psychology review, 2010, 30(7):849-864.

⊜ CHAMBERS R, GULLONE E, ALLEN N B. Mindful emotion regulation: an integrative review [J]. Clinical psychology review, 2009, 29(6):560-572.

⊕ DAVIDSON R J, KABAT-ZINN J, SCHUMACHER J, et al. Alterations in brain and immune function produced by mindfulness meditation [J]. Psychosomatic medicine, 2003, 65(4):564-570.

⑤ CRESWELL J D, WAY B M, EISENBERGER N I, et al. Neural correlates of dispositional mindfulness during affect labeling [J]. Psychosomatic medicine, 2007, 69(6):560-565.

⑥ HÖLZEL B K, CARMODY J, VANGEL M, et al. Mindfulness practice leads to increases in regional brain gray matter density [J]. Psychiatry research: neuroimaging, 2011, 191(1):36-43.

⑦ 束晨晔，陈友庆 . 冥想对抑郁症的影响 [J]. 中国健康心理学杂志，2017, 25(9): 1430-1436.

疗法可以改善复发性抑郁障碍残留症状并提高患者的正念水平[⊖]。另一方面是正念觉知对青少年心理健康的影响，如张伊等人考察了盐城龙卷风后青少年正念水平对创伤后应激障碍（PTSD）和创伤后成长（PTG）的影响，结果表明正念有助于提升灾后青少年的复原力，利于缓解 PTSD 症状，促进个体提高 PTG 水平[⊖]；孙炳丽等人提出短时正念训练能提高大学生的状态正念水平，并增强情绪图片记忆[⊜]。

在医学领域，运用正念觉知理论的研究主要分为两个方面：一方面是将正念觉知理论应用于癌症、糖尿病、冠心病、阿尔茨海默病等难以快速恢复疾病的患者的治疗，如张婷等人分析了正念冥想在癌症病人症状管理中的国内外研究，得出正念冥想能有效缓解患者焦虑，减少化疗引起的恶心呕吐、呼吸困难、疼痛、疲乏等症状[⊗]；卢璐璐等人回顾了正念干预在糖尿病患者中应用的研究进展，得出正念疗法能够改善患者血糖控制，减少糖尿病并发症的相关危险因素，且能够缓解患者的焦虑、抑郁等情绪，提高患者生活质量和治疗依从性[⊗]。另一方面是将正念觉知应用于护理人员的身心健康干预，如殷国平等人研究了正念减压疗法对接触艾滋病患者的手术室医护人员身心健康的影响，结果表明正念减压疗法能够改善医护人员的身心健康，并可降低其紧张焦虑程度，使其更加全身心地投入工作[⊗]。郭慧慧等人研究了职场正念对公立医院护理人员情绪耗竭的影响，提出职场正念能显著降低情绪耗竭风险，对维护护士身心健康和良好工作具有积极意义[⊕]。

在心理学和医学领域的广泛应用充分证明了正念觉知在减轻人体压力和焦虑、调节情绪、缓解疼痛等方面的重要作用，为使正念觉知理论发挥更大的社会价值，学者开始探索正念觉知在其他领域的应用。一是正念觉知在医疗保健领域的研究，Tuan 等人将正念觉知应用于越南医疗保健服务系统，以提高服务可靠性和冲突处理能力[⊗]；二是在组织管理中的研究，Carlo 等人研究了集体正念在高度复杂与不可预测的环境中如何影响组织集体意识和行动[⊗]；三是计算机科学及信息科学领域也探讨了正念觉知理论结合信息技术的重要

⊖　任峰，张坚学，宋翠林，等．药物合并正念认知疗法对复发性抑郁障碍残留症状的疗效 [J]. 中国心理卫生杂志，2019, 33(4): 248-252.

⊖　张伊，黄琪，安媛媛．青少年正念对创伤后应激障碍和创伤后成长的影响 [J]. 中国临床心理学杂志，2019, 27(1): 172-176.

⊜　孙炳丽，钟春雨，孙海洋，等．短时正念训练对大学生情绪图片再认的影响 [J]. 中国心理卫生杂志，2019, 33(5): 386-392.

⊗　张婷，成芳，程秀丽，等．冥想技术在癌症病人症状管理中的应用研究进展 [J]. 全科护理，2019, 17(19): 2320-2323.

⊗　卢璐璐，陈琼妮，罗碧华．正念干预应用于糖尿病患者管理的研究进展 [J]. 中国护理管理，2019, 19(1): 128-132.

⊗　殷国平，张维峰，王佳，等．正念减压疗法对接触艾滋病患者的手术室医护人员身心健康的影响 [J]. 临床麻醉学杂志，2019, 35(6): 594-595.

⊕　郭慧慧，于萍．职场正念对公立医院护理人员情绪耗竭的影响研究 [J]. 中国医院管理，2017, 37(12): 75-77.

⊗　TUAN M N D, NGUYEN-THANH N, LE TUAN L. Applying a mindfulness-based reliability strategy to the Internet of things in healthcare: a business model in the Vietnamese market [J]. Technological forecasting and social change, 2019, 140:54-68.

⊗　CARLO J L, LYYTINEN K, BOLAND R J. Dialectics of collective minding: contradictory appropriations of information technology in a high-risk project [J]. MIS quarterly, 2012, 36(4):1081-1108.

应用价值，如 Amaye 等人探讨了组织正念的基本原则及其在应急管理决策系统集成大数据时的重要作用[一]。

从医学和心理学领域的广泛应用到组织管理、计算机科学等领域的初步探索，正念觉知的内涵与外延得到了学界更清晰的定义和更充分的认识。如今，越来越多的行业与互联网进行了专业领域的融合，正念觉知作为有效的临床治疗手段，也已逐渐在应用软件、互联网等方面得到了应用，本章将分析其在信息系统领域的应用研究，以把握其在信息科学中的应用价值。

6.2　正念觉知理论在信息系统研究领域的应用进展

6.2.1　正念觉知理论在缓解压力和成瘾治疗研究中的应用

当今互联网飞速发展，技术更新迭代快，新奇事物层出不穷，人们在不断追求新鲜刺激的同时也被各种压力和焦虑困扰，因此缓解自身压力并减轻对手机等事物的依赖是当今社会普遍关注的问题，针对此类问题，学者们运用正念觉知结合互联网来帮助缓解压力并进行成瘾治疗。

1. 正念觉知理论在缓解压力研究中的应用

在疾病治疗中，Hunter 等人将正念干预训练以应用软件的形式作用于患有脆性 X 综合征且携带 FMR I 突变基因的母亲，结果显示这一应用软件对于缓解智力和发育障碍儿童母亲的压力和社会焦虑具有显著作用[二]。在心理治疗中，Huberty 等人在大学生参与者的手机中安装了一个名为"Calm"的减压 app，通过 8 周的对照实验他们得出，以传递正念冥想为设计理念的"Calm"手机 app 能有效降低大学生的压力并且提高其专注力和自我关怀[三]；类似的方法同样也可应用于焦虑障碍的治疗，Boettcher 等人将正念干预通过互联网进行远程传输，探讨基于互联网的正念治疗项目对焦虑障碍的疗效，结果表明基于网络的正念干预同样能够有效减少参与者的焦虑、抑郁和失眠症状，这一研究证实了通过互联网进行正念干预的可行性[四]。

另有学者应用虚拟现实（VR）技术结合正念觉知理论进行减压治疗，Navarro-Haro 等人提出了一种 VR 辩证行为疗法正念培训技术，即参与者戴上虚拟现实头盔，在电脑形成的虚拟河流中漂流并聆听正念培训指导，结果显示参与者正念状态增加，负面情绪减少，

○ AMAYE A, NEVILLE K, POPE A. BigPromises: using organisational mindfulness to integrate big data in emergency management decision making [J]. Journal of decision systems, 2016, 25(sup1):76-84.
○ HUNTER J E, JENKINS C L, GRIM V, et al. Feasibility of an app-based mindfulness intervention among women with an FMR1 premutation experiencing maternal stress [J]. Research in developmental disabilities, 2019, 89:76-82.
○ HUBERTY J, GREEN J, GLISSMANN C, et al. Efficacy of the mindfulness meditation mobile app "Calm" to reduce stress among college students: randomized controlled trial [J]. JMIR mhealth and uhealth, 2019, 7(6): e14273.
○ BOETTCHER J, ASTROM V, PAHLSSON D, et al. Internet-Based mindfulness treatment for anxiety disorders: a randomized controlled trial [J]. Behavior therapy, 2014, 45(2):241-253.

并高度接受 VR 作为一种正念训练技术，该研究证明了用 VR 技术练习正念的可行性和可接受性[一]。在证实了 VR 技术与正念结合的可行性后，有学者针对实施设备进行了发明创造，Mastrianni 发明了一项专利，该专利通过向一套感官刺激装置提供情境模拟数据而使用户感受到具体情境，并通过用户大脑回传的 α 波生物特征改变模拟情境进而调节用户感官刺激[二]；这些设备和装置的发明使得正念治疗在 VR 技术的支持下有了更广泛的应用。

随着各行各业的信息化转型，工作人员感受到的技术压力也随之增加，因此学者对应用正念觉知理论减少技术压力也进行了研究。Maier 等人聚焦于信息系统使用者感知到的技术压力，探讨了用户人格特征与技术压力感知之间的关系，他们将人格特征分为神经质、个人 IT 创新和 IT 正念三个层次，结果表明 IT 正念对技术压力的感知影响最大，可以通过调节 IT 正念更有效地减少技术压力[三]；Yunus 等人研究了科技正念如何影响工作与生活的平衡，案例研究和访谈资料分析表明，学习与实践、知识共享、特征探索、高度可视化、反思思维、创造性思维、指导和培训等是技术正念进行实践的方式，这些实践能够帮助信息系统用户在工作中更加高效，并充分利用信息系统进行创新，从而有更多的时间投入到生活当中，因此正念觉知理论能帮助信息系统使用者更好地平衡工作与生活，减少两方冲突所带来的压力[四]。

2. 正念觉知理论在成瘾治疗研究中的应用

由于正念觉知显著的意识控制、情绪调节等作用，学者探索了其治疗成瘾的可行性。Spears 等人将消息发送程序（iQuit Mindfully）作为吸烟者正念成瘾治疗的辅助手段，以发送消息和短信互动的形式使戒烟者有意识地减少吸烟次数，结果表明 89% 的实验者参与了短信互动且给出了积极评价[五]；在技术成瘾方面，Peker 等人探究了正念觉知对青少年手机依赖和网络成瘾的中介作用，指出正念觉知在青少年智能手机使用和网络依赖中具有负向调节作用，有利于减轻青少年网络成瘾；陈重阳通过分析智能手机游戏成瘾复发行为，运用自我调节过程和正念状态来防止技术类上瘾的复发，该研究指出正念不仅仅对物质类成瘾复发具有疗效，而且对技术类成瘾的复发同样具有显著效果[七]；类似地，李丽等人通过

[一] NAVARRO-HARO M, DEL-HOYO Y, CAMPOS D, et al. Meditation experts try virtual reality mindfulness: a pilot study evaluation of the feasibility and acceptability of virtual reality to facilitate mindfulness practice in people attending a mindfulness conference [J]. PLoS ONE, 2017, 12(11): e0187777.

[二] MASTRIANNI S J. Method and apparatus for virtual reality-based mindfulness therapy: US 10286181[P]. 2019-05-14.

[三] MAIER C, LAUMER S, WIRTH J, et al. Technostress and the hierarchical levels of personality: a two-wave study with multiple data samples [J]. European journal of information systems, 2019, 28(4):1-27.

[四] YUNUS Y M, ZAIN M Z M, AMAN A. Technological mindfulness and work-life balance [J]. Asian journal of accounting and governance, 2018, 10: 49-59.

[五] SPEARS C A, ABROMS L C, GLASS C R, et al. Mindfulness-based smoking cessation enhanced with mobile technology (iQuit Mindfully): pilot randomized controlled trial[J]. JMIR mhealth and uhealth, 2019, 7(6): e13059.

[六] PEKER A, NEBIOGLU M, ODEMIS M H. Addiction in a virtual environment: a model test for the mediation role of mindfulness [J]. Anadolu psikiyatri dergisi: anatolian journal of psychiatry, 2019, 20(2): 153-158.

[七] 陈重阳. 基于自我调节过程视角防止手机游戏上瘾复发 [D]. 合肥：中国科学技术大学，2017：Ⅲ - Ⅴ.

对照实验探讨正念认知行为团体治疗对医学生智能手机成瘾的应用效果，结果表明，正念认知行为团体治疗有效改善了医学生智能手机成瘾、冲动和焦虑情绪，增强了个体心智觉知水平[⊖]。

以上研究说明了正念觉知理论结合信息技术进行减压治疗及成瘾治疗的可行性和有效性，然而正念觉知源自东方佛教的禅修冥想，在西方被运用于临床治疗时间不长，东西方国家对这一新治疗手段的认知不同，大众的接受程度和使用效果或许也会有所不同，但现有文献未考虑到不同文化背景下的差异，未来研究可考虑东西方不同的文化背景，区分正念觉知在不同文化背景下的不同认知及其不同的应用效果。

6.2.2 正念觉知理论在信息系统可靠性研究中的应用

如今，信息化办公已得到了广泛普及，各行各业利用信息系统进行业务操作，信息系统支持数据的输入、存储、处理、输出和控制，是组织业务得以顺利运行的保障，因此系统的可靠性得到学者的普遍关注，目前利用正念觉知提升信息系统可靠性的研究主要分为在系统开发过程中应用正念觉知理论的研究和在系统使用过程中应用正念觉知理论的研究。

在信息系统开发研究中，学者将注意力集中在开发者身上，探讨了正念觉知在信息系统开发中的作用。首先，Mcavoy 等人指出信息系统开发的敏捷性应通过检查软件开发团队成员中的行为和感知来确定，而非仅仅关注敏捷开发方法和实践过程，他们通过案例研究得出正念觉知对开发人员持续关注风险、警惕失败、从失败中恢复等能力均具有促进作用[⊜]。其次，Sammon 等人利用叙事网络将信息系统开发过程可视化为一个实时流程，并利用组织正念（organizational mindfulness）对信息系统开发过程进行分析，结果表明组织正念与 IS/IT 领域，特别是软件开发和信息系统开发具有较强的相关性与适用性，能在一定程度上提高信息系统开发的可靠性与高效性[⊜]。再次，Lee 研究了信息系统外包过程中的正念应用，提出了包含合同完成、关系强度、正念实践、信任水平和信息系统外包成功等元素的理论模型，研究结果表明，正念练习对信息系统外包的成功和信任水平有积极影响[⊜]。最后，Oh 等人考虑到高校信息系统开发过程中的故障风险等问题，提出将正念觉知理论应用到学术信息系统的开发中以提高其可靠性和可持续性[⊜]。

⊖ 李丽，牛志民，梅松丽 . 团体辅导课程中医学生智能手机成瘾的正念认知行为团体治疗 [J]. 中国高等医学教育，2017, (5): 37-38.

⊜ MCAVOY J, NAGLE T, SAMMON D. Using mindfulness to examine ISD agility [J]. Information systems journal, 2013, 23(2): 155-172.

⊜ SAMMON D, NAGLE T, MCAVOY J. Analysing ISD performance using narrative networks, routines and mindfulness [J]. Information and software technology, 2014, 56(5): 465-476.

⊜ LEE J M. An empirical study on the importance of mindfulness practice in the success of information systems outsourcing [J]. The Journal of the korea contents association, 2013, 13(12):412-421.

⊜ OH S, KIM Y Y, KIM B. Implementing academic information systems from a mindfulness perspective [J]. The Journal of society for e-business studies, 2011, 16(3): 225-247.

另外，在信息系统使用过程中应用正念觉知理论也能够提高系统可靠性。Butler 等人提出个人与组织在信息系统使用过程中的正念行为有利于增强其在面对复杂的技术和意外的环境时表现出的可靠性[⊖]；Aanestad 等人研究了组织中信息系统实施后集体正念如何作用于组织适应性，提出管理者利用集体正念能够更好地促进系统实施后的适应过程[⊜]；Kim 等人提出在学术信息系统实施后个人与集体的正念觉知训练是高校信息系统能够成功实施和运维的关键因素[⊜]。

由上述研究可以发现，在信息系统开发过程和使用过程中应用正念觉知理论均有利于提高信息系统可靠性，然而信息系统开发过程包括需求分析、方案设计、程序编码、测试等多个阶段，信息系统使用包括业务人员的使用和管理人员的使用，不同的人在不同阶段应用正念觉知产生的效果有所不同，未来可根据不同使用对象和使用时期进行更加细致的研究。

6.2.3　正念觉知理论在技术接受意愿和用户满意研究中的应用

随着信息技术的简易化和普及，用户对于各项技术的参与程度不断提高，然而用户资源有限，各平台之间的竞争越来越激烈，如何提升用户的技术接受意愿及其在使用过程中的用户满意以最大限度地留住用户资源，是许多平台正在面临的巨大挑战。针对此类问题，学者应用正念觉知理论进行了有关技术接受意愿和用户满意的研究。

1. 正念觉知理论在技术接受意愿研究中的应用

在技术接受意愿研究中，Sun 等人提出了名为技术采用正念（MTA）的新概念，并将其集成到认知变化模型中用以描述 MTA 如何影响用户的技术采用及持续使用意愿，研究结果表明，正念觉知水平较高的采用者更有可能认为一项技术是有用的，他们在技术采用后的阶段有更高的感知有用性和满意度[⊗]；Kim 等人以整合型 UTAUT 模型为基础研究了正念在技术接受过程中如何调节用户接受意愿和使用行为的前因变量，经实证分析得出，正念因素中的"替代技术的认知"增加了绩效期望对接受意愿的影响，正念因素中的"寻求新奇"增加了努力期望对接受意愿的影响，正念中的"技术参与"增加了促成条件对接受意愿的影响，正念中的"局部情境意识"降低了社会影响对接受意愿的影响，该研究表明加入正念因素为 UTAUT 模型的拓展提供了思路^⑤；另外，Thatcher 等人开发了一个 IT 正念

⊖ BUTLER B S, GRAY P H. Reliability, mindfulness, and information systems [J]. MIS quarterly, 2006, 30(2):211-224.

⊜ AANESTAD M, JENSEN T B. Collective mindfulness in post-implementation IS adaptation processes [J]. Information and organization, 2016, 26(1-2):13-27.

⊜ KIM Y Y, AHN J, OH S. What shall we do for the academic information systems sustainability? The role of mindfulness [J]. Information systems review, 2009, 11(2): 1-22.

⊗ SUN H S, FANG Y L, ZOU H Y. Choosing a fit technology: understanding mindfulness in technology adoption and continuance [J]. Journal of the association for information systems, 2016, 17(6): 377-412.

⑤ KIM H M, PARK J S, PANG Y Y. A study about impact of mindfulness on perceived factors of information technology acceptance [J]. Information systems review, 2019, 21(1): 1-22.

量表用以测量个人在使用信息技术时的专注力，在检验了其有效性和可靠性后，将 IT 正念置于一个关系网络中，经测试表明 IT 正念与主动的系统使用具有更密切的关系[一]；马腾腾将正念觉知理论引入期望确认模型中，探究了社会化搜索平台用户持续使用意愿的影响因素，结果表明社会化搜索平台用户的正念觉知正向影响其期望确认程度、感知有用性和持续使用意愿[二]。

2. 正念觉知理论在用户满意研究中的应用

在提升用户满意的研究中，Zha 等人将正念的调节作用运用于 Web 2.0 虚拟社区的信息搜寻行为研究中，在拓展了信息系统成功模型后得出：信息寻求者的正念状态负向调节了信息质量、系统质量和服务质量对感知有用性的影响，进而影响信息搜寻过程中的用户满意[三]。另外，Dernbecher 结合云计算技术，从组织正念的视角探讨了政府机构中具有正念状态和非正念状态的用户使用桌面即服务所带来的净收益的差异，结果表明具有更高水平正念状态的参与者在净收益上的用户满意度更高[四]。在信息安全技术中，Jensen 等人采用正念方法教导个人在消息评估时动态分配注意力，增强上下文意识，并预先判断可疑消息，这些行为在组织检测钓鱼攻击时至关重要，经实验表明，接受正念训练的参与者能更好地避免网络钓鱼攻击，提升信息系统安全性，进而增强用户信任和满意[五]。

以上研究表明，正念觉知理论可以提升技术接受意愿和用户满意，通过分析可以发现，不同的研究对正念觉知的含义进行了一定程度的拓展，如技术采用正念（MTA）、IT正念等新概念。然而此类拓展的依据是什么？是否影响大众对于正念觉知的认识？此类问题均未见说明，后续研究可针对这一类问题进行更细致的叙述，或对正念觉知理论的相关概念进行总结分析，帮助学界对不同概念产生更清晰的认知。

6.3　结论与展望

通过对正念觉知理论相关文献的回顾和分析发现，目前正念觉知理论在信息系统领域的应用已经有所进展，研究大多集中在"正念觉知应用于缓解压力和成瘾治疗""正念觉知应用于提高信息系统可靠性""正念觉知应用于提升技术接受意愿和用户满意"这三个方面。

　㊀　THATCHER J B, WRIGHT R T, SUN H S, et al. Mindfulness in information technology use: definition, distinction, and a new measure [J]. MIS quarterly, 2018, 42(3): 831-847.

　㊁　马腾腾. 觉知性对社会化搜索平台用户持续使用意愿的影响研究 [D]. 南京：南京大学，2018:30；48-50.

　㊂　ZHA X J, ZHANG J C, YAN Y L, et al. Sound information seeking in Web 2.0 virtual communities: the moderating effect of mindfulness [J]. Behaviour & information technology, 2015, 34(9): 920-935.

　㊃　DERNBECHER S. Having the mind in the cloud: organizational mindfulness and the successful use of desktop as a service[C]// Proceedings of the 2014 47th Hawaii International Conference on System Sciences. Waikoloa, HI: IEEE, 2014:2137-2146.

　㊄　JENSEN M L, DINGER M, WRIGHT R T, et al. Training to mitigate phishing attacks using mindfulness techniques [J]. Journal of management information systems, 2017, 34(2):597-626.

　　现有研究存在的不足主要包括：①整体看来，正念觉知理论相关研究目前集中在医学和心理学领域，与信息系统的结合也大多与缓解压力、成瘾治疗等主题相关，对正念觉知在信息系统研究领域其他方面的应用尚未进行更充分的探索创新。②研究仅集中在探索正念觉知的正面效应，对于其应用过程中可能造成的负面问题未见讨论。例如，在正念觉知理论与虚拟现实技术的融合过程中，涉及参与者脑电图等生物特征的提取，其间技术实现难度、用户隐私及推广成本等问题均未被纳入考量范围。③由于东西方国家存在较大文化差异，正念觉知理论在不同文化背景下具有不同的认知和应用效果，目前研究只考虑了单一文化背景，东西方文化背景下的差异未见讨论。④在应用正念觉知理论提升信息系统可靠性的研究中，对于信息系统开发不同阶段采用正念觉知的不同效果未进行细致区分，同样地，在信息系统使用过程中对于不同类型使用者也未分开来讨论。⑤部分研究对正念觉知的定义进行了适用于信息系统领域的拓展，然而对于新概念的拓展依据并没有进行详细解释说明，且经拓展之后出现的新概念较多，未进行分类整合。

　　针对以上研究的不足之处，未来研究可从这样几个方面进行拓展：①探索正念觉知理论在信息系统领域更广阔的应用空间，丰富研究内容。例如，在线教育中，受教育者的专注力及其在无人监督情况下的自觉性对于学习效果具有重要影响，未来可将正念觉知理论应用于在线教育平台或专注力训练软件等方面，通过设计游戏化的学习内容和软件操作步骤提高受教育者的专注力；或者网络购物中，减少应用程序界面不相关物品的推荐，应用正念觉知理论引导用户深入探索自身需求，避免在购物过程中被不需要的物品分散了注意力。②考虑正念觉知理论与信息技术结合后可能会面临的风险及隐私等负面问题，针对不同问题提出可行的解决方案，避免正念觉知应用过程中的损失。③考虑东西方国家不同的文化背景，区分正念觉知理论在不同文化背景下的认知及其不同的应用效果。④对正念觉知理论在信息系统中的应用进行更细致的区分，如可研究不同行业信息系统中应用正念觉知时针对的受众群体、实施方法及实施效果是否有所不同，在不同业务操作、不同实施情境应用正念觉知时效果是否也有所不同，等等。⑤明确阐述新概念的内涵和外延及其定义依据，针对同一领域的相似概念分析后提取共同点进行整合，避免概念的繁杂重复。

第7章

认知负荷理论的演化及其在
信息系统研究领域的应用与展望

　　认知负荷理论（cognitive load theory，CLT）由澳大利亚心理学家 John Sweller 于 1988 年提出。CLT 的核心思想是：为了减少个人在完成任务时需要的精力并提高个人的任务完成效率，应该优化任务流程的设计和任务信息的呈现方式。

　　CLT 自提出以来，为了提升学习效率和降低信息系统使用难度，已被教育学、信息系统等领域的许多学者用来研究如何改进教学设计和优化业务流程。为了把握 CLT 发展和应用的现状，一些学者对其进行了述评。唐剑岚等人在概述了认知负荷的基本内容、演化发展和目前该理论在教学设计中的应用的基础上，指出了目前的研究存在"实验生态效度不足""研究方法单一""缺乏对各个阶段的各类认知负荷的研究"等问题⊖。陈光耀等人对 CLT 在 E-learning 项目设计中的应用进行了总结，提出在设计 E-learning 教学时，应当通过注意教学内容的设计、教学内容和与学习者的知识水平的匹配程度来降低学习者的认知负荷，并强调了学者们应当考虑采用客观测量认知负荷的手段进行一些应用性研究⊖。Hollender 等人综述了 CLT 在交互式学习系统研究中的应用，认为在目前的研究中关联认知负荷没有得到重视，并指出未来的研究方向应当关注 E-learning 复杂环

　⊖　唐剑岚，周莹. 认知负荷理论及其研究的进展与思考 [J]. 广西师范大学学报：哲学社会科学版，2008，44(2):75-83.
　⊖　陈光耀，汪义凤. 认知负荷理论及其在 E-learning 中的应用 [J]. 软件导刊，2007, (4):4-6.

境的设计[⊖]。

由前述内容可知，目前 CLT 的总结性研究主要存在两点不足：①前文的综述研究都集中在 2010 年以前，缺少对最新应用研究的评述。②虽然 CLT 在信息系统等领域已涌现出不少应用成果，但是 CLT 的综述研究都集中在教育领域，未见信息系统等领域的研究评述。因此，为了帮助更多学者较为全面地了解 CLT 和其在信息系统研究领域应用的最新进展，本章拟在简要介绍 CLT 的起源及其基本内容的发展之后，评述 CLT 在信息系统研究领域中的应用现状。

7.1 认知负荷理论的起源与发展

7.1.1 认知负荷理论的起源

专家（即在特定领域具有专业知识的人）和新手在解决问题的能力上为何有差异、如何促进新手的学习一直是研究的重点。学界通过大量研究，应用图式理论给出了解释：专家与新手在解决问题的能力上的本质区别在于对图式的运用。根据图式理论，图式是存在于个体记忆中的对外在事物的结构性认识，即专家能够从以往的学习经验中获得并存储可重复利用的知识，当面对新的问题时，将与之相关的知识进行加工来解决问题。

随着对于学习机制的认识不断深入，学者们逐渐发现，新手往往能够顺利解决问题，却难以获得图式。Sweller 结合资源有限理论中"个体具有有限的脑力资源"的观点，通过实验得出结论，新手无法获得图式的原因在于：大量有限的精力被用于解决问题而没有给图式获取留出空间，即新手的问题解决方式所带来的认知负荷干扰了图式的习得。据此，Sweller 提出，应当降低解决问题时的认知负荷来使图式获取更容易发生，即 CLT 的雏形[⊖]。

7.1.2 认知负荷理论的发展

1. 认知负荷理论的概念演化

最初，人们把认知负荷作为整体进行研究。后来，随着研究的深入，学界又将认知负荷进一步细分为内在认知负荷（intrinsic cognitive load）、外在认知负荷（extraneous cognitive load）和关联认知负荷（germane cognitive load）。

1994 年，Sweller 等人在研究为什么一些教学材料难以学习时拓展了 CLT，提出了内在认知负荷和外在认知负荷的概念。他指出，总的认知负荷是至少两个相当独立的元

⊖ HOLLENDER N, HOFMANN C, DENEKE M, et al. Integrating cognitive load theory and concepts of human-computer interaction[J]. Computers in human behavior, 2010, 26(6):1278-1288.

⊖ SWELLER J. Cognitive load during problem solving: effects on learning[J]. Cognitive science, 1988, 12(2):257-285.

素的组合：一个是由教学设计强加的外在认知负荷，另一个是教师无法控制的内在认知负荷[⊖]。

内在认知负荷是在具体任务中，由必须理解的任务信息、学习材料的复杂性与个人的知识水平的交互作用所引起的难度^{⊖⊜}。对于个人来说，给定的任务的性质是内在认知负荷的来源，在任务中，需要处理的相互联系、相互作用的元素越多，会导致更高水平的内在认知负荷^⑲。外在认知负荷是由任务信息呈现给学习者的方式而产生的，用户将投入多余的信息或与学习目标无关的过程中的精力是外在认知负荷的来源。因此，当教学设计提高了精力使用的效率时，外在认知负荷就会减少^⑤。结合过往的研究，Sweller 进一步提出，外在认知负荷的效果可能在很大程度上由内在认知负荷决定，当内在认知负荷较低时，外在认知负荷可能会产生较小的影响，因为总的认知负荷可能相对较低^{⑥⑦}。

在提出内在认知负荷和外在认知负荷的概念后，降低外在认知负荷一直是 CLT 的核心，早期研究几乎都是专门研究教学设计如何减少外在认知负荷。然而在某些情况下，研究者们发现认知负荷能够促进学习，以往"降低认知负荷以促进学习"的结论似乎不成立。因此，一些学者开始研究与图式构建直接相关的第三种认知负荷，即关联认知负荷。

1998 年，Sweller 等人在验证一系列由 CLT 产生的教学设计原则时，对个人的认知结构进行了描述，并提出了关联认知负荷的概念。关联认知负荷是指学习者致力于构建图式而投入的精力，它有助于而不是妨碍学习^⑧。不同于内在认知负荷和外在认知负荷，关联认知负荷不构成认知负荷的独立来源，而是与个体投入学习的精力分配相关。关联认知负荷的降低意味着学习者投入更多精力处理与学习无关的因素而不是学习材料，即更多的精力被用于与外部认知负荷相关的活动，因此学习效率会降低。适当的教学设计应当减少外在认知负荷，增加关联认知负荷。

⊖ SWELLER J. Cognitive load theory, learning difficulty, and instructional design[J]. Learning and instruction, 1994, 4(4):307.

⊜ SWELLER J. Cognitive load theory, learning difficulty, and instructional design[J]. Learning and instruction, 1994, 4(4):310.

⊜ SWELLER J, CHANDLER P . Why some material is difficult to learn[J]. Cognition and instruction, 1994, 12(3):188.

⑲ SWELLER J . Element interactivity and intrinsic, extraneous, and germane cognitive load[J]. Educational psychology review, 2010, 22(2):124.

⑤ SWELLER J. Cognitive load theory, learning difficulty, and instructional design[J]. Learning and instruction, 1994, 4(4):302.

⑥ SWELLER J. Cognitive load theory, learning difficulty, and instructional design[J]. Learning and instruction, 1994, 4(4):308.

⑦ SWELLER J . Some cognitive processes and their consequences for the organisation and presentation of information[J]. Australian journal of psychology, 1993, 45(1):1.

⑧ SWELLER J, VAN MERRIENBOER J J G, PAAS F G W C. Cognitive architecture and instructional design[J]. Educational psychology review, 1998, 10(3):262.

2. 认知负荷理论的模型演化

Paas 等人在比较四种问题求解训练策略时，提出了以因果维度（影响认知负荷的因素）和评价维度（受认知负荷影响的因素）构成的认知负荷二维结构测量模型（见图 7-1），用于代表执行特定任务对特定学习者施加的认知负荷⊖。

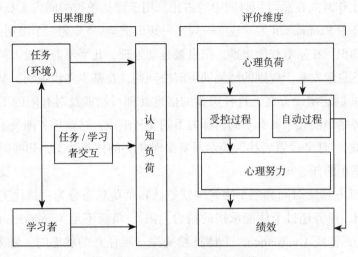

图 7-1　认知负荷二维结构测量模型

因果维度包括学习者特征、任务（环境）特征、学习者与任务（环境）之间的交互作用。其中，学习者特征是相对稳定的因素，如受试者的认知能力、认知风格、知识经验等；任务特征包括任务结构、任务新颖性、奖励机制类型、时间压力等因素；环境特征包括噪声、温度等；而学习者与任务（环境）之间的交互作用可以通过相对不稳定的因素影响认知负荷，如最佳表现的内部标准等。评价维度则包括心理负荷、心理努力和绩效，其中，心理负荷由任务（环境）需求所施加，对于给定的任务是不变的；心理努力指实际分配到满足任务需求的精力；绩效是指由心理负荷和心理努力共同呈现的学习任务完成效果。

在模型中，因果维度的三个因素构成认知负荷的来源，评价维度的心理负荷、心理努力和绩效构成认知负荷的结果。其中，心理负荷一部分通过自动化过程来处理学习者熟悉的方面，另一部分通过受控的认知过程作用于图式的获取并影响学习者的心理努力，心理努力和自动化过程最终共同影响学习者的绩效。因此，认知负荷二维结构测量模型将任务和学习者作为认知负荷的根本来源，将心理负荷和绩效作为认知负荷的最终结果。

认知负荷二维结构测量模型明确指出了认知负荷的来源和结果，优点是模型中的元素易于量化，然而该模型仅仅能够通过个体和任务的特征测量某个时间段内个体的静态认知负荷水平，而在一个连续的任务中，由于任务时间、任务难度变化等一系列不断变化的

⊖ PAAS F G W C, VAN MERRIENBOER J J G. Variability of worked examples and transfer of geometrical problem-solving skills: a cognitive-load approach[J]. Journal of educational psychology, 1994, 86(1):123.

因素影响，个体的认知负荷往往不是固定的，而是动态变化的。

因此，Neerincx 以一段时间内的用户进行任务的状态为研究对象，开发了认知任务负荷三维结构模型[⊖]。该模型中包括了三种决定认知任务负荷的因素：占用时间、信息加工水平和任务设置转换（task—set switching），三种决定因素值越高，认知负荷越大。其中，占用时间指的是工作时间在总可用时间中的占比，用于评估单位时间内人员承受的工作量。信息加工水平基于 Rasmussen 的"技能—规则—知识框架"[⊖]分为三个级别：基本技能、基本规则、基本知识。在基本技能级别，信息被自动处理，几乎不需要投入精力；在基本规则级别，输入信息触发基于规则的结果即可解决问题；在基本知识级别，基于输入信息对问题进行分析并制定解决方案，这种类型的信息处理可能涉及对有限的工作的高认知负荷。复杂的任务情境由几个具有不同目标的不同任务组成，这些任务涉及不同的知识、能力和环境，因此，"任务设置转换"表示具有瞬时状态的任务状态，切换时需要在操作和环境级别更改适用的任务知识。

模型根据任务持续时间和三个决定维度把认知负荷状态分为：最优工作负荷、负荷超载（overload，任务超过个体能承担的精力上限）、负荷不足（underload，个体投入的精力低于要求）、警戒（vigilance，个体持续关注一项任务的状态时，随着时间的推移，效率会下降）和认知锁定（cognitive lockup，个体专注于执行一项任务而不愿意切换任务）5 种状态。表 7-1 展示了认知任务需求对某一任务周期不同阶段的负面影响。图 7-2 展示了一个三维的"负荷"空间，在这个空间中的区域指示了任务对操作者施加的认知负荷需求。

表 7-1   认知任务需求对某一任务周期不同阶段的负面影响

影响	任务持续时间		
	短（<5min）	中等（5 ~ 20min）	长（>20min）
占用时间低 信息加工水平低 任务设置转换低	—	负荷不足	—
占用时间高 信息加工水平低 任务设置转换低	—	—	警戒
占用时间高 信息加工水平低 任务设置转换高	认知锁定	认知锁定	认知锁定
占用时间高 信息加工水平高 任务设置转换高	负荷超载	负荷超载	负荷超载

⊖ NEERINCX M A. Cognitive task load analysis: allocating tasks and designing support[J]. Handbook of cognitive task design, 2003: 283-305.

⊖ RASMUSSEN J. Information processing and human-machine interaction: an approach to cognitive engineering[M]. New York: North-Holland, Elsevier Science Publishers, 1986.

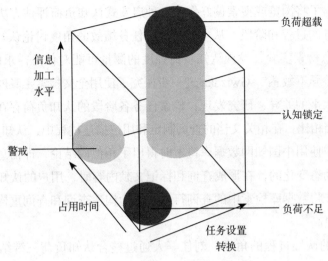

图 7-2　认知负荷三维结构模型

7.2　认知负荷理论在信息系统研究领域的应用进展

7.2.1　认知负荷理论在信息检索研究中的应用

信息检索的过程是用户与检索系统不断交互的过程，信息检索的结果与系统设计、用户经验和任务特性息息相关，CLT 在信息检索研究中的应用能够加深对信息检索的过程及结果的理解，对改善信息检索任务的设计、信息检索系统的设计具有十分重要的意义。因此，部分学者将 CLT 用于研究信息检索相关问题。

1. 信息检索中的认知负荷分布研究

从信息检索系统设计的角度，Dennis 等人将认知负荷引入信息检索的研究中，用于更为精准地描述用户的信息检索过程，研究发现在使用全文检索工具时，当用户查看的候选查询被从统计上、语言上或排序上细化时，用户的认知负荷要比查看网页摘要时低[一]。在此基础上，Dennis 等人从用户经验的角度比较了使用基于全文的搜索、基于目录的搜索和基于短语的查询重构辅助搜索时的搜索效率，发现对搜索工具的不熟悉会增加查询过程中的认知负荷[一]。

从任务特性的角度，Schmutz 等人从用户完成信息检索任务的整体过程出发，测量了被试者在使用购物网站的检索工具时的认知负荷和用户满意度，发现较高的认知负荷与任务完成时间较长、二次监测任务失败较多、检索偏好较高、对各自店铺的总体满意度较低

⊖　DENNIS S, MCARTHUR R, BRUZA P D. Searching the World Wide Web made easy? The cognitive load imposed by query refinement mechanisms[J]. Proceedings of adcs, 1998:65-71.

⊖　DENNIS S, BRUZA P, MCARTHUR R. Web searching: a process oriented experimental study of three interactive search paradigms[J]. Journal of the American society for information science and technology, 2002, 53(2):120-133.

有关，并据此提出了将浏览或搜索偏好作为一种启发式认知负荷评估方法⊖。Gwizdka 等人针对信息检索任务的过程和阶段，从主要和次要任务绩效的角度讨论认知负荷的评估，通过一个受控的信息检索实验，发现认知负荷强度的测量可能对任务需求的动态变化敏感，而对任务之间的差异不敏感⊖。Gwizdka 进一步探究了使用全文检索工具时信息检索任务各阶段的认知负荷水平的差异，研究发现：检索任务各阶段的认知负荷存在差异，与检索结果和查看单个文档相比，在相关文档的查询制定和用户描述过程中，认知负荷更高⊜。李建华等人在研究用户使用中国知网数据库检索时得出了相似的结论，即信息检索过程中用户平均认知负荷是动态变化的，在形成查询和标记文献内容时，用户的认知负荷水平更高㉃。刘萍等人则进一步将数据库检索中的查询行为细化为构建查询和查询重构，并验证了查询重构的认知负荷更高㉄。

从信息检索的认知过程的角度，刘佳等人通过整合认知负荷三维结构模型理论和信息检索的认知理论，以学术数据库检索为例，建立了信息检索认知过程中的认知负荷结构模型（见图 7-3），描述了信息检索过程中认知负荷的产生与结果，并提出了信息检索认知负荷的评价框架，包括瞬时负荷（某个特定时刻的认知负荷）、顶峰负荷（在一个特定的时间内，瞬时负荷的最高值）、平均负荷（单位时间内测量的负荷）、累计负荷（整个检索过程中经历的负荷总量）和整体负荷（个体头脑中的累积负荷）㉅。

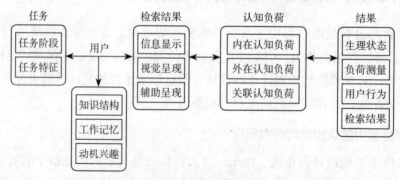

图 7-3　信息检索认知过程中的认知负荷结构模型

除了从个人进行信息检索行为的角度，也有学者从协作信息检索行为的角度研究认知负荷的分布。一种观点认为，协作信息检索中用户的总认知负荷与个人的认知负荷没

⊖　SCHMUTZ P, HEINZ S, MÉTRAILLER Y, et al. Cognitive load in eCommerce applications: measurement and effects on user satisfaction[J]. Advances in human-computer interaction, 2009, 1: 1-9.

⊖　GWIZDKA J . Assessing cognitive load on Web search tasks[J]. The ergonomics open journal, 2009, 2(1):114-123.

⊜　GWIZDKA J . Distribution of cognitive load in web search[J]. Journal of the American society for information science and technology, 2010, 61(11):2167-2187.

㉃　李建华，国佳，沈旺 . 网络受控环境下信息检索用户认知负荷动态变化分析 [J]. 图书情报工作，2012，56(10):55-60.

㉄　刘萍，杨宇 . 学术搜索过程中用户认知负荷变化：以中国知网的实证研究为例 [J]. 情报理论与实践，2018，41(5):125-130.

㉅　刘佳，沈旺，李贺 . 信息检索认知模型及认知负荷评价研究 [J]. 图书情报工作，2012, 56(24):134.

有差异。Shah 等人在对使用带有交流功能的检索工具的检索过程中协作团队成员的认知负荷进行了测量，结果发现认知负荷并不比个人的认知负荷多⊖。使用相同的检索工具，Brennan 等人探讨了基于场景的任务中协作信息检索和个体信息检索之间的差异，发现除了 NASA 任务负荷指数中表现的部分外，参与者的认知负荷在合作检索和个人检索中没有区别，即查询行为与总认知负荷之间没有显著关系⊜。另一种观点认为，协作信息检索相比个人信息检索表现出更复杂的认知负荷成因和更高的认知负荷水平。González-Ibáñez 等人以带有交流功能的检索工具为例，在研究积极情感在协作信息搜索行为中的作用时，发现个人的认知负荷更低，并推测团队用户较高的认知负荷是由于沟通、协调、冲突解决等协作活动中涉及的额外因素造成的⊜。Yue 等人对电子邮件搜索工具进行研究，通过对协作信息检索的观察和实验后的访谈，发现在整个检索过程中，合作者的认知负荷水平不仅表现为对系统的适应，包括搜索工具和协作工具，还表现为对其他合作者的熟悉，包括相互信任和贡献㊕。总结以上研究，个人信息检索与协作信息检索之间是否存在差异，研究尚未得出较统一的结论。

2. 认知负荷对信息检索的影响研究

Na 以 54 名大学生为研究对象，探讨了认知负荷对使用网页全文检索工具时的查询重构行为的影响，发现那些被赋予任务需求、时间控制和挫败感的被试者，即将认知负荷保持在较高水平的被试者，他们的搜索请求比一般的被试者的搜索请求更少，也就是说，认知负荷会影响用户的查询重构行为㊖。

由前述内容可知，CLT 在信息检索研究中的应用主要在信息检索中的认知负荷分布研究和认知负荷对信息检索的影响研究两部分。其中，信息检索中的认知负荷分布研究集中于使用网页全文检索工具和学术数据库检索工具进行检索，通过对用户在信息检索不同阶段的认知负荷水平的测量，探索了用户的认知负荷水平的影响因素和认知负荷水平对检索结果的影响，并且协作信息检索与个人信息检索中认知负荷的水平是否存在差异还存在分歧；对认知负荷对信息检索的影响研究的成果仅见一篇，研究了认知负荷对用户的查询重构行为的影响。

⊖　SHAH C, GONZÁLEZ-IBÁÑEZ R. Evaluating the synergic effect of collaboration in information seeking[C]// SIGIR '11: proceedings of the 34th International ACM SIGIR Conference on Research and Development in Information Retrieval. New York: Association for Computing Machinery, 2011: 913-922.

⊜　BRENNAN A A, ENNS J T . When two heads are better than one: interactive versus independent benefits of collaborative cognition[J]. Psychonomic bulletin & review, 2015, 22(4):1076-1082.

⊜　GONZÁLEZ-IBÁÑEZ R, SHAH C, CÓRDOVA-RUBIO N. Smile! Studying expressivity of happiness as a synergic factor in collaborative information seeking[J]. Proceedings of the American society for information science and technology, 2011, 48(1): 1-10.

㊕　YUE Z, HE D. Exploring collaborative information behavior in context: a case study of e-discovery[EB/OL]. (2021-06-15) [2022-12-01]. https://citeseerx.ist.psu.edu/viewdoc/download?doi=10.1.1.501.5285&rep=rep1&type=pdf.

㊖　NA K. Exploring the effect of cognitive load on the propensity for query reformulation behavior[D]. Tallahassee: Florida State University, 2012.

对 CLT 在信息检索中的研究存在一些问题：①了解认知负荷对信息检索的影响，能够及时发现用户是否处于困境并提供帮助，而大部分研究集中于信息检索中认知负荷的分布研究，对认知负荷对信息检索的影响研究较少，仅见一篇。②不同种类的认知负荷对用户进行信息检索有不同的影响，如外在认知负荷会降低用户的检索效率，关联认知负荷会促进用户检索行为，而上述研究都对用户的整体认知负荷水平进行研究，未见对不同种类认知负荷的细化研究。③新型检索工具（如图片检索工具等）和移动端的检索工具在使用步骤、界面设计、结果显示等方面都与传统 PC 端检索工具有所差异，而上述大部分研究都以传统的 PC 端检索工具为研究对象，如网页全文检索工具、数据库检索工具和邮件检索工具等，未见对新型检索工具和移动端检索工具中认知负荷的分布与结果的研究。

7.2.2 认知负荷理论在信息系统设计研究中的应用

在用户与信息系统的交互中，信息系统的设计对于用户能否正确理解信息系统的功能 并高效地完成任务具有十分重要的影响。在与信息系统的交互过程中，认知负荷水平能够反映用户当前的工作状态，在信息系统设计中应用 CLT，对于深入了解用户与信息系统交互的过程中的动态认知变化、把握信息系统的设计对用户理解和操作的影响具有重要的意义。

1. 信息系统设计中影响认知负荷的因素研究

部分学者从系统复杂度的角度出发，研究系统复杂度和用户认知负荷的关系。王求真等人通过眼动研究探讨了网站复杂度和任务复杂度对用户认知负荷的影响，发现网站复杂度和任务复杂度会影响用户的认知负荷，并且任务复杂度会调节网站复杂度对用户认知负荷的影响⊖。在此后的进一步研究中，王求真等人又以在线购物网站为研究对象研究了由于认知负荷的不同，网站复杂度与任务复杂度如何共同影响用户的视觉注意力和行为，研究表明：当用户在中等复杂度的网站上进行复杂任务时，由于网站很好地匹配了用户当前可付出的认知资源，用户的任务完成时间和注意力都处于最优的水平⊜。张中奎根据 CLT 和认知负荷二维结构测量模型，探究并验证了认知负荷在网站复杂度和购买意愿之间的中介效应，以及认知需求在网站复杂度与认知负荷之间的负向调节作用⊜。

部分学者从信息系统的界面设计出发，探究影响用户认知负荷的因素。Hu 等人评估和比较了六种不同的界面设计的有效性，发现基于列表的界面的个人信息系统用户的总体

⊖ 王求真，曹仔科，马庆国.认知负荷视角下不同复杂度购物网站的眼动研究 [J]. 信息系统学报，2012(2):61.

⊜ WANG QZ, YANG S, LIU M L, et al. An eye-tracking study of website complexity from cognitive load perspective[J]. Decision support systems, 2014, 62: 7.

⊜ 张中奎 . 网站复杂度对消费者购买意愿的影响：基于认知负荷的中介效应 [D]. 合肥：中国科学技术大学，2015:30.

认知负荷与基于图标的界面的相当[○]。类似地，Saadé 等人通过对比试验，发现在缺乏训练的条件下，尽管用户对基于图标的界面的感知易用性更高，但基于菜单的界面和基于图标的界面对于个人信息系统用户具有相同水平的认知负荷[○]。Chevalier 等人研究了具有不同的经验水平的个人信息系统用户在具有不同的人体工程学质量的网站上搜索信息时的认知资源，研究发现，对于新手和有经验的用户，在人体工程学网站进行信息搜索需要投入更多的认知资源，但对于专业设计师来说，两种网站没有区别，即专业设计师无法预测用户的行为和策略[○]。Reis 等人讨论了与完整的界面相比，简化的界面是否对个人信息系统用户的心理努力需求较少，他们发现，相比完整的界面，隐藏高级和无关特性的界面有助于新手用户表现得更好，具有更低的认知负荷，然而，经过适当的培训后，完整的界面比简化的界面更能提高个人信息系统用户的工作效率[○]。

也有部分学者从微观角度讨论了信息系统界面元素设计对个人信息系统用户的认知负荷的影响。Madrid 等人探究了超链接对用户阅读网页文本时的认知负荷的影响，实验发现网页链接的数量对认知负荷没有影响，而认知负荷直接受到阅读方式的影响[○]。Rose 等人研究了在计算机税务决策辅助系统中放置解释对个人信息系统用户的图式习得产生的影响，他们发现，当将决策辅助系统中的解释融入决策辅助系统的问题解决步骤中时，认知负荷会降低，用户会从辅助的使用中获得更多的知识[○]。

在以上两种研究角度的基础上，汪海波等人综合考虑信息系统复杂性和信息系统界面设计，结合数字界面信息加工、认知理论、视觉搜索机制与眼动生理评估探讨了数字界面认知负荷的生成机制和来源途径，从三种认知负荷的角度提出了认知负荷来源途径模型[○]（见图 7-4）。

○ HU P J H, MA P C, CHAU P Y K . Evaluation of user interface designs for information retrieval systems: a computer-based experiment[J]. Decision support systems, 1999, 27(1-2):141.

○ SAADÉ R G, OTRAKJI C A . First impressions last a lifetime: effect of interface type on disorientation and cognitive load[J]. Computers in human behavior, 2007, 23(1):533.

○ CHEVALIER A, KICKA M . Web designers and web users: influence of the ergonomic quality of the web site on the information search[J]. International journal of human-computer studies, 2006, 64(10):1031-1048.

○ REIS H M, BORGES S S, DURELLI V H S, et al. Towards reducing cognitive load and enhancing usability through a reduced graphical user interface for a dynamic geometry system: An experimental study[C]// ISM'12: Proceedings of the 2012 IEEE International Symposium on Multimedia. Washington, DC: IEEE Computer Society, 2012: 445-450.

○ MADRID R I, VAN OOSTENDORP H, MELGUIZO M C P. The effects of the number of links and navigation support on cognitive load and learning with hypertext: the mediating role of reading order[J]. Computers in human behavior, 2009, 25(1): 66-75.

○ ROSE J M, WOLFE C J, CHAPMAN C . The effects of system design alternatives on the acquisition of tax knowledge from a computerized tax decision aid[J]. Accounting organizations & society, 2000, 25(3):285-306.

○ 汪海波，薛澄岐，黄剑伟，等 . 基于认知负荷的人机交互数字界面设计和评价 [J]. 电子机械工程，2013，29(5):59.

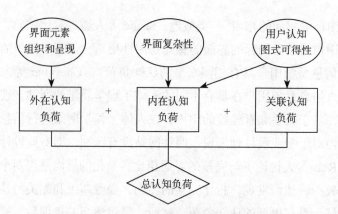

图 7-4   认知负荷来源途径模型

2. 利用认知负荷理论优化信息系统设计的研究

部分学者从信息系统的整体特征出发，认为信息系统应当更易于交互。Harper 等人通过对视觉复杂性和一般认知复杂性之间的关系的研究，提出了视觉复杂性和认知复杂性之间的隐含联系，并将视觉复杂性定义为认知负荷的一种隐式度量，通过分析 Web 页面哪些部分应当在视觉上进行简化，设计更易于个人用户交互的 Web 页面[⊖]。

在此基础上，另一部分学者将用户的任务特征考虑在内，认为信息系统的设计应当与用户的认知负荷程度、任务复杂度相匹配。Wang 等人在发现中等复杂度的网站与用户的认知负荷水平匹配能够提高用户任务完成的水平的基础上提出，设计师应当设计能够很好地匹配用户认知负荷的中等复杂度的网站，使用户的视觉注意力最大化[⊜]。Mascha 等人研究了任务复杂度和任务体验两个因素对决策辅助系统的质量的影响，发现决策辅助工具和使用者之间的不匹配可能导致对工具的依赖性不足，认知负荷领域的研究可以最小化这些有害影响，当决策任务不复杂时，反馈内容增加；当决策任务更复杂时，反馈内容减少，可以缓解依赖不足[⊜]。

值得一提的是，与上述结论不同，当用户与信息系统交互的目的从工作转向娱乐时，保留一定程度的认知负荷水平被认为对用户是有益的。Ang 等人以大型多人在线角色扮演游戏为例，发现尽管游戏要求越来越高，但参与者似乎会制定策略来克服这些问题，在克服困难后认知负荷也不再成为游戏的障碍，而如果没有认知负荷，参与者会认为游戏没有挑战而失去意义[⊛]。

⊖ HARPER S, MICHAILIDOU E, STEVENS R . Toward a definition of visual complexity as an implicit measure of cognitive load[J]. ACM Transactions on applied perception, 2009, 6(2):1-18.

⊜ WANG Q Z, YANG S, LIU M L, et al. An eye-tracking study of website complexity from cognitive load perspective[J]. Decision support systems, 2014, 62:1-10.

⊜ MASCHA M F, SMEDLEY G. Can computerized decision aids do "damage"? A case for tailoring feedback and task complexity based on task experience[J]. International journal of accounting information systems, 2007, 8(2): 73-91.

⊛ ANG C S, ZAPHIRIS P, MAHMOOD S . A model of cognitive loads in massively multiplayer online role playing games[J]. Interacting with computers, 2007, 19(2):167-179.

　　由前述研究可知，CLT 在信息系统设计研究中的应用主要在信息系统设计中影响认知负荷的因素研究和利用 CLT 优化信息系统设计的研究两部分。其中，影响认知负荷的因素研究从信息系统复杂度、信息系统的界面设计和部分信息系统微观功能展开，而优化信息系统设计的主要研究方向是通过控制认知负荷水平，提高用户的信息系统使用效率。然而，CLT 在信息系统设计的研究中还存在一些问题：①单用户信息系统与协同信息系统在面向的用户和功能上具有差异，用户在使用面向团队合作的协同信息系统时可能面对更多需要关注的内容，而上述多数研究仅考虑了单用户信息系统，对适用于单用户信息系统中的结论是否也适用于协同信息系统没有验证，对于目前逐渐应用的云协作、云办公等涉及协同信息系统也缺乏研究。②在面对具体的任务时，除了任务本身具有的难度，个体的知识水平也是认知负荷的重要影响因素之一，但上述仅有一项研究对实验参与者的知识水平和系统操作水平进行了控制。

7.2.3　认知负荷理论在信息系统效能评估研究中的应用

　　信息系统能否帮助用户完成任务是评价一个信息系统是否成功的重要因素。用户在与信息系统进行交互时，其认知负荷水平反映了用户付出的精力，一旦用户的认知负荷水平过高，就会影响用户的工作效率。应用 CLT 对信息系统的效能进行评估，有助于发现信息系统中存在的问题，优化信息系统的设计。

　　学者普遍从信息系统的功能设计出发，评估信息系统各种功能设计的效能。Huang 等人使用认知负荷来测量图形可视化的有效性，并引入了一种称为心理努力的认知负荷测量方法，并将其与传统的绩效测量方法进一步结合，形成了一种多维度测量方法，称为可视化效率[一]。Niculescu 等人在过往的研究中发现压力与认知负荷的相关性的基础上，以 24～30 岁的 4 名男性为实验对象，从压力和认知负荷的角度评价多模态会话接口的质量，实验发现，压力和认知负荷尽管是相关的，但能够独立影响会话的质量，并受不同的任务难度、信息表达和时间压力的影响[二]。Seufert 等人分析了依赖于内在认知负荷的超链接的有效性，研究结果显示超链接只对不太复杂的、低内在认知负荷的任务有效，并且内在认知负荷的程度随专业水平的不同而不同，专业水平越高，内在认知负荷水平越低，超链接对学习越有帮助[三]。汪海波等人在探讨了数字界面认知负荷的生成机制和来源途径的基础上，提出了基于搜索深度 - 搜索广度、内敛度 - 发散度的数字界面眼动评

⊖ HUANG W D, EADES P, HONG S H . Measuring effectiveness of graph visualizations: a cognitive load perspective[J]. Information visualization, 2009, 8(3):139-152.

⊖ NICULESCU A I, CAO Y J, NIJHOLT A. Manipulating stress and cognitive load in conversational interactions with a multimodal system for crisis management support[M]//Development of multimodal interfaces: active listening and synchrony. Berlin/ Heidelberg: Springer, 2010: 134-147.

⊜ SEUFERT T, JÄNEN I, BRÜNKEN R. The impact of intrinsic cognitive load on the effectiveness of graphical help for coherence formation[J]. Computers in human behavior, 2007, 23(3): 1067.

价模型[⊖]。

　　由前述内容可知，在应用 CLT 进行信息系统效能评估研究时，大部分学者以用户在与信息系统交互过程中的行为和心理状态所反映的认知负荷为测量对象，对信息系统的设计如图形可视化、会话接口、超链接等进行评价。现有的研究主要存在两点不足：①用户在使用信息系统时，对信息系统的熟练度随时间推移而增加，因此影响用户认知负荷的因素在使用信息系统的不同阶段可能是动态的，而目前还未见对用户的认知负荷是否随用户使用信息系统的时长而变化的研究。②尽管不同的信息系统可能有众多相异的功能设计，但相比测试特定信息系统的每个功能，一个对信息系统整体效能进行评估的标准能在一定程度上节省评估成本，而上述研究成果都是对信息系统的某个组成部分的效能评估，缺乏应用 CLT 建立信息系统整体效能评估标准的研究。

7.3　结论与展望

　　用户的认知负荷水平是影响用户完成工作的效率的重要因素之一。在应用信息系统进行工作的早期，组织内部的培训学习能够降低用户理解并掌握信息系统的功能的难度，从而削减不易理解或操作的信息系统为用户带来的高认知负荷，使组织内的用户能够顺利工作。然而，随着信息系统在各行各业的应用，一方面，信息系统服务的对象从组织内部员工逐渐扩展到开放互联网中的用户；另一方面，信息系统的功能设计的细分程度和个性化程度越来越高，因此，统一培训的方式不再适用于所有的信息系统用户，优化信息系统的功能和界面设计、调节用户使用时的认知负荷水平变得越来越重要。在信息系统研究中应用认知负荷理论，提升信息系统的用户友好度，优化用户在与信息系统交互时所需要投入的精力水平，对于降低用户学习信息系统使用的成本并提高用户工作效率具有重要的意义。

　　由前述内容可知，目前对于 CLT 在信息系统领域内的应用主要集中于信息系统检索、信息系统设计和信息系统效能评估三个方面。然而，现有的研究还存在一些问题：①用户的信息系统使用包括信息检索、数据处理、业务管理等，但在上述对用户的信息系统使用行为研究中，CLT 的应用仅局限于用户的信息检索行为，对其他信息系统使用缺乏研究。②上述的研究绝大部分都以个体的总体认知负荷水平为测量对象，对于 CLT 中的三类认知负荷少有更深入细化的研究。③研究样本一般规模较小，对更大规模和更多样化的群体的研究较少，年龄、职业和知识水平等因素是否存在对认知负荷的影响仍需要验证。

　　为了完善与丰富 CLT 在信息系统领域内的研究和应用，未来可以从以下几个方面进行拓展：

　　（1）研究更丰富的信息系统使用场景中 CLT 的应用。以往对认知负荷在信息系统中

⊖　汪海波，薛澄岐，黄剑伟，等．基于认知负荷的人机交互数字界面设计和评价 [J]．电子机械工程，2013，29(5)：60．

的应用研究大多探究个人与信息系统的交互中的认知负荷及单任务条件下用户的认知负荷。然而，在现实环境中，一方面，用户与信息系统往往不是单独进行交互，而是用户、信息系统与环境三者进行交互；另一方面，用户往往同时有多个任务处于待完成状态，且任务之间常常是并行的。例如，学生使用的 E-learning 系统，学生既可以在完全独立的环境下使用学习，也能够在课堂上跟随教师的讲解，与其他学生一同使用系统进行学习，并往往有多个并列或非并列的学习任务待完成。多角度、全方位考虑用户在各种场景下的认知负荷水平及其对用户在操作信息系统时产生的影响，能够对现实生活中用户的不同工作状态进行更准确的模拟和探究，对优化信息系统的设计具有现实意义。

（2）探究不同类型、不同平台的检索工具对于用户的认知负荷是否具有不同的影响。当前的研究对象集中于网页全文检索工具和数据库检索工具，而各种功能不同、检索方式不同的检索工具正逐步进入人们的生活，从学术检索工具到日常的信息检索，从以文字构建检索式到以图像、声音为检索对象进行检索，从电脑端搜索工具到移动端检索工具，都在不同的应用场合为不同需求的用户提供帮助，如"百度识图"图片检索工具、"拍立淘"商品检索工具等。通过研究用户使用不同的检索工具时认知负荷的差异，能够进一步了解用户使用工具的过程和潜在的操作需求，为优化检索工具的设计，尤其是日常生活中使用的检索工具的设计，以及增强系统的用户友好度提供帮助。

（3）研究削减用户的认知负荷的辅助工具。系统的迭代是一个较长并且需要付出一定成本的过程，因此，当系统造成认知负荷过载，而新系统无法立即代替旧系统投入使用时，通过辅助工具削减用户过高的认知负荷、提高用户的相关认知负荷，对于系统提供商来说，能够节省时间和开发成本，同时在一定程度上避免系统仓促更换而失去一部分用户；对于用户来说，能够避免立即学习新的系统操作，减少了学习负担。因此，针对如何削减用户过高认知负荷，弱化认知负荷对用户带来的负面影响进行研究，对系统的开发和迭代过程十分重要。

第8章

认知失调理论的演化及其在
信息系统研究领域的应用与展望

利昂·费斯汀格（Leon Festinger）于 1957 年首次提出了认知失调理论（cognitive dissonance theory，CDT），其核心思想是：当个体认识到自己的态度之间或态度与行为之间出现不一致时，内心就会产生一种不适感，并试图通过调整自己的态度或行为来减少这种不适感。

作为解释人类态度和行为的重要理论之一，CDT 被广泛应用于教育学、心理学、管理学、信息科学等多个领域。为了帮助学界了解 CDT 及其应用进展，一些学者曾对相关成果进行梳理，主要集中在两个方面：①基本原理、理论演化及拓展研究的梳理。Harmon-Jones 等人主要从 CDT 的基本内容、研究范式、失调现象的替代解释这三个方面对理论本身及理论的发展和应用进行了阐释⊖。项光勤除了介绍 CDT 的基本原理，还分析了 CDT 与社会支持之间的关系及该理论与其他替代理论的异同和理论自身的缺陷⊜。Orta 等人则梳理了 CDT 自提出以来的发展过程，强调了该理论的几次重要修订，并从动机的研究视角评述了该理论的发展前景⊜。②特定领域应用研究的梳理。Hinojosa 等人重点综述

⊖ HARMON-JONES E, HARMON-JONES C. Cognitive dissonance theory after 50 years of development[J]. Zeitschrift für sozialpsychologie, 2007, 38(1): 7-16.

⊜ 项光勤. 关于认知失调理论的几点思考 [J]. 学海，2010, (6): 52-55.

⊜ ORTA I M, CAMGOZ S M. The advances in the history of cognitive dissonance theory[J]. International journal of humanities and social science, 2011, 1(6): 131-136.

了 CDT 在管理研究中的各种应用，强调了每一项研究中的相关概念、失调场景及研究结果[⊖]。Telci 等人则分析了该理论在管理学和营销学领域的应用，旨在评估该理论对这些领域知识发展的贡献，具体地，在管理学领域，CDT 常常被用来研究组织变革管理、商业道德及员工的态度和行为；而在营销学领域，购后失调、服务质量感知等是主要的研究主题[⊜]。除此之外，还有学者针对 CDT 在消费者行为领域中的应用研究进行了综述，如白双俐等人对目前购后失调理论研究及应用现状进行了阐述，其中购后失调是 CDT 被用于消费者行为领域而产生的术语，并介绍了购后失调理论研究领域中广为接受的测量方法[⊜]。白双俐学者还归纳出消费者行为中认知失调研究的五个主题，分别为认知失调成因、认知失调产生时间、电子商务背景下的认知失调、认知失调缓解对策及认知失调与其他消费者概念之间的关系[⊛]。总体而言，这些综述性研究仍然比较匮乏，而且存在距离时间远、研究领域局限等缺陷。

在信息系统领域，个人态度影响信息系统的持续使用、消费者在线购买产生的购后不愉快及网络偏差信息搜寻等问题，都可以基于 CDT 中关于态度和行为的深刻观点来进行解释。因此，CDT 在信息系统领域的应用研究开始受到学界的广泛关注，并涌现出一些有价值的研究成果。然而，目前学界仍未见 CDT 在信息系统领域应用的综述性文献。因此，本章拟介绍 CDT 的起源与发展，重点梳理其在信息系统研究领域的应用现状，并在此基础上总结现有研究的局限及未来研究方向，以期帮助学界把握该理论在信息系统领域的研究进展并为相关研究提供借鉴。

8.1　认知失调理论的起源与发展

8.1.1　认知失调理论的起源

20 世纪 50 年代初，心理学家针对"人们如何改变自己的态度"这一问题进行了大量研究。当时的主流观点是：人们通过在脑海中不停重复新的观点，并想出理由支持这个新观点，从而说服自己去接受这个和自己原本想法不一致的观点来改变最初的态度。一些学者试图通过给予被试者金钱奖励的实验来证实上述观点，最终的实验结果却完全相反：相比丰厚的奖赏，更少的奖励反而会带来更大的态度转变。然而，当时与态度和行为相关的理论（如学习理论）无法合理地解释这种现象。

1957 年，心理学家利昂·费斯汀格正式提出了颇具影响力的认知失调理论，才解释了上述矛盾的结果。1951 年，为了对"沟通和社会影响"这一领域进行系统整理并在理

⊖ HINOJOSA A S, GARDNER W L, WALKER H J, et al. A review of cognitive dissonance theory in management research: opportunities for further development [J]. Journal of management, 2016, 43(1): 170-199.

⊜ TELCI E E, MADEN C, KANTUR D. The theory of cognitive dissonance: a marketing and management perspective[J]. Procedia-social and behavioral sciences, 2011, 24: 378-386.

⊜ 白双俐，夏冬雪，柳争峰. 购后失调理论研究综述 [J]. 现代营销，2013，(6): 81-82.

⊛ 白双俐. 认知失调理论在消费者行为领域的研究综述 [J]. 商业时代，2014，(30): 14-15.

论上进行阐述和概括，费斯汀格选择流言的散布作为切入点，通过对 1934 年印度地震后产生流言的资料进行分析，他发现：尽管流言是使人焦虑和害怕的，但受灾地区之外的人们还是会接受流言并广泛传播，这是因为受灾地区之外的人们所见的事实与害怕的情绪是不一致的，流言提供了与害怕相一致的认知，接受流言能减少这种心理上的不一致。据此，费斯汀格提出了失调的概念和减少失调的假设，并以大众媒体的效应、人际沟通与态度改变等现象加以充实和扩展，进而形成了 CDT。根据费斯汀格的观点，当人们陈述违背自己原先想法的新观点时，如果获得的报酬很少，失调感会更强烈，因此会通过转变更多的内心想法来与公开陈述的新观点保持一致。

CDT 的基本内涵是当个体持有两个或两个以上的矛盾认知，或者执行违背个人认知的行为时就会产生认知失调，且个体具有减少认知失调的倾向。费斯汀格认为，认知指的是有关一个人自己或所处环境的任何知识、观念、信念或情感，而认知之间的关系可分为三类：无关、失调和协调，其中失调是由于认知元素之间可能存在"不适合"的关系而产生的⊖。同时，该理论还具有两个基本假设：第一个假设是失调造成了心里不舒服，促使个体做出努力减少失调，达到协调状态；第二个假设是当出现失调时，这个人不仅会努力去减少失调，而且会主动避免可能增加失调的情境和信息。基于上述内涵和假设，人们会通过一些方式减少失调：①改变认知。改变其中一个认知，使其与另外一个认知相一致。②增加新的认知。如果两个不一致的认知导致了失调，可以增加更多的协调认知来减少失调。③改变认知的相对重要性。多个矛盾的认知需要根据其重要性来加权，因此可以通过改变认知的重要性来减少失调。

费斯汀格还提出了 CDT 应用的几个特殊情境：①决策。失调是决策不可避免的结果，决策后的失调程度取决于决定的重要性、未选择方案的相对吸引力等。②强迫服从。CDT 在强迫服从情境中的应用只限于通过惩罚性威胁或允诺奖励的服从，但内心观点不会发生改变，个体产生的失调程度与内心观点的重要性、惩罚或奖励的强度有关。③接触信息。失调使个体产生了对所接触信息的选择——追求产生协调的信息，避免产生失调的信息。④社会支持。个体了解到其他人具有与自己相反的观点，即缺乏社会支持时也会产生认知失调，其失调程度与群体人数、意见分歧程度等有关。

8.1.2　认知失调理论的发展

CDT 一经提出，就引起了广大心理学家的浓厚兴趣和大量的研究，但学界认为该理论本身还存在定义模糊、没有详细说明引起失调的确切环境和减少失调方法的应用条件等问题，许多学者包括费斯汀格本人在内，对 CDT 进行了修正、更新、完善与拓展。总的来说，CDT 的发展主要体现在以下几个方面：

（1）确定了决策前对决策后行为的影响。在 1957 年的版本中费斯汀格认为，在决策

⊖　费斯汀格.认知失调理论 [M].郑全全，译.杭州：浙江教育出版社，1999.

前个体面临着冲突的情境，此时个体会追求与决策相关的信息并对其做出客观评价，决策前的追求和评价信息的行为没有直接或间接的关系[⊖]。1964 年，费斯汀格对此观点稍做修改：决策前的行动对决策后的行为产生了一定影响，但具体的影响机制尚未明确。

（2）完善了决策后的失调过程。在 CDT 提出后，费斯汀格又对个体在决策情境中的失调过程描述进行了完善。修改后的观点是这样的：个体在做出决策后，紧接着会有一个特殊时期，这个时期发生在决策之后、减少失调的行为和效果出来之前，个体在这段时期内会产生后悔的情绪，并且失调和后悔是同时被决策者体会到的。

（3）补充了导致认知失调的原因。最初，CDT 并没有指出引起认知失调的一些重要因素，例如承诺、自我概念和期望等，一些学者包括费斯汀格本人对这一点进行了补充。1964 年，费斯汀格考虑了"承诺"这一因素，对原先提出的理论进行了修改：如果一个人的决定确实影响了后续行为，那么决策者就对决定做出了承诺；如果决定是难以更改的，改变决定（违背承诺）就可能引起认知失调。1968 年，Aronson 认为认知失调与"自我概念"有关，是人们的自我概念与行为冲突的结果。具体地，由于大多数人都有积极的自我概念，因此当一个人表现出诸如无能、不道德等消极行为时，就会产生认知失调[⊜]。1972 年，Bem 通过实验的方法发现个体的自我判断和自我观察能力导致了认知失调效应[⊜]。1984 年，Cooper 等人提出了另一种修正观点，指出认知失调与认知之间的不一致无关，而是当人们的行为导致了令人厌恶的后果时，他们会因为内心的责任感而产生失调[⊜]。

（4）修正了个体态度或行为改变的动机。原有理论假设个体有动机去调和不一致的认知，而 Steele 认为人们具有维持积极的整体自我形象的动机，由于认知失调威胁着这种积极的自我形象，个体才会改变自己的态度或行为[⊜]。

8.2　认知失调理论在信息系统研究领域的应用进展

8.2.1　认知失调理论在信息系统设计和优化研究中的应用

随着信息技术的发展和人们观念的转变，信息系统的设计越来越重视"人性化"这一特点。因此，CDT 中有关态度与行为之间关系的探讨为信息系统设计提供了全新视角，引起了该领域研究人员的广泛关注。例如，Goh 等人设计了一个可以根据用户反馈的价值观来实时调整界面信息，以缓解青少年吸烟时的认知失调并帮助其改变吸烟习惯的干预网

⊖　费斯汀格 . 认知失调理论 [M]. 郑全全，译 . 杭州：浙江教育出版社，1999.

⊜　ARONSON E. Dissonance theory: progress and problems[M]//Abelson E, Aronson E, McGuire W J. Theories of cognitive consistency: a sourcebook. Chicago: Rand McNally, 1968: 5-27.

⊜　BEM D J. Self-perception theory[J]. Advances in experimental social psychology, 1972, 6: 60.

⊜　COOPER J, FAZIO R H. A new look at dissonance theory[J]. Advances in experimental social psychology, 1984, 17: 229-266.

⊜　STEELE C M. The psychology of self-affirmation: sustaining the integrity of the self[J]. Advances in experimental social psychology, 1988, 21: 261-302.

站系统[一]。Wiafe 等人则根据当前行为、目标行为态度和改变或维持行为态度这三个因素划分了用户不同的状态与认知失调程度，并以用户的状态为参数构建了态度和行为之间的关系模型来优化行为改变支持系统（behavior change support system，BCSS）的设计[二]，其中BCSS 是不借助强迫或欺骗的方式来改变心理和行为结果的社会技术信息系统[三]。

由前述内容可知，当信息系统的作用涉及改变或干预人的行为时，利用 CDT 中关于态度和行为关系的讨论来为优化信息系统进行设计是一个合理且恰当的研究视角。然而，其他常见的信息系统却罕见有研究基于这一角度进行设计，这可能是因为研究人员更注重信息系统的性能稳定性和功能完整性，而容易忽视影响用户认知心理状态的因素。

8.2.2　认知失调理论在信息系统使用研究中的应用

在业务与 IT 一致性的背景下，企业与组织内部信息系统的使用有效提升了组织和员工个人绩效，但由其产生的信息过载、与用户之间的服务交互问题会影响组织和个人对信息系统的持续使用意愿及满意度，众多学者基于 CDT 探讨了这一类问题。

Bock 等人研究了信息过载和贡献过载是否会影响组织员工使用电子知识存储库（electronic knowledge repository，EKR）的意愿，其中信息过载和贡献过载都会使员工产生一定程度的认知失调，结果表明组织员工对 EKR 的持续使用意愿都受贡献过载和信息过载的影响，其中信息过载通过改变感知有用性和对系统的满意度，降低了组织员工对 EKR 的持续使用意愿[四]。Benlian 则探究了 IS 专业人员与 IS 用户的感知一致性对用户满意度的影响机制，发现当 IS 用户对信息系统服务质量因素如可靠性和响应性等的感知与 IS 专业人员一致时，其认知失调程度最低，对信息系统功能的满意度最高[五]。Szajna 等人更关注员工个人因素对信息系统成功的影响，研究了用户期望与用户满意度和决策质量的关系，发现当用户对信息系统性能的期望过高或过低时，都有可能发生认知失调；在进行决策时，与期望中等的用户相比，期望较低的用户满意度较低，期望较高的用户满意度较高，而员工的决策质量与其期望水平无关[六]。

[一] GOH K N, CHEN Y Y, MUSTAPHA E E, et al. Design of a web intervention to change youth smoking habits [C]// International Conference on Human-computer Interaction. Berlin/ Heidelberg: Springer, 2009: 488-494.

[二] WIAFE I, NAKATA K, GULLIVER S. Categorizing users in behavior change support systems based on cognitive dissonance[J]. Personal and ubiquitous computing, 2014, 18(7): 1677-1687.

[三] OINAS-KUKKONEN H. A foundation for the study of behavior change support systems[J]. Personal and ubiquitous computing, 2013, 17(6): 1225.

[四] BOCK G W, MAHMOOD M, SHARMA S, et al. The impact of information overload and contribution overload on continued usage of electronic knowledge repositories[J]. Journal of organizational computing and electronic commerce, 2010, 20(3): 257-278.

[五] BENLIAN A. Effect mechanisms of perceptual congruence between information systems professionals and users on satisfaction with service[J]. Journal of management information systems, 2013, 29(4): 63-96.

[六] SZAJNA B, SCAMELL R W. The effects of information system user expectations on their performance and perceptions[J]. MIS quarterly, 1993, 17(4): 493-516.

综上可知，当使用信息系统时，用户产生认知失调的原因一般包括信息过载、贡献过载、对信息系统服务质量的感知与 IS 专业人员不一致及期望过高等，解决这些问题从而减缓用户的认知失调对促进用户持续使用、提高用户满意度有着巨大意义。然而，现有研究还存在一定的缺陷：主要集中于对企业组织、工作团队的研究，研究对象较单一；多以用户的使用意愿作为研究的终点，真正验证实际行为的研究较为罕见。

8.2.3 认知失调理论在网络信息搜寻行为研究中的应用

网络信息搜寻行为是典型的用户在线信息行为之一，人们经常寻求额外的信息，以减少不确定性○。当人们接触到搜寻的信息之后，会因为信息的准确性、真实性、与原立场的匹配性而陷入矛盾的认知状态。目前，已有一些学者利用 CDT 来研究网络信息搜寻行为，并对其内在作用机理进行了深入探讨。

在网络信息搜寻中，人们倾向于搜索与其原有的信念、态度、假设或期望一致的信息，这种行为被称为偏差信息搜寻○。邓胜利等人基于个体认知视角并结合信息搜寻过程模型，研究了人们面对争议性话题时认知关系、偏差信息搜寻行为和认知状态改变之间的作用机理，结果显示认知失调的个体倾向于选择支持性信息接触模式（否认新的认知，继续寻求符合自己立场的信息），且认知协调或失调的程度越大，个体越倾向于支持性信息接触模式；与支持性信息接触模式相比，反驳性信息接触模式（寻求与新认知有关的信息以完全取代旧的认知）对认知改变的影响更大，个体接触的反驳性信息数量越多，认知发生改变的概率越大○。除了偏差信息搜寻行为，个体接触到反态度信息后的搜寻行为也受到了学界的关注。例如，Lee 基于 CDT 的选择性接触观点，探究了来自同一政党的反态度信息暴露对个人网络信息搜寻的影响，结果显示当个体接触到来自所支持政党的反态度信息时，内心就会产生认知失调，但他们并不会花费更多的时间来寻求反对态度或中立态度的信息，且那些有强烈党派认同的个体不会盲目地寻找与自己信仰相符的信息来减少失调○。

由前述内容可知，当进行网络信息搜寻行为研究时，研究者多关注个体的认知关系、搜寻信息类型及认知状态的改变。部分研究结合了其他模型进一步完善其基本框架，利用实验数据对其实际行为进行精确测量。然而，现有研究未考虑到个体信息搜寻方式、搜索

○ CASE D O, ANDREWS J E, JOHNSON J D, et al. Avoiding versus seeking: the relationship of information seeking to avoidance, blunting, coping, dissonance, and related concepts[J]. Journal of the medical library association, 2005, 93(3): 353-362.

○ JOHNSTON L. Resisting change: Information-seeking and stereotype change[J]. European journal of social psychology, 1996, 26(5): 799-825.

○ 邓胜利，赵海平. 基于认知失调理论的偏差信息搜寻行为与认知的作用机理研究[J]. 情报科学，2019, 37(1): 11-17.

○ LEE S. Implications of counter-attitudinal information exposure in further information-seeking and attitude change[J]. Information research, 2017, 22(3): 766.

工具的使用偏好等因素的影响，未来研究可以进一步丰富调节变量，探究这些因素的调节效应。

8.2.4 认知失调理论在社交媒体和众筹平台参与行为研究中的应用

随着社交网站、虚拟社区等在线平台的出现和普及，人们越来越倾向于参与其中以建立社会关系和获得同伴的支持。由于在线环境十分复杂，用户在平台上接触到的异质表达及感受到的同伴压力与其心理状态和行为密切相关，因此一些学者以 CDT 为基础探讨了这一类问题。

Jeong 等人研究了社交网站上的异质表达如何影响用户的主观幸福感及在 SNS 上的后续行为，发现用户参与社交网站的次数越多，他们接触到相反意见的频率就越高，失调程度就越高；为了缓解认知失调，用户似乎更倾向于选择性发表观点，而不是在情感上说服他人[⊖]。Shim 等人则调查了移动即时聊天群组中的网络欺凌行为，发现当青少年感知到高水平的同伴压力时会更倾向于参与网络欺凌，这是为了消除自身态度和行为之间的差异[⊜]。除了社交网站和在线群组之外，网络众筹平台上的用户在线参与行为近年来也开始成为该领域的研究热点之一。例如，Kusumarani 等人结合公民自愿模型，探究了人们参与网络政治众筹的影响因素，结果表明政治人物代表的政府政策和立场与众筹参与者价值观的一致性是网络政治众筹参与的最具影响力的驱动因素之一，且众筹参与者对政治形势的负面看法会使其产生一定程度的认知失调，并降低他们对一致性的感知[⊝]。

通过文献梳理可以发现，该主题的研究多以社交网站、在线群组和网络众筹平台为研究情境，其中部分研究结合了其他理论模型，并发现了认知失调的中介作用。然而，除了上述社交媒体和网络平台，用户在虚拟社区中的参与行为尤其是信息共享和知识贡献行为也是当下的研究热点之一。由于用户在进行信息共享和知识贡献时，可能会面临信息过载、隐私泄露、报酬与贡献不匹配等问题，从而会产生认知失调影响后续行为，因此这一问题也可以基于 CDT 来探讨。

8.2.5 认知失调理论在网络游戏行为研究中的应用

网络游戏的出现给人们的娱乐方式带来了新的革命。然而，随着网络游戏的过度体验，人们极易在网络游戏行为中出现认知失调这一心理阶段，这往往是因为其对游戏否定的态度与继续使用游戏的行为产生了矛盾，因此学界从 CDT 视角对这类问题进行了广泛

⊖ JEONG M, ZO H, LEE C H, et al. Feeling displeasure from online social media postings: a study using cognitive dissonance theory[J]. Computers in human behavior, 2019, 97(1): 231-240.

⊜ SHIM H, SHIN E. Peer-group pressure as a moderator of the relationship between attitude toward cyberbullying and cyberbullying behaviors on mobile instant messengers[J]. Telematics and informatics, 2016, 33(1): 17-24.

⊝ KUSUMARANI R, ZO H. Why people participate in online political crowdfunding: a civic voluntarism perspective[J]. Telematics and informatics, 2019, 41: 168-181.

探讨。

一些研究者调查了网络游戏行为中认知失调的成因。例如，吴双发现青少年网络游戏行为的自我相关度和他人态度等因素对青少年游戏玩家认知失调的产生具有重要影响，具体地，网络游戏对自我形象的威胁越大，他人对其网络游戏行为的反对态度越强烈，产生认知失调的压力越大[⊖]。于玲同样认为他人态度是导致网络游戏行为中认知失调产生的重要因素，除此之外，随着对网络游戏成瘾程度的加深，个体也会承受一定程度的内心不适感[⊜]。冯帆等人则以大学生群体为研究对象，发现大学生在网络游戏依赖行为中产生认知失调的原因是否定的态度和肯定的行为相矛盾：在大众舆论、学校和家庭言论的引导下，其对网络游戏依赖的态度是否定的，但由于受同龄人的网络游戏行为影响、老师及家长疏于管教等因素，大部分学生对网络游戏的依赖程度越来越高，即对网络游戏的行为认知是肯定的[⊜]。

部分学者着重探讨了网络游戏行为中影响认知失调程度的因素，如廖国彬等人探讨了性别对青少年玩家认知失调程度的影响，研究结果表明男性认为网络游戏行为具有消极影响的认知显著高于女性，但由于男性玩游戏的频率和时间都明显高于女性，因此可能经历着更为强烈的认知失调[⊛]。

由于网络游戏成瘾对青少年群体造成了较为严重的负面影响，因此，如何改变他们对网络游戏的态度从而减少使用是学界关注的一个重要问题。一些学者基于认知失调视角探讨了影响青少年玩家对网络游戏态度和行为改变的因素。例如，Wan 等人研究了他人的威胁和说服他人涉及的努力是否会影响青少年玩家对网络游戏的态度，结果表明当参与者受到的威胁程度较低及花费更多努力时，他们会表现出更大的态度变化，这是为了与最初态度保持一致而避免经历认知失调[⊠]。类似地，Chiou 等人着重探讨了个人责任与游戏投资成本对网络游戏态度和行为的影响，发现个人对网络游戏的不良后果所负责任越大，其态度越容易改变，而游戏投资成本较高的参与者倾向于坚持网络游戏的使用行为来减少内心的失调感[⊞]。

除了关注网络游戏行为中的成瘾现象，一些学者还基于 CDT 来解释其他用户的特定行为。例如，Kahn 等人调查了大型多人在线游戏玩家不准确报告游戏时间的原因，结果表明年龄较大、受教育程度较高、不喜欢游戏或没有体验到游戏社区感的人，为了平衡与

⊖ 吴双. 青少年网络游戏行为中的认知失调心理研究 [D]. 长春：吉林大学，2013: 32.

⊜ 于玲. 认知失调心理对大学生网络游戏行为的影响及过程 [J]. 课程教育研究，2018，(46): 174.

⊜ 冯帆，刘帆. 基于认知失调理论的大学生网络游戏依赖心理对策研究 [J]. 教育现代化，2017，4(47): 160-163.

⊛ 廖国彬，叶丝. 认知失调理论视角下青少年网络游戏行为的实证研究 [J]. 中小学心理健康教育，2019，(20):9-12.

⊠ WAN C S, CHIOU W B. Inducing attitude change toward online gaming among adolescent players based on dissonance theory: the role of threats and justification of effort[J]. Computers & education, 2010, 54(1): 162-168.

⊞ CHIOU W B, WAN C S. Using cognitive dissonance to induce adolescents' escaping from the claw of online gaming: the roles of personal responsibility and justification of cost[J]. Cyberpsychology & behavior, 2007, 10(5): 663-670.

自身条件或行为不符的矛盾认知，更有可能低估自己的游戏时间[一]。Liu 等人则在社交网络游戏的背景下研究了用户的转换行为，由于社交网络游戏中存在很多替代品，当用户感知到新游戏的吸引力且被激励放弃原来的游戏时，认知失调就会出现；通过改变对老游戏的认知（如认为游戏已经过时）并转向新游戏，会减少这种认知失调并提高对当前游戏的满意度[二]。

相较于其他研究主题，该研究主题的成果较为丰富，这可能是因为解决人们尤其是青少年的网络游戏成瘾问题具有重要的现实意义。当探讨网络游戏行为中认知失调的成因、影响认知失调的因素及用户特定行为的成因时，目前研究多使用问卷法收集数据，部分研究还结合了游戏平台的客观数据提高了整体数据质量；当研究用户对网络游戏态度和行为的改变问题时，现有研究通常使用实验法以更好地观测用户行为。除了以上研究问题，未来研究可进一步关注的方向包括：①通过设计网络干预来改变用户的态度，从而有效控制用户的网络游戏依赖行为。②在设计游戏系统时考虑用户的认知失调因素，防止用户过度使用并引发后悔而放弃使用。

8.2.6 认知失调理论在消费者在线购买行为研究中的应用

随着电子商务的蓬勃发展，学界对认知失调的研究越来越多地考虑到电子商务背景，这是由于消费者在进行在线购买时不能直接接触商品，而是通过平台商家提供的虚拟线索来了解商品，且收到的商品可能与预期不符，因此在整个消费过程中都可能经历一定程度的认知失调。

许多研究者针对消费者在线购买时的预购买阶段进行了相关研究。消费者在正式下单购买前，会出现一种"购物车废弃"行为，指的是消费者在搜索商品或选中商品并准备结账时，都有可能放弃购买。Sondhi 在上述情境下研究了"购物车废弃"事件的特定前因，即与在线购买决策相关的感知风险和心理预算，发现经常废弃购物车的人拥有较高的感知风险，并且由于考虑了商品的心理预算而表现出显著的认知失调[三]。此外，消费者在预购买阶段还会因为从朋友、网络等渠道所获信息的干扰，而陷入认知失调的状态。例如，Hasan 等人发现引起消费者认知失调的关键因素之一是好友的参与度，在正式下单前好友提供的建议越多，消费者产生失调感的可能性更大[四]。Chou 发现在电子商务环境下，商家

⊖ KAHN A S, RATAN R, WILLIAMS D. Why we distort in self-report: predictors of self-report errors in video game play[J]. Journal of computer-mediated communication, 2014, 19(4): 1010-1023.

⊜ LIU Y, LI H X, XU X Y, et al. Modeling consumer switching behavior in social network games by exploring consumer cognitive dissonance and change experience[J]. Industrial management & data systems, 2016, 116(4): 801-820.

⊜ SONDHI N. Segmenting & profiling the deflecting customer: understanding shopping cart abandonment [J]. Procedia computer science, 2017, 122: 392-399.

㉕ HASAN U, NASREEN R. Role of consumer engagement measures in controlling post purchase dissonance[J]. Journal of contemporary management, 2012, 1: 59-65.

提供的信息、网络评论与消费者的信念不一致时，消费者在预购买阶段就会感知到失调[⊖]。为了缓解这种心理上的不适，消费者还会去寻找支持原始决策的信息或反驳与决策相矛盾的信息。例如，Parguel 等人发现具有环保意识的物质主义消费者更倾向于在二手 P2P 平台上购物，因为这些平台宣传的理念和提供的商品有助于减少他们在平常购物过程中产生的认知失调[⊖]。Liang 为了探讨参与式网站中认知失调与在线评价选择之间的关系，研究了消费者是否会使用与帮助度与可信度评分相关的在线信息线索来选择和参考在线评价，结果发现人们更喜欢那些被其他人认为有帮助的和来自高信誉等级买家的评价[⊜]。

在线购买后产生的购后失调是多数消费者购买商品时难以避免的心理状态，表现为怀疑自己是否做出了正确的购买决策，这对消费者的满意度、再次购买意愿和对品牌的忠诚度等会产生重要影响，因此购后失调问题也受到学者们的广泛关注。例如，Hasan 等人发现消费者性格差异是购后失调的影响因素之一，结果表明内向自卑的消费者往往比外向自信的消费者更容易经历购后失调[⊗]。白双俐则研究了网购平台大规模降价促销中时间压力、促销时点及促销后调价幅度这三个因素对消费者购后失调和购后评价的影响，结果表明当时间压力越大、促销时点越重要及促销后调价幅度越低时，消费者感知购后失调水平越高，购后评价越消极[⊗]。当消费者产生购后失调时，其态度和行为也会发生相应改变，部分学者对此也展开了研究。例如，汪旭晖等人从卖家声誉和买家惰性两个角度探究了电商平台购物情境下消费者认知失调对退货意愿的影响机制，研究表明消费者认知失调对退货意愿具有显著正向影响，卖家声誉和买家惰性对退货意愿具有显著负向影响，且都对认知失调与退货意愿的关系起负向调节作用[⊗]。Liao 等人则在移动支付技术兴起的背景下，研究了消费者发生网购支付后失调时网络消费者社交体验对消费者行为的影响，其中网络消费者社交体验指的是消费者在与网络产品交互时体验到的社交线索，结果展示 3D 动态产品展示、在线社区答疑等虚拟社交体验能使消费者产生更高的满意度和更低的投诉意愿[⊕]。此外，消费者购后的口碑传播问题也有学者从认知失调的角度来解读，如 Balaji 等人提出并实证检验了情境因素、个体因素和社会网络因素在决定网购消费者使用社交网站进行负面

⊖ CHOU S Y. Online reviews and pre-purchase cognitive dissonance: a theoretical framework and research propositions[J]. Journal of emerging trends in computing and information sciences, 2012, 3(2): 199-204.

⊖ PARGUEL B, LUNARDO R, BENOIT-MOREAU F. Sustainability of the sharing economy in question: when second-hand peer-to-peer platforms stimulate indulgent consumption[J]. Technological forecasting and social change, 2017, 125: 48-57.

⊜ LIANG Y. The effect of cognitive dissonance on the selection of post-decision online reviews: congeniality bias and refutational perspectives[D]. East Lansing: Michigan State University, 2014: 19-191.

⊗ HASAN U, NASREEN R. An indepth analysis of variables affecting post purchase cognitive dissonance[J]. Global journal of management and business research, 2012, 12(20): 55-58.

⊗ 白双俐. 网购平台大规模降价促销对消费者购后失调、购后评价的影响研究 [D]. 重庆：重庆工商大学, 2015: 56-59.

⊗ 汪旭晖, 郭一凡, 王荣翔. 消费者认知失调对退货意愿的影响机制：平台型电商情境下卖家声誉和买家惰性的作用 [J]. 财经问题研究, 2019, 41(7): 113-120.

⊕ LIAO T H, KENG C J. Online shopping delivery delay: finding a psychological recovery strategy by online consumer experiences[J]. Computers in human behavior, 2013, 29(4): 1849-1861.

口碑传播中的作用，其中个体因素体现了消费者的认知失调程度，结果表明不公平感、企业性质、企业形象、使用强度和关系强度等是消费者购后传播负面口碑的关键影响因素⊖。

纵观以上研究可以发现，当进行在线购买时，消费者在预购买和购买后这两个阶段皆有可能产生认知失调，且这种心理状态与消费者的实际意愿和行为都密切相关。在预购买阶段，学者多关注于使消费者产生认知失调的影响因素，如与自身决策相关的个人因素、来自亲朋好友或网络的环境因素等，并发现消费者有寻找支持性或反驳性信息来缓解自己失调感的倾向；在购买后阶段，该领域研究多聚焦于购后失调的影响因素和用户产生失调后的态度及行为，也有学者关注到认知失调对购后口碑传播的影响。尽管这部分研究成果较为丰富，但仍存在一些不足：大多数研究仅依靠调查问卷来进行数据收集，极少有研究利用到电商平台和社交媒体上的客观数据；现有研究仍然只关注传统的电商情境，一些新兴的电商服务在未来研究中也值得被探讨，如与社交、用户生成内容（user-generated content，UGC）元素相结合的内容电商、分享型社交电商等。

8.3　结论与展望

通过文献综述可以发现，目前国内外在信息系统领域已经涌现出一些以 CDT 为基础的应用研究成果，这些成果主要集中在信息系统设计和优化、信息系统使用、网络信息搜寻行为、社交媒体和众筹平台参与行为、网络游戏行为及消费者在线购买行为研究六个方面。

结合 CDT 在信息系统研究领域的研究思路和应用进展，使用 CDT 进行信息系统相关研究的局限性及未来值得关注的研究方向可归纳为以下几点：

（1）在信息系统领域，信息系统的设计问题多聚焦于改变或干预行为的专业性信息系统，研究对象较为单一，这可能是因为研究人员更注重信息系统的性能稳定性和功能完整性，而容易忽视"人性化"这一设计因素。在未来的研究中，研究人员可以探寻在信息系统迭代开发的具体环节中开发人员和用户的态度及行为，并将其作为关键因素纳入更多信息系统的设计中，使信息系统设计符合用户的需求，保障信息系统的用户友好性。

（2）根据现有的研究成果可知，学界关于信息系统的使用问题主要集中于对企业组织、工作团队的研究，且多数研究将用户对信息系统的使用意愿和满意度作为研究的终点，缺乏真正验证实际行为的研究，对行为周期的研究仍不够全面。未来研究可考虑更丰富的信息系统使用情境，如新兴的移动智能系统和技术、社会化商务系统和健康医疗信息系统等，重视个体态度和行为及其之间的关系在信息系统与技术使用中扮演的角色，考虑通过长期的纵向研究来持续追踪用户的行为，考察用户意愿及行为随时间推移而发生的动态变化，探寻该理论在新兴信息系统及技术中的适用之处。

⊖ BALAJI M S, KHONG K W, CHONG A Y L. Determinants of negative word-of-mouth communication using social networking sites[J]. Information & management, 2016, 53(4): 528-540.

（3）目前关于网络信息搜寻行为的研究多关注个体的认知关系、搜寻信息类型等变量。然而，个体的信息搜寻方式、搜索工具的使用偏好及一些人口统计学因素也会对信息搜寻行为产生影响，未来研究可以进一步丰富调节变量，探究以上因素的调节效应。除此之外，这一主题的研究可以灵活运用数据驱动的研究方法，结合实验法，借助眼动仪、脑电仪等先进科学设备，从而获取更为客观的用户行为数据。

（4）在现有的研究成果中，用户在线参与行为的情境多为社交网站、在线群组和网络众筹平台。除了上述社交媒体和网络平台，用户在虚拟社区中的参与行为尤其是信息共享和知识贡献行为也是当下的研究热点之一，未来研究可探讨用户认知失调的成因及对信息共享和知识贡献行为的影响，从而从解决用户认知失调的角度为在线社区的持续发展提出策略。

（5）网络游戏行为是 CDT 应用的主要领域之一。现有研究多聚焦于网络游戏行为中用户的心理效应并着重分析认知失调的成因，鲜有研究关注认知失调对后续用户行为的影响及 CDT 在游戏系统设计中的应用。未来研究可以加大对用户实际行为的研究力度，开展覆盖整个行为周期的研究。除此之外，运用"减少用户的认知失调"这一思路来进行游戏系统的设计和优化，可以防止用户网络游戏成瘾并引发后悔而放弃使用。

（6）在电子商务情境下，学界对消费者在线购买时经历的认知失调研究较为关注，在探寻影响认知失调的因素的同时考虑了消费者个人特征、平台特点及其他环境因素，并研究了用户的后续意愿和行为。然而，大多数研究都是使用调查问卷来进行数据收集的，以用户自报告数据为主，较少有研究者使用客观数据；研究情境也多为传统电子商务情境，未探寻 CDT 在新电子商务情境下的适用性。未来研究可以多利用平台上的客观数据作为补充，深入挖掘目标用户的认知，并结合扎根理论方法深入探究影响用户满意度与行为意愿的因素；将研究情境拓展到当下流行的新兴电商服务，如与社交、用户生成内容（UGC）元素相结合的内容电商、分享型社交电商等，分析这些来自其他用户的信息及电商中的社会联系对用户认知状态的影响；除了在线购买实体商品之外，虚拟商品的消费往往因为涉及知识版权付费等问题也会引起消费者的认知失调，未来研究也可以关注这一角度。

第9章

认知匹配理论的演化及其在
信息系统研究领域的应用与展望

认知匹配理论（cognitive fit theory，CFT）由美国信息系统学者 Vessey 于 1991 年首度提出，其核心思想是：任务信息表征方式与待解决的任务均作用于用户的心理表征，从而形成匹配或不匹配的关系，二者相互匹配时比不匹配时产生更好的解决问题的绩效[一]。

作为信息系统领域最有代表性的匹配理论之一[二]，CFT 被提出时，主要被国外学者应用于信息获取、信息评价等简单的信息处理任务，后续相继在信息检索[三]、风险决策[四]、绩效判断[六]等相对复杂的任务，以及会计信息决策支持系统[七]、计算机编程和软件维护[七]、

一 VESSEY I. Cognitive fit: a theory-based analysis of the graphs versus tables literature[J]. Decision sciences, 1991, 22(2): 219-240.

二 ZHANG P, GALLETTA D. Human-computer interaction and management information systems: foundations [M]. New York: M.E. Sharpe, 2006.

三 CHANDRA A, KROVI R. Representational congruence and information retrieval: towards an extended model of cognitive fit[J]. Decision support systems, 1999, 25(4): 271-288.

四 HUANG A H, WINDSOR J C. An empirical assessment of a multimedia executive support system[J]. Information & management, 1998, 33(5): 251-262.

五 TUTTLE B, KERSHAW R. Information presentation and judgment strategy from a cognitive fit perspective[J]. Journal of information systems, 1998, 12(1): 1-17.

六 UMANATH N S, VESSEY I. Multiattribute data presentation and human judgment: a cognitive fit perspective[J]. Decision sciences, 1994, 25(5-6): 795-824.

七 SINHA A P, VESSEY I. Cognitive fit: an empirical study of recursion and iteration[J]. IEEE transactions on software engineering, 1992, 18(5): 368-379.

空间决策支持系统[⊖]、系统需求建模[⊖]等专业领域得到了验证，并且演化出多个理论模型，积累了丰硕的研究成果。目前国内只有零星的研究应用了 CFT，且多数集中在会计信息系统领域^{⊜⊝⊝}，学界对理论名称的翻译也不一致，出现了"认知适配理论"[⊗]"认知适应理论"[⊕]和"认知匹配理论"^{⊗⊗}等多个版本。

CFT 经过三十多年的发展与应用，虽然积累了丰富的研究成果，但未见专门的综述性文献。因此，本章拟在系统介绍 CFT 的三大经典模型的发展过程及其使用注意事项之后，重点梳理其在信息系统领域的应用现状，并在此基础上总结现有研究的局限及未来研究方向。

9.1　认知匹配理论的演化

9.1.1　认知匹配基础模型

为了解释先前大量研究在对比图形和表格优劣时结论不一致的情况，Vessey 率先提出了认知匹配理论，并且建立了由问题表征、解决问题的任务（problem-solving task）、解决问题的心理表征（problem-solving mental representation）、解决问题的绩效（problem-solving performance）构成的认知匹配基础模型（basic model of cognitive fit）[⊕]（见图 9-1）。其中，问题表征指的是与解决问题相关的外部信息展示给解决问题者的方式；解决问题的任务（以下简称"任务"），是解决问题者需要依据问题表征完成的特定任务；解决问题的心理表征（以下简称"心理表征"），是问题在人脑的工作记忆中的表现方式；解决问题的绩效，是解决问题或决策的效率和效果，一般通过解决问题或决策的速度和准确度来衡量。需要指出的是，Vessey 的认知匹配基础模型原本是指问题表征与任务类型要匹配，但是由于缺乏指导任务分类的统一标准，故 Vessey 用任务特征替代任务类型，因此认知匹配基础模型就变成了问题表征与任务特征要匹配。

⊖ SMELCER J B, CARMEL E. The effectiveness of different representations for managerial problem solving: comparing tables and maps[J]. Decision sciences, 1997, 28(2): 391-420.

⊜ AGARWAL R, SINHA A P, TANNIRU M. Cognitive fit in requirements modeling: a study of object and process methodologies[J]. Journal of management information systems, 1996, 13(2): 137-162.

⊜ 王环环. 任务特征、呈报格式与管理会计报告辅助决策影响的实验研究 [D]. 成都：西南财经大学，2012: 8-10.

⊝ 祝元源. 呈报格式、决策者个人能力与管理会计报告决策价值 [D]. 成都：西南财经大学，2014:13.

⊝ 毛洪涛，何熙琼，苏朦. 呈报格式、个人能力与管理会计信息决策价值：一项定价决策的实验研究 [J]. 会计研究，2014, (7): 67-74, 97.

⊗ CHANDRA A, KROVI R. Representational congruence and information retrieval: towards an extended model of cognitive fit[J]. Decision support systems, 1999, 25(4): 271-288.

⊘ 刘景方，李嘉，张朋柱，等. 用户评论标签摘要系统的有效性研究 [J]. 系统管理学报，2016, 25(4): 613-623.

⊗ 李雷，杨怀珍，谭阳波. 任务技术匹配理论研究现状述评与趋势展望 [J]. 外国经济与管理，2016, 38(1): 29-41.

⊗ 闵庆飞，王建军，谢波. 信息系统研究中的"匹配"理论综述 [J]. 信息系统学报，2011, 8(1): 77-88.

⊕ VESSEY I. Cognitive fit: a theory-based analysis of the graphs versus tables literature[J]. Decision sciences, 1991, 22(2):219-240.

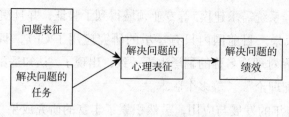

图 9-1　认知匹配基础模型

Vessey 将认知匹配理论中的问题表征和任务统称为解决问题的元素，并通过引入心理表征作为模型的中介变量，来解释解决问题的元素之间的匹配关系对解决问题的绩效的影响。具体来说，当解决问题的两个元素匹配时，受二者独立作用所形成的心理表征一致，将降低解决问题者的认知负荷，提升解决问题的绩效；反之，当解决问题的两个元素不匹配时，受二者独立作用所形成的心理表征不一致，解决问题者必须耗费额外的认知努力对问题表征进行转换，使其与任务匹配，或者对解决问题的过程进行转换，使其与问题表征匹配，这些都会提升解决问题者的认知负荷，从而降低解决问题的绩效。认知匹配基础模型的优点是用非常简洁的方式阐述了认知匹配理论的核心观点。然而，该模型还存在一些缺点：首先，模型没有阐述问题表征和任务对心理表征的作用机制，导致只能根据对解决问题的绩效的测量来判定是否存在匹配关系；其次，模型界定匹配的结果是二元的，即匹配或不匹配，这种非此即彼的匹配关系过于简单，无法描述现实中复杂的匹配关系；最后，模型忽略了解决问题者的个体差异和问题的复杂程度、辅助技术等环境因素对解决问题的绩效的影响，被认为只体现了简单匹配的思想⊖⊜。

由于认知匹配基础模型是基于相对简单的信息获取和信息评价任务提出的⊕，且只考虑了任务特征与问题表征的匹配对解决问题的绩效产生的作用，因此适用于考察在用户认知负荷较轻的风险决策、多属性判断、产品信息搜索和产品选择、广告回忆和理解等简单任务，与相对单一的问题表征方式（如图形和表格或其组合）的匹配对解决问题的绩效的影响。

在应用认知匹配基础模型时还需要注意几个方面的问题：①根据需要完成的任务选择可能匹配的问题表征方式。认知匹配基础模型将问题表征和任务视为两个独立变量考察期间是否存在匹配效应⊕。现实中解决问题者通常会依据需要完成的任务来比较并选择可能匹配的问题表征方式，而不是漫无目的地分别分析任务和问题表征的特征，再进行逐一匹配。因此，研究人员在后续应用该模型进行研究时，可以先分析需要完成的任务的特征，再以此为基础确定可能存在匹配效应的问题表征的类型及范围，从而提升匹配关系的"必然性"，提高研究的效率。②先把控解决问题的绩效的一个维度，再测量另一个维度。认知匹配基础模型的因变量——解决问题的绩效，包括解决问题的准确度和速度（或时间）

⊖　李雷，杨怀珍，谭阳波 . 任务技术匹配理论研究现状述评与趋势展望 [J]. 外国经济与管理，2016，38(1): 29-41.
⊜　闵庆飞，王建军，谢波 . 信息系统研究中的"匹配"理论综述 [J]. 信息系统学报，2011，8(1): 77-88.
⊕　ZHANG P, GALLETTA D. Human-computer interaction and management information systems: foundations [M]. New York: M.E. Sharpe, 2006.

两个维度。为了避免因为出现准确度和速度反向变化而难以判断是否存在认知匹配效应的情形，后续的应用研究在测量解决问题的绩效时，可以先把控其中一个维度，再测量另一个维度。③采用多元匹配关系描述问题表征与任务间的匹配状况。针对前文提及的二元匹配关系过于简单的缺点，后续应用研究可以采用类似完全匹配—不完全匹配—完全不匹配⊖的多元匹配关系来描述解决问题的元素间的匹配状况。

9.1.2　认知匹配扩展模型

为了进一步将解决问题者的个体因素和解决问题的环境因素等纳入认知匹配理论研究的范畴，Vessey 及其研究团队又相继提出了两个认知匹配扩展模型（extended model of cognitive fit）⊖⊜，我们分别称之为"认知匹配扩展模型 I"和"认知匹配扩展模型 II"（见图 9-2 和图 9-3）。其中，模型 I 采用解决问题的技能（problem-solving skill）来指代解决问题者的个体的知识水平、对任务或问题表征的熟悉度、信息偏好、认知需求等个体因素，被认为是影响解决问题的绩效的内部信息线索或内部因素；模型 II 采用解决问题的工具（problem-solving tool）来指代解决问题的特定方法、技术或辅助系统等环境因素，被归为影响解决问题的绩效的外部因素。值得一提的是，上述两类扩展变量是分别被提出的，前期很少被同时纳入一个模型进行考察，2000 年研究者在认知匹配扩展模型 I 和模型 II 基础上，同时将解决问题的技能和解决问题的工具纳入认知匹配扩展模型，构建了新的认知匹配扩展模型⑩，我们将其称为认知匹配扩展模型 III（见图 9-4）。

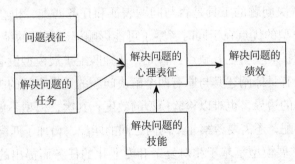

图 9-2　认知匹配扩展模型 I

⊖　VESSEY I. Cognitive fit: a theory-based analysis of the graphs versus tables literature[J]. Decision sciences, 1991, 22(2):219-240.

⊖　VESSEY I, GALLETTA D. Cognitive fit: an empirical study of information acquisition[J]. Information systems research, 1991, 2(1): 63-84.

⊜　SINHA A P, VESSEY I. Cognitive fit: an empirical study of recursion and iteration[J]. IEEE transactions on software engineering, 1992, 18(5): 368-379.

⑩　MENNECKE B E, CROSSLAND M D, KILLINGSWORTH B L. Is a map more than a picture? The role of SDSS technology, subject characteristics, and problem complexity on map reading and problem solving[J]. MIS quarterly, 2000, 24(4): 601-629.

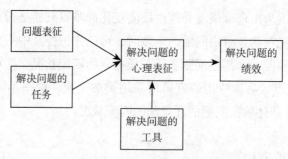

图 9-3   认知匹配扩展模型 II

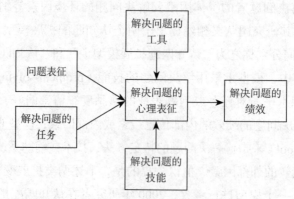

图 9-4   认知匹配扩展模型 III

在认知匹配扩展模型中，除了问题表征和任务是否匹配会影响解决问题的绩效外，解决问题的技能或解决问题的工具是否与问题表征和任务匹配，也会影响解决问题的绩效。认知匹配扩展模型的优点在于同时考察了可能影响解决问题的绩效的内、外部因素。相对应地，认知匹配扩展模型也有缺点：首先，认知匹配扩展模型没有给出扩展变量被纳入模型的原则，也没有具体阐述其与原有两个解决问题的元素之间的关联机制，从而无法清晰地界定模型扩展的边界，也难以检验模型的效度；其次，模型不仅需要同时考察解决问题的元素之间的匹配，还需要考察元素两两之间的匹配，增加了匹配关系判定的难度。

由于认知匹配扩展模型是基于相对复杂和专业化的任务而提出的，且兼顾了解决问题者个体和外部环境因素，所以适用于考察需要消耗解决问题者更多认知资源、造成更大的认知负荷，或者需要借助解决问题者的相关领域知识、技能、专业决策辅助工具（或系统）等才能完成的会计领域的多属性判断任务（multi-attribute judgment task）、与地图相关的地理或空间决策系统的多准则决策任务（multi-criteria decision-making task）等，与相对复杂的问题表征方式（如图形组合、表格、地图、动画、音频等），以及扩展元素间的匹配对解决问题的绩效的影响。

在应用认知匹配扩展模型时还需要注意两方面问题：①借助理论研究明晰模型扩展的边界和有效性。认知匹配扩展模型的"解决问题的技能"和"解决问题的工具"涉及的范围很广，它们与模型中其他变量的作用机制不尽相同，因此后续的应用研究可以依据情境从理论上分析"解决问题的技能"和"解决问题的工具"与模型中其他变量的作用机制，决定哪些技能或工具应该被纳入模型及如何引入模型，从而确保模型扩展的边界和有效性[一]。②以任务为核心考察扩展模型的匹配关系。针对前文提及的认知匹配扩展模型匹配关系判定过于复杂的缺点，后续的应用研究可以首先考察问题表征、任务和扩展变量三者的匹配关系，然后以任务为核心分别考察其与问题表征和扩展变量的匹配关系，从而简化扩展模型匹配关系判定的过程和方法。

9.1.3 认知匹配分布式模型

为了探究概念建模领域专业的解决问题者的领域知识（domain knowledge）对认知匹配效应的影响，借鉴了 Zhang 等人的分布式认知理论的观点，认为解决问题的过程是人脑对内、外部问题表征的信息加工过程[二]。Shaft 等人在认知匹配扩展模型的基础上于 2006 年构建了由问题域的内部表征（internal representation of the problem domain）和外部问题表征（external problem representation）构成的分布式问题表征系统，并由此形成了认知匹配分布式模型（distributed model of cognitive fit）[三]，我们称之为"认知匹配分布式模型 I"（见图 9-5）。其中，问题域的内部表征指解决问题者头脑中的知识结构，即可以从记忆中搜寻到的与解决问题相关的知识、符号、规则等，被认为是内部信息线索；外部问题表征指环境中的知识、约束、规定、关系、边界条件等，被认为是外部信息线索。

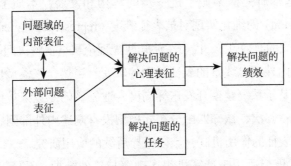

图 9-5 认知匹配分布式模型 I

为了进一步探究系统建模领域以文本呈现的命题式任务（propositional task）与包括时间和空间两维数据的问题表征方式的认知匹配机制，Khatri 等人于 2006 年在认知匹配分布式模型 I 的基础上，借鉴 Anderson 和 Bower 等人的联想记忆模型（human associative memory model，HAM 模型）[四]，将任务进一步分解成外部任务表征（external task

○ WHETTEN D A. What constitutes a theoretical contribution [J]. The academy of management review, 1989, 14(4): 490-495.

○ ZHANG J J, NORMAN D A. Representations in distributed cognitive tasks [J]. Cognitive science, 1994, 18(1): 87-122.

○ SHAFT T M, VESSEY I. The role of cognitive fit in the relationship between software comprehension and modification[J]. MIS quarterly, 2006, 30(1): 29-55.

○ POLSON P G, ANDERSON J R, BOWER G H. Human associative memory[J].The American journal of psychology, 1975, 88(1): 131.

representation）和内部任务表征（internal task representation）两部分，提出了任务表征精细化的认知匹配分布式模型（distributed cognitive fit model elaborating on task representation）[⊖]，我们称之为"认知匹配分布式模型Ⅱ"（见图9-6）。

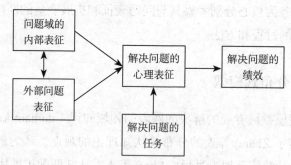

图9-6　认知匹配分布式模型Ⅱ

认知匹配分布式模型Ⅰ通过构建独立且交互作用的分布式问题表征系统，模拟了信息处理过程中解决问题者的认知结构^{⊜⊝}，对认知匹配扩展模型Ⅰ中的解决问题者的知识结构与其他解决问题的元素的关联机制进行了说明。认知匹配分布式模型Ⅱ在此基础上，进一步将外部任务表征映射到用户的内部记忆系统，构建了一个类似于"内存和外存"的任务表征体系，从而搭建了外部任务与心理表征的桥梁。认知匹配分布式模型的优点是对认知匹配理论的基本研究框架做了进一步的解构和发展，本质上是通过对表征维度（representating dimension）的细化实现对被表征维度（represented dimension）的更充分的表征，从而提升表征方式的有效性®，代表了认知匹配理论从重视解决问题的绩效向探究解决问题的认知过程及其内外信息线索的表征机制的转变。当然，该模型也有缺点：首先，认知匹配分布式模型是基于系统建模开发这样高度专业领域的专业人员提出的，难以被直接推广到其他应用领域；其次，认知匹配分布式模型没有阐述内外部问题表征系统交互作用的具体形式及对心理表征的作用机制，难以指导后续的应用研究。

认知匹配分布式模型适用于计算机程序理解与软件维护、系统开发与建模设计等高度专业化的任务、解决问题者的知识结构和多维与动态的问题表征方式三者之间的匹配，对认知过程和解决问题的绩效的影响研究。

由于认知匹配分布式模型不仅研究解决问题的绩效，还试图探究解决问题的认知过程，因此在应用认知匹配分布式模型时要注意综合运用多种测量方法。除了要采用问卷法

⊖　KHATRI V, VESSEY I, RAM S, et al. Cognitive fit between conceptual schemas and internal problem representations: the case of geospatio-temporal conceptual schema comprehension[J]. IEEE transactions on professional communication, 2006, 49(2): 109-127.

⊜　邓铸，余嘉元. 问题解决中对问题的外部表征和内部表征 [J]. 心理学动态，2001, 9(3): 193-200.

⊝　刘俊生，余胜泉. 分布式认知研究述评 [J]. 远程教育杂志，2012, 30(1): 92-97.

®　ZHANG J J. A representational analysis of relational information displays[J]. International journal of human-computer studies, 1996, 45(1): 59-74.

和实验法测量解决问题的绩效外，还应该采用视觉追踪法[⊖]、发声思维法[⊜]等手段对信息认知过程的心理表征进行有效测量，通过打开心理表征的黑箱，进而深入研究解决问题者在内、外部表征系统作用下的信息认知过程和解决问题的绩效。

9.2　认知匹配理论在信息系统研究领域的应用进展

9.2.1　认知匹配理论在信息查询研究中的应用

信息查询是解决问题的第一步[⊜]，尤其在信息爆炸的时代，如何迅速准确地进行信息查询，对于用户解决问题至关重要。CFT 在信息查询研究中的应用能够丰富对信息查询过程和结果的认识，也有助于信息查询工具与信息查询系统的设计和改进。因此，一些学者利用 CFT 研究信息查询的相关问题。

1. 认知匹配理论对信息查询的影响研究

针对传统 PC 端的信息查询，Vessey 等人率先将 CFT 引入银行信息查询系统进行实证研究，发现在符号型任务和数据表格之间存在匹配效应，使得信息查询速度和准确度均显著提高；但空间型任务与数据折线图之间的匹配只提升了信息查询速度，未提升查询准确度，这与 CFT 产生了矛盾，所以作者建议后续通过进一步研究用户的心理表征，深入理解 CFT 的作用机制[⊗]。此后，Chandra 等人探讨了分层信息查询时信息表征方式与用户心理表征之间的匹配关系，研究结果表明：相对于命题网络式信息表征方式，面向对象的信息表征方式与心理表征更匹配，会产生更短的查询时间和更少的错误，从而进一步验证 CFT 中的信息表征方式通过作用于心理表征再与任务特征产生匹配效应的推断[⊗]。此外，Speier 等人研究了不同复杂度的数据库查询任务与查询界面间的匹配关系，结果发现，可视化查询界面与复杂查询任务、文本查询界面与简单查询任务均形成更准确的查询结果，但是查询时间更长，由此推测用户为了提高查询准确度而牺牲了查询时间[⊗]。但是 Bizarro 等人将查询语言、数据结构、任务难度和查询任务均纳入 CFT 的理论框架，研究其匹配

⊖ CHEN Y S, JERMIAS J, PANGGABEAN T. The role of visual attention in the managerial judgment of balanced-scorecard performance evaluation: insights from using an eye-tracking device[J]. Journal of accounting research, 2016, 54(1): 113-146.

⊜ SHAFT T M, VESSEY I. The role of cognitive fit in the relationship between software comprehension and modification[J]. MIS quarterly, 2006, 30(1): 29-55.

⊜ LIBBY R, LEWIS B L. Human information processing research in accounting: the state of the art[J]. Accounting organizations and society, 1977, 2(3): 245-268.

㊃ VESSEY I, GALLETTA D. Cognitive fit: an empirical study of information acquisition[J]. Information systems research, 1991, 2(1): 63-84.

㊄ CHANDRA A, KROVI R. Representational congruence and information retrieval: towards an extended model of cognitive fit[J]. Decision support systems, 1999, 25(4): 271-288.

㊅ SPEIER C, MORRIS M G. The influence of query interface design on decision-making performance[J]. MIS quarterly, 2003, 27(3): 397-423.

关系对查询绩效、感知易用性和用户自信心的影响，却发现研究结果与 CFT 存在较大出入，故建议对多变量匹配的交互效应展开后续研究[⊖]。

针对移动端手持设备信息查询，Adipat 等人对比传统静态网页和多层次自适应技术两种信息表征方式与信息查找任务之间的匹配效应，结果发现后者能有助于用户快速定位信息，从而提高查询速度、准确度，并产生更好的系统感知性能[⊜]。

2. 用户特征对认知匹配效应的影响研究

用户特征与其他变量间的匹配关系也是 CFT 应用研究的一大热点。Borthick 等人将用户熟悉度引入 CFT 研究数据信息库查询中的匹配效应，结果发现当查询任务以 SQL 伪代码方式表征和以管理过程语言方式表征时，用户对后者更熟悉，从而产生更快且错误率更低的查询结果[⊜]。类似的研究还包括：Tomasi 等人讨论了用户信息查询经验对信息查询中的认知匹配的影响，结果发现对于简单任务，当用户对查询界面熟悉时，用户经验对信息查询绩效存在正向影响；对于复杂任务，当用户对查询界面不熟悉时，用户经验对信息查询绩效存在负向影响[⊛]。Dunn 等人将 CFT 作为用户图式与信息查询绩效的调节因素展开研究，发现当认知匹配度高时，用户图式和查询绩效的正向联系被强化，但是当认知匹配度低时，上述关系被弱化，由此提出认知匹配比用户图式更重要，建议企业首先需要重视提供与执行的任务相匹配的交互界面，其次才是训练用户形成与系统一致的图式模式[⊛]。此外，De 等人则考察了用户查询策略的作用，发现相较于采用联合策略来说，采用导航策略会得到更快且更准确的查询结果[⊗]。

综上可知，CFT 在信息查询研究中的应用主要包括 CFT 对信息查询的影响研究和用户特征对认知匹配效应的影响研究两部分。其中，CFT 对信息查询的影响研究主要是比较不同问题的信息表征方式、信息查询任务交互作用对查询绩效的影响，并进一步延伸到对用户信心、感知易用性等的作用；用户特征对认知匹配效应的影响研究还存在两种视角，一种是探索用户特征与 CFT 主要变量之间的交互作用，另一种则是将 CFT 作为调节因素，研究其对用户特征与查询绩效之间关系的调节作用。CFT 在信息查询中的研究存在的问题包括：①当前研究主要集中于根据信息查询结果的相对优劣反向判断是否存在匹配效

⊖ BIZARRO P A, BALDWIN A A, LUNSFORD D L. Effect of different database structure representations, query languages, and user characteristics on information retrieval[J]. Journal of management information and decision sciences, 2015, 18(1): 27-53.

⊖ ADIPAT B, ZHANG D, ZHOU L. The effects of tree-view based presentation adaptation on mobile web browsing[J].MIS quarterly, 2011, 35(1): 99-121.

⊜ BORTHICK A F, BOWEN P L, JONES D R, et al. The effects of information request ambiguity and construct incongruence on query development[J]. Decision support systems, 2001, 32(1): 3-25.

⊛ TOMASI S, SCHUFF D, TURETKEN O. Understanding novelty: how task structure and tool familiarity moderate performance[J]. Behaviour and information technology, 2018, 37(3): 406-418.

⊛ DUNN C L, GERARD G J, GRABSKI S V. The combined effects of user schemas and degree of cognitive fit on data retrieval performance[J]. International journal of accounting information systems, 2017, 26: 46-67.

⊗ De P, SINHA A P, VESSEY I. An empirical investigation of factors influencing object-oriented database querying[J]. Information technology & management, 2001, 2(1): 71-93.

应，缺少对信息查询过程的刻画，对部分匹配的情况难以给出有效的理论解释，也在一定程度上导致了对匹配结果的主观解读；②移动端手持设备受限于物理尺寸，在信息查询方式、交互界面设计等方面都与传统 PC 端网页查询和数据库查询存在较大差异，而现有研究对此关注不够。

9.2.2 认知匹配理论在信息系统设计研究中的应用

随着信息技术的发展和信息系统的应用，信息系统的设计越来越强调对复杂任务的支持和对用户个性需求的满足。CFT 兼顾了任务特征、问题信息表征方式、用户等多个因素间的协同，为信息系统的设计提供了新的视角，一些研究对此展开了讨论。

就信息系统设计的系统建模而言，学者们将建模工具作为匹配变量纳入 CFT 的研究框架。Agarwal 等人应用 CFT 扩展模型研究系统建模任务与建模工具之间的关系，结果发现面向过程的建模工具与面向过程的建模任务之间存在匹配效应，会产生更快且更准确的建模结果，然而面向对象的建模工具与面向对象的建模任务之间却未发现存在匹配效应，研究者推测可能是因为实证研究中的任务难度设计不合理导致的[⊖]。Sinha 等人探究系统建模任务的表征方式、设计人员的建模经验和建模工具之间的匹配关系，结果发现相较于复用对象的建模工具，采用复用业务组件能产生更高的建模准确度，而且对于经验较少的设计人员，通过复用业务组件进行系统建模能获得与经验丰富的设计人员相似的设计绩效[⊜]。还有研究者将设计人员的领域知识纳入 CFT 进行研究。设计人员的领域知识包括信息系统知识和应用领域知识[⊜]。Khatri 等人的研究发现设计人员的信息系统知识水平与建模的句法理解任务之间存在匹配效应，但其应用领域知识无法与任务形成匹配关系，只能调节前述二者之间的匹配效应的大小[⊗]。

就信息系统的功能优化设计而言，Park 等人借助 CFT 设计了一个包含五种常见可视化信息表征方式（力导向图、圆形图、树形图、矩阵图和基层布局图）的供应链管理信息系统，发现综合采用多种可视化信息表征方式有利于提升系统绩效，由此建议通过培训提高用户对系统的熟悉度和对不同可视化表征方式的理解来提升系统绩效[⊛]。相似地，Zhu 等人设计了一个可以动态更新的数据可视化组合的计算机安全支持系统，他们提出当用户利

⊖ AGARWAL R, SINHA A P, TANNIRU M. Cognitive fit in requirements modeling: a study of object and process methodologies[J]. Journal of management information systems,1996,13(2): 137-162.

⊜ SINHA A P, JAIN H. Reusing business components and objects for modeling business systems: the influence of decomposition characteristics and analyst experience[J]. Journal of systems and software, 2017, 131: 550-569.

⊜ VESSEY I, CONGER S. Learning to specify information requirements: the relationship between application and methodology[J]. Journal of management information systems, 1993, 10(2): 177-201.

⊗ KHATRI V, VESSEY I, RAMESH V, et al. Cognitive fit between conceptual schemas and internal problem representations: the case of geospatio-temporal conceptual schema comprehension[J]. IEEE transactions on professional communication, 2006, 49(2): 109-127.

⊛ PARK H, BELLAMY M A, BASOLE R C. Visual analytics for supply network management: system design and evaluation[J]. Decision support systems, 2016, 91: 89-102.

用系统完成复杂任务时，系统应该让用户自主选择数据可视化方式，并根据任务完成的效果动态调整对不同可视化方式的推荐[⊖]。

就信息系统设计的编程开发和维护而言，Sinha 等人研究了计算机递归编程任务与递归和迭代两种信息表征方式之间的匹配关系，结果只发现前两者之间存在匹配效应，且受到编程语言类型、编程工具类型和编程人员对编程语言偏好的调节[⊜]。Shaft 等人将 CFT 应用到软件理解和软件维护的双任务情境，发现当设计人员对软件理解任务的心理表征与软件维护任务的特点一致时，会比不一致时形成更好的软件维护绩效，进而验证了心理表征与任务之间的匹配性[⊜]。

综上可知，当前 CFT 在信息系统设计研究中的应用主要从系统建模、功能优化、编程开发和维护三方面展开。然而，CFT 在信息系统设计中的研究还存在着不足：①设计人员的领域知识影响信息系统设计的效果^⑩，但是现有研究多数采用学生样本，这通常意味着相对较低的应用领域知识水平，后续需要通过对专业设计人员的研究进一步探究领域知识作为 CFT 的匹配要素对信息系统设计的作用；②信息系统设计往往由多人协作完成时序关联的多个任务，过程中牵涉不同专业背景、不同经验水平的设计人员的合作和任务信息共享，而上述研究仅探讨信息系统设计人员独立完成单一任务时的认知匹配效应，得到的结论是否适用于项目团队合作进行信息系统设计还没有得到验证。

9.2.3　认知匹配理论在信息系统使用研究中的应用

用户使用信息系统的过程也是与系统交互、获取信息来解决问题的过程，而信息系统特征、信息系统用户特征和信息系统环境共同影响信息系统的绩效^⑤，映射到 CFT 的研究框架中，主要体现为信息表征方式、用户特征和任务复杂度三个维度。

1. 信息表征方式的影响

针对信息表征方式，Umanath 等人探讨了动画表情、图和表三种信息表征方式与银行破产预测任务的匹配关系，结果发现在预测准确性上图更具优势，但是借助动画表情能产生最快的预测速度^⑥。Nuamah 等人设计了一个实验室实验，让参与者根据表格化和图形

⊖ ZHU Y, SUO X Y, OWEN G S. A visual data exploration framework for complex problem solving based on extended cognitive fit theory[C]//International Symposium on Advances in Visual Computing. Berlin, Springer-Verlag, 2009: 869-878.

⊜ SINHA A P, VESSEY I. Cognitive fit: an empirical study of recursion and iteration[J]. IEEE transactions on software engineering, 1992, 18(5): 368-379.

⊜ SHAFT T M, VESSEY I. The role of cognitive fit in the relationship between software comprehension and modification[J]. MIS quarterly, 2006, 30(1): 29-55.

⑩ SHAFT T M, VESSEY I. Research report: the relevance of application domain knowledge: the case of computer program comprehension[J]. Information systems research, 1995, 6(3): 286-299.

⑤ O'DONNELL E, DAVID J S. How information systems influence user decisions: a research framework and literature review[J].International journal of accounting information systems, 2000, 1(3): 178-203.

⑥ UMANATH N S, VESSEY I. Multiattribute data presentation and human judgment: a cognitive fit perspective[J]. Decision sciences, 1994, 25 (5/6): 795-824.

化展示的水质数据完成一个空间型任务——水质测评。实验除了测量参与者测评的准确度和时间外，还引入脑电波指标对用户的认知负荷进行测量，进一步证实图形化信息表征方式与空间型任务更匹配，不仅测评更准确、迅速，用户的认知负荷也更低[一]。Kershaw 等人在企业员工绩效判断任务中进一步验证了图与整体型任务，表与分析型任务均形成匹配效应，能导致更准确且更快的判断[二]。然而，Huang 等人的研究却发现，在进行商业机会与风险预测时，采用表格的用户会比采用多媒体信息的用户预测得更快且更准确，研究认为多媒体信息中的音乐、动画会分散注意力，降低预测绩效[三]。

一些研究进一步探讨地图与空间型任务的匹配关系，Smelcer 等人探究了地图和表格的优劣，发现对于空间型任务，地图能产生明显比表格更高的准确度和更少的决策时间，但是随着空间型任务难度的提升，决策准确度下降且决策时间变长[四]。类似地，Hubona 等人研究空间信息与空间决策任务的匹配效应，结果发现，地理推理任务与路线描述信息，路线调查任务与地理调查信息均形成匹配效应，能产生更高的决策准确度[五]。然而，Dennis 等人的研究却发现地图的优势主要体现在具有毗邻关系的地理任务上，而对于不毗邻的地理任务，地图与表格相比没有优势，仅仅会导致更快但准确性更低的决策结果[六]。

此外，Kopp 等人探究在可视化数据中添加数据标签的效果，结果发现数据标签会强化条形图与空间型任务及折线图与符号型任务之间的匹配关系，产生更快且更准确的公司经营结果预测[七]。

2. 用户特征的影响

针对用户的信息技能，Vessey 等人的研究发现，用户的问题解决技能与问题表征或任务都存在匹配效应，且在三者都匹配的情形下会产生最好的判断绩效。另外她也提出，相对于任务和用户的问题解决技能而言，信息表征对判断绩效的影响更大，建议决策支持系统的开发者重点关注最优信息表征的智能推荐[八]。Hubona 等人进一步探究了用户空间功能、

[一] NUAMAH J K, SEONG Y, JIANG S, et al. Evaluating effectiveness of information visualizations using cognitive fit theory: a neuroergonomics approach[J/OL]. Applied ergonomics, 2020, 88 [2022-12-01]. https://doi.org/10.1016/j.apergo.2020. 103173.

[二] KERSHAW R, TUTTLE B. Information presentation and judgment strategy from a cognitive fit perspective[J]. Journal of information systems, 1998, 12(1): 1-17.

[三] HUANG A H, WINDSOR J C. An empirical assessment of a multimedia executive support system[J]. Information & management, 1998, 33(5): 251-262.

[四] SMELCER J B, CARMEL E. The effectiveness of different representations for managerial problem solving: comparing tables and maps[J]. Decision sciences, 1997, 28(2): 391-420.

[五] HUBONA G S, EVERETT S, MARSH E, et al. Mental representations of spatial language[J]. International journal of human-computer studies, 1998, 48(6): 705-728.

[六] DENNIS A R, CARTE T A. Using geographical information systems for decision making: extending cognitive fit theory to map-based presentations[J]. Information systems research, 1998, 9(2): 194-203.

[七] KOPP T, RIEKERT M, UTZ S. When cognitive fit outweighs cognitive load: redundant data labels in charts increase accuracy and speed of information extraction[J].Computers in human behavior, 2018, 86: 367-376.

[八] VESSEY I, GALLETTA D. Cognitive fit: an empirical study of information acquisition[J]. Information systems research,1991, 2(1): 63-84.

信息表征方式与任务之间的匹配效果，发现三者匹配会产生更高的准确度，但是决策时间并没有显著减少[⊖]。Kelton 等人对比了非专业用户在使用超链接形式的财务报表和纸质报表进行投资预测时的绩效，发现前者更能节省用户的认知资源，使其做出准确性相当但是更迅速的预测[⊖]。类似的研究还有，毛洪涛等人探究个人能力、管理会计报告格式和决策任务之间的匹配关系，结果发现专业用户使用表格格式的会计报告的决策绩效更高，新手用户使用图形格式的会计报告的决策绩效更高[⊜]。

针对用户的信息偏好，Song 等人借鉴认知匹配分布式模型，将用户对信息表征方式的偏好作为信息内部表征方式，与决策支持系统的外部信息表征方式一起构成信息表征系统，进而发现内外部信息表征方式一致时会形成更好的风险预测绩效[⊛]。

3. 任务复杂度的影响

针对任务复杂度的变化，Huang 等人研究知识管理领域中知识的可视化与知识管理任务之间的匹配效应，发现两种可视化技术——自组织映射图（self-organizing map）和多维尺度缩放图（multidimensional scaling）在支持知识管理的关联、比较、区分和聚类等复杂判断任务时均优于传统表格，但在完成简单的排名任务时，三种信息表征方式形成的绩效没有区别[⊕]。更为复杂的情况出现在 Teets 等人的研究中，他们将 CFT 应用到数据量庞大的制造企业质量监控情境中，比较了表格、二维图和三维图与企业质量预测任务之间的匹配关系，结果发现随着任务复杂度的提升，用户使用表格的预测绩效明显降低，而使用二维图和三维图的绩效会呈现先上升后下降的情况，研究者推测可能是当任务难度过高时出现了用户认知负荷过载的情形，导致预测绩效恶化和 CFT 失效[⊗]。

进一步考察不同难度任务下的信息负荷，Chan 通过商业模拟实验也发现，在进行企业绩效预测时，信息表征方式与任务之间的匹配效应会在信息负荷特别低和特别高时消失，故强调在信息超载的情形下图形并不能有效提升预测质量[⊕]。

⊖ HUBONA G S, EVERETT S, MARSH E, et al .Mental representations of spatial language[J]. International journal of human-computer studies, 1998, 48(6): 705-728.

⊖ KELTON A S, PENNINGTON R R. Internet financial reporting: the effects of information presentation format and content differences on investor decision making[J]. Computers in human behavior, 2012, 28(4): 1178-1185.

⊜ 毛洪涛，何熙琼，苏朦 . 呈报格式、个人能力与管理会计信息决策价值：一项定价决策的实验研究 [J]. 会计研究，2014, (7): 67-74.

⊛ SONG Q, CHAN S H, WRIGHT A M. The efficacy of a decision support system in enhancing risk assessment performance [J]. Decision sciences, 2017, 48(4): 307-335.

⊕ HUANG Z, CHEN H C, GUO F, et al. Expertise visualization: an implementation and study based on cognitive fit theory[J]. Decision support systems, 2006, 42(3): 1539-1557.

⊗ TEETS J M, TEGARDEN D P, RUSSELL R S. Using cognitive fit theory to evaluate the effectiveness of information visualizations: an example using quality assurance data [J]. IEEE transactions on visualization and computer graphics, 2010, 16(5): 841-853.

⊕ CHAN S Y. The use of graphs as decision aids in relation to information overload and managerial decision quality[J]. Journal of information science, 2001, 27(6): 417-425.

4. 用户特征和任务复杂度的交互影响

用户特征与任务复杂度往往能共同影响认知匹配效应，也有研究就此进行探讨。Mennecke 等人对比了平面地图和空间地理信息系统的优劣，发现新手用户解决中、高复杂度任务时，借助空间地理信息系统会比采用平面地图的决策速度更快且更准确，但是对于专业用户而言，两类系统的作用差别不明显[⊖]。Speier 设计了 $2 \times 2 \times 2$ 的实验室实验，其中信息表征方式包括柱状图和二维表，任务类型包括符号型和空间型，以及简单和复杂两个任务难度水平，将 CFT 应用到用户对工厂的设备运行负荷水平的判断绩效研究中，并且控制了用户的空间视觉能力水平，结果发现虽然在简单任务情境下二维表与符号型任务及柱状图与空间型任务之间都存在匹配效应，然而在复杂任务情境下匹配效应消失，柱状图显示出压倒性的优势，研究者认为这是由于随着任务难度的提升，用户更倾向于依赖空间型信息降低认知负荷而导致认知匹配失效，由此提出仍需检验 CFT 在高复杂度任务情境下的适用性[⊖]。

综上可知，当前 CFT 在信息系统使用研究中的应用主要从信息表征方式、用户特征、任务复杂度及用户特征和任务复杂度的交互影响几个方面展开，且积累了比较丰富的研究成果。然而，CFT 在信息系统使用的研究中还存在着不足：①与信息查询方面的研究类似，CFT 在信息系统使用中的研究绝大多数只关注信息系统使用的结果，缺乏对使用过程的刻画，难以解释部分匹配产生的原因和 CFT 在任务复杂度极低或极高情境下失效的原因，仅见一篇文献借助脑电波指标对问题解决过程的用户认知负荷进行了测量；②当前研究内容主要局限于用户对信息系统的单次使用，现实中用户往往需要与信息系统多次交互完成多个并行或串行任务，前一次人机交互的认知匹配效果和由此产生的学习效应都会影响后续交互，因此用户对信息系统完整使用过程中的认知匹配效应有待进一步验证。

9.2.4　认知匹配理论在在线购买信息展示研究中的应用

由于在线购买情境下消费者无法实际接触到商品，往往需要借助线上展示的产品信息、消费者购买评论等在线购买信息辅助进行购买决策。电子商务及相关技术的发展为在线购买的信息展示提供了更多选择的同时，也引发了对最优方案的探讨，而 CFT 的匹配理念为此提供了新的思路，积累了一些研究成果。

就产品信息展示而言，Hong 等人设计了一个日用品购买实验研究产品信息展示方式与购买任务之间的匹配效应，发现列表式产品信息展示方式与商品浏览任务，以及矩阵式产品信息展示方式与商品搜索任务均形成匹配效应，使消费者形成更高的信息回忆水平和

⊖ MENNECKE B E, CROSSLAND M D, KILLINGSWORTH B L. Is a map more than a picture? The role of SDSS technology, subject characteristics, and problem complexity on map reading and problem solving[J]. MIS quarterly, 2000, 24(4): 601-629.

⊜ SPEIER C. The influence of information presentation formats on complex task decision-making performance[J]. International journal of human-computer studies, 2006, 64(11): 1115-1131.

更短的产品搜索时间[⊖]。

就购买评论设计而言，Xu 等人将 CFT 应用到电子商务网站评论设计的研究中，结果发现相较于文本和图片的产品评论信息，视频方式的评论让消费者觉得评论更可信和更有说服力，而且匹配效果差异会受到产品类型的调节[⊖]。类似地，Chen 设计了一个包含三种产品评分——五星评分、二元文本评分（好评与差评）和二元可视化评分（大拇指向上与大拇指向下）展示方式的电子商务网站，研究三种评分展示方式与浏览和购买两个任务间的匹配关系，结果发现五星评分与购买任务及二元可视化评分与浏览任务之间存在匹配效应，均形成较低的认知负荷和更高的感知信息质量[⊜]。另外，Park 等人根据购买经验将消费者划分为新手型和专业型两类，借鉴 CFT 的匹配思想研究消费者类型与产品评价类型之间的匹配效应，结果发现新手型消费者与产品利益评价，以及专业型消费者与产品属性评价均形成匹配效应，产生更高的购买意愿[⊗]。类似地，Tang 等人研究商品信息内容与消费者产品知识水平的匹配关系，结果证实商品参数或性能指标型评论与专业型消费者形成匹配效应，而商品利益和使用体验评论与新手型消费者形成匹配效应，从而产生更好的购买决策[⊗]。Huang 等人应用 CFT 研究产品评论内容与产品类型之间的一致性对消费者感知评论有用性的作用，研究设计了两轮实验，特别是第二轮实验还引入了发声思维法来反映匹配过程，结果发现搜索型产品与产品属性评价，以及体验型产品与产品体验评价之间都存在匹配效应，形成更高的感知评论有用性，但是也伴随着更长的认知时间[⊗]。需要指出的是，上述 Park 等人、Tang 等人和 Huang 等人的研究都将匹配要素拓展到了信息的内容，与 CFT 强调的信息表征方式存在本质区别。

综上可知，当前 CFT 在在线购买信息展示研究中的应用主要包括产品信息展示对购买决策的影响和购买评论设计对购买决策的影响两方面。现有研究还存在一定的局限性：①当前研究基本都是借助实验室实验，而实验室环境不仅与真实环境差异较大，更不需要参与者完成真实的支付，所以研究结论难以直接推广到现实世界；②当前研究对购买评论新形式的讨论，如视频评论、五星评分和二元可视化评分等为理论应用拓展提供了思路，但是部分研究将信息内容纳入 CFT 的研究框架，存在理论误用的风险。

⊖ HONG W Y, THONG J Y L, TAM K Y. The effects of information format and shopping task on consumers' online shopping behavior: a cognitive fit perspective[J]. Journal of management information systems, 2004, 21(3): 149-184.

⊖ XU P, CHEN L, SANTHANAM R. Will video be the next generation of e-commerce product reviews? Presentation format and the role of product type[J]. Decision support systems, 2015, 73: 85-96.

⊜ CHEN C W. Five-star or thumbs-up? The influence of rating system types on users' perceptions of information quality, cognitive effort, enjoyment and continuance intention[J]. Internet research, 2017, 27(3):478-494.

㉓ PARK D H, KIM S. The effects of consumer knowledge on message processing of electronic word of mouth via online consumer reviews[J]. Electronic commerce research and applications, 2008, 7(4): 399-410.

㈤ TANG H, LEE C B P, CHOONG K K. Consumer decision support systems for novice buyers: a design science approach[J]. Information systems frontiers, 2017, 19(4): 881-897.

㈥ HUANG L Q, TAN C H, KE W, et al. Comprehension and assessment of product reviews: a review-product congruity proposition[J]. Journal of management information systems, 2013, 30(3): 311-343.

9.3 结论与展望

由前述内容可知,认知匹配理论的发展大体上可以划分为认知匹配基础模型、认知匹配扩展模型、认知匹配分布式模型三个阶段。认知匹配基础模型只考虑了任务特征与问题表征的匹配对解决问题的绩效的影响,适用于解决问题者认知负荷较轻的常规信息处理任务;在应用认知匹配基础模型时应注意根据需要完成的任务选择可能匹配的问题表征方式,先把控解决问题的绩效的一个维度,再测量另一个维度,以及采用多元匹配关系描述问题表征与任务间的匹配状况。认知匹配扩展模型进一步兼顾了解决问题者个体和环境因素对解决问题的绩效的作用,适用于需要消耗解决问题者更多认知资源或造成更大的认知负荷的专业应用领域;在应用认知匹配扩展模型时需注意借助理论研究明晰模型扩展的边界和有效性,并且以任务为核心考察扩展模型的匹配关系。认知匹配分布式模型通过构建分布式问题表征系统和分布式任务表征系统,对认知匹配理论的基本研究框架做了进一步的解构和发展,适用于需要同时研究认知过程和解决问题的绩效的高度专业化应用领域;在应用认知匹配分布式模型时需注意综合运用多种测量方法。

通过文献回顾和梳理,发现 CFT 在信息系统研究领域的应用主要集中在信息查询研究、信息系统设计研究、信息系统使用研究和在线购买信息展示研究 4 个方面。

基于 CFT 的应用进展及研究思路,现有研究仍存在一些不足:①缺少对认知匹配过程的测量。CFT 反映了匹配要素通过用户的心理表征最终影响问题解决绩效的作用路径。然而,现有研究多数不测量匹配过程的心理表征,只测量最终的问题解决绩效,再反推是否存在匹配效应,无法形成过程数据与结果数据的相互印证。②未考虑学生样本较低的应用领域知识水平。目前信息系统设计研究多数采用学生样本代替专业设计人员样本,未考虑前者整体较低的应用领域知识水平对认知匹配效果的影响,存在低估应用领域知识作用的风险。③较少考虑个人多任务和团队合作使用的情境。当前多数研究的情境设定为个人对信息系统的单次使用,忽视了个人多任务及团队合作应用信息系统等更常见的情境,尚未关注到多个体多任务之间的时序和同步交互对认知匹配效果的影响。④实验室模拟环境与真实购买环境仍有差距。实验室模拟的在线购买环境相较于现实环境均进行了不同程度的简化,而且消费者不需要真实支付和完成实际购买,由此得出的研究结论很难直接外推到真实市场中。⑤误将信息内容纳入 CFT 框架。部分研究将不同类型的产品信息和购买评价的不同维度代替信息表征方式纳入 CFT 框架,混淆了内容与内容的表征形式,与 CFT 的核心思想不符,存在理论误用的风险。

为了弥补上述不足,未来的研究可以着重关注几个方面:①引入新测量方法。未来的研究可以通过引入视觉跟踪、脑电波扫描等手段采集认知匹配过程的客观数据,将 CFT 的"匹配—不匹配"关系刻画为更细粒度的、动态的过程性关系,揭示认知匹配效应的神经心理学机制。②采用专业系统设计人员作为研究对象。选择这类研究对象,测量信息系统领域知识水平和应用领域知识水平,并在不同类型的信息系统设计任务中验证其作为匹配要素对系统设计绩效的作用。③拓展到更丰富的应用情境。未来的研究可以通过采集用户完成并行和串行任务或群体合作完成任务的时序跟踪数据，并关注子任务之间和多用户之间的交互作用，拓展 CFT 的研究情境。④实验室实验与实地实验相结合。借助实地实验对实验室实验进行补充验证，增加研究结论的稳健性和外部效度。⑤在理论框架内进行应用研究探索。将信息表征新形式及其美学特征，如动画字体字号、颜色亮度、动态变化等纳入研究都符合 CFT 的核心思想，能为信息系统设计，特别是人机交互设计提供更加细致具体的指导。

| 第10章 |

社会认知理论的演化及其在
信息系统研究领域的应用与展望

1986 年，Bandura 在《思想和行动的社会基础：社会认知理论》（*Social foundations of thought and action: A social cognitive theory*）一书中正式提出了社会认知理论（social cognitive theory，SCT）[○]，其核心思想是：人类活动是由个体行为、个体认知及其所处的环境三种要素交互作用决定的，自我效能预测了个体的行为及变化。

SCT 自提出以来，被广泛应用于各个领域，并涌现出不少有价值的研究成果。为了揭示 SCT 的发展及其应用现状，部分学者分别从以下视角撰写了述评：成晓光从 SCT 的认知因素出发，系统梳理了 SCT 与传统行为主义的区别及其起源、发展和主要内容[○]。同时，段庆华总结了国内外学者对基于 SCT 的在线学习行为研究的主要成果，并对这一领域的研究成果进行分析评价[○]。李晓侠则从社会认知的发展过程角度出发，提出了 SCT 主要的研究内容及未来研究方向[○]。

随着互联网的快速普及，SCT 被广泛应用于在线学习、在线社交、信息技术、信息安全的行为研究中，涌现出众多有价值的成果。然而，在文献调研过程中未见对该领域内

○ BANDURA A. Social foundations of thought and action:a social cognitive theory [M]. New York: Pearson Education. 1985.

○ 成晓光. 班杜拉的社会学习理论中的认知因素 [J]. 辽宁师范大学学报：社会科学版，2003, 26(6):30-33.

○ 段庆华. 基于 SCT 的在线学习行为研究述评 [J]. 广西广播电视大学学报，2017, 28(3): 14-17.

○ 李晓侠. 关于社会认知理论的研究综述 [J]. 阜阳师范学院学报：社会科学版，2005(2): 87-89.

理论应用情况进行系统述评的相关文献。为此，本章拟在介绍该理论及其主要应用领域的基础上，对该理论在国内外信息系统领域内的应用情况进行述评，总结研究取得的成果、目前存在的问题及未来值得关注的研究方向，助力学界把握 SCT 在信息系统研究领域的应用进展。

10.1　社会认知理论的演化

人类心理现象及其影响下的精神功能和行为活动是心理学研究的重点，早期行为主义学者 Holt 认为，动物的模仿行为是基于"感觉、情感和愿望"等心理需求的部分或全部满足⊖。1941 年，Sletto 等人进一步将理论推广到人类行为中，认为个体行为是否被模仿取决于接收到的回应是积极的或消极的⊜。以 Skinne 为代表的传统的行为主义理论则认为，人处于环境的控制之下，其行为是环境的产物，心理学研究的是外部环境和个体对环境的反应两者间的关系。另外，20 世纪 50 年代诞生的认知心理学派提出人的行为是由其内部心理过程决定的，强调人的头脑中已有的知识及其对人的行为和当前的认识活动的决定作用。

1963 年，Bandura 与 Walters 合著《社会学习与人格发展》（*Social learning and personality development*），初步阐述了学习的社会性和认知行为主义思想⊜。随着研究的不断深入，Bandura 等人提出传统的行为主义学习理论在解释与分析人类行为时忽略了最重要的因素和人格的重要来源——社会环境，他们否定了认知心理学的单向决定论观点，强调人的内在的思维活动和外部环境因素共同决定行为。1961 年—1963 年，Bandura 及其团队的实验证实了自我效能和行为改变的直接关系⊛。20 世纪 70 年代，Bandura 在传统的行为主义人格理论中加入了认知成分，扩展了行为如何获得的概念，将重点放在人的主观意识上，逐渐形成了社会认知理论。

1977 年 Bandura 出版了《社会学习理论》（*Social learning theory*）一书，系统地阐述了他的学术思想⑤。《社会学习理论》阐述了一个人的自我效能和行为改变间的直接关联及自我效能的四个来源：表现成就、替代经验、言语说服和情绪唤醒⑤。

1986 年，Bandura 结合"社会认知"来命名他的《思想与行动的社会基础：社会认知理论》一书，强调在行为过程中认知的重要作用。目前它已经被广泛用于教育学、企业管

⊖　HOLT B E. Animal drive and the learning process: an essay toward radical empiricism [J]. Journal of nervous & mental disease, 1933, 78(5): 586-600.

⊜　SLETTO R F, NEAL E M, JOHN D, et al. Social learning and imitation [M]. New Haven: Yale University Press, 1941: 25.

⊜　BANDURA A, WALTERS R H. Social learning and personality development [M]. New York: Holt, Rinehart and Winston, 1963: 8.

⊛　BANDURA A. Self-efficacy: toward a unifying theory of behavioral change [J]. Advances in behaviour research & therapy, 1978, 1(4):139-161.

⑤　BANDURA A. Social learning theory [M]. Englewood Cliffs, New Jersey: Prentice Hall, 1977.

理学、公共管理学、新闻传播学、信息管理学等众多学科。

10.2　社会认知理论在信息系统研究领域的应用进展

10.2.1　社会认知理论在在线学习行为研究中的应用

SCT 是由社会学习理论发展而来的一种用来解释社会学习过程的理论，它认为个体在在线学习中是主动的参与者，个体认知、个体行为和学习环境之间具有动态的、相互作用的关系[⊖⊜]。因此，部分学者将其应用于在线学习行为的相关研究中。这些研究主要集中在以下两个方面。

1. 个体认知因素对在线学习行为的影响

Chen 以 SCT 为理论框架，发现个体计算机自我效能与系统特征等是学生学习满意度的关键决定因素[⊜]；Abbad 等人也发现，网络学习环境下的计算机自我效能和学习满意度提高能引导用户更积极地使用电子学习 app 学习，提升了学生的学习意愿[⊛]；进一步地，Hammouri 等人的研究显示计算机自我效能与学习满意度之间存在显著正相关关系，并且计算机自我效能与学习满意度的提升提高了个体的学习效果[⊝]；同时，Chen 等人提出，学术自我效能在网络使用与学生学习成绩之间起中介作用[⊗]。此外，个体一般自我效能中的先验知识也对学习效果具有显著的积极影响。Wan 等人研究证实，人们之所以从电子学习中获益不同是因为先前使用信息技术和虚拟能力的经验差异，这类经验对学习效果具有正面影响，即经验越丰富，学习效果则越好[⊕]。最后，普遍较高的自我效能对学习效果的提升有限。Gan 等人研究发现，移动技术自我效能对促进课堂上师生互动、提高学习意愿没有起到显著作用，这是因为年轻人在他们的日常生活中已经充分掌握了移动技术的使用，导致

⊖ BANDURA A. Social foundations of thought and action: a social cognitive theory [J]. Journal of applied psychology, 1986, 12(1): 169-182.

⊜ WOOD R, BANDURA A. Social cognitive theory of organizational management [J]. Academy of management review, 1989, 14(3): 361-384.

⊜ CHEN Y C. An empirical examination of factors affecting college students'proactive stickiness with a web-based English learning environment [J]. Computers in human behavior, 2014, 31:159-171.

⊛ ABBAD M M, MORRIS D, DE NAHLIK C. Looking under the bonnet: factors affecting student adoption of e-learning systems in jordan [J]. International review of research in open and distributed learning, 2009, 10(2): 239-287.

⊝ HAMMOURI Q, ABU-SHANAB E. Exploring factors affecting users' satisfaction toward e-learning systems [J]. International journal of information & communication technology education, 2018, 14(1): 44-57.

⊗ CHEN L Y, HSIAO B, CHERN C C, et al. Affective mechanisms linking internet use to learning performance in high school students: a moderated mediation study [J]. Computers in human behavior, 2014, 35: 431-443.

⊕ WAN Z Y, WANG Y L, HAGGERTY N. Why people benefit from e-learning differently: the effects of psychological processes on e-learning outcomes [J]. Information & management, 2008, 45(8): 513-521.

学生移动技术自我效能普遍较高⊖。

2. 网络环境对个体在线学习行为的影响

SCT 表示个体的行为受到网络环境的影响，在线学习是在网络环境中发生的。一方面，氛围良好的网络环境会提高学生的参与度，Grasso 发现在线社交媒体问答应用 Piazza 创造了良好的学生互动、内容创造和知识社区的网络环境，增强了学生的互动和参与度，对于提高学生满意度，并最终留住学生具有价值⊜。另一方面，网络环境中关键意见领袖（KOL）的言行能够引发从众行为，促进个体通过观察性学习进行模仿。Choi 等人研究发现，在 YouTube 上的美妆内容创作者成功地利用技术进行创造性的自我表达，激发其观众使用技术、创作视频的欲望。此外，KOL 成功的路径也可能会刺激观众的效仿与学习行为⊝。类似地，Wei 等人结合 SCT 与社会临场感，指出当学习者从他人身上感知到高度的社会暗示时，他们会对社会临场感有更好的感知，从而对学习互动和学习效果产生显著影响⊗。然而，就环境对个体在线学习行为的影响而言仍存在争议，Wei 等人研究发现，学校的计算机环境并没有消除有无家庭计算机的学生间的知识差距⊕。

结合上述研究可以发现，一方面，个体认知、学习行为、网络环境之间的关系是密不可分的，但因个体因素不同，对行为和环境的影响也不甚相同：首先，普遍较高的自我效能对于行为的改变并不显著；其次，观察性学习可能是个体从环境中得到启示，也可能是效仿某个个体，KOL 和网络环境引发的从众效应难以区分；最后，研究中并未对一般自我效能、计算机自我效能及学习自我效能等进行严格区分。另一方面，环境对个体的影响是日积月累的，而不是短期的临时氛围，后者对个体自我效能的塑造效果可能并不尽如人意。

10.2.2 社会认知理论在在线社交行为研究中的应用

在线社交行为已经成为人们生活中不可或缺的一部分，SCT 在在线社交行为中的应用能够加深对人们在线社交行为原因、过程和结果的理解，因此部分学者将 SCT 应用于在线社交行为的相关问题研究中。

⊖ GAN C L, BALAKRISHNAN V. Mobile technology in the classroom: what drives student-lecturer interactions? [J]. International journal of human-computer interaction, 2017, 34(7): 666-679.

⊜ GRASSO S J M. Use of a social question answering application in a face-to-face college biology class [J]. Journal of research on technology in education, 2017, 49(2): 1-16.

⊝ CHOI G Y, BEHM-MORAWITZ E. Giving a new makeover to steam: establishing YouTube beauty gurus as digital literacy educators through messages and effects on viewers [J]. Computers in human behavior, 2017, 73: 80-91.

⊗ WEI C W, CHEN N S, KINSHUK. A model for social presence in online classrooms [J]. Educational technology research and development, 2012, 60(3): 529-545.

⊕ WEI K K, TEO H H, CHAN H C, et al. Conceptualizing and testing a social cognitive model of the digital divide [J]. Information systems research, 2011, 22(1): 170-187.

1. 社会认知理论在在线分享行为研究中的应用

（1）个体认知因素对在线分享行为的影响。就一般自我效能而言，Bandura 认为，个体的自我效能主要来源于表现成就、替代经验、言语说服和情绪唤醒这四个方面。这四个方面对他们使用社交媒体进行知识分享行为产生积极影响[一]。Huang 等人的研究也发现了社交互动关系、情感效果预期和消息传递自我效能等因素对传递电子邮件意愿具有显著影响[二]。无独有偶，Lin 等人研究发现人际互动、健康自我管理能力的结果预期、社会关系的结果预期对健康信息交换行为有显著影响[三]。类似地，Zhao 等人研究发现，在虚拟品牌社区中，自我效能和结果期望通过提高消费者感知价值影响消费者参与价值共创意愿，并且随着消费者参与程度的加深，其影响会增强[四]。就具体的自我效能而言，Kankanhalli 等人研究发现，知识分享自我效能增强的感知作为一种激励力量，促使知识贡献者在组织中共享他们的专业知识[五]。Hao 等人也在结合 SCT 与人格特征理论、工作特征模型的基础上提出知识分享自我效能积极影响知识分享行为，并正向调节责任心与知识分享行为的关系[六]；此外，Chiang 等人提出，感知视频创造力提高了视频分享自我效能，从而促进了用户的分享行为[七]；同样地，就组织中员工的分享而言，Tsai 等人基于 SCT 与社会交换理论提出，组织承诺有助于建立个体知识与分享自我效能，并直接或间接地影响分享知识的意愿[八]。然而，知识分享的重要障碍之一是人们并不总是清楚应该发布什么信息及如何发布[九]。Hsu 等人将这种障碍称为自我效能缺失，若某人怀疑自己成功执行某一行为的能力，那么对该行为产生积极结果的预期很可能是徒劳的[十]；Wasko 等人支持这一观点，他们认为个体的自信、技能和能力会增加其与他人分享知识的可能性，当人们感到自己的能力和专业知识不

─ ALSHAHRANI H, PENNINGTON D R. "Why not use it more?" Sources of self-efficacy in researchers' use of social media for knowledge sharing [J]. Journal of documentation, 2018, 74(6): 1274-1292.

二 HUANG C C, LIN T C, LIN K J. Factors affecting pass-along email intentions(PAEIs): integrating the social capital and social cognition theories [J]. Electronic commerce research & applications, 2009, 8(3): 160-169.

三 LIN H C, CHANG C M. What motivates health information exchange in social media? The roles of the social cognitive theory and perceived interactivity [J]. Information & management, 2018, 55(6): 771-780.

四 ZHAO Y, CHEN Y, ZHOU R, et al. Factors influencing customers' willingness to participate in virtual brand community's value co-creation: the moderating effect of customer involvement [J]. Online information review, 2018, 43(1): 12-21.

五 KANKANHALLI A, TAN B C Y, WEI K K. Contributing knowledge to electronic knowledge repositories: an empirical investigation [J]. MIS quarterly, 2005, 29(1): 113-143.

六 HAO Q, YANG W G, SHI Y J. Characterizing the relationship between conscientiousness and knowledge sharing behavior in virtual teams: an interactionist approach [J]. Computers in human behavior, 2019, 91:42-51.

七 CHIANG H S, HSIAO K L. YouTube stickiness: the needs, personal and environmental perspective [J]. Internet research, 2015, 25(1): 85-106.

八 TSAI M T, CHENG N C. Understanding knowledge sharing between IT professionals: an integration of social cognitive and social exchange theory [J]. Behavior and information technology, 2011, 5(11): 1069-1080.

九 ALVINO F, AGRIFOGLIO R, METALLO C, et al. Learning and knowledge sharing in virtual communities of practice: a case study [J]. Information technology and innovation trends in organizations, 2011, 5(9): 425-432.

十 HSU M H, JU T L, YEN C H. Knowledge sharing behavior in virtual communities: the relationship between trust, self-efficacy and outcome expectations [J]. International journal of human-computer studies, 2007, 65(2): 153-169.

足时，则不太可能分享自己的知识[⊖]；此外，Tsay 将一个人保留知识的能力的信心定义为知识保留自我效能，当团队成员对于他们的能力、隐藏知识不会被发现有信心时，这种行为更有可能发生，研究发现，知识保留自我效能对信息系统项目团队中个体的知识保留意图有显著影响[⊜]。另外，Chen 等人通过向用户提供强调错误信息的负面后果的信息来改变用户的结果预期，有效地减少了提供错误信息的帖子的点赞和分享的总数[⊜]。

（2）网络环境对个体认知及在线分享行为的影响。Yang 等人研究发现，社区经验和社区信任，即环境因素，是消费者参与价值共创意愿的积极指标之一。Constant 等人则从另一个角度提出，当人们分享对他人有用的知识时，他们获得了分享知识的信心，获得了分享自我效能，这反过来又增加了他们的知识安全系数，提高了分享自我效能[⑭]。从环境对分享行为的影响方面来说，研究发现，网络用户的共享行为会受到社会规范、社区认同等环境因素的影响[⑮]。Liou 等人的研究也表明，预期互惠关系、互惠规范和预期外部奖励等环境因素对知识共享行为有显著的正向影响[⑯]。同样地，Chiang 等人的研究显示，作为环境因素的社会规范对分享行为有积极影响。

2. 社会认知理论在其他在线社交行为研究中的应用

（1）个体认知因素对其他在线社交行为的影响。Dhir 等人研究发现，用户的性能期望和自我效能对 SNS 网站上用户给照片贴标签的行为影响是不显著的，青少年不从照片标签中寻求任何性能提升且照片标签是用户友好和易于使用的，所以自我效能不会阻碍或促进用户的意图去做它[⑰]。同时，Bandura 基于 SCT 提出在虚拟团队建设中，团队可以用来维持其集体 IT 效能的关键信息源，包括观察其他团队的良好表现的替代经验、口头说服一个人拥有某些技能，以及增加团队潜力的有形资源。Lin 等人证实集体 IT 效能对于 IT 培训对虚拟团队绩效的影响起到了中介作用[⑱]。

（2）网络环境对个体认知及其他在线社交行为的影响。Chen 等人发现社会规范

⊖ WASKO M M, FARAJ S. Why should I share? Examing social capital and knowledge contribution in electronic networks of practice [J]. MIS quarterly, 2005, 29(1): 35-57.

⊜ TSAY C H H, LIN T C, YOON J, et al. Knowledge withholding intentions in teams: the roles of normative conformity, affective bonding, rational choice and social cognition [J]. Decision support systems, 2014, 67: 53-65.

⊜ CHEN X R, SIN S C J, THENG Y L, et al. Deterring the spread of misinformation on social network sites: a social cognitive theory-guided intervention[J]. Proceedings of the association for information science and technology, 2015, 52(1): 1-4.

⑭ CONSTANT D, KIESLER S, SPROUL L L. What's mine is ours, or is it? A study of attitudes about information sharing [J]. Information systems research, 1994, 5(4): 400-421.

⑮ LU H P, HSIAO K L. Understanding intention to continuously share information on Weblogs [J]. Internet research, 2007, 17(4): 345-361.

⑯ LIOU D K, CHIH W H, YUAN C Y, et al. The study of the antecedents of knowledge sharing behavior [J]. Internet research, 2016, 26(4): 845-868.

⑰ DHIR A, KAUR P, RAJALA R. Why do young people tag photos on social networking sites? Explaining user intentions [J]. International journal of information management, 2018, 38(1): 117-127.

⑱ LIN C P, CHIU C K, LIU N T. Developing virtual team performance: an integrated perspective of social exchange and social cognitive theories [J]. Review of managerial science, 2017(1): 1-18.

（社会因素）和对 SNS 提供者的信任（平台因素）对于微信用户披露位置信息的意愿具有正向影响⊖。同时，Allison 等人发现，旁观者面对网络霸凌现象无动于衷是由于受到社会和文化语境的影响，个体对社会规范的感知调节了个体道德对旁观者干预行为的影响⊜。

从上述研究可以发现，个体认知对分享传播行为起到了重要作用，良好的分享传播效果也会反过来促进个体自我效能的提升。此外，网络环境对个体的分享行为的重要影响也是不可忽视的。然而，较少有研究关注何种社会环境会促进积极的自我效能，何种社会环境会引发消极的自我效能；同时，关于环境对个体行为是否有直接影响的研究并没有得到有效探讨，环境因素可能是通过影响个体自我效能来影响个体行为的，而探讨自我效能在其中的中介作用的研究颇少。

10.2.3　社会认知理论在信息技术使用及成瘾行为研究中的应用

信息技术的普及与合理化应用是互联网时代中的关键要素，而信息技术的使用程度与范围同个体因素息息相关，研究如何正确利用信息技术有利于促进科技的迅速发展与用户的身心健康。因此，部分研究者开始利用 SCT 分析个体认知、个体行为、环境三者之间的作用对信息技术使用的影响，以寻求规范信息技术使用行为的方法。

1. 社会认知理论在信息技术使用行为研究中的应用

（1）个体认知因素对信息技术使用行为的影响。Hoffmann 等人以 SCT 为研究框架提出不同的用户特征，如年龄、上网经验和受教育程度会影响网络信任与后续使用⊜。从个体自我效能角度来说，Nguyen 等人进一步提出当运动游戏的用户对自己的能力有信心时，即自我效能相对较高时，他们会具有更高的结果预期，从而促进自身行为优化并增加使用行为频率⊛；同样地，Kwahk 等人也发现员工对于使用新企业系统的结果期望能够产生积极的用户行为，促进在强制使用情境下的使用固定信息系统的行为⊝；Alruwaie 经研究也发现，电子政务的质量与行为一致性会提高市民的期望和满意程度，从而导致结果期望对电

⊖　CHEN S, SHAO B J, ZHI K Y. Predictors of Chinese users ' location disclosure behavior: An empirical study on WeChat [J]. Information, 2018, 9(9):1-13.

⊜　ALLISON K R, BUSSEY K. Individual and collective moral influences on intervention in cyberbullying [J]. Computers in human behavior, 2017, 74: 7-15.

⊜　HOFFMANN C P, LUTZ C, MECKEL M. Digital natives or digital immigrants? The impact of user characteristics on online trust [J]. Journal of management information systems, 2014, 31(3): 138-171.

⊛　NGUYEN H V, HUANG H C, WONG M K, et al. Moderator roles of optimism and weight control on the impact of playing exergames on happiness: the perspective of social cognitive theory using a randomized controlled trial [J]. Games for health journal, 2018, 7(4): 246-252.

⊝　KWAHK K Y, AHN H, RYU Y U. Understanding mandatory IS use behavior: how outcome expectations affect conative IS use [J]. International journal of information management, 2018, 38(1): 64-76.

子政务系统持续使用行为产生积极的影响⊖。此外，Bandura 认为，除了自身替代经验，个体通过观察他人行为也可以令一个人从事同样行为，与亲身经历相同，观察性学习也是能力的可靠信息来源。

（2）网络环境对个体信息技术使用行为的影响。Nguyen 发现网络环境中的人为因素，如其他人如何看待用户的外表，会影响用户的行为，比如外界对于个体体重的判断会激励用户试图通过玩运动游戏来控制他们的体形。此外，环境本身的因素也对个体的信息技术使用行为有重要影响，Chang 等人研究发现，系统质量对计算机自我效能有显著的正向影响⊖；同时，Zhang 等人研究发现信息质量对用户的品牌微博的忠诚度具有积极影响，一个高质量的平台可以提高用户的满意度，促进他们的持续使用⊜。另外，从企业用户的角度来说，Park 等人研究发现，社交媒体发达的网络环境使企业家可以轻松与消费者沟通以收集有关市场的信息，同时，社交媒体被使用得越多，先前知识对机会发现和创造的影响就越小⊕。

通过上述研究可以发现，信息技术的使用行为依赖于个体用户的自我效能，集中表现为结果预期、自我效能和替代经验等几个要素的影响，但是仍有问题尚待进一步研究和探讨：首先，虚拟环境和观察他人经验在多大程度上能够作为替代经验对用户的使用行为产生影响尚没有结论；其次，根据 SCT，三元决定论是一个动态的过程，因此结果预期也同样根据行为结果和网络环境而发生变化，首次使用结果与结果预期的一致性程度可能会对个体的结果预期乃至自我效能产生影响，从而持续对用户信息技术使用行为产生影响。

2. 社会认知理论在信息技术成瘾行为研究中的应用

（1）个体认知因素对信息技术成瘾行为的影响。Chen 等人以 SCT 为框架，从个体试图克服成瘾的心理阶段性方向揭示了手机游戏成瘾者无法摆脱手机游戏的原因：当成瘾者处于自我观察阶段中时，刻意抑制上瘾冲动会导致不期望的结果，同时，智能手机的普遍性特征导致了自我调节的失败；在自我判断阶段中，个体感知自我效能不足会导致用户冲动性游戏行为，其中感知克服困难认知起中介作用，一旦成瘾者感知自我效能不足或感知困难较高时，他们不太可能在最终反应阶段减少行为；在自我反应阶段中，实际控制困难可能会打击游戏成瘾者戒断的积极性，并进一步干扰游戏的调节效果。因此，虽然成瘾者

⊖　ALRUWAIE M. The role of social influence and prior experience on citizens' intention to continuing to use e-government systems: a conceptual framework [J]. International journal of electronic government research, 2014, 10(4): 1-20.

⊖　CHANG L M, CHANG S I, HO C T, et al. Effects of IS characteristics on e-business success factors of small-and medium-sized enterprises [J]. Computers in human behavior, 2011, 27(6): 2129-2140.

⊜　ZHANG K Z K, BENYOUCEF M, ZHAO S J. Building brand loyalty in social commerce: the case of brand microblogs [J]. Electronic commerce research and applications, 2016, 15: 14-25.

⊕　PARK J Y, SUNG C S, IM I. Does social media use influence entrepreneurial opportunity? A review of its moderating role [J]. Sustainability, 2017, 9(9): 1593-1605.

的意图是控制自己的行为，但他们仍然会冲动性地选择玩游戏[⊖]。

（2）信息技术成瘾行为的危害研究。对社交网络成瘾会降低积极情绪，当个体过度使用社交网络时，他们会占据原本用于社会互动的时间，会侵蚀扩大和建立积极情绪的刺激。Zheng 等人研究发现，过度使用手机会对个体和家庭产生负面影响，当普遍存在的移动社交媒体用户对与家人、朋友和同事的社交关系做出反应时，在不适当的情况下过度使用移动社交媒体会影响个体自我调节的能力及造成其与家人、朋友间的冲突[⊜]。Moqbel 等人的研究则显示，SNS 成瘾行为导致 SNS 用户与工作环境产生摩擦、分散工作注意力，最终反过来影响个体工作绩效，影响整体工作环境氛围和组织绩效[⊜]。

研究多集中于对个体克服成瘾习惯困难性及成瘾的负面影响的描述，成瘾的外部形成机制研究相对较少，举例来说，在青少年沉迷网络游戏的行为中，实际上环境因素中他人行为尤其是同伴行为对青少年个体认知的影响也是巨大的。

10.2.4　社会认知理论在信息安全防护研究中的应用

深刻理解个体认知及网络和社会环境对个体信息安全防护的影响，有助于有效保护信息安全。因此，部分学者用 SCT 研究了个体认知、网络环境和社会环境对信息安全防护的影响。

（1）个体认知因素对信息安全防护的影响。Shillair 等人的研究显示个体责任、干预策略和先验知识之间存在显著的三向互动效应，提高用户的责任感并建立先验知识是有效在线安全干预的必要前提[⊗]；Vishwanath 等人也提出个体被"钓鱼"主要是因为他们没有重视电子邮件中的欺骗元素，并在他们所观察到的线索与先验知识之间建立有意识的联系，研究发现计算机自我效能与建立这种联系的过程成正相关关系[⊗]；进一步地，Lee 等人研究发现，计算机病毒防护措施自我效能、积极结果预期和病毒感染经验等均是用户采取病毒防护意愿的最重要预测因素[⊗]；Workman 等人结合 SCT 中的自我效能提出，人们对威胁感知重要程度决定了他们处理安全威胁的动机，当放置威胁被认为比不行动更严重时，特别

⊖ CHEN C Y, KEM Z K, MATTHEW K O, et al. Failure to decrease the addictive usage of information technologies: a theoretical model and empirical examination of smartphone game users [J]. Computers in human behavior, 2018, 92: 256-265.

⊜ ZHENG X B, LEE M K O. Excessive use of mobile social networking sites: negative consequences on individuals [J]. Computers in human behavior, 2016, 65: 65-76.

⊜ MOQBEL M, KOCK N. Unveiling the dark side of social networking sites: personal and work-related consequences of social networking site addiction [J]. Information & management, 2018, 55(1): 109-119.

⊗ SHILLAIR R, COTTEN S R, TSAI H Y S, et al. Online safety begins with you and me: convincing Internet users to protect themselves [J]. Computers in human behavior, 2015, 48: 199- 207.

⊗ VISHWANATH A, HERATH T, CHEN R,et al. Why do people get phished? Testing individual differences in phishing vulnerability within an integrated, information processing model [J]. Decision support systems, 2011, 51(3): 576-586.

⊗ LEE D, LAROSE R, RIFON N. Keeping our network safe: a model of online protection behavior [J]. Behavior & information technology, 2008, 27(5): 445-454.

是当威胁程度严重、时间紧迫时，人们会以更大的一致性来实施安全措施。然而，当虚假警报过多时，人们会倾向于忽视处理威胁的诉求；若威胁的程度是长期和极端的，人们会对结果采取宿命论的态度，而不采取任何行动[⊖]。

（2）网络环境和社会环境对个体信息安全防护的影响。Chou 等人的研究显示，在信息安全防护方面，个体会受到网络环境中其他人和社会规范的影响，比如在师生关系中，老师可以通过带头参与信息安全行为培训和相关实践提升学生的信息安全防护意识[⊜]。此外，Lowry 等人提出，就防止个体窃取和共享数字内容而言，除了结果预期、自我效能和调节之外，社会学习即积极和消极的社会影响，以及盗版习惯，也是个体防盗版行为发生的关键预测因素，受到整体良好风气、积极社会影响的个体趋向于有严格的防窃和数字安全意识[⊜]。

由上述研究可以发现，在信息安全防护领域中，个体认知因素尤其是自我效能对信息安全防护的影响取决于个体对于安全的重视程度、对于自我能够处理外部环境威胁的感知能力及实际的反馈结果。此外，自我效能是一个动态的过程，是不断受到外界环境反馈结果影响的，若个体长时间收到环境负面的反馈结果，则自我效能也会随之发生波动甚至下降。进一步地，如果个体判断行动与否都无法更改结果，那么他就不会行动而是以消极态度应对。

10.3　结论与展望

通过文献综述发现，信息系统领域有关 SCT 的研究主要集中在 SCT 在在线学习行为、在线社交行为、信息技术使用及成瘾行为、信息安全防护四个方面的应用上。

信息系统领域现有关于 SCT 的研究尚存在一些问题：①从环境因素来说，环境对个体认知的影响已经得到众多研究证实，但是环境如何作用于个体具体行为因素尚有待研究。②从行为因素来说，研究个体认知对行为的影响较多，而研究行为对个体认知的反作用的相对较少，同时，个体行为在何种情境下能够有从量变到质变的转换从而影响环境也是值得进一步探索的。③从个体认知因素尤其是自我效能来说，较少有研究从侧面分析自我效能对行为及环境的负面影响；同时，一般自我效能和具体的自我效能尚未被严格区分。④行为意愿并不能完全代表个体真实发生的行为。

为了弥补现有研究的不足，实现新的突破，今后 SCT 研究可以从以下角度展开：

（1）加强对环境和个体认知与行为交互影响的研究，并结合具体情境分析。Bandura

⊖ WORKMAN M, BOMMER W H, STRAUB D. Security lapses and the omission of information security measures: a threat control model and empirical test [J]. Computers in human behavior, 2008, 24(6): 2799-2816.

⊜ CHOU H L, CHOU C. An analysis of multiple factors relating to teachers' problematic information security behavior [J]. Computers in human behavior, 2016, 65: 334-345.

⊜ LOWRY P B, ZHANG J, WU T L. Nature or nurture? A meta-analysis of the factors that maximize the prediction of digital piracy by using social cognitive theory as a framework [J]. Computers in human behavior, 2017, 68: 104-120.

认为 SCT 倡导社会环境对于个体认知和行为的重要性，但过往关于 SCT 的研究基本围绕自我效能展开，而环境对于个体认知及行为的作用没有得到广泛的关注，但环境这一要素在以三元决定论为核心的 SCT 中是不可或缺的一环。首先，从个体的习惯行为来说，需要长期的持续性的环境才可能逐步改变个体行为，环境氛围暂时的变化对个体行为的影响是微弱且不持久的；其次，并非所有个体都会受到环境影响，个体特性不同，其所受到的影响程度也是不同的；最后，环境影响个体的标准较难判断，由于个体的复杂性和多样性，群体对个体的影响是由关键意见领袖引发的还是由所处整体环境引发的，值得进一步探讨，因此在研究时可以考虑将二者区分开来。

（2）个体认知与行为交互作用研究尚待加强。一方面，个体的行为如何转化为群体行为对整体环境产生影响需要进一步研究；另一方面，少有研究详细探索行为对于个体认知的影响，行为产生的反馈需要经过一定的时间才能作为环境因素进一步影响个体认知，另外，这种影响不仅包括个体行为，还包含其他多种因素对个体认知的综合作用，如何排除干扰因素研究行为对个体认知的反作用值得未来进一步探讨。

（3）行为意愿能够在多大程度上转化为个体的实际行为尚需进一步研究。并非所有的行为意愿都能完全代表个体行为。在线学习中，个体受到各种环境启发会产生学习意愿，但真正转化为学习行为的仍是少数，未来的研究可以使用测量用户花费在在线学习中的时间、学习中的专注度及在线分享行为中的转发量等方法来更加准确地测量个体的真实发生行为，更好地反映个体和环境对其的影响作用。

（4）自我效能尚需进一步分类。第一，从自我效能的性质来说，研究自我效能对行为的正面影响较多，而从侧面探讨负面自我效能对行为的影响则较少。事实上，作为个体主观意识，将自我效能用于对不良行为的主观感觉时不利于个体与社会发展，举例来说，研究发现个体对知识的自我保留效能阻碍了知识分享传播的行为，反映了自我效能的种类不同，对行为的影响也是截然不同的，未来的研究可以探讨如何能够引导自我效能往良性方向发展，以及如何在出现负面效果后从个体层面纠正这种倾向。第二，从自我效能的种类来说，一般自我效能与具体的自我效能尚未加以区分，譬如学术自我效能、计算机自我效能等，自我效能的高低与任务种类高度相关，不可混淆。第三，从自我效能的普及程度来说，自我效能可以进一步区分为已经普遍被掌握的技能与尚未被普及的技能两个方面。Gan 的研究发现，移动技术自我效能对提高学生学习意愿没有起到显著作用，这是因为年轻人在他们的日常生活中已经充分掌握了移动技术的使用，导致学生自我效能普遍较高。未来的研究可以就自我效能的掌握程度对个体行为的不同影响来进一步展开。

（5）个体认知、个体行为及环境在时间维度上是不断变化的，个体自我效能会根据行为反馈得到不断的调整，而环境对个体认知的影响也需要随着时间的流逝才能得到更好的体现，由于现有的研究以横截面研究为主，因此，未来可以从纵向研究入手，结合时间维度来更好地展示个体认知、个体行为、环境的交互决定作用。

第11章

社会认同理论的演化及其在
信息系统研究领域的应用与展望

1978 年，Tajfel 首次提出了社会认同理论（social identity theory，SIT）[一]，其核心思想是：个体通过对自我和已有群体成员的特性认知，会自动归属到具有相似特性的群体中，并做出类似于该群体成员的行为。

SIT 自提出以来，作为阐述个体与群体之间归属关系和行为特征的重要理论，得到了各领域学者的关注。为了帮助人们了解 SIT 的基本内容并把握其应用现状，部分学者主要从两个方面对已有文献展开了述评：①有关 SIT 基本内容的介绍及其在特定问题研究中应用的评述。张莹瑞等人在重点介绍了 SIT 的基本内容之后，简要介绍了 SIT 在集体行为和种族问题研究中的应用[二]。Brown 回顾了 SIT 在群体间现象研究中的应用，发现 SIT 存在认同身份界定模糊、动机假设适用性局限、倾向于解释积极偏好、群体类别区分单一、无法预测身份维持策略等理论缺陷，并从扩大社会认同概念、预测比较选择、引入情感成分、管理多重身份等方向评述了 SIT 未来的发展，以此补充在客观利益冲突背景下 SIT 对争议问题的理论解释[三]。② SIT 在特定群体社会认同研究领域的应用评述。Campo 等人评述了

[一] TAJFEL H. Differentiation between social groups: studies in the social psychology of intergroup relations[M]. London: Academic Press, 1978.

[二] 张莹瑞，佐斌. 社会认同理论及其发展 [J]. 心理科学进展，2006, (3):477-478.

[三] BROWN R. Social identity theory: past achievements, current problems and future challenges[J]. European journal of social psychology, 2000, 30(6): 753-768.

社会认同对运动员群体情感影响的研究，认为 SIT 为理解运动员的情感和行为提供了新的思路，未来研究可通过考虑多重社会身份的交互作用，来理解运动员情感体验的复杂性[⊖]。Beart 等人则评述了智障群体如何看待自身社会身份的相关研究，指出未来可从认知、情感层面探讨该群体对自身社会身份的看法，以此帮助临床医生制订服务计划[⊜]。聚焦于群体行为研究中 SIT 的应用，李颖灏等人归纳了社会认同对消费者行为的影响机制及相关的调节因素，指出未来研究应重点在实证检验、整合调节因素、拓展特定文化情境等方面实现突破[⊜]。

　　由上述内容可知，SIT 在群体相关研究中具有较强的适用性，而在信息系统领域，个体认知影响信息系统的持续使用、多重社会身份难以区分、消费者存在品牌偏见等问题，也可基于 SIT 中涉及社会分类、社会认同和社会比较的观点来进行解释。因此，SIT 在信息系统领域的应用开始受到学界的广泛关注，并已积累下一定的研究成果。然而，未见有关 SIT 在信息系统领域应用的综述性文献。为此，为帮助研究人员了解 SIT 在信息系统领域的应用进展，本章拟在梳理 SIT 的起源与发展后，述评国内外有关 SIT 在信息系统领域中的研究成果，以期对该领域研究提供一定的参考。

11.1　社会认同理论的起源与发展

11.1.1　社会认同理论的起源

　　20 世纪 70 年代，Tajfel 与 Billing 改进了"最简群体范式"实验，发现个体会对具有相似特性的群体产生认同感，表现出内群体偏好的态度与行为^⑭，从而树立积极的形象并提升自尊。为了解释这一现象，Tajfel 从该实验中提出了"社会认同"概念，意指个体对自身所属群体及其成员身份所带来的情感和价值意义的认识^⑤，即社会认同是个体作为群体成员的一个自我概念。而自我概念是一个有机的认知结构，为了阐明认知产生的基础，Tajfel 从刻板印象的认知研究中吸收了"社会分类"的概念，指出个体通过对社会环境进行分割、分类和排序，帮助自身创造和定义社会地位^⑥。虽然社会分类解释了群体内偏好产生的原因，但是其无法解释群体之间的相互行为^⑦，Turner 等人发现只有通过适当的群体

　　⊖　CAMPO M, MACKIE D M, SANCHEZ X. Emotions in group sports: a narrative review from a social identity perspective[J]. Frontiers in psychology, 2019, 10: 7.

　　⊜　BEART S, HARDY G, BUCHAN L. How people with intellectual disabilities view their social identity: a review of the literature[J]. Journal of applied research in intellectual disabilities, 2005, 18(1): 54-55.

　　⊜　李颖灏，朱立. 社会认同对消费行为影响研究的述评 [J]. 经济问题探索，2013, (2): 168-169.

　　⑭　BILLING M, TAJFEL H. Social categorization and similarity in intergroup behaviour[J]. European journal of social psychology, 1973, 3(1): 47-48.

　　⑤　TAJFEL H. Social psychology of intergroup relations[M]. Palo Alto: Annual Review of Psychology, 1982.

　　⑥　TAJFEL H, TURNER J C. The social identity theory of intergroup behavior[J]. Political psychology, 1986, 13(3): 15-16.

　　⑦　TURNER J C. Social comparison and social identity: some prospects for intergroup behaviour[J]. European journal of social psychology, 1975, 5(1): 5.

间社会比较，才能实现对内群体积极的社会认同[⊖]，于是从社会比较理论中衍生出"社会比较"概念，意为个体通过比较组内成员和相关的组外成员的价值观，做出有利于所属群体，且显著区别于其他群体的行为[⊜]，以此补充群体间互动的概念，并将社会分类和社会认同联系起来，指明社会认同与竞争之间的关系。最终，Tajfel 整合了社会分类、社会比较和社会认同三个概念并正式提出"社会认同理论"[⊜]，根据社会认同和社会分类间的关系，Tajfel 等人指出社会认同产生的基本前提是人们能够通过社会分类来确定自身社会身份的属性，从而影响其思考和行为的方式；而涉及社会认同和社会比较间关系的基本假设是人们出于保持或实现内群体优于外群体的心理，会试图使用策略将自己与其他群体区分开来，最终实现对内群体的社会认同[⊛]。由此，SIT 的基本内容已然确定，即个体通过社会分类，采纳特定社会群体的成员身份来作为自我形象，并通过内外群体的社会比较，实现并强化与所属群体有共同信念的社会认同。

11.1.2　社会认同理论的发展

自 SIT 被提出后，随着研究的深入，学者们对该理论的初始内容进行了修正和补充，以扩展理论解释。整体而言，SIT 的发展主要集中在 SIT 自我分类认知过程的完善、SIT 测量维度的界定、SIT 基本动机的补充、社会身份解释范围的拓展四个方面。

最初的 SIT 认为个体通过刻板印象简化认知，实现社会分类。但 Turner 发现这一概念无法解释个体忽视自身特性、突出群体共有属性的去人格化现象。因此，他提出自我分类理论，并修正了 SIT 中自我概念的内容，指出个体的认知并非固定不变，而是相对的、变化的、与情境相关的。此外他还修正了原有 SIT 中对个体和社会认同的理解，指出两类认同取决于个体的自我定义，与所属群体的类别属性和抽象层次无关[⊛]。

自我分类理论扩展后的 SIT 内容更加丰富，然而由于当时 SIT 的概念界定和测量操作较为混乱，自尊动机假设出现了不一致的实证结果。为精确社会认同的测量操作，Ellemers 于 1999 年对 SIT 的概念内容加以界定，提出了认知、情感和评价三个测量维度。具体而言，认知维度是指个体对所在群体及成员的认知程度；情感维度是指个体对所在群体成员情感和价值意义的感知；评价维度是指个体成为群体成员后对自我价值的评价。最终还发现了群体自尊会受到群体相对地位的影响，认知成分取决于内群体的相对规模，情

⊖　Turner J C, BROWN R J, TAJFEL H. Social comparison and group interest in ingruop favoritism[J]. European journal of social psychology, 1979, 9(2): 190.

⊜　TURNER J C. Social comparison and social identity: some prospects for intergroup behaviour[J]. European journal of social psychology, 1975, 5(1): 5-34.

⊜　TAJFEL H. Social psychology of intergroup relations[M]. Palo Alto: Annual Review of Psychology, 1982: 1-39.

⊛　TAJFEL H, TURNER J C. The social identity theory of intergroup behavior[J]. Political psychology, 1986, 13(3): 7-24.

⊛　TURNER J C, OAKES P J, HASLAM S A, et al. Self and collective: cognition and social context[J]. Personality and social psychology bulletin, 1994, 20(5): 455-458.

感成分则取决于群体的形成方式和群体的相对地位[⊖]。

由于自尊动机的适用性受到社会结构和人际的限制，学者开始重视社会认同的基本动机研究，发现与自我概念的不确定性有关。Hogg 在扩展后的 SIT 基础上进一步扩展了动机内容，提出"主观不确定性减少"假设，表示个体由感知、信念、态度和行为所产生的不确定感，会影响人们在特定情境中的自我概念，激发社会认同过程和群体行为，以更好地减少不确定感[⊜]。

随着 SIT 的研究逐渐深入，学者发现人们存在多重社会身份认同现象。然而，SIT 的研究大多都是在单一的内外群体背景下进行的，缺乏对人们多重类别身份的研究。2002年，Roccas 等人引入了社会认同复杂性的概念，拓展了对多重身份相互关系的解释，并根据身份的重叠程度归类出四种表现模式——交叉、支配、划分、合并，以支持相关研究的测度[⊝]。

11.2　社会认同理论在信息系统研究领域的应用进展

11.2.1　社会认同理论在用户社会身份研究中的应用

用户在虚拟社区互动中，容易对具有相似特征的社区成员产生认同感，这一认同感促使他们结成群体，形成社会身份，同时，多样化的身份感会影响用户的在线行为，呈现出行为差异化的现象。因此，一些学者运用 SIT 探讨了用户社会身份认同及差异化行为的内在影响机制，并对相应的动态身份识别工具做出了改进。

现有研究大多关注社会身份认同的影响因素及其对行为的改变。在用户社会身份认同的影响因素研究中，Neys 等人发现游戏体验需求与玩家身份认同强度有关，游戏体验需求包括能力、自主性和关联性，当这些需求满足度增加时，玩家身份会从休闲玩家、重度玩家向核心玩家逐步过渡[⊛]；同样以游戏玩家为研究对象，De Grove 等人则发现游戏频率、游戏会话、年龄、性别等个人及社会因素会影响玩家的社会身份认同^⑤。在社会身份认同引起的用户差异化行为研究中，Tamburrini 等人发现 Twitter 上的用户会通过认知对话者的社群身份改变其语言风格，具有相似认同观念的成员会表现出趋同行为，进而形成特殊

⊖ ELLEMERS N, KORTEKAAS P, OUWERKERK J W. Self-categorisation, commitment to the group and group self-esteem as related but distinct aspects of social identity[J]. European journal of social psychology, 1999, 29(23): 372-376.

⊜ HOGG M A. Subjective uncertainty reduction through self-categorization: a motivational theory of social identity processes[J]. European review of social psychology, 2000, 11(1): 232-233.

⊝ ROCCAS S, BREWER M B. Social identity complexity[J]. Personality and social psychology review, 2002, 6(2): 89-91.

⊛ NEYS J L D, JANSZ J, TAN E S H. Exploring persistence in gaming: the role of self-determination and social identity[J]. Computers in human behavior, 2014, 37: 196.

⑤ DE GROVE F, COURTOIS C, VAN LOOY J. How to be a gamer! Exploring personal and social indicators of gamer identity[J]. Journal of computer-mediated communication, 2015, 20(3): 356-358.

的身份标志[○]；聚焦于青少年群体，Purves 等人通过对社交媒体上英国青少年对酒类品牌的认同研究，发现青少年会通过挑选酒类品牌以彰显与其年龄、价值观相适应的饮酒身份，使自己与特定社会群体产生认同并强化联系，而与其他群体保持距离[○]。

随着社会环境的变化，用户的社会身份并非一成不变，鉴于传统社会认同量表及工具难以实时获取社会身份特征变化，有学者开发了相关工具以捕捉并模拟社会认同过程，如 Bentley 等人基于 SIT，开发了用于识别社会身份多维本质的新工具——在线社会身份映射工具，该工具允许研究人员实时捕获被测人员现有社会身份的关键特征，并依据特征变化采取相应策略，干预社会身份认同强度[○]。除了识别社会身份外，Harrell 等人还设计了能够模拟社会认同现象、捕捉用户行为、具备创建和定制化身功能的虚拟身份系统[○]。

前述研究主要探讨了用户社会身份认同的影响因素、社会身份所导致的差异化行为，以及正在发展的社会认同捕捉和模拟工具。然而，当前研究较多关注游戏玩家、社交媒体青少年用户等一般人群在社会身份研究中的普遍问题，但老年人、残疾人等特殊人群也会通过网络参与社会互动，因其与一般人群的社会身份存在差异，一般性服务未必能满足此类人群的需求，因此，服务好该类人群也是平台方要注意的地方。此外，现有研究较多应用传统社会认同量表测度用户的社会身份及其认同程度，而 SIT 认为个体的自我概念具有变异性，基于横截面数据的研究无法充分呈现某个阶段内个体所有的自我概念与社会身份，会影响 SIT 对用户行为的解释力度。因此，未来研究不仅需要关注特殊人群社会身份呈现的差异性，还要重视社会身份的动态变化对用户自我呈现及其行为的影响。

11.2.2　社会认同理论在用户使用意愿及行为研究中的应用

用户的在线使用意愿及行为会受到其所属群体的态度、信念、行为的影响。当用户对该群体或群体身份有较高的认同感时，为了维持群体关系，会更愿意参加集体性活动，因此 SIT 在用户使用意愿及行为研究中具有较强的适用性。

学者们运用 SIT 分别探讨了用户初次的和持续的使用意愿及行为。在初次使用意愿及行为研究中，Yoon 研究了社会认同在社会资本与使用行为间的调节作用，发现社会认同不同维度的作用存在差异，而未发现评价维度有显著作用[○]；聚焦于具体的平台，Jiang

○ TAMBURRINI N, CINNIRELLA M, JANSEN V A A, et al. Twitter users change word usage according to conversation-partner social identity[J]. Social networks, 2015, 40: 87.
○ PURVES R I, STEAD M, EADIE D. " I wouldn't be friends with someone if they were liking too much rubbish": a qualitative study of alcohol brands, youth identity and social media[J]. International journal of environmental research and public health, 2018, 15(2): 1.
○ BENTLEY S V, GREENAWAY K H, HASLAM S A, et al. Social identity mapping online[J]. Journal of personality and social psychology, 2020, 118(2): 222-225.
○ HARRELL D F, LIM C U. Reimagining the avatar dream: modeling social identity in digital media[J]. Communications of the ACM, 2017, 60(7): 54-57.
○ YOON S J. Does social capital affect SNS usage? A look at the roles of subjective well-being and social identity[J]. Computers in human behavior, 2014, 41: 301.

等人分析了社会影响过程中主观规范和社会认同对用户微博使用意愿的影响，发现用户所感知的主观规范和从行为态度中所形成的个人认同，会通过社会认同的充分中介作用影响用户微博使用意愿[1]；另外旅游虚拟社区也受到了关注，刘利等人发现社会影响过程的群体规范也会促进成员产生社区归属感，并积极影响用户的共同参与意图和行为，此外他还探讨了社会资本中结构因素的作用，发现网络联结和中心性会通过社会认同正向影响参与意图及行为[2]。在使用的持续性研究中，廖俊云等人研究了品牌社区消费者的感知价值对其持续参与的影响，发现信息价值与社交价值都会积极影响消费者的社区认同和满意度，进而提高其持续参与意愿，其中社交价值对社区认同影响更大，社区认同对持续参与意愿的影响更强[3]。不同于以上研究的意愿调查，Neys 等人则更关注用户的实际使用数据，在分析玩家身份认同强度和持续使用行为的关系后，他发现玩家身份认同强度越高，其游戏的持续性越强[4]。

另一些学者还发现在社会认同与使用行为的影响路径中存在其他因素。Pan 等人发现惰性会在社会认同与社会媒体使用行为中起到负向调节作用，当一个人惰性很高时，社会认同对使用行为的促进作用将会很小[5]。此外，技术因素的中介作用也被纳入了考量范围，Warkentin 等人探讨了社会认同、技术因素对公民在线投票意愿的影响，发现社会认同感能促使用户对系统易用性做出积极评价，产生更大的信任感，并增加在线投票的意愿[6]。

由上述研究可知，SIT 从用户认知层面为探讨用户使用意愿及行为的影响因素提供了研究方向。然而，大多研究将研究对象视为社会身份认同程度相同的群体，而群体内部的身份认同程度存在差异，这些差异会对用户使用意愿及行为产生影响，现有研究忽视了此类差异及其影响。未来研究可根据社会身份认同程度进行用户分群，探讨影响其使用意愿及行为的因素，以及不同群体的使用行为差异。

11.2.3　社会认同理论在用户忠诚及口碑研究中的应用

用户在体验和感知信息系统时，容易对社区及品牌产生认同的情感依恋，进而催生用户的忠诚度，并推动其在所属圈子的口碑行为。因此，目前已有学者运用 SIT 探讨

⊖ JIANG C H, ZHAO W G, SUN X H, et al. The effects of the self and social identity on the intention to microblog: an extension of the theory of planned behavior[J]. Computers in human behavior, 2016, 64: 758.

⊜ 刘利，成栋，苏欣. 意见领袖对旅游虚拟社区参与行为影响的实证研究：以大学生为例 [J]. 旅游学刊，2018, 33(9): 83.

⊜ 廖俊云，林晓欣，卫海英. 虚拟品牌社区价值如何影响消费者持续参与：品牌知识的调节作用 [J]. 南开管理评论，2019, 22(6): 22-23.

㉘ NEYS J L D, JANSZ J, TAN E S H. Exploring persistence in gaming: the role of self-determination and social identity[J]. Computers in human behavior, 2014, 37: 196.

㊎ PAN Z, LU Y B, WANG B, et al. Who do you think you are? Common and differential effects of social self-identity on social media usage[J]. Journal of management information systems, 2017, 34(1): 91-93.

㊅ WARKENTIN M, SHARMA S, GEFEN D, et al. Social identity and trust in internet-based voting adoption[J]. Government information quarterly, 2018, 35(2):202-203.

用户忠诚及口碑行为的影响因素，并试图解释用户抵制其他品牌、传播负面口碑等社会现象。

1. 社会认同理论在用户忠诚研究中的应用

部分学者通过 SIT 探讨了用户忠诚产生的原因。Vernuccio 等人在 Facebook 品牌社区研究中发现，品牌认同感会促使消费者将品牌视为自我概念的重要部分，增强消费者与品牌之间的情感纽带，进而刺激更强的品牌忠诚度[⊖]。类似地，黄京华等人通过对企业微博的分析，发现消费者对微博这类社交媒体的认同感，能促进其对开通微博的企业产生认同，提高消费者与企业、产品之间的关系感知，从而积极影响消费者在购买和推荐意愿上的忠诚度[⊜]。而 Wu 等人在技术品牌社区的研究中发现，当消费者的多重社会身份较为简单，且有强烈的社会认同需求时，容易受到内部群体的社会规范性影响，提高对品牌价值的感知，进而正向影响品牌忠诚，由此可知，社会认同复杂性和社会认同需求也会间接促进品牌忠诚的形成[⊜]。除了此类推荐购买、持续购买等常规性品牌忠诚外，部分学者还发现消费者会出于对喜爱品牌的忠诚，而表现出诋毁或抵制其他竞争品牌的现象[⊗]。由于此类现象与 SIT 所阐释的群体内偏好情况类似，有学者试图通过 SIT 加以理解，如 Kuo 等人发现当认同品牌社群的消费者表现出高度的品牌承诺和自我品牌关联时，为了捍卫与他们相关且形象一致的品牌，他们会对竞争品牌产生强烈的抵制态度与行为[⊜]。

一些学者还探讨了在用户忠诚中影响社会认同产生的因素。Vernuccio[⊗]、黄敏学[⊗]等人分别发现社区互动、社区体验能让消费者在参与社区互动的过程中获取产品信息、满足情感和心理需求，以此让其感知到品牌社区的价值意义，拉近其与社区成员的关系，从而获得归属感，形成品牌认同。除此之外，王佳发现品牌社区的社会资本给社区成员创造了一个互利互惠的环境，允许成员交换信息资源、感知共同价值观及信念，促使其产生情感共鸣和趋同行为，进而影响成员对品牌社群的认同[⊕]。以上研究专注于品牌社区中的影响因素，黄京华等人则更关注企业微博形象对用户社会认同的影响，他发现用户的感知价值可

⊖　VERNUCCIO M, PAGANI M, BARBAROSSA C, et al. Antecedents of brand love in online network-based communities. A social identity perspective[J]. Journal of product and brand management, 2015, 24(7): 714-715.

⊜　黄京华，金悦，张晶．企业微博如何提升消费者忠诚度：基于社会认同理论的实证研究 [J]. 南开管理评论，2016, 19(4): 165.

⊜　WU P H, LIN C P. Learning to foresee the effects of social identity complexity and need for social approval on technology brand loyalty[J]. Technological forecasting and social change, 2016, 111: 194.

⊗　KUO Y F, HOU J R. Oppositional brand loyalty in online brand communities: perspectives on social identity theory and consumer-brand relationship[J]. Journal of electronic commerce research, 2017, 18(3): 254.

⊜　VERNUCCIO M, PAGANI M, BARBAROSSA C, et al. Antecedents of brand love in online network-based communities. A social identity perspective[J]. Journal of product and brand management, 2015, 24(7): 714.

⊗　黄敏学，廖俊云，周南．社区体验能提升消费者的品牌忠诚吗：不同体验成分的作用与影响机制研究 [J]. 南开管理评论，2015, 18(3): 157.

⊕　王佳．在线品牌社群社会资本、社群认同与品牌忠诚：平台属性的干扰作用 [J]. 软科学，2018, 32(1): 122.

以帮助其明确企业微博的特征，进而将自身与对应微博联系起来，促使微博认同的产生⊖。

2. 社会认同理论在用户口碑研究中的应用

部分学者从口碑接收者对口碑发送者的认同度入手探讨了社会认同对口碑效应的影响。Kim 等人发现当消费者对口碑发送者有更高的社会认同感时，会对电子口碑表现出更高的感知有用性和更积极的采纳意图⊜。与此相反的是，冯文婷等人在负面口碑效应研究中发现，当消费者对口碑发送者的社会认同度较低时，即便对方为品牌"说好话"也会弱化接收信息的消费者与品牌之间的心理联结，从而对品牌口碑产生负面影响⊜。不同于对发送口碑的消费群体认同，Mousavi 等人分析了口碑接收者对品牌营销方的认同，发现了消费者感知到的品牌声望和品牌独特性会促使其产生品牌社区认同，进而正向影响品牌承诺、品牌口碑和负面信息抵抗力⊛。

另有学者从个人情绪角度分析了社会认同对口碑效应的影响，张德鹏等人在品牌社区的研究中发现，消费者对品牌和社区的情感性心理依附会强化其对社区的认同感，从而促使其将品牌和社区推荐给他人⊜；在以儿童为导向的品牌社交网络研究中，Hook 等人发现评价维度社会认同感较高的儿童会在参与社区互动时产生积极情绪，而当被阻止参加时则会产生负面情绪，这些情绪均会促使其产生品牌承诺和品牌推荐行为；同时，个人自尊会调节评价维度的社会认同与品牌承诺、品牌推荐的关系，个人自尊心越强的孩子，这一关系对其的影响力越弱⊛。

通过文献梳理可以发现，SIT 中的社会认同会通过影响消费者的情感促使其产生忠诚度和口碑推荐行为，且当消费者对竞争品牌、信息发送者认同度较低时，容易产生抵制竞争品牌行为、负面口碑等现象。现有研究探讨了社会认同威胁与此类现象的联系，而少有文献分析企业如何引导以缓和此类负面现象的措施。此外，学者们大多关注品牌社区，而网络游戏、知识交流社区等平台同样需要通过口碑吸引更多新用户，通过培养忠诚度增加用户黏性，现有研究则缺乏对此类平台的分析。因而，未来可考虑探讨社会认同威胁的应对策略，扩大对不同类型虚拟社区的研究范围。

⊖ 黄京华，金悦，张晶. 企业微博如何提升消费者忠诚度：基于社会认同理论的实证研究 [J]. 南开管理评论，2016, 19(4): 165.

⊜ KIM Y, PARK Y, LEE Y, et al. Do we always adopt Facebook friends' eWOM postings? The role of social identity and threat[J]. International journal of advertising, 2018, 37(1): 98-99.

⊜ 冯文婷，彭泗清，涂荣庭，等. 社会化媒体口碑发布者对品牌刻板印象的影响 [J]. 华东经济管理，2019, 33(5): 138.

⊛ MOUSAVI S, ROPER S, KEELING K A. Interpreting social identity in online brand communities: considering posters and lurkers[J]. Psychology & marketing, 2017, 34(4): 405.

⊜ 张德鹏，林萌菲，陈春峰，等. 品牌社区中情感和关系会激发推荐吗：顾客心理依附对口碑推荐意愿的影响研究 [J]. 管理评论，2019, 31(2): 164-165.

⊛ HOOK M, BAXTER S, KULCZYNSKI A. Children's participation in brand-based social networks: examining the role of evaluative social identity, self-esteem and anticipated emotions on commitment and desire to recommend[J]. International journal of consumer studies, 2016, 40(5): 558-559.

11.2.4　社会认同理论在用户知识行为研究中的应用

当人们在知识交流过程中认知到自身与社区、组织特征间的相似性，容易产生社会认同心理，进而激发知识共享、知识贡献与知识创新行为的产生。因此，有些学者基于SIT探讨了影响知识行为的因素及其内在的作用机理。

在知识共享研究中，Kim 等人研究了社交网络服务平台上影响知识共享的个人因素，发现社会认同度高、在线呈现身份活跃的用户，会有更强烈的意图与他人分享知识，进而正向影响 Facebook 社区中的知识共享[一]；考虑到用户持续性的知识共享意愿，阳长征通过分析社交网络平台，发现用户的体验效用会在心理依附和感知契合度的正向调节作用下对群体认同产生正向影响，促使知识持续共享意愿的产生[二]；以上研究集中于探讨知识共享行为的影响因素，Shih 等人则探讨了知识共享时的在线讨论质量，发现社区互动中的感知交流和感知控制，有助于群体成员相互交流并弱化彼此之间的界限，使之产生社会身份认同感，进而增强成员之间的社会联结，提升在线讨论质量[三]。

在知识贡献研究中，Shen 等人通过对虚拟社区的研究，发现社区成员的认知性、情感性社会存在感会使其产生社区认同感，促进社区内的知识贡献[四]。具体到不同的虚拟社区类型，Zhao 等人在网络健康社区研究中发现，社会资本的互动与认知资源会促使用户认同该社区，推动其知识贡献行为[五]；马向阳等人在品牌社区研究中发现，社区感知中的成员感、影响力和沉浸感会促进成员的社区认同，从而促使用户产生品牌承诺和贡献行为[六]；周涛等人则在开源软件社区研究中发现，社会认同的认知、情感和评价维度都会对用户知识贡献意愿及行为产生正向影响，而情感维度的促进作用最大[七]。

在知识创新研究中，Langner 等人通过对企业社区的研究，发现使成员感觉不到社区与公司间边界的"多孔边界实践"和强调企业重视社区成员及其贡献的"社区支持实践"能促使社区成员进行自我分类，使其产生对社区和企业的双重社会认同，从而鼓励成员在

[一] KIM H, LEE J, OH S E. Individual characteristics influencing the sharing of knowledge on social networking services: online identity, self-efficacy, and knowledge sharing intentions[J]. Behaviour & information technology, 2020, 39(4): 387.

[二] 阳长征. 社交网络中用户体验效用对知识持续共享意愿影响研究 [J]. 现代情报, 2020, 40(3): 100.

[三] SHIH H P, HUANG E. Influences of web interactivity and social identity and bonds on the quality of online discussion in a virtual community[J]. Information systems frontiers, 2014, 16(4): 636-637.

[四] SHEN K N, YU A Y, KHALIFA M. Knowledge contribution in virtual communities: accounting for multiple dimensions of social presence through social identity[J]. Behaviour & information technology, 2010, 29(4): 345.

[五] ZHAO J, WANG T, FAN X C. Patient value co-creation in online health communities social identity effects on customer knowledge contributions and membership continuance intentions in online health communities[J]. Journal of service management, 2015, 26(1): 89.

[六] 马向阳，王宇龙，汪波，等. 虚拟品牌社区成员的感知、态度和参与行为研究 [J]. 管理评论, 2017, 29(7): 78.

[七] 周涛，王超. 开源软件社区用户知识贡献行为研究 [J]. 科研管理, 2020, 41(2): 206.

社区中的持续创新行为[⊖]；除了社区所提供的实践支持，孟韬在手机品牌社区研究中发现，管理员的支持行为也能增强消费者对成员身份的区分，促进其对于品牌和社区的认同，进而正向影响消费者的创新行为[⊜]。

前述研究主要探讨了 SIT 中社会认同对用户知识行为的影响。现有研究大多探讨普通用户对社区及其成员的感知，而意见领袖等特殊人物会通过向普通用户提供他们喜爱的社会身份，促使用户产生社会认同[⊜]，进而影响用户的知识行为，现有研究忽视了此类特殊人物的影响力。因此，今后的研究可从分析意见领袖影响力方面继续深入。

11.2.5　社会认同理论在信息系统设计与优化研究中的应用

信息系统设计与优化领域常用 SIT 中的社会分类理念进行用户划分，并根据不同的用户类型开发和完善系统，促使用户对系统及其平台成员产生认同感，提高信息系统中用户的留存率和访问持续时间，以增强用户黏性。

在信息系统设计研究中，Song 等人依据用户需求将虚拟社区中的用户分为获取知识型用户和寻求支持型用户，获取知识型用户获得认可和声誉的愿望较为强烈，可开发具有深度剖析特征的构件帮助用户了解和评估他人信息，从认知维度培养社会认同；寻求支持型用户注重情感支持与分享，可开发诸如个人资料页面这样的自我呈现构件，帮助用户展现自己，从情感维度培养社会认同[⊗]。聚焦于教学情境下的身份认同，Edwards 等人通过分析在线教学中不同声音所造成的学生对教师产生的认同度差异，提出在以语音教学为主导的系统中，用户对声音的感知会影响其对教学效果的认知，因此设计令用户认同度高的诸如年长教师这样的声音，能够提升教学过程中用户的系统使用体验[⊗]。

在信息系统优化研究中，Teng 通过分析网络游戏中社会身份认同对玩家忠诚度的影响，发现社会认同与游戏参与度正相关，建议游戏管理者可基于 SIT，通过制作虚拟人物故事、实现并提供定制头像功能、加强游戏公会在游戏成就中的作用、提供定期咨询、允许用户自由选择匿名或公布等方式，提高玩家对游戏的忠诚度[⊗]。此外，张德鹏等人通过对品牌社区的分析，发现社会认同在消费者心理依附对口碑推荐的影响中发挥中介作用，建议管理者通过宣传社区的标志、价值观、文化精神，强调品牌历史故事来培养用

⊖　LANGNER B, SEIDEL V P. Sustaining the flow of external ideas: the role of dual social identity across communities and organizations[J]. Journal of product innovation management, 2014, 32(4): 522.

⊜　孟韬. 品牌社区中管理员支持感、社区支持感与顾客创新行为 [J]. 经济管理，2017, 39(12): 132.

⊜　VAN ELDIK A K, KNEER J, LUTKENHAUS R O, et al. Urban influencers: an analysis of Urban identity in YouTube content of local social media influencers in a super-diverse city[J]. Frontiers in psychology, 2019, 10: 13.

⊗　SONG P J, PHANG C W. Promoting continuance through shaping members' social identity in knowledge-based versus support/advocacy virtual communities[J]. IEEE transactions on engineering management, 2016, 63(1): 23.

⊗　EDWARDS C, EDWARDS A, STOLL B, et al. Evaluations of an artificial intelligence instructor's voice: social identity theory in human-robot interactions[J]. Computers in human behavior, 2019, 90: 360-361.

⊗　TENG C I. Impact of avatar identification on online gamer loyalty:perspectives of social identity and social capital theories[J]. International journal of information management, 2017, 37(6): 608.

户与虚拟社区间的情感联系，并发挥社区管理者的支持作用以提高用户的社区认同感和品牌认同感[一]。

由上述研究可知，SIT 能够帮助信息系统进行身份认知层面的用户分类并完善信息系统功能，从而提升用户满意度。虽然有研究探讨了认知和情感维度的社会认同对信息系统设计与优化的重要性，但是 SIT 中强调用户评估自我价值、比较内外群体的评价维度也会调动用户对信息系统体验的情绪，这一研究视角值得引起关注；另外，SIT 在社交媒体、电子商务等大众平台上的用户行为研究有较强的适用性[二][三]，而鲜有文献探讨针对该类平台的功能设计与优化。未来研究应更多地将评价维度的社会认同应用于信息系统设计与优化问题中，且探索不同类型平台的 SIT 应用。

11.3 结论与展望

通过对现有文献的回顾与梳理，发现 SIT 在信息系统领域的应用研究主要集中在用户社会身份、用户使用意愿及行为、用户忠诚及口碑、用户知识行为、信息系统设计与优化五个方面。

基于 SIT 在信息系统领域的研究应用及相关思路，现有研究的局限性及未来值得深入研究的方向可归纳为以下四个方面：

（1）SIT 的理论解释有待深入。首先是 SIT 的评价维度，在信息系统领域多数研究探讨了 SIT 中认知和情感维度的作用，较少关注评价维度对用户的影响，未来可深入探讨 SIT 的评价维度对用户情感的影响，拓展其在信息系统设计与优化、用户行为研究中的应用；其次是社会身份认同程度，用户社会身份认同程度的差异性会对其行为产生影响，未来可以从社会身份认同视角对用户进行分群，通过建立用户画像来探讨影响各类用户实际行为的因素。

（2）社会认同的动态测度有待重视。现有研究大多基于传统 SIT 量表采用被测人员的静态数据，因为用户的社会身份认同具有动态性，横截面数据会影响 SIT 对用户行为的解释力度。为避免此类局限性，在短期内，研究者可通过跟踪调查来收集个体社会身份与呈现行为的纵向数据，以此检验用户身份发展与其自我呈现行为的因果关系和动态规律；长远之下，研究者需要明确 SIT 的模型与构念，探讨社会认同的生命周期演变，洞察影响社会身份转变的驱动因素和过程，关注身份干预策略，提供社会认同复杂性等问题的理论

○ 张德鹏，林萌菲，陈春峰，等. 品牌社区中情感和关系会激发推荐吗：顾客心理依附对口碑推荐意愿的影响研究 [J]. 管理评论，2019，31(2): 165.

◎ JIANG C H, ZHAO W G, SUN X H, et al. The effects of the self and social identity on the intention to microblog: an extension of the theory of planned behavior[J]. Computers in human behavior, 2016, 64: 758.

⊜ 廖俊云，林晓欣，卫海英. 虚拟品牌社区价值如何影响消费者持续参与：品牌知识的调节作用 [J]. 南开管理评论，2019，22(6): 23.

解释[⊖]，并应用人工智能、大数据和云计算等技术，开发支持动态测度功能的平台。

（3）SIT 的应用范围有待拓展。在研究对象方面，现有研究多关注游戏玩家、青少年用户、消费者等群体，较少涉及智力障碍、经济困难、年龄较大、受社会支持较少等特殊人群，且现有研究主要从社区管理者和普通用户角度分析用户互动对其社会认同、行为的影响，忽视了高影响力用户对其他用户认知的影响，因而在未来研究中，可深入探讨容易被社会忽视或排斥的人群，了解其在社交媒体上的身份及行为特征，剖析此类人群与一般人群身份呈现的差异性，以便有针对性地提供相应服务，以及分析意见领袖等网络中心人物的影响力对普通用户社会认同及行为的影响。在应用情境方面，现有文献较少探讨 SIT 应用于社交媒体、电子商务等平台的功能设计与优化，用户忠诚及口碑的相关研究也主要集中于品牌社区，未来研究可丰富 SIT 的应用情境，如通过借鉴已有成果设计开发社交媒体、电子商务等平台功能，分析不同虚拟社区背景下社会认同对用户忠诚及口碑的作用，以此为平台的个性化服务提供理论依据。

（4）社会认同威胁研究有待加强。社会认同威胁已受到部分学者的关注，在网络营销背景下，用户出于社会认同感会产生抵制其他竞争品牌、传播负面口碑等行为，可能会影响其他竞争品牌消费者的认同程度，给受抵制的企业带来负面影响，但鲜有文献提出应对社会认同威胁的有效策略。未来可从用户心理维度、企业及品牌内部来探讨影响社会认同威胁形成的其他因素，如通过分析企业改变消费者刻板印象的成功案例，剖析威胁并干扰社会认同的关键因素，以此寻求应对威胁问题的有效策略。

⊖　BENTLEY S V, GREENAWAY K H, HASLAM S A, et al. Social identity mapping online[J]. Journal of personality and social psychology, 2020, 118(2): 256-259.

第12章

社会交换理论的演化及其在
信息系统研究领域的应用与展望

1958 年，社会学家 Homans 正式提出了社会交换理论（social exchange theory，SET），其核心思想是：在参与社会交换之前，行动者会基于互惠性原则对预期报酬和成本进行计算，以决定是否进行交换[一]。

SET 自提出以来，得到了各个领域学者的广泛关注，经常被作为一种解释机制以阐述涉及不同领域的用户行为决策问题。为阐明 SET 的基本原理与应用现状，国内外学者主要从两方面对 SET 及其应用研究进行了梳理：① SET 的基本原理与发展。Hill 对社会交换的基本原则进行了论述，指出公正、互惠与平等是社会交换中最重要的三个原则[二]；许苏明认为这些原则基本立足于经济学而非社会学，因为交换并不一定是等价交换，由此他重点梳理了社会交换的类型以避免经济交换的以偏概全，主要包括利他型、利己型、合作型、冲突型[三]；相较于行为倾向的交换理论，孙庆民对认知倾向的 SET 进行了介绍，指出认知交换理论运用互动矩阵研究法对二元交换行为中的相互依存状况进行分析，并通过分析小群体中的二元互动拓展理解广义交换行为和复杂社会关系[四]。② SET 在特定领域内的

[一] HOMANS G C. Social behavior as exchange[J]. American journal of sociology, 1958, 63(6): 598.

[二] HILL E W. A theological perspective on social exchange theory[J]. Journal of religion and health, 1992, 31(2): 141.

[三] 许苏明. 论社会交换行为的类型及其制约因素 [J]. 南京大学学报：哲学·人文科学·社会科学版，2000，(3): 144.

[四] 孙庆民. 认知倾向的社会交换理论 [J]. 国外社会科学，2009, (2): 26-33.

应用。Hall 对 SET 在知识共享领域中的研究进行了梳理，发现应用领域主要包括知识共享的影响因素、激励机制及共享过程等[⊖]；Cropanzano 等人对组织管理学中社会交换的概念、规则、资源和关系进行了归纳与总结[⊜]。

信息系统是由计算机硬件、网络和通信设备、计算机软件、信息资源、用户、规章制度组成的以处理信息流为目的的人机一体化系统，以之为主要研究对象的学科被称为信息系统学科[⊜]。随着信息技术的发展，多元信息的广义交换及掺杂其中的用户与系统交互、决策优化等问题逐渐显现，这为信息系统领域应用 SET 提供了场景，且相关研究成果也在不断涌现，而在文献调研中我们还未见针对信息系统领域应用 SET 的综述性文章。为了帮助学界把握 SET 在信息系统领域应用的研究进展，本章在梳理 SET 起源与发展的基础上，对 SET 在信息系统研究领域的应用现状进行了系统性述评，并指出现有研究存在的局限和未来可能值得关注的方向。

12.1　社会交换理论的起源与发展

12.1.1　社会交换理论的起源

20 世纪 50 年代，随着战后社会经济与制度结构的不断发展和变化，早期抽象的交换主义与功能主义社会学由于忽视了社会系统内部各组成部分的丰富性特征，已经无法解释当前社会背景下个体行动与系统结构之间的关系[⊗]，所以反思功能主义社会学、寻求社会学方法论突破，以及构建能够反映和把握社会现实的社会学研究方法与理论迫在眉睫。因此，社会学家 Homans 在吸取早期古典经济学中关于交换基础的论述的基础上[⊗]，结合人类学和心理行为主义中关于交换资源与原则的分析，从心理学视角下人际交换的方法论出发提出了 SET。

Homans 认为社会学的主要研究对象是人，而非社会角色或社会结构。他指出社会学中的制度、组织及社会都可以分析成人的行动，经济理性中的利己主义、趋利避害是人类行为的基本原则，因此人与人之间的互动本质上是一种交换过程，这种交换既包含物质性资源，也包含非物质性资源。此外，他将人际交换行为的原理用命题形式予以论述（见表 12-1 ）。

⊖　HALL H. Borrowed theory: applying exchange theories in information science research[J]. Library & information science research, 2003, 25(3): 287-306.

⊜　CROPANZANO R, MITCHELL M S. Social exchange theory: an interdisciplinary review[J]. Journal of management, 2005, 31(6): 874-900.

⊜　朱梦茜，颜祥林，袁勤俭 . 自我效能理论及其在国外信息系统领域的应用与展望 [J]. 信息资源管理学报，2019, 9(4): 123.

⊗　特纳 . 社会学理论的结构：第 6 版 [M]. 邱泽奇，等译 . 北京：华夏出版社，2001.

⊗　BLAU P M . Exchange and power in social life[M]. New York: Wiley, 1964.

表 12-1　Homans 的交换命题

命题	内容
成功命题	某人的行动越是能够经常得到奖赏，他就越有可能进行这种行动
刺激命题	如果之前某一特定或一系列刺激的出现都使某人得到奖赏，则目前的刺激与之前的刺激越相似，他就越有可能进行这种行动或相似的行动
价值命题	对个体来说，其行动的结果越是有价值，他就越有可能从事这项行动
剥夺／满足命题	某人最近越是经常得到一种特定的奖赏，则对他而言，这种奖赏的增加就越没有价值
攻击／赞同命题	①当一个人的行为没有得到其所期待的奖赏，或者得到意料之外的惩罚时，他就会非常愤怒并有可能做出攻击性行为，而这种行为的结果对他就更有价值 ②当一个人的行为得到了预期的奖赏，或者没有得到预期的惩罚时，他就会很高兴，并更有可能认可他人，这种结果对他而言更有价值
理性命题	在两种行为之间进行选择时，人们会根据当时的认识，选择那种随着获利可能性的增强，其结果的总价值也会增大的行为

然而，Homans 的所有命题都是关于个人之间的交换行为的，对于宏观社会中的重大问题如社会制度的产生与变迁等缺乏解释力。此外，Homans 将社会制度、组织与结构都还原到人际层面的行为互动，忽略了社会特性，因此只适用于直接的人际互动关系的小群体，对于宏观层次的社会制度、组织与结构等难以适用[⊖]。

12.1.2　社会交换理论的发展

1. Blau 的结构交换理论

为了弥补 Homans 论述的上述缺陷，Blau 从微观到宏观层次系统性论述了社会交换的形成、发展过程及其影响，试图说明社会交换是如何从人际关系的日常互动演变为支配社会复杂结构的过程[⊜]。Blau 将这种过程大致分为"吸引—交换—竞争—分化"四个阶段，指出人们参与社会交换出于为利益与报酬所吸引，然而交换过程中随着报酬的增大，行动者之间充满竞争，在竞争中有些人逐渐累积起比其他人价值更大的资源，并占据了较高地位，可以自由选择交换对象。而其他没有什么资源的成员则处于较低地位，当社会地位差别较大的双方进行交换时，交换中的一方会出现以依从作为回报的形式，另一方则从交换中获得了权力等级，因此交换结构的分化导致了权力的分化，最终导致社会的分化[⊜]。

2. Emerson 的交换网络理论

交换网络理论是基于对行动者通过交换所形成的不同网络结构的探讨，利用可视化的图表描述社会结构，并通过社会交换理论与社会网络分析的结合，一方面扩展了社会交换理论的应用对象与范围，从而回避了交换的微观和宏观关系问题。另一方面赋予了社会交换理论对社会结构新的讨论方法，使得社会结构可以用更精确的语言概念化并用可视化

⊖　EMERSON R M. Exchange theory part I: a psychological basis for social exchange[J]. Sociological theories in progress, 1972 (2): 38.

⊜　特纳. 社会学理论的结构：第 6 版 [M]. 邱泽奇，等译. 北京：华夏出版社，2001.

⊜　COLEMAN J S. Foundations of social theory[M]. Boston: Harvard University Press, 1990.

的图表表示。因此，这种网络结构不仅适用于个体关系的分析，还能够解释如军事联盟或共同市场等大型复杂的社会结构问题[⊖]。

12.2　社会交换理论在信息系统研究领域的应用进展

12.2.1　社会交换理论在知识共享与贡献的影响因素研究中的应用

由于个体或组织资源和禀赋的不同导致行动者之间在知识存量上存在差异，而知识共享与贡献作为一种弥补知识存量差异的手段对于知识交流具有重要作用。因此，现有研究将知识共享与贡献视为一种社会交换形式，在这种交换中一方将自己的知识（显性或隐性）提供给另一方，而一方决定是否共享与贡献知识不仅取决于其对共享成本与收益的考量，还受到互惠、公正、边际效用等交换原则的影响。由此，许多学者从这个角度出发研究了知识共享与贡献的影响因素。

1. 社会交换理论在知识共享的影响因素研究中的应用

现有研究一方面从成本收益的角度研究了知识共享决策的前因：Kim 等人从社会资本和交易风险两方面呈现了供应链企业间知识共享的收益与成本，并指出企业间的知识互补性在其中起着调节作用[⊖]。同样地，Yan 等人基于 SET 提出了在线健康社区的收益与成本知识共享模型，其中成本主要包括认知成本与执行成本，而收益除了内在的成员个体满足外，还包括来自外在的经济回报，如奖励与晋升[⊜]。此外，除了收益与成本考量，Cyr 等人认为公立部门员工知识共享行为还会受到倾向于某些共享成果模式的偏好，以及基于工作关系的收益效果等因素的影响[⊕]。

另一方面，既有文献还研究了互惠、信任、文化等交换原则对于知识共享的影响：Zhang 等人研究了互惠原则对于虚拟创新社区用户心理资本与知识共享行为关系的调节作用，由于创新社区的知识更加隐性和稀缺，其用户成本与风险更加突出，基于互惠原则的知识交换可以使用户增强心理资本，从而帮助他们增强自己的创新能力[⊕]。此外，文化与价值观不可避免地会影响集体对于社会交换价值与资源的理解，从而影响知识交换，Chang

⊖　EMERSON R M. Exchange theory part I: a psychological basis for social exchange[J]. Sociological theories in progress, 1972 (2): 39.

⊖　KIM K K, UMANATH N S, KIM J Y, et al. Knowledge complementarity and knowledge exchange in supply channel relationships[J]. International journal of information management, 2012, 32(1): 35-49.

⊜　YAN Z J, WANG T M, CHEN Y, et al. Knowledge sharing in online health communities: a social exchange theory perspective[J]. Information & management, 2016, 53(5): 643-653.

⊕　CYR S, CHOO C W. The individual and social dynamics of knowledge sharing: an exploratory study[J]. Journal of documentation, 2010, 66(6): 844.

⊕　ZHANG D P, ZHANG F L, LIN M F, et al. Knowledge sharing among innovative customers in a virtual innovation community: the roles of psychological capital, material reward and reciprocal relationship[J]. Online information review, 2017, 41(5): 691.

等人基于中美跨文化角度分析了个人和集体文化价值观对于知识共享意图的综合影响，结果表明奖励显著影响了中国员工的知识共享意图，而与美国员工无关。此外，互惠和知识自我效能感都对两国员工的知识共享意图产生了显著影响⊖。

2. 社会交换理论在知识贡献的影响因素研究中的应用

现有研究主要集中于对在线虚拟社区用户的知识贡献行为进行探讨。Jin 等人基于爬取的客观数据探讨了社会化问答社区用户持续性知识贡献的前因，发现问答社区中交换的对象不仅仅是知识，更重要的是影响力，因此用户的社交关系与社会学习会积极影响用户的持续性知识贡献⊜。Ye 等人将虚拟社区成员的知识贡献作为一种与社区生态和社区版主的社会交换过程，强调了感知社区支持与领导支持对用户知识贡献的重要作用⊜。Chou 等人讨论了知识贡献对在线社区价值共创行为的作用，并强调社区不仅要建立资源分配的标准程序以增强信息与知识交换，还要重视互动渠道在资源交换中的重要性⊛。

由上述内容可知，当前研究指出了感知成本、感知收益、用户关系、社会学习、互动渠道等因素对成员知识共享与贡献的影响，这对于组织与虚拟社区可持续发展至关重要。然而，现有研究大多是从正向思维即收益大于风险时的角度来理解知识共享与贡献，但是就 Homans 的行为重复原则来说，当用户获得的奖赏小于其付出的成本时社会交换难以持续，如 Lin 等人研究了团队成员知识贡献中的保留效应（withhold effect），指出个人结果期望对于知识保留具有重要影响，当成员觉得进行知识贡献将不会得到很好的回报时，知识保留就越有可能发生⊝。因此，未来研究可以从逆向思维出发，探讨用户拒绝知识共享与贡献的动机及其对社区生态的影响。

12.2.2　社会交换理论在信息披露与搜寻行为的影响因素研究中的应用

在线服务业与社区的发展依赖于一个良好的信息共享和交流氛围，其中用户的信息披露与搜寻对于用户生成内容、系统交互、社区生态等在线资源和社区的可持续发展问题至关重要。然而，由于网络环境的开放性与复杂性，用户在享受信息披露与搜寻所带来的便利性的同时，也面临着隐私泄露、信息安全、认知成本等问题，因此现有研究基于 SET

⊖ CHANG Y W, HSU P Y, SHIAU W L, et al. Knowledge sharing intention in the United States and China: a cross-cultural study[J]. European journal of information systems, 2015, 24(3): 262-277.

⊜ JIN J H, LI Y J, ZHONG X J, et al. Why users contribute knowledge to online communities: An empirical study of an online social Q&A community[J]. Information & management, 2015, 52(7): 840-849.

⊜ YE H J, FENG Y Y, CHOI B C F. Understanding knowledge contribution in online knowledge communities: a model of community support and forum leader support[J]. Electronic commerce research and applications, 2015, 14(1): 34-45.

⊛ CHOU E Y, LIN C Y, HUANG H C. Fairness and devotion go far: integrating online justice and value co-creation in virtual communities[J]. International journal of information management, 2016, 36(1): 60-72.

⊝ LIN T C, HUANG C C. Withholding effort in knowledge contribution: the role of social exchange and social cognitive on project teams[J]. Information & management, 2010, 47(3): 188-196.

实证探究了用户信息披露与搜寻行为的影响因素。

1. 社会交换理论在信息披露行为的影响因素研究中的应用

部分学者对社交情境下的用户披露行为进行了研究，Cheung[一]、Liu[二]等人从社交关系的成本与收益角度研究了社交网络中用户自我披露的影响因素，结果表明自我披露与感知隐私风险、匿名性具有负相关关系，而与建立关系、信任成正相关关系，指出运营方应当优化设计并提供更多的功能展示用户在线形象，从而减少用户匿名性并促进自我披露。Sharma 等人调查了用户在社交商务环境中进行信息披露的影响因素，并提出了信息交换中的公平性概念，即在信息交换中信息提供者与接受者之间存在隐性的社会契约，它基于一种期望即用户认为披露的信息会最终使得自己在交易中受益，这种感知交换公平增强了用户信息披露的感知风险，而其他一些成本收益构念如感知信息所有权、隐私控制等也对用户信息披露产生了显著影响[三]。

此外，文化价值观也会通过影响用户的风险认知从而对披露行为产生作用。Posey 等人从交换收益、成本及原则三个方面构建了社交网络的用户自我披露模型，并从跨文化角度将霍夫斯泰德文化维度理论中的不确定性规避和集体或个人主义纳入交换的成本与原则中，研究了其对自我披露行为的影响，结果表明除了个人主义和感知风险对自我披露呈现负向作用之外，其他构念如集体主义倾向都对自我披露行为产生积极影响[四]。

2. 社会交换理论在信息搜寻行为的影响因素研究中的应用

信息搜寻行为实际上是发生于信息提供者与信息寻求者之间的信息交换过程，而这种交换过程也给供需双方带来了成本与收益。Bock 等人研究了协作规范在促进组织知识寻求中的作用，指出 SET 可以用于识别个人在知识寻求过程中感知的成本与收益，研究表明协作规范在未来义务对个人知识寻求的作用中起着负向调节作用；相反，协作规范在感知有用对个人知识寻求的作用中起着正向调节作用[五]。Ren 等人总结了在线资源中搜寻和使用健康信息行为的成本与收益，强调交换收益在于健康信息所带来的个人、功能与社会的综合利益，而交换成本在于个人对于健康信息的认知成本与物质成本，表明用户健康信息搜寻和使用行为在很大程度上受到互联网的便利性与效率的影响，因此健康信息提供者

㊀ CHEUNG C, LEE Z W Y, CHAN T K H. Self-disclosure in social networking sites: the role of perceived cost, perceived benefits and social influence[J]. Internet research, 2015, 25(2): 279-299.

㊁ LIU Z L, MIN Q F, ZHAI Q G, et al. Self-disclosure in Chinese micro-blogging: a social exchange theory perspective[J]. Information & management, 2016, 53(1): 53-63.

㊂ SHARMA S, CROSSLER R E. Disclosing too much? Situational factors affecting information disclosure in social commerce environment[J]. Electronic commerce research and applications, 2014, 13(5): 305-319.

㊃ POSEY C, LOWRY P B, ROBERTS T L, et al. Proposing the online community self-disclosure model: the case of working professionals in France and the U.K. who use online communities[J]. European journal of information systems, 2010, 19(2): 181-195.

㊄ BOCK G W, KANKANHALLI A, SHARMA S. Are norms enough? The role of collaborative norms in promoting organizational knowledge seeking[J]. European journal of information systems, 2006, 15(4): 357-367.

必须考虑到信息的可得性与用户经验问题⊖。此外，Tsai 等人研究了在线专业社区中知识寻求下互惠意图的影响因素，利用社会交换过程中的交换成本与收益概念论述了知识增长和知识寻求对互惠意图的影响，并指出感知社会利益在其中发挥的中介作用⊜。

综上所述，现有研究主要从成本与收益两方面总结了包括感知风险、信任、社会规范、认知成本、互惠等因素对信息披露与搜寻行为的影响。然而，现有研究还存在一些不足之处：一方面，既然用户自我披露是为了建构关系、展示形象及控制隐私等，现有研究还缺少从用户的社交关系及其规模、强度角度探究对用户信息披露行为的影响；另一方面，健康、消费等不同信息的搜寻行为蕴含的收益、成本与风险不尽相同，当前研究并没有做进一步区分。此外，由于信息披露与搜寻行为多表现为一种长期性的持续行为，而现有研究多为基于横截面数据的研究，缺乏对信息披露与搜寻行为长期的动态分析，未来研究可以尝试使用自然实验、眼动仪、深度访谈等方法进行纵向的动态分析。

12.2.3　社会交换理论在信息系统设计与使用研究中的应用

在用户与信息系统的交互中，信息系统的设计与使用是否被用户理解和接受都涉及用户对成本与收益的衡量，因此许多学者基于此研究了信息系统设计与使用的相关原则、用户关系与影响因素。

1. 社会交换理论在信息系统设计研究中的应用

信息系统设计中融入 SET 能够使系统用户进行即时与可持续的信息交互，Tiwana 等人设计了一套社会交换体系结构以促进分布式 Web 社区成员的知识共享与积极参与，包含资源存储的物理层、实时评估的逻辑层和可视化的展示层，主要展示了如何通过实时评估参与者从同伴小组中所获得的成本和收益来鼓励参与者的知识共享与积极参与⊜。Ju 等人基于 SET 设计了包括公民、政府组织与 O2O 平台管理者三类利益相关者，由动机、情景化的治理政策、离线或在线公民对政府的贡献、离线或在线政府对公民的奖励、保留与推荐五个部分组成的 O2O（离线到在线）的公民参与生态系统，政府组织将根据公民参与的内容制定情境化的治理政策与战略，O2O 平台管理者制定激励措施并提供个性化推荐，进而激励公民持续参与⑲。

⊖　REN C, DENG Z H, HONG Z Y, et al. Health information in the digital age: an empirical study of the perceived benefits and costs of seeking and using health information from online sources[J]. Health information & libraries journal, 2019, 36(2): 153-167.

⊜　TSAI H Y S, HSU P J, CHANG C L, et al. High tension lines: negative social exchange and psychological well-being in the context of instant messaging[J]. Computers in human behavior, 2019, 93: 326-332.

⊜　TIWANA A, BUSH A. A social exchange architecture for distributed web communities [J]. Journal of knowledge management, 2001, 5(3): 242-249.

⑲　JU J R, LIU L N, FENG Y Q. Design of an O2O citizen participation ecosystem for sustainable governance[J]. Information systems frontiers, 2019, 21(3): 605-620.

2. 社会交换理论在信息系统采纳研究中的应用

信息系统采纳是一种涉及风险与利益计算的决策行为，因此许多学者使用 SET 作为一种解释结构阐述采纳行为的前因。Gefen 等人研究了客户关系管理（CRM）软件采纳中的用户评价，指出 CRM 软件的采纳与一般企业资源计划（ERP）系统的不同之处在于 CRM 软件需要根据特定用户的需求予以定制，即用户的期望利益是无形的且缺乏能够保证这些预期利益的明确行为规制，因此 CRM 的采纳是一种基于信任与互惠的利益和成本计算过程，结果也表明社会交换的性质影响了用户对 CRM 软件的评估并最终影响用户采用 CRM 软件的意愿[一]。Magni 等人调查了组织员工新技术采纳的影响因素，指出用户和其他组织实体的关系信念会进一步降低员工采纳成本，进而促进其对新引入技术的接受，同时影响感知的有用性和易用性[二]。此外，Chang 等人研究了影响跨医院电子病历交换的影响因素，并从 SET 中提取了信任与感知收益，其结果表明感知收益对电子病历交换有着显著影响，而信任对电子病历交换没有影响，这是由于中国台湾的保险报销制度规定即使医院从其他机构获得病历，仍然需要对患者进行检查，检查费用也可以报销，医生通常不完全相信其他医院的病历[三]。

Homans 指出交换必须首先强调面对面的互动，主要研究个体之间有限而直接的交换，认识到个体的行为创造并维持了社会结构，而随着网络信息技术的发展，社会交换呈现"缺场化"，即吉登斯所说的"社会脱域过程"[四]。因此，在线社区与平台中的用户采纳不仅是社区规范驱使下的结果，更是社区生态和发展的前因。Zhao 等人调查了用户使用众筹平台的影响因素，将众筹参与过程视为个体与企业家群体之间的交换行为，并研究了承诺、信任和感知风险对于用户参与的影响[五]。Cambra-Fierro 等人调查了消费者资产、体验质量与关系倾向对消费者在线参与的影响，指出在线消费者与企业之间的交换对于在线消费者评估其消费者体验质量至关重要，如果在线消费者对个人体验产生积极评价，他们可能会希望通过积极的非交易行为（产品共同创造和口碑）来回报企业[六]。

社交网络是一种典型的"缺场化"交换情境，且用户之间的交换呈现资源高度个人化和关系长期化，并且用户交换关系形塑并维持了社交网络关系与结构。Chen 研究了大学

[一] GEFEN D, RIDINGS C M. Implementation team responsiveness and user evaluation of customer relationship management: a quasi-experimental design study of social exchange theory[J]. Journal of management information systems, 2002, 19(1): 47-69.

[二] MAGNI M, PENNAROLA F. Intra-organizational relationships and technology acceptance[J]. International journal of information management, 2008, 28(6): 517-523.

[三] CHANG I C, HWANG H G, HUNG M C, et al. Factors affecting cross-hospital exchange of electronic medical records[J]. Information & management, 2009, 46(2): 109-115.

[四] 徐鹏，张聃. 网络问答社区知识分享动机探究：社会交换论的视角 [J]. 图书情报知识，2018, 182(2): 113.

[五] ZHAO Q, CHEN C D, WANG J L, et al. Determinants of backers' funding intention in crowdfunding: social exchange theory and regulatory focus[J]. Telematics and informatics, 2017, 34(1): 370-384.

[六] CAMBRA-FIERRO J, GAO L X H, MELERO-POLO I, et al. What drives consumers' active participation in the online channel? Customer equity, experience quality, and relationship proneness[J]. Electronic commerce research and applications, 2019, 35: 1-12.

生使用社交网络的影响因素，从成本与利益两方面提出了用户使用网站的前因，指出感知享乐和感知风险是用户使用社交网络的主要收益与成本。此外，社会存在、易用和外向性提升了感知享乐，这表明社交网络服务提供商应当通过多样化的内容展示与页面设计提升用户的可获得感[一]。Surma 基于 Facebook 中的"互赞"行为分析了社交网络使用中的互惠现象，得出跟随者的反应与行动者发布消息（给跟随者点赞）的强度呈正相关，行动者发布的互惠消息数量越多，跟随者的互惠反应（给行动者点赞）更强，这也论证了 SET 中的一个核心观点，即交换关系形成了网络结构[二]。

3. 社会交换理论在信息系统持续使用研究中的应用

相较于采纳行为，持续使用是一种长期化的交换关系，尽管用户初始采纳对于信息技术的成功意义重大，但信息技术的最终成功依赖于用户的持续使用。有学者从成本和收益的角度探讨了用户的持续使用行为，如 Hu 等人探究了在线社交价值对用户满意度及持续使用社交媒体的影响，认为社交价值计算是用户将获取的功利与享乐型收益和所付出的努力与风险进行对比的过程，以决定是否持续使用在线社交媒体，指出社交媒体运营方必须在促进信息共享与娱乐和信息安全与服务易用之间寻找平衡点[三]。

除了当下感知的成本和收益外，部分学者认为信息系统的持续使用更受到未来期望、用户关系及人格因素等的影响。Mustapha 等人调查了社交情境、社会交换和反馈特征对用户持续使用 Facebook 的影响，指出用户在 Facebook 上花费时间和精力去评论或分享一个帖子是对于未来同等反馈行为的期望，因此强调系统设计者应该将能够促进反馈和提供交换的功能纳入社交网络中，从而增强用户的社交网络体验并激励他们持续使用[四]。Hsiao 等人调查了社会资本对在线游戏社区玩家社区忠诚度的影响，指出社区中行动者的社会资本来自他的关系和资源交换，并且这种交换还受到一些社区规范的影响使其感觉有义务做出相应的行为，实证研究结果表明玩家的社会资本会通过规范性、关系性和功利性对社区忠诚度产生影响[五]。此外，Huang 等人还研究了大五人格特征对于在线游戏玩家持续性使用意愿的影响，并引入了相互依赖和网络融合两个中介变量，相互依赖是指由于社会交换通常存在于相互依存的关系中，个体倾向于依赖交换方的观点做出决定；而网络融合是指在相互依存的玩家群体关系中，个体与伙伴共享社交圈的程度。研究结果表明，玩家的性格特征影响了在线社交关系的形成，而这种社交关系的影响（即相互依赖与网络融合）又激发

○ CHEN R. Member use of social networking sites: an empirical examination[J]. Decision support systems, 2013, 54(3): 1219-1227.

○ SURMA J. Social exchange in online social networks. The reciprocity phenomenon on Facebook[J]. Computer communications, 2016, 73: 342-346.

○ HU T, KETTINGER W J, POSTON R S. The effect of online social value on satisfaction and continued use of social media[J]. European journal of information systems, 2015, 24(4): 391-410.

○ MUSTAPHA C A, HENRI B. The influence of social presence, social exchange and feedback features on SNS continuous use: the Facebook context [J]. Journal of organizational and end user computing, 2016, 28(2): 33-52.

○ HSIAO C C, CHIOU J S. The effect of social capital on community loyalty in a virtual community: test of a tripartite-process model[J]. Decision support systems, 2012, 54(1): 750-757.

了一种社区意识，建立了关系转换成本，从而产生了玩家的持续使用意图[⊖]。

由上述内容可知，SET 在信息系统设计与使用方面的应用成果较为丰富，且具有 4 点特征：①从涉及的信息系统类型来看，主要集中于组织管理系统、电子健康系统、社会化网络等，随着新兴技术在企业的不断应用，有必要对人工智能、云计算、物联网等信息系统的设计与使用做进一步研究；②从研究方法来看，对于采纳与持续使用的测量主要依靠用户感知的自报告式问卷调查收集数据，未来可以尝试从信息系统端出发，通过浏览时长、点击次数等客观数据的抓取进一步检验作用关系；③从研究内容来看，主要集中于信息系统设计、采纳与持续使用的前因研究，而对于行为本身及信息系统设计与使用后的效果评价缺乏研究；④在涉及社交网络采纳与持续使用的研究中，缺乏从用户关系、社会资本、网络结构等交换关系的角度探讨对结果的影响。

12.3　结论与展望

通过论述和总结 SET 的核心议题及其在信息系统研究领域的应用，我们发现 SET 在信息系统研究领域的应用主要集中在知识共享与贡献的影响因素、信息披露与搜寻行为的影响因素、信息系统设计与使用 3 个方面。

然而，现有研究还存在一些不足，这种不足主要体现在两方面。一方面是 SET 应用的模糊性：① SET 的模型与构念尚未明确，许多研究对于社会交换中成本与收益的考量也出现了模糊性，例如有研究将信任作为一种利益衡量，这与社会交换中的互惠原则相关，而非对实际利益的直接评估[⊖]；②交换过程依然是 SET 相关研究中的"黑匣子"(black box)[⊜]，许多研究将 SET 作为一种解释机制论述行为与决策的前因和影响因素，忽视了对于交换过程的研究。另一方面是相关研究本身的局限性：①较少关注交换关系的动态性，多数研究是基于一种静态的视角对交换相关行为的"快照"，而大多数情况下交换行为并非一次性的直接交换，也会随着时间的推进而发生变化，当前研究还欠缺对相关对象和问题的动态性考量，这可能与多数研究采用横截面数据有关，因此未来研究需要进一步从实验和纵向设计的角度检验因果关系；②较少关注交换关系强弱对结果的影响，尤其是在涉及社交网络的研究中较少关注社交关系强弱程度对用户参与、持续使用的影响，因此未来研究需要进一步考虑交换关系强弱对研究结果的作用；③较少关注外部性因素的解释，由于在线社区是个人相互交流和互动的公共空间，制度和环境因素也可能会对交换关系提供一些解释力，因此未来研究需要进一步补充相关构念以提高模型的解释力与外部推广效度；

⊖ HUANG H C, CHENG T C E, HUANG W F, et al. Impact of online gamers' personality traits on interdependence, network convergence, and continuance intention: perspective of social exchange theory[J]. International journal of information management, 2018, 38(1): 232-242.

⊖ CHEN R. Member use of social networking sites: an empirical examination[J]. Decision support systems. 2013, 54(3): 1221.

⊜ CROPANZANO R, MITCHELL M S. Social exchange theory: an interdisciplinary review[J]. Journal of management, 2005, 31(6): 878.

④较少关注行动者的细分，个体、团队、组织、社区之间存在差异，简化行动者假定会对结果产生影响，尤其是不同行动者所拥有的资源、关系也是具有差异的，因此未来研究需要进一步细分研究中所涉及的群体。

　　基于 SET 及其在信息系统研究领域的相关应用与思路，以及为了弥补相关研究的不足，我们认为未来值得关注的研究方向在 3 个方面：①用户交换行为的跨文化研究。文化不仅影响了交换资源和关系的集体理解，也对互惠、信任等交换原则产生了作用，同时也会对行动者双方的交换成本与收益产生影响。未来的研究需要进一步关注用户的相关交换，如共享、贡献、采纳、转移等行为中涉及不同国家文化用户群体的研究，尤其是涉及跨国企业、技术、信息系统、社交网络等的研究。②交换过程的研究。交换关系并非静态性、一次性、直接性的短期互动，更多体现为一种动态性、经常性、间接性的长期交互。因此，未来一方面可以通过实验法或仿真方法对现实生活中行动者的真实决策进行观察或模拟，从而洞悉行动者的决策机理优化决策过程与系统设计；另一方面可以通过纵向的行为数据抓取、刻画用户行为，追踪交换过程的动态性，从而提高结果的外部效度。③中国情境下的社会交换研究。中国情境下的社会交换与西方的社会交换的不同之处在于中国特殊的人情社会，二者的交换原则与方式存在很大差异，具体体现为人情关系的超规性、义务性、特殊主义、非对称性、互报性、高情感性、长期导向⊖，这对在中国情境下研究信息系统中的人际行为与关系产生了影响，具体包括人情关系对于用户信息行为的影响、用户偏好对于在线参与的影响、技术采纳与使用中的人情因素等议题。

⊖　陈维政，任晗 . 人情关系和社会交换关系的比较分析与管理策略研究 [J]. 管理学报，2015, 12(6): 789.

第13章

感知风险理论的演化及其在
信息系统研究领域的应用与展望

1960 年，哈佛大学学者 Raymond Bauer 在总结和延伸心理学相关理论的基础上，正式提出了感知风险理论（perceived risk theory，PRT），其核心思想是：任何购买行为都因个体无法预判其决策结果的优劣而存在一定的不确定性，从而令个体产生不愉快的感觉⊖。

自提出以来，PRT 被广泛应用于管理学、心理学、信息科学、经济学等多个领域，涌现出较多有价值的研究成果。为帮助学界把握 PRT 的研究及其应用现状，已经有学者基于不同视角撰写了关于 PRT 的综述类文章，主要集中在两个方面：①对 PRT 在特定领域或特定情境应用的总结与述评。有学者聚焦于在线消费，归纳了感知风险在网上消费领域的研究情况，并从感知风险的衡量、构面、研究对象、影响因素等方面展开详细论述⊜；有学者则对 PRT 在国内外旅游领域中的研究进行了总结和梳理⊜⊗；在特定情境的应用方面，崔保军引入了产品伤害危机的概念，对常态情境和危态情境下感知风险的相关研究进行了

⊖ BAUER R A. Consumer behavior as risk taking[C]// Dynamic Marketing for a Changing World: proceedings of the 43rd. Conference of the American Marketing Association. Chicago: American Marketing Association, 1960: 389-398.

⊜ 王玉，王焕玉，腾跃民，等 . 网上消费感知风险研究综述 [J]. 商业研究，2009, (10): 35-39.

⊜ 吴国清 . 国内外旅游风险感知研究述评 [J]. 社会科学家，2015, (12): 83-87.

⊗ 杨瑜，姚前，石勇，等 . 国外旅游风险研究综述：基于 Web of Science 的统计分析 [J]. 世界地理研究，2020, 29(6): 1237-1247.

综述与展望[○]。②对 PRT 中特定变量之间关系的总结与述评。例如，吴川徽等人指出，在现有网络信息搜寻行为研究中，感知风险与信息搜寻行为的因果关系存在自相矛盾的情况，为更好地理解这种不一致之处，他们利用元分析方法对探讨用户感知风险与网络信息搜寻行为之间关系的实证研究展开集成分析，以厘清感知风险与网络信息搜寻行为之间的关系[○]；Pelaez 等人则通过元分析，梳理感知风险与购买意愿的实证性研究成果，明晰了感知风险与用户购买意愿之间的关系[○]。

随着互联网的快速普及和信息技术的迭代更新，PRT 被广泛用于在线购物、社交金融、在线旅游、知识服务等信息系统领域的研究，以预测并解释相关的信息系统行为，涌现出不少有价值的研究成果。然而，在文献调研过程中却未见专门总结和梳理 PRT 在信息系统领域应用的系统性综述类成果。基于此，本章拟在介绍 PRT 起源与发展的基础上，对 PRT 在信息系统研究领域的应用现状进行系统性述评，归纳出当前信息系统领域 PRT 应用研究存在的局限和未来研究的方向，以帮助学界把握 PRT 在信息系统研究领域的应用进展。

13.1 感知风险理论的起源与发展

13.1.1 感知风险理论的起源

自 20 世纪 20 年代起，"风险"这一概念开始受到经济领域学者们的关注，并被运用于经济决策理论和决策科学中。到 1960 年，Bauer 将"感知风险"的概念引入与市场相关的研究中，用于解释信息搜索、品牌忠诚、意见领袖、参照群体和购买决策等问题，从而把这一心理学中的概念与经济和市场联系起来[○]。他认为个体在进行任何消费行为时，都隐含着对购买决策结果的不确定性，需要承担一定的风险，因为个体在购买过程中无法预知购买结果的优劣，而这种结果可能令其产生诸如愤怒等的不愉快的感觉[○]。这种不确定即是风险最初的概念。因此，Bauer 将感知风险定义为：个体预测的消费决策失败的可能性及使用这些有形或无形商品而产生不利结果的严重程度[○]。该定义强调的个体基于主观判断所感知到的风险与客观风险是有区别的，感知风险强调个体的主观感知，而客观风险是实际

○ 崔保军. 产品伤害危机情境下消费者感知风险的研究述评与展望 [J]. 商业经济与管理, 2015, (4): 63-73.

○ 吴川徽, 黄仕靖, 袁勤俭. 用户感知风险与网络信息搜寻行为关系的元分析 [J]. 情报理论与实践, 2020, 43(6): 115-122.

○ PELAEZ A, CHEN C W, CHEN Y X. Effects of perceived risk on intention to purchase: a meta-analysis[J]. Journal of computer information system, 2019, 59(1): 73-84.

○ BETTMAN J R. Perceived risk and its components: a model and empirical test[J]. Journal of marketing research, 1973, 10(2):184-190.

○ BAUER R A. Consumer behavior as risk taking[C]// Dynamic Marketing for a Changing World: proceedings of the 43rd. Conference of the American Marketing Association. Chicago: American Marketing Association,1960: 389-398.

○ BARCH J A. Advertising effectiveness and risk in the consumer decision process[J]. Journal of marketing research, 1969, 6(3): 314-320.

存在的风险，在个体风险感知过程中，可能会放大或缩小风险，也可能存在某些风险是无法感知到的情况，个体只能针对能感知到的风险进行反应和处理。

13.1.2　感知风险理论的发展

1. 理论内涵的发展

继 Bauer 提出 "感知风险会直接或间接影响消费决策" 的观点之后，很多学者对感知风险的内涵进行了更加深入的研究和挖掘。1967 年，Cox 等人进一步发展并具体化了感知风险的概念。其在研究中指出，用户的购买行为是基于一定目标导向的，即用户在准备购买某个产品之前，都存在明确的预期目标，一旦用户察觉自己的购买行为无法满足其预期目标，就会认为该购买行为存在风险，即产生感知风险[⊖]。同时，她还提出了感知风险的两个关键因素：①用户购买前的风险承受程度，即用户在购买某种产品或服务之前，对可能存在的不利结果的承受程度；②用户购买后对损失大小的承受程度，即当用户面对不利结果产生损失时的承受程度。随后，Cunningham 在 Cox 等人的研究成果的基础上进行了拓展，将 Cox 等人提出的两个感知风险的关键因素定义为不确定性和严重性，并将感知风险引入了产品研究的实证分析中，验证了其定义的两个关键因素[⊜]。其中，不确定性指的是用户感知某项决策所导致的风险是否会发生的可能性；严重性指的是风险发生之后所导致的结果的严重程度。Cox 等人和 Cunningham 的研究为之后其他学者关于感知风险定义和内涵的探索奠定了基础，后续研究多以他们界定的两个关键因素为依据来展开。

2. 细分维度的提炼

Bauer 虽然提出了感知风险的概念，但并未对感知风险的具体维度进行细分。1972 年，Jacoby 等人最早对感知风险的维度展开了系统的研究，提出了受到广泛认可的五个细分维度：财务风险、绩效风险、身体风险、心理风险和社会风险，并基于 148 名学生的数据展开了实证分析，发现上述五个维度能解释总体感知风险 61.5% 的变异量[⊜]。之后，学者们基于 Jacoby 等人提出的五个维度展开了探索。1993 年，Stone 等人引入时间维度，将感知风险维度由五个增加至六个：财务风险、绩效风险、身体风险、心理风险、社会风险和时间风险，且各维度之间存在着相关性，并通过实证进行检验。结果表明，这六个维度对总体感知风险的解释力度高达 88.8%[⊗]。至此，该六维体系成为 PRT 研究中最常用的基础框架。其中，财务风险指因产品、服务价格过高或存在瑕疵等而损害用户经济利益所产生的

⊖　COX D F, RICH S U. Perceived risk and consumer decision making[J]. Journal of marketing research, 1964, 1(4): 32-39.

⊜　CUNNINGHAM S M. The major dimensions of perceived risk [M]. Boston: Harvard University Press, 1967.

⊜　JACOBY J, KAPLAN L B. The components of perceived risk[J]. Advances in consumer research, 1972, 3(3): 382-383.

⊗　STONE R N, GRONHAUG K. Perceived risk: further consideration for the marketing discipline [J]. European journal of marketing, 1993, 27(3), 39-50.

风险；绩效风险是产品、服务性能没有达到用户期望或低于竞争者而产生的风险；身体风险是产品、服务可能危害自己或他人安全和健康的风险；心理风险指因错误决策而导致用户情感受到伤害的风险；社会风险指因错误决策而遭他人嘲笑或疏远而产生的风险；时间风险指因产品、服务的退换或优化等导致时间浪费所产生的风险。此外，也有学者针对不同的研究对象，提出了安全风险、隐私风险等新的感知风险维度。

13.2　感知风险理论在信息系统研究领域的应用进展

13.2.1　感知风险理论在电子商务用户购买行为研究中的应用

作为数字经济最活跃、最集中的表现形式之一，电子商务正全面引领数字经济发展，在促进全面开放、推动深化改革、助力乡村振兴、带动创新创业等方面具有积极作用。探寻哪些因素会对电子商务用户购买行为产生影响，可以优化电商系统及服务，增加销售额，促进电商产业和社会经济的高质量发展。因此，电子商务用户购买行为一直是学界关注的重要研究议题，而感知风险则是电子商务行为研究中的一个重要概念。学者们纷纷基于 PRT 探究了电子商务用户的感知风险及其对用户情感感知和购买意愿的影响。

1. 感知风险理论在电子商务用户情感感知研究中的应用

一方面，学者围绕用户在电子商务环境中感知风险包含的具体维度展开了研究。Martin 等人挖掘了用户在线购买时感知到的具体的风险类型，将感知风险细分为渠道风险、社会风险和交易风险三个维度，并探究了这三个维度之间的交互关系，发现渠道风险对另外两种风险具有正向影响[一]。Glover 等人则指出电子商务中的感知风险应包含功能失效风险、信息误用风险和产品收益风险三个方面，在此基础上构建并检验了电子商务中用户感知风险的综合模型[二]。

另一方面，学者基于 PRT 探究了感知风险与电子商务用户感知信任、态度、沉浸等情感因素之间的关系。Verhagen 等人对感知风险与用户信任及购买态度之间的关系进行了深入挖掘，将信任细分为中介信任和卖方信任，并将感知风险分为中介风险和卖方风险，实证检验不同风险类型、信任类型及用户购买态度之间的关系，发现卖方信任与卖方风险之间具有直接影响，中介信任和中介风险之间存在二阶效应[三]。Odusanya 等人对撒哈拉以南地区电子商务的研究也表明电子零售平台用户的感知风险对用户信任具有显著

　　[一]　MARTIN S S, CAMARERO C. How perceived risk affects online buying[J]. Online information review, 2009, 33(4): 629-654.

　　[二]　GLOVER S, BENBASAT I. A comprehensive model of perceived risk of e-commerce transactions[J]. International journal of electronic commerce, 2010, 15(2): 47-78.

　　[三]　VERHAGEN T, MEENTS S, TAN Y H.Perceived risk and trust associated with purchasing at electronic marketplaces[J]. European journal of information systems, 2006, 15(6): 542-555.

负向影响[⊖]。除了对感知风险与信任之间关系的研究，还有学者探究了社交电商中用户的感知风险与沉浸参与，发现直播中的互动因素可以负向影响用户感知风险，从而提升用户对社交电商的沉浸水平[⊜]。Lin 等人则探究了不同性别用户的感知风险与其对在线产品态度之间的关系，发现感知风险对女性用户的态度并无显著影响，但对男性用户的态度具有负向影响[⊜]。

2. 感知风险理论在电子商务用户购买意愿及持续购买意愿研究中的应用

在购买意愿的研究中，Li 等人将 PRT 用于探究用户在线购买家具的意愿，发现感知风险对购买意愿具有显著负向影响[⊗]。Yin 等人实证分析了感知风险对社交电商中用户购买意愿的影响，并探究了用户所处文化背景对其产生的影响，结果表明，感知风险对社交电商用户购买意愿存在负向影响，且这种影响在一定程度上会通过信任和亲密度转移[⊗]，从而为不同文化背景中社交电商用户的购买意愿研究提供了参考。Soto-Acosta 等人不仅探究了感知风险对用户在线购买意愿的影响，还挖掘了感知风险的影响因素，发现信息过载和信息无序会通过感知风险负向影响用户在线购买意愿[⊗]。新冠疫情暴发后，有学者将 PRT 用于探究用户短期内网购食品的意愿，发现疫情期间，生活在大城市且对网络食品感知风险较低的年轻人在线购买食品的意愿更强[⊕]。

除了购买意愿，还有学者进一步将 PRT 用于对电子商务用户持续购买意愿的探究[⊗]。例如，Martin 等人探究了感知风险的不同维度与用户重复购买意愿之间的关系，提出并解释了不同文化情境中感知风险的双重影响，如渠道风险对重复购买意愿的负向影响和正向

⊖ ODUSANYA K, ALUKO O, LAL B. Building consumers' trust in electronic retail platforms in the Sub-Saharan context: an exploratory study on drivers and impact on continuance intention [J/OL]. Information systems frontiers, 2022, 24(2): 377-391 [2022-12-31]. https://doi.org/10.1007/s10796-020-10043-2.

⊜ XUE J L, LIANG X J, XIE T, et al. See now, act now: how to interact with customers to enhance social commerce engagement?[J/OL]. Information & management, 2020: 57(6) . https://doi.org/10.1016/j.im.2020.103324.

⊜ LIN X L, FEATHERMAN M, BROOKS S L, et al. Exploring gender differences in online consumer purchase decision making: an online product presentation perspective[J]. Information systems frontiers, 2018, 21(5): 1187-1201.

⊗ LI Y, LI X, ZHANG Z L, et al. Understanding consumers online furniture purchase behavior: an updated UTAUT perspective[J]. Journal of forest economics, 2020, 35(4): 267-303.

⊗ YIN X C, WANG H W, XIA Q W, et al. How social interaction affects purchase intention in social commerce: a cultural perspective[J/OL]. Sustainability, 2019, 11(8):2423 [2022-12-31]. https:// doi.org/10.3390/su11082423.

⊗ SOTO-ACOSTA P, MOLINA-CASTILLO F J, LOPEZ-NICOLAS C, et al. The effect of information overload and disorganisation on intention to purchase online: the role of perceived risk and internet experience[J]. Online information review, 2014, 38(4): 543-561.

⊕ GAO X W, SHI X J, GUO H D, et al. To buy or not buy food online: the impact of the COVID-19 epidemic on the adoption of e-commerce in China[J/OL]. PLoS ONE, 2020, 15(8) [2022-12-31]. https://doi.org/10.1371/journal.pone.0237900.

⊗ CHIU C M, WANG E T G, FANG Y H, et al. Understanding customers' repeat purchase intentions in B2C e-commerce: the roles of utilitarian value, hedonic value and perceived risk[J]. Information systems journal, 2014, 24(1): 85-114.

影响⊖。Ma 等人专门针对跨界购物网站中用户的持续购买行为展开了研究，发现感知风险对持续购买意愿具有负向影响⊖。Odusanya 等人的研究也验证了感知风险对用户在电子零售平台中重复购买意愿的负向影响⊜。

通过文献回顾可以发现，PRT 在该主题的研究上已经有较丰富的积累，形成了一批高质量的研究成果，且呈现出诸多特征：①总体来说，该主题的研究成果涉及用户在线购买的情感感知、购买意愿和持续购买意愿这些主要方面，涵盖了用户在线购买行为的主要环节，但比较之下，对持续购买意愿的研究略显单薄，且忽略了对实际购买行为的研究，这可能是由于现有研究所用的数据多是用户自报告主观数据，客观行为数据则较难收集；②现有研究对电子商务中用户感知风险的具体维度展开了分析，并探寻了其与其他因素之间的关系，例如不同研究分别探寻了感知风险与信任之间的关系、感知风险对信任的影响、感知风险与信任之间的双向影响，但未得到统一的结论，后续应加强对感知风险与其他主要因素之间的交互关系的系统研究和验证，总结出较为普适的规律；③现有研究多通过问卷获取用户数据，结合因子分析、回归分析、模型检验等方法展开定量分析，后续可以进一步丰富研究方法，如抓取电商网站中的用户行为数据展开分析，或者采用 fsQCA 这种定性与定量相结合的方法等；④现有研究多聚焦于某一文化背景或地区，并将用户作为一个概括群体展开研究，跨文化、跨地区、跨用户群体的比较研究相对较少，未来应加强这方面的研究力度，尤其是加强对基础比较薄弱地区电商用户行为的研究，细化研究粒度，聚焦研究情境。

13.2.2　感知风险理论在用户在线信息行为研究中的应用

1. 感知风险理论在数据、信息、知识共享研究中的应用

（1）PRT 在科学数据共享研究中的应用。随着信息技术的发展和数据量的剧增，科学研究范式日渐向数据密集型科研范式转变，形成了大数据时代以数据驱动的科学研究。数据不再只是科学研究的产出品，更是开展科学研究的基础性资源。科研人员可通过对已有科学数据进行再分析，创造出新的价值，从而有效避免数据重复创建而产生的浪费。然而，受数据共享中潜在风险、缺少激励等因素影响，很多科研人员并不愿意共享科学数据⊛。在这种背景下，学界开始深入探索如何促进科学数据的开放共享与再利用，并将 PRT

⊖ MARTIN S S, CAMARERO C. How perceived risk affects online buying[J]. Online information review, 2009, 33(4): 629-654.

⊖ MA Y, RUANGKANJANASES A, CHEN S C. Investigating the impact of critical factors on continuance intention towards cross-border shopping websites[J/OL]. Sustainability, 2019, 11(21):5914[2022-12-31]. https://doi.org/10.3390/su11215914.

⊜ ODUSANYA K, ALUKO O, LAL B. Building consumers' trust in electronic retail platforms in the Sub-Saharan context: an exploratory study on drivers and impact on continuance intention [J/OL]. Information systems frontiers, 2022, 24(2): 377-391 [2022-12-31]. https://doi.org/10.1007/s10796-020-10043-2.

⊛ STANLEY B, STANLEY M. Data sharing: the primary researcher's perspective[J].Law and human behavior, 1988,12(2): 173.

应用于这方面的研究之中。

一方面，大部分研究通过问卷调查、访谈、结构方程模型等方法，以整体科研人员或不同学科的科研人员为研究对象，探究其感知到的风险对数据开放共享态度和意愿的影响[⊖]，发现感知风险可以负向影响科学数据共享态度和意愿。例如，Ju 等人验证了感知风险对生物领域科研人员数据共享意愿的负向影响，并在此基础上构建了生物领域科学数据共享的准则[⊜]；王春晓等人则以研究生为对象，不仅探索了感知风险对研究生共享科学数据态度和意愿的影响，还进一步挖掘了感知风险的前因，发现共享环境对感知风险具有显著负向影响[⊜]。另一方面，现有研究对科学数据共享研究中感知风险的维度进行了细分，例如，李斯围绕图书情报科研人员对高校图书馆科学数据共享的感知风险展开了研究，发现科研人员的感知风险主要包括侵权和滥用风险、数据质量风险、学术优势丧失风险和组织压力风险，在此基础上构建了科学数据共享的感知风险量表并进行了实证检验[⊗]。此外，还有学者基于不同标准（年龄、性别、学科等）将科研人员进行群组划分，并比对了不同群组科研人员对数据共享与再利用的风险感知、共享意愿及行为等方面的差异[⊕]。

（2）PRT 在社会化媒体中信息和知识共享研究方面的应用。除了科学数据共享，用户在社会化媒体中的信息和知识共享行为是学界关注的另一个重要方面。在微博、在线社区、社交网站等社会化媒体成为互联网重要组成部分的今天，人们可以在上述媒介浏览他人发布的信息，并分享自己的信息、知识和经验。然而，不同用户对信息和知识共享行为的态度及意愿存在一定差异，有些用户较为谨慎，有些则乐于共享。研究指出，任何信息共享行为都伴随隐私损失和其他一些潜在风险，用户对风险与利益的感知和判断会对其信息共享意愿及行为产生影响[⊗]，因此学界也将 PRT 用于探索用户在社会化媒体中的信息与知识共享意愿和行为。有学者直接探究了感知风险这一整体构念对用户内容分享意愿的影响，发现感知风险与分享意愿之间成负相关关系[⊕]。有学者则对感知风险的前置影响因素及细分维度进行了挖掘，发现感知风险可以细分为被盗用信息和垃圾信息两个方面[⊗]，并在此基础上验证了感知风险与共享意愿和持续共享意愿的负相关性。然而，也有研究提出不同

⊖　毕达天，曹冉，杜小民. 人文社科学数据共享意愿影响因素研究：基于同辈压力视角 [J]. 情报资料工作，2020, 41(4): 67-76.

⊜　JU B Y, KIM Y. The formation of research ethics for data sharing by biological scientists: an empirical analysis[J]. ASLIB journal of information management, 2019,71(5): 583-600.

⊜　王春晓，陈姝彤，徐坤. 研究生科学数据共享态度与共享意愿关系研究 [J]. 情报科学，2020, 38(12): 78-84.

⊗　李斯. 图书情报科研人员对高校图书馆科学数据共享的感知风险研究 [J]. 图书馆学研究，2019, (9): 44-53.

⊕　TENOPIR C, DALTON E D, ALLARD S, et al. Changes in data sharing and data reuse practices and perceptions among scientists worldwide[J/OL]. PLoS ONE, 2015,10(8)[2022-12-31]. https://doi.org/10.1371/ journal. pone.0134826.

⊗　CULNAN M J, BIES R J. Consumer privacy: balancing economic and justice considerations[J]. Journal of social issues, 2003, 59 (2): 323-342.

⊕　LI F X. Chinese tourists' barriers to sharing travel photos in WeChat[J/OL]. Sustainability, 2020, 12(3):887 [2022-12-31]. https://doi.org/10.3390/ su12030887.

⊗　朱鹏，李璐，MARCHIONINI G. 基于调节定向理论的社交网络用户信息分享行为研究 [J]. 情报学报，2019, 38(3): 257-265.

观点：张克永等人将网络健康社区用户知识共享进一步划分为公共健康知识共享和个人健康知识共享，其实证研究结果表明，用户感知风险与个人健康知识共享呈负相关，但对公共健康知识共享却并没有显著影响[⊖]。

2. 感知风险理论在信息搜寻行为研究中的应用

信息搜寻行为这一概念自20世纪中叶提出以来，一直备受情报学领域学者关注，是信息行为研究的重点。它主要指用户为了满足自身的信息需求，从外界的信息源中进行识别后获取所需要信息的解决方案的过程。且随着互联网的普及，其研究重心日渐转为网络信息搜寻行为。学者将PRT用于探究用户对不同环境、不同类型信息的搜寻意愿及行为，如人工智能环境中的信息搜寻行为、健康信息搜寻行为、旅游信息搜寻行为、购买信息搜寻行为、公众信息搜寻行为、食品安全信息行为等，挖掘感知风险对用户信息搜寻态度、意愿及努力等的影响。需要指出的是，现有研究关于感知风险对信息搜寻的影响并未达成一致。例如，Jin等人发现感知风险对消费者信息搜寻努力有正向影响[⊖]，而李东进的研究却表明信息搜寻努力与消费者感知的风险之间没有关系[⊜]。又如，王馨悦等人指出，感知风险可以正向影响信息搜寻态度和行为[⊛]；而金帅岐等人的实证研究却发现，感知风险不会影响用户的健康信息搜寻行为[⊕]。此外，还有学者聚焦于感知风险的某个具体维度展开分析，探寻其对游客社会化搜寻策略的影响[⊗]。

3. 感知风险理论在信息披露及隐私安全研究中的应用

大数据技术、社交网络与移动网络的发展和普及，促使社交媒体、网络社区、移动应用等日渐成为人们生活的重要组成部分。这些工具在为人们提供便捷的同时也带来了隐私忧患。用户一方面有意或无意，主动或被动地披露个人信息以获得更好的服务，另一方面又希望更好地保护个人隐私，这种隐私悖论、隐私计算引起了学界关注。学者对感知风险与用户信息披露意愿的关系展开了实证研究：有研究指出，感知风险对社交网络信息披露意愿[⊕]、智慧图书馆用户隐私信息披露意愿均无显著影响[⊗]；但有研究却表明，感知风险可

⊖　张克永，李贺．网络健康社区知识共享的影响因素研究 [J]．图书情报工作，2017，61(5)：109-116.

⊖　JIN H, WANG H Y, GONG C, et al. A study on the influencing factors of consumer information-seeking behavior in the context of ambient intelligence[J]. Journal of ambient intelligence and humanized computing, 2018, 11(4): 1397-1404.

⊜　李东进．消费者搜寻信息努力与影响因素的实证研究：以广告媒体为中心 [J]．南开管理评论，2000，(4)：52-59.

⊛　王馨悦，刘畅．重大突发公共卫生事件中公众信息搜寻行为影响因素探究 [J]．图书情报工作，2020，64(21)：77-89.

⊕　金帅岐，李贺，沈旺，等．用户健康信息搜寻行为的影响因素研究：基于社会认知理论三元交互模型 [J]．情报科学，2020，38(6)：53-61.

⊗　余菜花，廉同辉，陈瑞婷，等．任务类型、主观自我效能和感知服务风险对游客社会化搜寻策略的影响研究 [J]．旅游科学，2019，33(2)：73-86.

⊕　兰晓霞．移动社交网络信息披露意愿的实证研究：基于隐私计算与信任的视角 [J]．现代情报，2017，37(4)：82-86.

⊗　谢珍，杨九龙．智慧图书馆视域下的用户隐私披露意愿 [J]．图书馆论坛，2020，40(9)：69-78.

以负向影响用户信息披露意愿，如大数据环境中 app 用户的隐私信息披露意愿[⊖]、在线医疗社区用户的健康隐私信息披露意愿[⊜]、电子商务中用户的个人信息披露意愿[⊜]等。可见，关于感知风险对信息披露意愿及行为的影响，学界目前还未达成一致。此外，还有学者对影响用户感知信息披露风险的因素进行了挖掘，如隐私意识[⊗]、信息敏感性[⊕]等，并探究了感知风险在个人信息披露和隐私关注中的调节行为[⊛]。除了定量实证研究，邓胜利等人还通过模糊集定性比较分析研究了多种因素的组合对动态个人信息披露的影响，并将感知风险进行细分，发现相较于隐私信息风险，人们更关注隐私社交风险[⊕]。

综上所述，PRT 在用户在线信息行为研究中的应用较为丰富，且具有诸多特征：①由于用户在线信息行为持续追踪和客观行为数据收集难度较大，PRT 在该主题的应用多以用户信息行为意愿为终点，对持续行为意愿的探究较少，更罕见深入对用户实际信息行为的研究；②在研究方法上，仍以调查问卷和结构方程模型为主，后续可以结合数据驱动方法、大数据处理技术、实验室实验等手段，获取客观行为数据，提高研究结果对实践的解释力度；③现有研究存在结论不一致的情况，并未达成统一，这可能是不同的理解角度和研究情境造成的，后续应通过元分析等合适的研究方法对造成这种不一致的原因进行深入剖析，并形成较为统一的具有规律性的结果；④现有研究多概括性地探究感知风险这一因素对用户信息行为的影响，对感知风险维度的细分及其影响因素的挖掘较少，对感知风险与其他因素的交互作用、调节作用等的探寻也较为单薄；⑤现有研究多将用户作为整个群体进行探究，相对忽略了不同用户群体对信息行为的感知风险及其产生影响的组间对比分析，后续可以进一步细分目标用户群。

13.2.3 感知风险理论在信息系统、服务和技术采纳研究中的应用

用户在采纳某信息系统或接受某项信息服务时，可能会感知到一些潜在的风险，如财务风险、隐私风险等，这些风险可能会对用户采纳该信息系统或服务的意愿产生一定影

⊖ 迪莉娅. 大数据环境下 APP 用户隐私计算影响因素研究 [J]. 现代情报，2019, 39(12): 131-137.

⊜ 王瑜超. 在线医疗社区用户健康隐私信息披露意愿的影响因素研究 [J]. 信息资源管理学报，2018, 8(1): 93-103.

⊜ ROBINSON C. Disclosure of personal data in ecommerce: a cross-national comparison of Estonia and the United States[J]. Telematics and informatics, 2017, 34(2): 569-582.

⊗ 孙霄凌，程阳，朱庆华. 社会化搜索中用户隐私披露行为意向的影响因素研究 [J]. 情报杂志，2017, 36(10): 172-179.

⊕ LI Y, KOBSA A. Context and privacy concerns in friend request decisions[J]. Journal of the association for information science and technology, 2019, 71(6): 632-643.

⊛ LIBAQUE-SAENZ C F, WONG S F, CHANG Y, et al. The effect of fair information practices and data collection methods on privacy-related behaviors: a study of mobile apps[J/OL]. Information & management, 2021, 58(1)[2022-12-31]. https://doi.org/10.1016/ j.im.2020.103284.

⊕ 邓胜利，胡树欣，赵海平. 组态视角下社交平台动态个人信息披露行为研究 [J]. 情报资料工作，2020, 41(5): 88-98.

响⊖。基于此，学者分别将 PRT 用于探究用户对不同类型信息系统和服务的采纳意愿及行为⊜，其中研究较多的是网络金融类、共享出行类及休闲娱乐社交类的信息系统及服务。

1. 感知风险理论在网络金融、在线支付类信息系统、服务和技术采纳研究中的应用

网络金融类信息系统和服务涉及用户大量的钱财信息，因此是 PRT 应用较多的一类信息系统和服务。Gbongli 等人指出用户对移动金融服务的感知风险受感知隐私风险、感知安全风险与感知成本的正向影响和用户信任的负向影响，且感知风险对移动金融服务采纳意愿存在负向影响⊜。Lee 对网上银行服务采纳的研究发现，财务风险、安全或隐私风险、绩效风险、时间风险对网上银行服务采纳意愿具有负向影响，而社会风险的影响并不显著㉃。Hu 等人却发现，感知风险对用户是否采纳金融科技服务并无显著影响㊄。此外，还有学者探究了感知风险与 P2P 服务㊅、用户移动银行㊆和电信银行㊇采纳意愿之间的关系。

另外，随着在线支付技术的兴起，有些学者开始将 PRT 用于在线支付系统采纳的研究㊈，其中，由于移动支付是当前最常用的在线支付形式，故近些年得到了较多关注。例如，Shao 等人探究了移动支付平台采纳中感知风险、用户信任及采纳意愿的关系，还对比了不同性别用户之间的差异，实证结果表明，无论是男性还是女性，其对移动支付平台的信任与感知风险均成负相关关系，但感知风险对持续采纳意愿的负向影响仅在女性用户中得到了支撑㊉。Yang 等人认为，学者多研究感知风险对移动支付采纳的影响，但很少探

⊖   IM I, KIM Y, HAN H J. The effects of perceived risk and technology type on users' acceptance of technologies[J]. Information & management, 2008, 45(1): 1-9.

⊜   QI M J, CUI J Y, LI X, et al. Perceived factors influencing the public intention to use e-consultation: analysis of web-based survey data[J/OL]. Journal of medical internet research, 2021, 23(1)[2022-12-31]. https://doi. org/10.2196/21834.

⊜   GBONGLI K, XU Y A, AMEDJONEKOU K M, et al. Evaluation and classification of mobile financial services sustainability using structural equation modeling and multiple criteria decision-making methods[J/OL]. Sustainability, 2020, 12(4)[2022-12-31]. https://doi.org/ 10.3390/su12041288.

㉃   LEE M C. Factors influencing the adoption of internet banking: an integration of TAM and TPB with perceived risk and perceived benefit[J]. Electronic commerce research and applications, 2009, 8(3): 130-141.

㊄   HU Z Q, DING S, LI S Z, et al. Adoption intention of fintech services for bank users: an empirical examination with an extended technology acceptance model[J]. Symmetry, 2019, 11(3): 340.

㊅   LARA-RUBIO J, VILLAREJO-RAMOS A F, LIEBANA-CABANILLAS F. Explanatory and predictive model of the adoption of P2P payment systems[J/OL]. Behaviour and information technology, 2021, 40(6)[2022-12-31].https:// doi.org/10.1080/0144929X.2019.1706637.

㊆   LUO X, LI H, ZHANG J,et al. Examining multi-dimensional trust and multi-faceted risk in initial acceptance of emerging technologies: an empirical study of mobile banking services[J]. Decision support systems, 2010, 49(2): 222-234.

㊇   ALALWAN A A, DWIVEDI Y K, WILLIAMS M D. Customers' intention and adoption of telebanking in Jordan[J]. Information systems management, 2016, 33(2): 154-178.

㊈   YANG Q, PANG C, LIU L, et al. Exploring consumer perceived risk and trust for online payments: an empirical study in China's younger generation[J]. Computers in human behavior, 2015, 50: 9-24.

㊉   SHAO Z, ZHANG L, LI X T, et al. Antecedents of trust and continuance intention in mobile payment platforms: the moderating effect of gender[J/OL]. Electronic commerce research and applications, 2019, 33[2022-12-31]. https:// doi.org/10.1016/j.elerap.2018.100823.

究移动支付采纳中用户感知风险的维度及来源，因此专门对感知风险维度进行了细分、检验和量化，发现感知信息不对称、感知技术不确定性、感知控制不确定性和感知服务无形性是感知风险的主要决定因素，而感知绩效风险、财务风险和隐私风险则对用户移动支付采纳意愿具有显著的负向影响，从而弥补了感知风险的前因和后果之间的差距⊖。

2. 感知风险理论在共享出行类服务采纳研究中的应用

环保意识的加强、信息技术的成熟及共享经济的发展，促使共享类服务日渐普及，并受到广泛关注。一方面，有学者将 PRT 用于探究用户对共享出行类服务的采纳意愿及行为。Wang 等人将感知风险看作是由一阶风险维度构成的二阶形成性概念，探寻没有使用过共享出行服务用户的采纳意愿，发现感知风险虽与他们的共享出行服务采纳意愿呈负相关，但却能正向调节感知价值对共享出行采纳意愿的影响⊜。Cheng 等人探究了感知风险对用户关于共享单车持续使用意愿的影响，研究证明感知风险可以通过用户满意度和感知有用性间接影响用户持续采纳意愿，但其对共享单车持续采纳意愿的直接影响却并未通过检验⊜。

另一方面，随着社交网络和基于互联网的共享经济的发展，共享短租作为一种新型服务正在兴起，它通过社交网络平台为人们在城市购买短租服务提供了便捷的方式。Zhao 等人的实证研究指出用户感知风险对其采纳共享短租服务意愿及决策具有负向影响，而感知风险则会受到在线评论质量的影响㉓。Yi 等人指出智慧旅游及其中涉及的共享经济服务正在改变人们的生活，因此对旅游业中的共享经济服务风险展开了研究，发现隐私和财务风险对共享短租服务的采纳意愿存在负向影响，但身体和绩效风险却与用户采纳共享短租服务的意愿成正相关关系，这种风险悖论可能是共享经济的颠覆性创新和旅游业的风险参与特征共同作用的结果㉔。Kim 等人将 PRT 用于探究影响 O2O 住宿 app 服务持续使用意愿的因素，结果表明，感知风险通过其对感知价值和满意度的影响，可以对用户持续采纳住宿 app 的意愿产生重要影响，且感知隐私风险对感知价值的影响最大㉕。

⊖ YANG Y Q, LIU Y, LI H X, et al. Understanding perceived risks in mobile payment acceptance[J]. Industrial management & data systems, 2015, 115(2): 253-269.

⊖ WANG Y, GU J B, WANG S Y, et al.Understanding consumers' willingness to use ride-sharing services: the roles of perceived value and perceived risk[J]. Transportation research part C: emerging technologies, 2019, 105: 504-519.

⊜ CHENG P, OU YANG Z, LIU Y.Understanding bike sharing use over time by employing extended technology continuance theory[J]. Transportation research part A: policy and practice, 2019, 124: 433-443.

㉓ ZHAO J, PENG Z X. Shared short-term rentals for sustainable tourism in the social-network age: the impact of online reviews on users' purchase decisions[J/OL]. Sustainability, 2019, 11(15) [2022-12-31]. https://doi.org/10.3390/su11154064.

㉔ YI J S, YUAN G, YOO C. The effect of the perceived risk on the adoption of the sharing economy in the tourism industry: the case of Airbnb[J/OL]. Information processing & management, 2020,57(1) [2022-12-31]. https://doi.org/10.1016/j.ipm.2019.102108.

㉕ KIM S H, BAE J H, JEON H M. Continuous intention on accommodation apps: integrated value-based adoption and expectation-confirmation model analysis[J/OL]. Sustainability, 2019, 11(6) [2022-12-31]. https://doi.org/10.3390/su11061578.

3. 感知风险理论在休闲娱乐社交类信息系统及服务采纳研究中的应用

休闲娱乐与网络社交是当今用户使用互联网信息系统和服务的主要目的。而近几年电子竞技的迅猛发展，使得网络游戏受到更多人的青睐。在这种情况下，网络游戏作为一种重要的休闲娱乐系统，得到了学界的关注。有学者引入 PRT 考察了用户采纳网络游戏意愿的影响因素，并通过模拟和仿真分析数据，研究结果表明，安全风险意识对用户感知风险有显著正向影响，好奇心对感知风险有显著负向影响⊖。有学者通过结构方程模型检验了感知风险对用户持续采纳网络游戏意愿的影响，发现感知风险可以调节其他因素对持续采纳意愿的影响，感知风险越高，感知享受、感知有用性、自我表达和自我一致性对持续意图的影响越强，而对自我效能的影响则相反⊜。此外，随着直播服务的迅猛发展，还有学者将 PRT 应用到用户对直播服务的采纳中，探究感知风险与直播服务持续采纳意愿的影响⊝。

除了网络游戏，社交网站也受到较多关注。Curras-Perez 等人探讨了感知风险对社交网站用户忠诚度的影响，将感知风险细分为感知心理风险、感知时间损失和感知社会风险，发现感知风险与社交网站采纳意愿存在负相关关系，并提出了降低感知风险维度的可行准则⊗。Li 等人则以美国、韩国和中国的用户为研究对象，探寻不同国家的不同文化背景中的用户对社交网站感知风险及隐私决策的差异，发现个人主义国家与集体主义国家的用户感知风险和隐私关注的焦点、影响因素存在不同，因此建议为不同国家用户提供不同的社交网络语境和服务⊕。还有学者聚焦于某一特定功能的社交网站及服务，如在线约会服务，探究用户对在线约会服务的感知风险及其对采纳意愿的影响，发现感知风险是导致用户不愿采纳在线约会服务的一个重要因素，感知风险可以调节用户信任对用户采纳意愿的影响⊗。

4. 感知风险理论在"新"信息系统、服务和技术采纳研究中的应用

信息技术的更新迭代促使新技术不断涌现，如人工智能、物联网、云计算、5G 等，

⊖ DAHABIYEH L, NAJJAR M S, AGRAWAL D.When ignorance is bliss: The role of curiosity in online games adoption[J/OL]. Entertainment computing, 2021, 37 [2022-12-31]. https://doi.org/10.1016/ j.entcom.2020.100398.

⊜ SHARMA T G, HAMARI J, KESHARWANI A, et al. Understanding continuance intention to play online games: roles of self-expressiveness, self-congruity, self-efficacy, and perceived risk [J/OL]. Behaviour & information technology, 2020, 41(2) [2022-12-31]. https://doi.org/10.1080/0144929X. 2020.1811770.

⊝ SINGH S, SINGH N, KALINIC Z, et al. Assessing determinants influencing continued use of live streaming services: an extended perceived value theory of streaming addiction[J/OL]. Expert systems with applications, 2021,168 [2022-12-31]. https://doi.org/10.1016/j.eswa.2020.114241.

⊗ CURRAS-PEREZ R, RUIZ-MAFE C, SANZ-BLAS S. Social network loyalty: evaluating the role of attitude, perceived risk and satisfaction[J]. Online information review, 2013, 37(1): 61-82.

⊕ LI Y, RHO E H R, KOBSA A. Cultural differences in the effects of contextual factors and privacy concerns on users'privacy decision on social networking sites[J/OL]. Behaviour & information technology, 2020, 41(3) [2022-12-31]. https://doi.org/10.1080/0144929X.2020.1831608.

⊗ CHEN Q, YUAN Y F, FENG Y Q, et al. A decision paradox: benefit vs risk and trust vs distrust for online dating adoption vs non-adoption[J]. Internet research, 2020, 31(1): 341-375.

这些新技术不断重构人类生产方式、生活方式和价值理念，对人类社会产生重要影响。那么用户对这些新技术的采纳意愿如何，哪些因素影响用户对这些新技术的采纳，是当前学界、业界讨论的重要议题。有学者将 PRT 用于用户对智能家居设备感知风险及采纳意愿的研究，发现隐私风险、绩效风险和时间风险对感知风险有显著影响，安全风险和财务风险并未产生影响，且与智能家居设备带来的好处相比，用户更容易忽略其潜在的风险[○]。有学者提出了不同的观点，他们认为智能家居服务并未像之前预期的那样受欢迎，并将感知风险分为绩效风险、财务风险、隐私风险和心理风险四个维度，挖掘了阻碍用户采纳智能家居服务的因素，实证表明，上述四种风险维度均受到技术不确定性和服务无形性的影响，且除了财务风险，感知风险的其他维度均对用户对于智能家居服务的抵抗力具有正向影响[○]。还有学者针对自动化驾驶车辆展开了研究，将感知风险细分为感知安全风险和感知隐私风险两个维度，探究了二者对用户初始信任及采纳意愿的影响[○]。

由上述内容可知，随着互联网和信息技术的发展，信息系统和信息服务的类型不断丰富，PRT 基本上在各种信息系统和服务的采纳研究中都有所应用，并表现出诸多特征：①从信息系统和服务的类型来看，网络金融、在线支付类信息系统和服务因为涉及用户钱财，所以是 PRT 最为常用的一个阵地；随着共享经济的发展，共享类服务也日渐受到学界重视，此外与人工智能这些新技术相关的系统和服务将会受到越来越多的关注，是未来研究的一个重要方向。②与前两大主题一样，该主题的现有研究也存在不一致的研究结论，以网络金融服务采纳为例，有研究指出感知风险对采纳意愿有负向影响，有研究却认为没有影响，因此后续仍需在现有研究基础上展开进一步分析。③现有研究多聚焦于用户对信息系统采纳态度和意愿等方面，对持续采纳意愿和实际采纳行为的探究要进一步加强。④现有研究已经开展了一定的跨文化、跨地区研究，后续可以从纵向的历史的角度出发，探索用户风险感知对用户采纳的影响随时间的变化情况。

13.3　结论与展望

通过文献回顾和梳理可知，信息系统领域已经涌现出一些基于 PRT 的研究成果，主要集中在感知风险理论在电子商务用户购买行为研究中的应用，在用户在线信息行为研究中的应用与在信息系统、服务和技术采纳研究中的应用三个方面。

然而，现有研究仍存在一些不足之处，主要体现在：①现有研究对不同情境中感知风险的维度及其相互关系和影响因素的挖掘还不够深入，后续应围绕这一方面展开进一步研

○ WANG X Q, MCGILL T J, KLOBAS J E. I want it anyway: consumer perceptions of smart home devices[J]. Journal of computer information systems, 2018, 60(5): 437-447.

○ HONG A, NAM C, KIM S.What will be the possible barriers to consumers' adoption of smart home services?[J/OL]. Telecommunications policy, 2020, 44(2) [2022-12-31]. https://doi.org/10.1016/ j.telpol.2019.101867.

○ ZHANG T R, TAO D, QU X D, et al. The roles of initial trust and perceived risk in public's acceptance of automated vehicles[J]. Transportation research part C: emerging technologies, 2019, 98: 207-220.

究；②由于当前研究所依托的数据仍以用户自报告主观数据为主，大部分研究仍将用户的行为意愿作为研究的落脚点，对用户持续使用意愿的研究较少，真正延伸到实际行为的研究更为罕见；③现有研究关于感知风险与其他重要构念（如用户信任、态度、意愿等）之间的关系并未形成一致的研究成果，仍存在较明显的分歧，例如，在某些情境中，感知风险对用户行为意愿具有显著负向影响，而在另一些研究中却并无显著影响，这可能是由行为类型、文化背景、研究情境等的差异造成的，后续应展开进一步分析，以上升为规律性的结论；④不同文化、不同地区及具有不同特征的用户群体对风险的感知和行为特征可能会有所差异，但现有研究并未对此进行深入的探究，后续应对用户群进行划分，细化研究粒度；⑤现有研究多通过回归分析、结构方程模型展开定量研究，随着学界对"数据驱动的科学研究"的呼吁，未来应结合数据挖掘、实验室实验等，进一步获取用户行为客观数据，并结合定性和定量研究方法的优势，进一步规范研究范式；⑥用户的行为意愿和实际行为可能会随着时间的推移发生变化，而现有研究多聚焦于某个时间点或时间段，仅有个别研究考量了用户的短期行为和长期行为的差异，因此后续需要增加纵向的历史研究。

为弥补当前研究的不足，后续信息系统领域中应用 PRT 的研究应关注 5 个方向：①对信息系统领域不同研究情境中用户感知风险的细分维度进行深入挖掘，并加大对不同风险维度的前因与后果的探究，拓展 PRT 在信息系统领域应用的深度。②考虑到行为意愿有时并不能准确反映用户实际行为，且行为意愿可能随时间的推移发生变化，后续研究一方面要延长用户行为研究的链条，将研究终点从用户行为意愿延伸到实际行为，使其覆盖整个行为周期；另一方面要对用户近期和长期行为意愿及实际行为进行比较分析，在持续追踪的基础上开展历史的、纵向的研究。③针对当前研究未达成一致的研究结论展开进一步分析，可借助元分析对该领域现有实证研究进行再次统计，剖析感知风险与其他重要变量之间真实的相关关系，探讨现有研究存在分歧的原因，总结出具有规律性的结论。④加强对不同文化、不同地区、不同用户群的比较分析，增大对信息技术及基础较为薄弱地区、信息弱势群体及新兴信息系统和信息技术的研究力度，拓展 PRT 应用范围，细化研究粒度。⑤在研究方法方面，不局限于问卷调查和结构方程模型，积极尝试数据驱动的研究方法和定性、定量相结合的研究方法，通过实验（借助眼动仪、脑电仪、观察等）和数据挖掘，获取能够反映用户实际行为的较为客观的数据，弥补单一自报告数据的不足，进一步规范研究范式，提高研究结果的解释力度和公信力。

第14章

感知价值理论的演化及其在信息系统研究领域的应用与展望

1988 年，Zeithaml 正式提出了感知价值理论（perceived value theory，PVT）[⊖]，其核心思想是：顾客对于产品或服务价值的感知是其在感知到的收益与成本之间进行权衡后做出的总体评价，并以其作为消费的依据。

PVT 自提出以来，得到了各领域学者的广泛关注，并经常被用于解释消费者在特定情境下的偏好和消费行为[⊜]。为阐明 PVT 的演化与应用现状，国内外学者对 PVT 及其应用研究进行了梳理：① PVT 的演化。Sanchez-Fernandez[⊜]、Zauner[⊜]等人回顾了不同学者对理论的阐释，认为感知价值这一构念是复杂的、多维的，具有比较性、个人性和情境性，而 Boksberger 等人梳理了先前研究中感知价值的测量方法和指标，以及它与服务质量和顾客满意度等概念的关系，认为后续可以研究感知价值与其他营销构念的相互关系[⊕]。② PVT

⊖ ZEITHAML V A. Consumer perceptions of price, quality, and value: a means-end model and synthesis of evidence[J]. Journal of marketing, 1988, 52(3): 2-22.

⊜ 董大海，杨毅. 网络环境下消费者感知价值的理论剖析 [J]. 管理学报，2008, 27(6): 856.

⊜ SANCHEZ-FERNANDEZ R, INIESTA-BONILLO M A. The concept of perceived value: a systematic review of the research[J]. Marketing theory, 2007, 7(4): 443-444.

⊜ ZAUNER A, KOLLER M, HATAK I. Customer perceived value: conceptualization and avenues for future research[J]. Cogent psychology, 2015, 2(1): 7-8.

⊕ BOKSBERGER P E, NELSEN L. Perceived value: a critical examination of definitions, concepts and measures for the service industry[J]. Journal of services marketing, 2011, 25(2): 232.

在特定领域内的应用。Grew 等人对其在社区药房服务的研究进行了梳理，总结了药房服务中的感知成本和感知价值的概念及对顾客消费模式的影响⊖。

随着信息技术的发展，电子商务、在线社区、即时通信等各类在线服务相继出现，用户拥有更多的选择和更低的转换成本，如何理解用户的行为意愿成为信息时代重要的研究问题，这为 PVT 提供了重要的应用场景，相关成果也不断涌现。然而，在文献调研中我们还未见有 PVT 在信息系统领域应用的综述性文章，为帮助学界把握 PVT 在信息系统领域应用的研究进展，本章在介绍 PVT 的起源与发展的基础上，梳理了 PVT 在信息系统研究领域的应用现状，并总结现有研究存在的局限和未来可能值得关注的方向。

14.1　感知价值理论的起源与发展

14.1.1　感知价值理论的起源

迈克尔·波特于 1985 年提出了价值链理论⊜，将企业看作一系列创造价值和支持价值创造的功能活动的集合，认为通过有效管理组成价值链的内部活动可以创造竞争优势，这一理论得到了学界和业界的广泛响应。然而，随着顾客需求和市场环境的不断变化，这些改进已收效甚微，因此人们将目光从企业内部转向外部，开始重视顾客的需求和价值，Woodruff 指出：顾客价值是下一个竞争优势的源泉⊜。自此顾客价值链得到了学者们的重视，并对顾客价值的内涵进行深入研究。部分学者认为，企业在为顾客设计、创造、提供价值时应以顾客为导向，将顾客对价值的感知作为决定因素，顾客价值是由顾客而不是供应企业决定的，因此顾客感知价值（customer perceived value）的概念开始被提及⑭。

在诸多有关感知价值的定义中，Dodds 等人较早对顾客的感知价值进行了界定，通过对价格与质量之间关系的分析，将感知价值定义为感知到的质量和效用与付出价格所作牺牲的权衡⑤。Wood 等人进一步扩展了 Dodds 的框架，将感知价值解释为感知收益和感知成本的权衡，并将感知风险纳入感知成本中⑥。而 Zeithaml 基于先前的研究提出了感知价值理论，构建了由感知价值、感知质量、感知价格、感知付出等构念组成的概念框架，如图 14-1 所示⑦⑧。

⊖　GREW B, COLLINS J C, SCHNEIDER C R, et al. How does perceived cost and value influence pharmacy patronage? A scoping review[J]. International journal of pharmaceutical and healthcare marketing, 2020, 14(4): 641-663.

⊜　波特 . 竞争优势 [M]. 陈小悦，译 . 北京：华夏出版社，2005.

⊜　WOODRUFF R B. Customer value: the next source for competitive advantage[J]. Journal of the academy of marketing science, 1997, 25(2): 139-140.

⑭　白长虹 . 西方的顾客价值研究及其实践启示 [J]. 南开管理评论，2001, (2): 52.

⑤　DODDS W B, MONROE K B. The effect of brand and price information on subjective product evaluations[J]. ACR North American advances, 1985, 12: 85-90.

⑥　WOOD C M, SCHEER L K. Incorporating perceived risk into models of consumer deal assessment and purchase intent[J]. ACR North American advances, 1996, 23(1): 399-404.

⑦　ZEITHAML V A. Consumer perceptions of price, quality, and value: a means-end model and synthesis of evidence[J]. Journal of marketing, 1988, 52(3): 2-22.

⑧　王启万 . 顾客感知价值导向的整合营销传播研究 [M]. 徐州：中国矿业大学出版社，2013.

他在研究中描述了价值的四种不同定义：①价值是指低价；②价值是指消费者在产品中想要的任何东西；③价值是指支付的价格所获得的质量；④价值是指消费者的付出所得到的东西。最终他将感知价值总结为顾客基于其所感知的利益和付出的成本而对产品或服务效用的总体评价。PVT 认为人们对产品的评价是基于他们对价格、质量和价值的感知，而不是基于客观属性（如实际价格或实际质量），因此提升顾客感知价值可以通过提升顾客感知利益或减少顾客感知成本来实现。

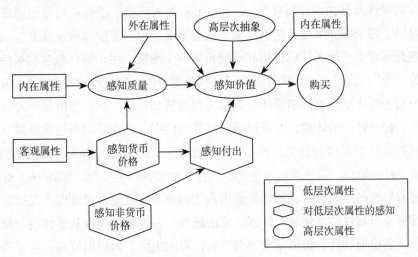

图 14-1　Zeithaml 的感知价值理论

14.1.2　感知价值理论的发展

Zeithaml 的理论得到了学者们的认可和广泛关注，然而该理论是基于消费者是理性的假设提出的，注重消费者对于效用的评价，对于消费过程中的体验和感受部分缺乏解释力。此外，理论只关注了感知价值对购买行为的影响，而忽略了对其他消费行为的影响。为了弥补这些缺陷，有学者尝试在驱动因素、维度构成及影响结果等方面对 PVT 进行扩展和完善。

（1）感知价值的驱动因素研究。对感知价值驱动因素的研究可以帮助理解用户在消费过程中重视的方面，除了产品和服务本身的质量及价格，学者们也探究了其他可能的驱动因素。赵益民在回顾了先前研究后指出附加在产品或服务上的品牌、消费环境、互动关系及顾客情绪都会对感知价值产生影响[一]。此外，顾客的文化价值观[二]及安全顾虑[三]也对感知价值有驱动作用。

[一] 赵益民. 体验经济视角下民宿客感知价值、满意度及其行为意向的作用机理研究 [M]. 北京：经济管理出版社，2020.

[二] 苏淞，孙川，陈荣. 文化价值观、消费者感知价值和购买决策风格：基于中国城市化差异的比较研究 [J]. 南开管理评论，2013, 16(1): 106-107.

[三] 张瑞金，李国鑫，王茹. 移动数据业务手机用户感知价值结构模型研究 [J]. 中国软科学，2014, 284(8): 140.

（2）感知价值的维度构成研究。感知价值的维度构成关系到其内涵解释及后续的量化研究，许多学者提出了自己的观点。学者们从消费体验的视角对维度进行扩充，Babin等人在研究消费者购物体验的评价中将感知价值分为功利性价值和享乐性价值两个维度⊖。这一观点较早地在感知价值中补充了非功利性维度，为后续的研究提供了基础。Danaher等人则使用了三个感知价值的维度，即情感价值、实用价值和逻辑价值，其中情感价值维度侧重于消费者的感受，实用价值维度侧重于消费的物质和功能层面，逻辑价值维度则注重购买行为的理性及其他抽象特征⊜。而 Sweeney 等人测量了消费者对耐用消费品价值的感知，并提出了四个感知维度：情感维度、社会维度、价格维度和质量维度⊜。Sheth 等人更进一步在此基础上扩展了认识价值和情境价值两个维度，用于解释顾客购买特定产品和品牌的决策行为⊛。此外，也有学者考虑了自我实现价值、安全价值等维度⊛。Holbrook 认为，产品与服务所产生价值的消费体验，即为顾客感知价值。感知价值是一种具有"互动性、相对性、偏好性"的体验，并可以通过外在与内在、自我导向与他人导向及主动与被动三个不同的维度对其进行分类，而通过不同维度间的交叉组合可以归纳出效率、娱乐、质量、美观、社会地位、道德规范、尊重、精神八种感知价值类型，如表 14-1 所示⊛⊛。总体而言，随着研究的不断推进，感知价值由最初的单一维度向多维度概念发展，同时包含了对产品服务本身属性的评估和对外部要素的感知，并综合了理性和感性两个视角，其中实用价值、情感价值和社会价值是大部分学者认可的维度，而根据研究情境学者们也会提出部分特定维度，这也印证了 Holbrook 的观点。

表 14-1　Holbrook 的感知价值类型

维度		外在	内在
自我导向	主动	效率	娱乐
	被动	质量	美观
他人导向	主动	社会地位	道德规范
	被动	尊重	精神

（3）感知价值的影响结果研究。白长虹等人论述了感知价值对于顾客满意的影响，认为顾客感知价值与顾客满意间存在层次上的互动，从而形成不同层次的顾客满意⊛。

⊖　BABIN B J, DARDEN W R, GRIFFIN M. Work and/or fun: measuring hedonic and utilitarian shopping value[J]. Journal of consumer research, 1994, 20(4): 645-647.

⊜　DANAHER P J, MATTSSON J. Customer satisfaction during the service delivery process[J]. European journal of marketing, 1994, 28(5): 6-7.

⊜　SWEENEY J C, SOUTAR G N. Consumer perceived value: the development of a multiple item scale[J]. Journal of retailing, 2001, 77(2): 211.

⊛　SHETH J N, NEWMAN B I, GROSS B L. Why we buy what we buy: a theory of consumption values[J]. Journal of business research, 1991, 22(2): 160-162.

⊛　张瑞金，李国鑫，王茹 . 移动数据业务手机用户感知价值结构模型研究 [J]. 中国软科学，2014, 284(8): 140.

⊛　HOLBROOK M B. Consumer value: a framework for analysis and research[M]. London: Psychology Press, 1999.

⊛　HOLBROOK M B. Service quality: new directions in theory and practice[M]. California: Thousand Oaks, Ca, 1994: 24.

⊛　白长虹，廖伟 . 基于顾客感知价值的顾客满意研究 [J]. 南开学报，2001, (6): 18-19.

Gallarza 等人探究了旅游相关背景下顾客感知价值、满意度和忠诚度的关系，表明质量是感知价值的前因，满意度是感知价值的行为结果，而忠诚度是最终结果⊖。同时，研究发现感知价值也会对顾客的再购买意图和向他人推荐意图产生影响⊜⊝。

综上所述可以发现，研究从感知价值的维度构成及前因后果等方面对 PVT 进行了补充和完善。而随着信息技术的发展，PVT 在软件和互联网的情境下有了新的研究进展，本章将分析其在信息系统领域的应用研究，以把握其在信息科学中的应用价值。

14.2 感知价值理论在信息系统研究领域的应用进展

14.2.1 信息系统环境下感知价值驱动因素的研究

在传统的线下渠道中，顾客的消费体验涉及与物理环境、销售人员的互动，而互联网则将购物体验转变为人机之间的互动，因而顾客对产品和服务价值的感知也发生了变化，传统的有关感知价值驱动因素的研究框架难以适用。由此，许多学者从这个角度出发对信息系统环境下感知价值内涵与驱动因素进行了研究。

在传统的实体环境中，感知质量、消费体验、感知风险和产品价格等被认为是影响感知价值的重要因素，Chen 等人综合了先前的研究结果，将 B2C 电子商务顾客的感知价值归纳为在线购物体验、感知产品质量及价格，而由于顾客直接与网站互动而无法接触实际商品，因此网站的易用性、信息相关程度和顾客服务会对体验产生重要影响，并进一步影响顾客对于感知产品质量和感知价值的判断，同时文章也探究了感知风险对于感知价值的影响，但并未发现显著关联⊗。然而，钟凯在研究中则发现感知风险对感知价值的影响是负向的⊗。Jiang 等人着重讨论了电子商务中的感知服务质量及其与感知价值的关系，在传统的 SERVQUAL 服务质量模型的基础上融合了在线系统评价相关的维度，确立了关怀、可靠度、产品组合、易用度和安全共 5 个在线服务质量维度，使其符合电子商务情境⊗。Wu 等人将感知价值视作预期收益的总体评估，并从交易成本经济学的视角归纳了三类电子商务中的交易成本，包括信息搜索成本、道德风险成本及特定资产投资，三者均对顾客的感知价值有负面影响⊕。可以发现研究为这些传统的感知价值驱动因素扩充了信息系统相

⊖ GALLARZA M G, SAURA I G. Value dimensions, perceived value, satisfaction and loyalty: an investigation of university students' travel behaviour[J]. Tourism management, 2006, 27(3): 448.

⊜ 姚太平 . 主题公园游客体验价值与满意度实证研究 [D]. 成都：西南交通大学，2011: 58-60.

⊝ 周名哲 . 网络购物顾客参与、体验价值和行为意向的研究 [D]. 北京：北京工商大学，2014: 53-54.

⊗ CHEN Z, DUBINSKY A J. A conceptual model of perceived customer value in e-commerce: a preliminary investigation[J]. Psychology & marketing, 2003, 20(4): 336-339.

⊗ 钟凯 . 网络消费者感知价值对购买意愿影响的研究 [D]. 沈阳：辽宁大学，2013: 111-112.

⊗ JIANG L A, JUN M, YANG Z L. Customer-perceived value and loyalty: how do key service quality dimensions matter in the context of B2C e-commerce?[J]. Service business, 2016, 10(2): 309-311.

⊕ WU L Y, CHEN K Y, CHEN P Y, et al. Perceived value, transaction cost, and repurchase-intention in online shopping: a relational exchange perspective[J]. Journal of business research, 2014, 67(1): 2774.

关的概念，使其能够反映顾客对在线服务的评价。

以上研究主要从服务的视角探讨感知价值的驱动因素，更多学者考虑到产品和服务自身特性对于用户感知价值的直接影响。在互联网中人们会频繁地搜寻、接受和交换各类信息，因而信息的各方面特征也可能影响用户的感知价值。Lin 等人通过调查基于位置的移动广告（LBA），指出广告内容的可信度、相关度、娱乐度和情境化与感知价值呈正相关，而广告内容的恼人程度则与感知价值呈负相关[日]。在在线健康社区中，信息来源可靠性、信息准确性和时效性等也会对感知价值产生较大影响[日]。此外，黄文彦等人讨论了网络口碑对于网络购物感知价值的影响，并发现网络口碑论据质量和来源可靠性均与感知价值呈正相关[日]。Chang 等人讨论了虚拟社区嵌入资源对感知价值的影响，而这类资源包括关系资源、技术基础设施、知识资源及人力资源[日]。

也有研究讨论了技术特性对于感知价值的影响，Steenkamp 等人研究了消费者在浏览品牌制造商网站时获得的感知价值，指出网站可定制化和文化一致性会影响感知价值[日]。类似地，Buell 等人提出网站操作的透明度会对用户的感知价值产生正向影响，而这一作用也会被响应时间和网站返回结果调节[日]。随着近几年移动互联网的兴起，也有学者对移动应用感知价值进行了分析，相较于传统互联网，移动应用用户的感知价值更易受到产品新颖性的影响，这表明移动应用用户更愿尝试新鲜事物[日]。另外，伴随着互联网服务的不断深入，隐私安全问题愈发受到重视，Johnson 提出消费者使用网上银行业务时对信息技术的信任会影响消费者的感知价值[日]，董庆兴等人也表明用户在在线健康社区中信息的隐私安全性也会影响到对社区的感知价值[日]。

由上述内容可知，除了传统研究中提到的感知质量、消费体验等因素外，内容特征、技术特性和隐私安全等诸多信息系统的相关因素也会对感知价值产生影响，这些成果对于

㊀ LIN T T C, BAUTISTA J R. Content-related factors influence perceived value of location-based mobile advertising[J]. Journal of computer information systems, 2020, 60(2): 190.

㊁ 董庆兴，周欣，毛凤华，等 . 在线健康社区用户持续使用意愿研究：基于感知价值理论 [J]. 现代情报，2019，39(3): 12-13.

㊂ 黄文彦，劳陈峰 . 网络口碑质量对顾客感知价值和购买意愿的影响研究 [J]. 消费经济，2013, 29(5): 52.

㊃ CHANG C M, HSU M H, HSU C S, et al. Examining the role of perceived value in virtual communities continuance: its antecedents and the influence of experience[J]. Behaviour & information technology, 2014, 33(5): 513-515.

㊄ STEENKAMP J B E M, GEYSKENS I. How country characteristics affect the perceived value of web sites[J]. Journal of marketing, 2006, 70(3): 144.

㊅ BUELL R W, NORTON M I. The labor illusion: how operational transparency increases perceived value[J]. Management science, 2011, 57(9): 1575-1576.

㊆ KARJALUOTO H, SHAIKH A A, SAARIJARVI H, et al. How perceived value drives the use of mobile financial services apps[J]. International journal of information management, 2019, 47: 7.

㊇ JOHNSON D S. Achieving customer value from electronic channels through identity commitment, calculative commitment, and trust in technology[J]. Journal of interactive marketing, 2007, 21(4): 2-22.

㊈ 董庆兴，周欣，毛凤华，等 . 在线健康社区用户持续使用意愿研究：基于感知价值理论 [J]. 现代情报，2019，39(3): 12-13.

理解用户如何感知信息系统有重要意义。然而，部分研究在定义感知价值时通常仅关注到感知价值的效用层面，将感知价值视作一个单维的构念，如 Wu 等人在量表中将感知价值描述为省时、省力、产品质量等与效率有关的概念，单维的构念虽然具有测量较为简单和明确的优点，但无法反映出消费者对价值感知的复杂性[⊖]。互联网提供了愈发多样的娱乐服务及个性化服务，用户在使用过程中的享乐价值也同样值得关注。同时除了人机交互这一过程，人们亦在互联网上与他人互动，后续的研究可以考虑对用户社会价值感知的影响，如社区成员的互动是否会对用户感知价值产生影响。此外，早期和近期的文献在隐私安全方面存在不一致的结论，随着信息系统收集用户数据的不断增加，隐私顾虑应该成为后续研究中要考虑的因素。从研究对象看，上述研究选取的研究样本以青年群体居多，近年来互联网在中老年群体中也逐渐普及，由于老年人的需求和认知能力等与年轻人存在差异，因此也可针对这一群体做进一步的研究。

14.2.2 感知价值理论在信息系统用户行为研究中的应用

用户在与信息系统交互时也会对收益和成本进行衡量，因此部分学者也基于感知价值理论来解释这一过程及感知价值对信息系统用户行为的影响。

1. 感知价值理论在信息系统参与和采纳研究中的应用

参与行为是指用户实际参与到产品或服务形成过程中的行为，如浏览、互动、创造等[⊖]，采纳行为则是指用户考虑多种因素后愿意使用或购买产品和服务的行为[⊜]，用户的参与和采纳是信息系统成功的第一步，二者一直以来是信息系统领域的热门研究方向。杨永清等人对移动互联网用户采纳行为进行了研究，结果显示感知价值、社会影响和感知有用性对用户采纳意愿有直接影响，同时用户创新意识对感知价值与用户采纳意愿的关系有显著负向调节作用[⊕]。类似地，Kim 等人在移动技术用户的研究中也表达了类似的看法，并表明感知价值可以通过影响满意度来影响参与意愿[⊛]。Zhu 等人探究影响共享出行应用采纳的重要因素，研究表明自我效能对消费者的价值感知有直接影响，而感知价值可以正向影响采纳意愿，也可通过态度间接影响采纳意愿[⊗]。Wang 等人从感知价值的视角考察了用户采纳移动酒店预约服务的因素，结果表明感知价值是解释用户采纳移动酒店预约服务的预测

⊖ SANCHEZ-FERNANDEZ R, INIESTA-BONILLO M Á. The concept of perceived value: a systematic review of the research[J]. Marketing theory, 2007, 7(4): 443-444.

⊜ 周名哲. 网络购物顾客参与、体验价值和行为意向的研究 [D]. 北京：北京工商大学，2014: 6.

⊜ 邓朝华. 移动服务用户采纳模型及其实证研究 [D]. 武汉：华中科技大学，2008: 4.

⊕ 杨永清，张金隆，满青珊，等. 移动互联网用户采纳研究：基于感知利益、成本和风险视角 [J]. 情报杂志，2012, 31(1): 205.

⊛ KIM Y H, KIM D J, WACHTER K. A study of mobile user engagement (MoEN): engagement motivations, perceived value, satisfaction, and continued engagement intention[J]. Decision support systems, 2013, 56: 367.

⊗ ZHU G, SO K K F, HUDSON S. Inside the sharing economy: understanding consumer motivations behind the adoption of mobile applications[J]. International journal of contemporary hospitality management, 2017, 29(9): 20-22.

因素，表示服务提供者应开发用户友好的系统界面以降低脑力劳动，从而促进用户的感知价值，激发消费者的使用意愿[○]。Carlson 等人研究了社交媒体品牌页面中的用户参与行为，研究证明内容质量、页面互动性、社交性和顾客接触质量可以对品牌学习价值、实体性价值和享乐性价值产生刺激，进而产生用户的参与意愿[○]。

2. 感知价值理论在信息系统持续使用研究中的应用

虽然用户的初始采纳对信息技术的成功意义重大，但用户的持续使用才是信息系统最终成功的关键。Ho 等人考察了自助服务技术对用户持续使用网上银行的影响，自助服务技术相关特征可以正向影响感知价值与顾客意愿（customer readiness），感知价值也与顾客意愿呈正相关，而顾客感知价值与顾客意愿较高时，用户持续使用网上银行的意愿也会提高[⑤]。Hsiao 等人探究了用户对社交 app 持续使用意愿的影响因素，将感知价值分为感知有用性、感知享乐性和社会关系，三者通过满意度和习惯的中介效应影响持续使用意愿，其中满意度和习惯在感知有用性和持续使用意愿中起到完全中介作用，而在感知享乐性、社会关系和持续使用意愿之间起到部分中介作用[④]。甘春梅等人基于模糊集定性比较分析（fsQCA），探讨不同维度的感知价值对移动地图 app 持续使用意愿的影响，将移动地图 app 使用情境下的感知价值划分为便利价值、信息价值和质量价值，结果表明信息价值和质量价值是促进持续使用意愿的核心因素[⑥]。

3. 感知价值理论在在线商品购买和在线付费行为研究中的应用

伴随着互联网的发展和普及，各类电子商务兴起，音频、视频、电子游戏等数字化产品和在线服务也相继推出，顾客对这些有形或无形的产品和服务的价值感知如何引发购买和付费行为，也得到了学者们的重视。

电子商务是企业与顾客进行交易和互动的重要途径，学者们对 B2C 电商[⑦]、网络团购[⑧]及社交电商[⑨]等多种形式进行了探究，表明用户的购买意愿特别是重复购买意愿除了受到

○ WANG H Y, WANG S H. Predicting mobile hotel reservation adoption: insight from a perceived value standpoint[J]. International journal of hospitality management, 2010, 29(4): 604.

○ CARLSON J, RAHMAN M, VOOLA R, et al. Customer engagement behaviours in social media: capturing innovation opportunities[J]. Journal of services marketing, 2018, 32(1): 89-90.

⑤ HO S H, KO Y Y. Effects of self-service technology on customer value and customer readiness: the case of Internet banking[J]. Internet research, 2008, 18(4): 441.

④ HSIAO C H, CHANG J J, TANG K Y. Exploring the influential factors in continuance usage of mobile social apps: satisfaction, habit, and customer value perspectives[J]. Telematics and informatics, 2016, 33(2): 349-352.

⑤ 甘春梅，邱智燕，徐维晞. 基于 fsQCA 的移动地图 APP 持续使用意愿影响因素研究 [J]. 情报理论与实践，2020, 43(11): 113.

⑦ SULLIVAN Y W, KIM D J. Assessing the effects of consumers' product evaluations and trust on repurchase intention in e-commerce environments[J]. International journal of information management, 2018, 39: 208-209.

⑧ HSU M H, CHANG C M, CHUANG L W. Understanding the determinants of online repeat purchase intention and moderating role of habit[J]. International journal of information management, 2015, 35(1): 53.

⑨ GAN C M, WANG W J. The influence of perceived value on purchase intention in social commerce context[J]. Internet research, 2017, 27(4): 778-779.

感知价值的影响外，还会受到对网站的信任及满意度的影响，因此应该减少交易中的复杂性和不确定性以提升用户感知价值，这有助于电商平台与用户建立良好的关系。与此同时，研究表明消费者个人特征也会对感知价值及消费行为产生影响，Fang 等人将网购消费者区分为体验型消费者与任务型消费者，并考虑了消费者年龄和性别的调节作用，对于体验型消费者来说，电子服务质量对年轻消费者的感知价值和购买意愿更具影响力，而老年消费者则更关注产品质量；对于任务型消费者来说，年轻消费者和老年消费者并未表现出明显的差异⊖。

除购买实体产品之外，互联网用户对于数字商品和服务的消费也在不断增加，用户对于不同类型的产品购买意愿也会有所区别。Pihlstrom 等人研究了信息移动内容服务与娱乐移动内容服务用户的价值感知如何影响复购意愿和支付价格溢价意愿，结果表明货币性价值、便利性价值、情感性价值和社会性价值四个维度的感知价值均可以产生复购意愿与溢价意愿，其中娱乐服务用户的复购意愿主要受情感性价值的影响，而信息服务用户的行为则主要受便利性价值的影响⊖。Hsu 等人提出感知价值可以通过影响态度和满意度来正向影响用户黏性，进而产生应用内购买意愿⊜。当前互联网越来越多地采取免费模式，用户可以支付更低成本来使用产品，而企业获取付费用户的营销成本随之降低，并通过后续的增值服务实现盈利。Kim 等人研究了社交网络社区成员在购买社区数字物品时受到的感知价值的影响，结果表明情感性价值和社会性价值对社区成员购买意愿的影响是显著的㉑。许多付费服务也会推出试用政策，陈昊等人探讨了应用的试用服务中感知价值的影响，指出感知价值可以正向影响试用满意度，而试用满意度通过价格合理性的中介对付费意愿产生影响㉕。在线游戏是运用免费模式最成功的领域之一，Hamari 等人探究了用户为何会在免费游戏中购买高级服务，研究表明用户对免费服务的享受程度越高，购买高级内容的意愿越低，社会性价值对免费服务的使用和高级服务购买意愿有正向影响，质量和经济价值可以正向影响用户对免费服务的持续使用意愿，且经济价值通过使用意愿的增加对高级服务购买意愿也有正向影响㉖。

综上所述，已有相当丰富的文献运用感知价值理论研究了用户参与、采纳、持续使

⊖ FANG J M, WEN C, GEORGE B, et al. Consumer heterogeneity, perceived value, and repurchase decision-making in online shopping: the role of gender, age, and shopping motives[J]. Journal of electronic commerce research, 2016, 17(2): 124-126.

⊖ PIHLSTROM M, BRUSH G J. Comparing the perceived value of information and entertainment mobile services[J]. Psychology & marketing, 2008, 25(8): 732-755.

⊜ HSU C L, LIN J C C. Effect of perceived value and social influences on mobile app stickiness and in-app purchase intention[J]. Technological forecasting and social change, 2016, 108: 47.

㉑ KIM H W, GUPTA S, KOH J. Investigating the intention to purchase digital items in social networking communities: a customer value perspective[J]. Information & management, 2011, 48(6): 232.

㉕ 陈昊，焦微玲，李文立. 消费者知识付费意愿实证研究：基于试用视角 [J]. 现代情报，2019, 39(2): 141-142.

㉖ HAMARI J, HANNER N, KOIVISTO J. Why pay premium in freemium services? A study on perceived value, continued use and purchase intentions in free-to-play games[J]. International journal of information management, 2020, 51: 6.

用、付费和购买等不同阶段的用户行为。从研究方法来看，当前的研究多采用通过用户自报告的调查问卷数据来测量行为意愿，后续的研究可以尝试借助点击次数、使用时长、评论内容等客观数据来进一步验证影响关系。从涉及的信息系统类型来看，主要集中于电子商务、社交网络、移动应用、电子游戏等方面，随着新技术的不断应用，也可以对人工智能、无人驾驶、物联网等信息系统进行研究。从研究内容来看，当前研究多基于横截面数据研究静态的关系，感知价值作为一个动态的变量，在消费过程的不同阶段都存在^{⊖⊜}，随着信息系统使用的不断深入，用户的行为及对系统的价值感知也可能产生变化，当前未见有感知价值和用户行为关系的动态研究，后续研究可以在此方面有所突破。同时，信息技术的不断渗透和信息过载也可能会使用户产生疲倦和焦虑的情绪，进而导致用户的中辍乃至放弃使用。过多的信息和过于频繁的系统使用也可能增加用户的感知成本，进而影响用户的感知价值，因此也可尝试基于感知价值理论对这些消极行为进行解释的研究。

14.2.3　感知价值理论在信息系统用户满意度、用户忠诚度研究中的应用

长期以来，提高用户满意度，培养用户忠诚度一直是企业营销的基础目标，也是企业盈利和持续发展的重要途径[⊜]。先前的研究表明感知价值是用户满意和用户忠诚的重要前因^{⊜⊕}。在信息时代，用户在不同系统平台间转换的成本更低，且期望也在不断提升，如何增强用户感知价值并留住用户，提升用户满意度与用户忠诚度成为学者们研究的重点。针对感知价值、用户满意度和用户忠诚度的关系，有学者认为三者间存在"感知价值—满意度—忠诚度"的关系链，即感知价值是满意度的前因，而忠诚度是满意度的结果^{⊗⊕}，但也有学者在研究中发现增强用户感知价值也可以直接提升用户忠诚度^{⊗⊗}。也有学者指出不同维度的感知价值对于满意度和忠诚度的影响存在差异，李武结合电子书阅读客户端的特性，将感知价值划分为社会价值、价格价值、内容价值、互动价值和界面设计价值，研究发现界面设计价值对满意度提升的影响最为显著，但互动价值与满意度呈负相关，表明客

⊖　王启万．顾客感知价值导向的整合营销传播研究 [M]．徐州：中国矿业大学出版社，2013．

⊜　PENA A I P, JAMILENA D M F, MOLINA M A R, et al. The perceived value of the rural tourism stay and its effect on rural tourist behaviour[J]. Journal of sustainable tourism, 2012, 20(8): 1049-1050.

⊜　查金祥．B2C 电子商务顾客价值与顾客忠诚度的关系研究 [D]．杭州：浙江大学，2006: 30-32．

⊗　OLIVER R L. Whence consumer loyalty?[J]. Journal of marketing, 1999, 63(4): 33-44.

⊗　MCDOUGALL G H G, LEVESQUE T. Customer satisfaction with services: putting perceived value into the equation[J]. Journal of services marketing, 2000, 14(5): 401-402.

⊗　查金祥．B2C 电子商务顾客价值与顾客忠诚度的关系研究 [D]．杭州：浙江大学，2006: 66-67．

⊗　LIM H, WIDDOWS R, PARK J. M - loyalty: Winning strategies for mobile carriers[J]. Journal of consumer marketing, 2006, 23(4): 213-214.

⊗　LAM S Y, SHANKAR V, ERRAMILLI M K, et al. Customer value, satisfaction, loyalty, and switching costs: an illustration from a business-to-business service context[J]. Journal of the academy of marketing science, 2004, 32(3): 293-311.

⊗　YANG Z L, PETERSON R T. Customer perceived value, satisfaction, and loyalty: the role of switching costs[J]. Psychology & marketing, 2004, 21(10): 814-817.

户端的互动功能会对用户造成干扰，同时只有内容价值能直接对客户端忠诚度产生作用，而社会价值对满意度和忠诚度均无显著影响[⊖]。Yoo 等人则在奢侈品牌在线定制项目的研究中发现了社会价值对于满意度的影响，这说明使用该项目的用户对于社会认同较为重视，此外享乐价值、功利价值和创意成就价值也影响了对定制的满意度，进而影响了品牌忠诚度[⊜]。

研究也发现，许多外部因素对于感知价值与用户满意度、用户忠诚度的关系具有调节作用。Deng 等人在研究中国用户对移动即时通信服务的满意度和忠诚度时发现，年龄与性别对情感价值和满意度的关系起调节作用，男性用户和年轻的用户更能通过使用中的体验和乐趣来产生用户满意度[⊜]。Molinillo 等人探讨了感知价值对手机游戏用户忠诚度的影响因素，结果显示，享乐价值和功利价值可以正向影响玩家对手机游戏的忠诚度，而游戏强度削弱了感知有用性、感知享受与忠诚意愿之间的关系[⊛]。Yang 等人探究了转换成本对感知价值、满意度与忠诚度关系的调节作用，只有当用户满意度或感知价值水平高于平均水平时，转换成本的调节作用才是显著的[⊛]。

对上述文献进行梳理，可以发现不同研究对感知价值影响用户满意度和忠诚度的途径进行了不同的解释，一部分学者认为感知价值对满意度和忠诚度均有直接影响，而另一部分学者认为感知价值通过满意度的中介作用来影响用户忠诚度，导致当前感知价值对忠诚度的作用路径还不清晰。同时，在不同类型的信息系统中受到产品服务特性的影响，用户评价的侧重点也有所区别，因而感知价值的不同维度对于满意度和忠诚度的影响也不尽相同，在后续的研究中应该针对研究的信息系统选取适合的感知价值维度。此外，部分学者进一步考虑了人口统计学特征、使用时长、转换成本等其他因素对关系的调节作用，表明用户的不同特征和使用习惯也是值得关注的方面，当前互联网领域广泛使用用户画像来进行管理与分析，未来可以尝试结合用户画像等工具做进一步的研究。

14.3　结论与展望

通过对相关文献的总结与论述可以发现，感知价值理论从价值链理论演化而来，且研究学者在扩展感知价值驱动因素、维度构成和影响结果等方面进行了不断探索。此外，

⊖ 李武. 感知价值对电子书阅读客户端用户满意度和忠诚度的影响研究 [J]. 中国图书馆学报，2017, 43(6): 43-45.

⊜ YOO J, PARK M. The effects of e-mass customization on consumer perceived value, satisfaction, and loyalty toward luxury brands[J]. Journal of business research, 2016, 69(12): 5778.

⊜ DENG Z H, LU Y B, WEI K K, et al. Understanding customer satisfaction and loyalty: an empirical study of mobile instant messages in China[J]. International journal of information management, 2010, 30(4): 295-296.

⊛ MOLINILLO S, JAPUTRA A, LIEBANA-CABANILLAS F. Impact of perceived value on casual mobile game loyalty: the moderating effect of intensity of playing[J]. Journal of consumer behaviour, 2020, 19(5): 499.

⊛ YANG Z L, PETERSON R T. Customer perceived value, satisfaction, and loyalty: the role of switching costs[J]. Psychology & marketing, 2004, 21(10): 814-817.

由于感知价值理论对用户行为具有良好的解释力，学者们也尝试将其运用于信息系统的用户行为研究中。目前感知价值理论在信息系统领域的研究主要集中在感知价值驱动因素、信息系统用户行为、用户满意度与用户忠诚度三个方面。

然而，现有研究还存在一些不足，主要体现在 4 个方面：①感知价值的内涵还尚未明确，虽然学者们普遍认为感知价值是用户在使用过程中对所获收益和所需成本的整体评价，并将感知价值视为多维变量，但也有学者认为感知价值是单维变量，并侧重于效用层面；②研究多基于横截面数据来测量感知价值，然而用户在不同阶段的评判标准和关注焦点会产生变化，较少有探究感知价值动态变化及其对后续行为影响的；③研究大多关注个人消费和娱乐场景，而当前信息化办公和教育也取得了较大进展，这些场景中用户的感知价值还较少被关注；④选取的研究对象多以青年人为主，并且学生群体占比较大，其在认知能力、消费水平、审美喜好等方面和其他年长群体有所不同，这可能对结果产生影响。

为弥补以上研究的不足之处，未来研究可以从 4 个方向展开：①对负面行为的研究。伴随着信息过载和隐私泄露等问题的出现，用户在享受互联网便捷的同时使用负担也不断加重，因此未来研究可以关注用户在倦怠、中辍或退出行为中的感知价值变化。②对感知价值的动态研究。由于感知价值并非一个静态的一次性的评价过程，而存在于用户使用过程的多个阶段，因此可以尝试使用面板数据研究用户从初次采纳到持续使用过程的感知价值变化，并考察其他因素对感知价值的调节作用。③对企业用户的研究。感知价值理论起源于消费行为学，因此应多关注个人消费的场景，近年来随着信息技术的成熟，B2B 业务发展迅猛，SaaS（软件即服务）模式受到企业青睐，企业向提供商购买 SaaS 软件即可使用完整的信息服务，从而省去了大量硬件及维护费用，而在企业办公情境下的用户需求与娱乐消费情境下的用户需求存在较大差异，因此也可研究在 B2B 情境下的感知价值。④对适老化和无障碍改造的研究。"适老化"近年来成为社会关注的重点，如何让更多智能技术设备服务于老年人成为企业努力的目标，由于认知水平、身体状况等与年轻群体存在较大差距，目前大部分的数字化产品对老人并不友好，未来可以探讨感知价值理论在系统功能设计、用户界面设计等信息系统设计和开发中的应用，降低老年群体的使用成本，增加感知收益。

第15章

价值共创理论的演化及其在
信息系统研究领域的应用与展望

　　价值共创理论（value co-creation，VCC）由 Prahalad 等学者在 2004 年首次提出，其核心思想是：消费者作为价值创造主体参与到企业产品或服务的价值创造过程中，并通过协同合作来实现各价值创造主体的利益最大化。

　　VCC 自提出以来，被广泛应用于营销学、管理学、信息科学等诸多领域，积累了很多有价值的研究成果。有学者对相关研究进行了述评，主要集中在两个方面：①对 VCC 的理论维度、演进过程及使用情境的综述。Gummesson 等人梳理 VCC 相关的文献后发现这些文献主要应用了三种理论视角——服务科学、创新与技术管理和营销与消费者研究[⊖]。Ranjan 等人也对 VCC 的相关文献进行回顾，进一步分离出 VCC 的两个主要理论维度——共同生产和使用价值[⊜]。此外，简兆权等人分析了顾客体验、服务主导逻辑、服务逻辑、服务科学和服务生态系统五个视角下的价值共创研究，总结出 VCC 的早期思想源于共同生产，正式开始于顾客体验，发展于服务主导逻辑[⊜]。余义勇等人更进一步地将价值共

⊖　GUMMESSON E, MELE C, POLESE F, et al. Theory of value co-creation: a systematic literature review[J]. Managing service quality, 2014, 24(6): 643-683.

⊜　RANJAN K R, READ S. Value co-creation: concept and measurement[J]. Journal of the academy of marketing science, 2016, 44(3): 290-315.

⊜　简兆权，令狐克睿，李雷. 价值共创研究的演进与展望：从"顾客体验"到"服务生态系统"视角 [J]. 外国经济与管理，2016, 38(9): 3-20.

创情境分为生产领域、消费领域和网络环境三类，并阐述了 VCC 在这三个不同情境下的内涵及模式[一]。②对 VCC 在具体领域应用的综述。Kohtamäki 等人综述了价值共创和服务产品共同生产的相关研究，总结出价值共创的重点是在使用环境中增强消费者体验，并探讨了 B2B 环境下价值共创的必要性，最后指出未来的研究应该进一步分析价值创造的微观机制[二]。而沈蕾等人归纳了国内外平台品牌价值共创的相关文献，指出平台品牌价值共创的核心是品牌体验、品牌契合平台、平台供需双方及品牌能力生态圈，并总结出平台品牌价值共创的四个影响因素，即社会支持、顾客互动、平台任务 – 技术匹配性和多边市场主体协作[三]。

由前述内容可知，目前已有不少针对 VCC 的综述成果，介绍了 VCC 的内涵及作用机理，帮助梳理了价值共创研究的发展历程。在信息系统领域，有学者借助 VCC 中的顾企互动等核心思想来指导信息系统的设计，或者利用 VCC 的服务中心观来解释消费者的在线参与企业价值共创行为，等等。VCC 虽在信息系统相关的研究中已经积累了一些成果，但目前未见文献专门对 VCC 在信息系统领域的研究进行述评。本章梳理了 VCC 在信息系统研究中的应用情况，有助于相关学者全面了解该理论在信息系统领域的应用现状。因此，本文拟在简要介绍 VCC 的起源与发展后，对其在信息系统领域的应用现状进行梳理，并总结在信息系统领域 VCC 应用研究存在的不足及未来的潜在发展方向，以帮助学界对 VCC 在信息系统领域的研究进展有所把握。

15.1　价值共创理论的起源与发展

传统的价值创造观点基于商品主导逻辑（goods-dominant logic），认为企业是价值的创造者，而顾客是价值破坏者或消耗者[四]。随着顾客不断参与到价值的生产和创造过程中，价值创造的主体内涵逐渐发生变化[五]，传统的基于商品主导逻辑的价值创造观点不足以解决新环境下的价值创造问题。为此，1996 年，Wikström 提出顾客共同生产（customer co-production）的概念，指出顾客可以作为资源和共同生产者参与到企业的生产服务中，并通过顾企互动带来更多价值[六]。顾客共同生产可以看作是价值共创早期思想的萌芽，它开始关注顾客在价值创造中所发挥的作用，但顾客共同生产没有提及顾客是如何创造价值的。因此，1999 年，Ramirez 进一步提出价值共同生产（value co-production）的概念，明确指出

⊖　余义勇, 杨忠. 价值共创的内涵及其内在作用机理研究述评 [J]. 学海, 2019, (2): 165-172.

⊜　KOHTAMÄKI M, RAJALA R. Theory and practice of value co-creation in B2B systems[J]. Industrial marketing management, 2016, 56: 4-13.

⊗　沈蕾, 何佳婧. 平台品牌价值共创：概念框架与研究展望 [J]. 经济管理, 2018, 40(7): 193-208.

⊗　NORMANN R, RAMIREZ R. From value chain to value constellation: designing interactive strategy[J]. Harvard business review, 1993, 71(4): 65-77.

⊗　简兆权, 令狐克睿, 李雷. 价值共创研究的演进与展望：从 "顾客体验" 到 "服务生态系统" 视角 [J]. 外国经济与管理, 2016, 38(9): 3-20.

⊗　WIKSTRÖM S. The customer as co-producer[J]. European journal of marketing, 1996, 30(4): 6-19.

在共同生产中，顾客作为共同生产者通过与企业互动来创造价值。共同生产观念承认顾客是价值的共同创造者，已经初具价值共创的特征⊖。

为了系统地阐释顾客与企业互动来实现价值共创的本质，Prahalad 等人于 2004 年对价值和创造过程重新进行了定义，并正式提出了深具影响力的价值共创理论⊜。他们认为顾客和企业都是价值创造的主体，并主张共创体验是价值的基础，而顾企互动是价值共创的核心。同年，Vargo 等人认为传统的商品主导逻辑正在发生转变，一种新的营销主导逻辑逐渐形成，并提出服务主导逻辑，认为一切经济都是服务经济，企业提出价值主张，而消费者是价值的共同创造者⊜。Prahalad 等人和 Vargo 等人的观点可以看作是价值共创理论的两种不同的维度。前者所提出的价值共创理论的核心观点是：顾客与企业通过持续的对话和互动共同创造个性化的体验，而价值共创则贯穿于顾企互动及顾客个性化体验形成的过程，因此，他们的观点被认为是基于消费者体验的价值共创理论⊜。后者提出的服务主导逻辑认为：商品主导逻辑下分开的产品和服务可以统一起来，并建议用服务主导逻辑替换传统的商品主导逻辑，从新视角理解经济交换和价值创造⊛，因此，他们的观点可看作是基于"服务主导逻辑"的价值共创理论⊛。服务主导逻辑更为清晰地描述了经济交换的内涵，深化了价值创造的内在逻辑，成为价值共创的主要研究视角⊗。

15.2　价值共创理论在信息系统研究领域的应用进展

VCC 中的价值共创被描述为价值创新、整合互补资源的过程⊕⊗，这一过程推及信息系统领域，可以帮助信息系统学者理解消费者使用信息技术进行价值共创的本质及其对企业的影响，因此，相关学者基于价值共创视角研究信息系统领域的实际问题。通过文献梳理及主题归纳后发现，VCC 在信息系统领域的应用研究主要集中于 5 个方面：信息系统设计、信息技术服务创新、顾客在线参与企业价值共创、在线信息或知识共享行为及在线口碑传播与消费者购买意愿等。

⊖　OJASALO K. The shift from co-production in services to value co-creation[J]. The business review, Cambridge, 2010, 16(1): 171-177.

⊜　PRAHALAD C K, RAMASWAMY V. Co-creation experiences: the next practice in value creation[J]. Journal of interactive marketing, 2004, 18(3): 5-14.

⊜　PAYNE A F, STORBACKA K, FROW P. Managing the co-creation of value[J]. Journal of the academy of marketing science, 2008, 36(1): 83-96.

⊛　VARGO S L, LUSCH R F. Evolving to a new dominant logic for marketing[J]. Journal of marketing, 2004, 68(1): 1-17.

⊛　武文珍，陈启杰. 价值共创理论形成路径探析与未来研究展望 [J]. 外国经济与管理，2012, 34(6): 66-73.

⊗　简兆权，令狐克睿，李雷. 价值共创研究的演进与展望：从"顾客体验"到"服务生态系统"视角 [J]. 外国经济与管理，2016, 38(9): 3-20.

⊕　VARGO S L, LUSCH R F. Institutions and axioms: an extension and update of service-dominant logic[J]. Journal of the academy of marketing science, 2016, 44(1): 5-23.

⊗　TUMMERS L, TEO S, BRUNETTO Y, et al. Contextualizing co-production of health care: a systematic literature review[J]. International journal of public sector management, 2016, 29(1): 72-90.

从研究方法来看，VCC 在信息系统领域的研究偏向于实证方面，解决实际中的顾企价值共创问题，并在此过程中推动理论发展。总体来说，与价值共创相关的文献主要集中为两类：第一类研究主要基于企业视角，将 VCC 作为信息系统设计和信息技术服务创新的指导逻辑；第二类研究侧重于顾客方，利用 VCC 来解释现象。服务主导逻辑的核心观点之一是企业提出价值主张，并创建平台来激励顾客共创价值。因此，企业可以通过利用服务主导逻辑指导信息系统设计和信息技术服务创新来提供共创机会⊖、改善服务性能⊖、促进资源整合及降低企业成本⊜。需要指出的是，此类研究多关注构建评价体系、测度方法和服务性能，较少关注用户体验，如用户满意度、使用意愿等。在基于 VCC 解释现象的文献中，研究主要关注两个方面：一方面是顾客参与价值共创的动机和影响因素，如顾客利益⊛、网站特征⊛、社会支持⊛⊛及信任⊛；另一方面是顾客参与价值共创的后果，如创造功能价值、情感价值、关系价值、实体价值⊛、学习价值、社会整合价值和享乐价值⊕。此外，还有研究分析了价值共创在在线口碑与消费者购买意愿关系上的中介作用。

基于上述内容，本文构建了价值共创理论及其在信息系统研究中的应用框架，如图 15-1 所示。

⊖ LIN P M C, PENG K L, REN L P, et al. Hospitality co-creation with mobility-impaired people[J]. International journal of hospitality management, 2018, 77: 492-503.

⊖ YE H J, KANKANHALLI A. Value cocreation for service innovation: examining the relationships between service innovativeness, customer participation, and mobile app performance[J]. Journal of the association for information systems, 2020, 21(2): 292-311.

⊜ SRIVASTAVA S C, SHAINESH G. Bridging the service divide through digitally enabled service innovations: evidence from indian healthcare service providers [J]. MIS quarterly, 2015, 39(1): 245-268.

⊛ LEE A R, KIM K K. Customer benefits and value co-creation activities in corporate social networking services[J]. Behaviour & information technology, 2018, 37(7): 675-692.

⊛ ZHANG H, LU Y B, WANG B, et al. The impacts of technological environments and co-creation experiences on customer participation[J]. Information & management, 2015, 52(4): 468-482.

⊛ SHIRAZI F, WU Y, HAJLI A, et al. Value co-creation in online healthcare communities[J]. Technological forecasting and social change, 2021, 167: 120665.

⊕ TAJVIDI M, WANG Y C, HAJLI N, et al. Brand value co-creation in social commerce: the role of interactivity, social support, and relationship quality[J]. Computers in human behavior, 2021, 115: 105238.

⊛ AKMAN H, PLEWA C, CONDUIT J. Co-creating value in online innovation communities[J]. European journal of marketing, 2019, 53(6): 1205-1233.

⊛ CARLSON J, WYLLIE J, RAHMAN M M, et al. Enhancing brand relationship performance through customer participation and value creation in social media brand communities[J]. Journal of retailing and consumer services, 2019, 50: 333-341.

⊕ CHEN C, DU R, LI J, et al. The impacts of knowledge sharing-based value co-creation on user continuance in online communities[J]. Information discovery and delivery, 2017, 45(4): 227-239.

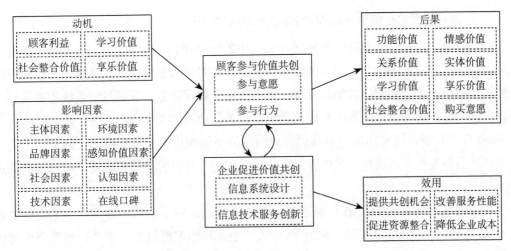

图 15-1 价值共创理论及其在信息系统研究中的应用框架

15.2.1 价值共创理论在信息系统设计研究中的应用

随着信息技术的发展，信息系统的设计越来越重视用户作为资源整合者所发挥的作用。VCC 中有关企业和顾客互动的探讨为信息系统设计提供了新的思路，也引起了该领域研究人员的广泛关注。

1. 价值共创理论在信息系统概念设计研究中的应用

VCC 适合在信息系统设计中用于整合用户需求，以便于用户参与到价值创造过程中。因此，多位学者基于 VCC 的核心观点，提出了信息系统的设计思路，以指导信息系统的开发和设计实践。例如，Haki 等人认为，基于服务主导逻辑的价值共创为信息系统分析和设计提供了一个新的视角，并提出实现从商品主导到服务主导范式转换的价值协同创造信息系统设计⊖；Blaschke 等人为了解释在多角色环境下的价值共创过程，提出了数字价值共创网络（DVNs）这一概念，并使用服务主导逻辑来指导 DVNs 的设计，给出了 DVNs 的四项设计原则，即生态导向、技术导向、动员导向和交互导向，以此指导组织构建符合价值创造和网络化业务要求的 DVNs 设计⊜。除了用来指导信息系统概念设计，还有学者利用 VCC 对信息系统的概念因素进行评价。例如，Liu 等人根据 VCC 范式之一的服务逻辑，将智能产品服务系统中的概念因素分为顾客问题需求、共创价值主张和系统需求，并提出一种基于混合方法的模糊前端智能产品服务系统的概念因素获取与评价框架⊜。

⊖ HAKI K, BLASCHKE M, AIER S, et al. A value co-creation perspective on information systems analysis and design[J]. Business & information systems engineering, 2019, 61(4): 487-502.

⊜ BLASCHKE M, RISS U, HAKI K, et al. Design principles for digital value co-creation networks: a service-dominant logic perspective[J]. Electronic markets, 2019, 29(3): 443-472.

⊜ LIU Z W, MING X G, QIU S Q, et al. A framework with hybrid approach to analyse system requirements of smart PSS toward customer needs and co-creative value propositions[J]. Computers & industrial engineering, 2020, 139: 105776.

2. 价值共创理论在信息系统设计实践研究中的应用

一些学者将 VCC 作为信息系统设计实践中的指导逻辑。例如，Lin 等人基于服务主导逻辑，分析并构建了一个专门服务于行动不便者的餐饮服务价值共创系统，为行动不便者提供无障碍菜单、无障碍设施信息等一系列无障碍餐厅服务，并通过该系统招募行动不便者提供用餐体验反馈，从而不断优化系统以改善行动不便者在中小型餐厅的就餐体验[一]。Bassano 等人则通过研究作为价值共创促成因素的集体知识系统和社会语义网平台，提出一种针对消费者服务系统和"集体智能"的整体方法，并对智能零售环境下的价值共创进行探索[二]。

由前述内容可知，VCC 在信息系统设计中的应用研究呈现两方面特征：①当信息系统的设计需要整合用户需求时，利用 VCC 关于企业和顾客通过互动来共同创造个性化体验的讨论进而优化信息系统设计是一个合理的研究思路。②现有 VCC 在信息系统设计中的应用研究仍只是针对顾客和企业的二元交换，服务主导逻辑指出价值共创的参与者包括服务提供方、服务接受方及其他所有参与到价值共创中的对象，因此未来的研究可以从更多元的交换关系角度来分析如何将价值共创应用到信息系统的设计实践中。

15.2.2　价值共创理论在信息技术服务创新研究中的应用

随着数字时代的来临，信息技术服务创新正成为互联网企业保持竞争优势的战略手段之一，而原有基于商品主导逻辑的价值创造观点，难以解释信息技术服务中价值共创的独特性[三]。因此，一些学者将基于服务主导逻辑的 VCC 应用于信息技术服务创新研究中，以提高信息技术服务性能。

Brocke 等人提出了一种遵循服务主导逻辑范式的信息技术服务描述方法，并阐述了如何将信息技术服务的技术内部视图转换为面向消费者的外部视图[四]。Hsieh 等人则提出了一种基于服务主导逻辑的技术溢出影响测度方法来衡量服务业中技术溢出的影响，并以中国台湾的产业数据为基础评估了该方法的可行性[五]。除此之外，还有学者借助 VCC 来研究信息技术服务性能的影响因素。例如，基于服务主导逻辑，Ye 等人提出服务创新的两个维度——新颖性和强度，并研究它们对于信息技术服务性能的影响，通过对所收集的 234 个移动应用在 14 个月内的面板数据进行分析后发现，新颖性与信息技术服务性能存在非

㊀　LIN P M C, PENG K L, REN L P, et al. Hospitality co-creation with mobility-impaired people[J]. International journal of hospitality management, 2018, 77: 492-503.

㊁　BASSANO C, PICIOCCHI P, SPOHRER J C, et al. Managing value co-creation in consumer service systems within smart retail settings[J]. Journal of retailing and consumer services, 2018, 45: 190-197.

㊂　FOGLIENI F, HOLMLID S. Determining service value: exploring the link between value creation and service evaluation[J]. Service science, 2017, 9(1): 74-90.

㊃　BROCKE H, HAU T, VOGEDES A, et al. Design rules for user-oriented IT service descriptions[J] .Proceedings, 2009:1-10.

㊄　HSIEH Y H, YUAN S T. A S-D logic based approach to input-output analysis for technology spillover [J]. Proceedings, 2010:1-10.

线性关系，而强度与信息技术服务性能呈正相关关系[○]。Winkler 等人则探究信息技术服务管理如何促进信息系统有效性，通过对所收集的 256 名组织成员的调查数据进行分析后发现，信息技术服务管理能力通过维持信息系统功能与业务的一致性，直接和间接地提高了其有效性，并且当公司采取保守战略时，该直接效应增强[○]。此外，Srivastava 等人基于服务主导逻辑研究了信息和通信技术如何弥合数字鸿沟，通过对两家提供远程医疗保健服务的印度企业进行研究，发现知识、技术和机构三种资源的交互配置可以增加远程访问机会及降低成本[○]。

由上述内容可知，VCC 在信息技术服务创新中的应用研究主要呈现两方面特征：① VCC 在该主题上的研究方法主要是基于服务主导逻辑提出的信息技术描述和测度方法，但未能将这些方法进一步应用于改善信息技术服务性能上。② VCC 从价值共创层面为探讨信息技术服务性能的影响因素提供了研究方向。然而，大多数研究从组织或个人层面分析了资源的配置如何提高信息技术服务性能，鲜有研究关注这些因素是否会影响用户的信息技术服务的使用意愿和行为。信息技术服务的有效性并不总是与用户的满意度呈正相关，未来的研究可进一步考虑用户信息技术服务使用意愿和行为的影响因素。

15.2.3　价值共创理论在顾客在线参与企业价值共创研究中的应用

随着社交网络、虚拟社区等在线平台的普及，越来越多的企业希望通过这些平台让消费者参与到企业的价值创造过程中，消费者也逐渐愿意参与其中以获取更好的消费体验。因此，一些学者基于 VCC 研究顾客在这些平台中的价值共创参与意愿和行为，揭示顾客在线参与企业价值共创的机制。

1. 价值共创理论在顾客在线参与企业价值共创意愿研究中的应用

在顾客参与企业价值共创意愿研究中，学界主要关注影响顾客参与意愿的因素。例如，Lee 等人探讨了在基于企业社交网络服务的虚拟顾客环境背景下，顾客利益与联合活动或行业类型之间的互动如何影响顾客持续参与价值共创的意愿；通过在线问卷对 327 名 Facebook 和 Twitter 用户进行调研，结果表明，认知、社会整合和享乐三种顾客利益会显著影响顾客持续参与价值共创的意愿，而这种关系在不同类型的价值共创活动（如构思、设计、测试、支持和营销）中会有所差异[○]。同样基于企业社交媒体网站背景，Zhang 等人

○ YE H J, KANKANHALLI A. Value cocreation for service innovation: examining the relationships between service innovativeness, customer participation, and mobile app performance[J]. Journal of the association for information systems, 2020, 21(2): 292-311.

○ WINKLER T J, WULF J. Effectiveness of IT service management capability: value co-creation and value facilitation mechanisms[J]. Journal of management information systems, 2019, 36(2): 639-675.

○ SRIVASTAVA S C, SHAINESH G. Bridging the service divide through digitally enabled service innovations: evidence from indian healthcare service providers [J]. MIS quarterly, 2015, 39(1): 245-268.

○ LEE A R, KIM K K. Customer benefits and value co-creation activities in corporate social networking services[J]. Behaviour & information technology, 2018, 37(7): 675-692.

则研究了网站特征如何改善顾客的价值共创体验，从而影响其参与价值共创的意愿，他们发现顾客价值共创参与意愿受顾客学习价值、社会整合价值和享乐价值体验的影响[⊖]。此外，一些学者还研究了企业在线虚拟社区中顾客参与价值共创意愿的影响因素。例如，Zhao 等人构建了顾客参与在线品牌社区价值共创意愿模型，实证结果表明，顾客参与价值共创意愿会受到主体因素、环境因素、品牌因素和感知价值因素的影响[⊖]。Shirazi 等人则探究了在线医疗社区中影响用户价值共创意愿的社会因素和技术因素，结果发现，社会支持及其前因（即感知隐私风险和社交媒体互动性）、政府信息技术基础设施建设和信息感知控制是影响用户价值共创意愿的关键因素[⊜]。此外，Tajvidi 等人分析了社会化商务情境下顾客参与价值共创意愿的影响因素，通过对 192 名人人网用户进行问卷调查显示，社会化商务交互性会对社会支持产生正向影响，从而增强顾客参与品牌价值共创意愿[⊗]。

2. 价值共创理论在顾客在线参与企业价值共创行为研究中的应用

在顾客在线参与企业价值共创的行为研究中，学界主要关注如何提高顾客参与企业品牌价值共创的积极性，从而提高其对企业品牌的忠诚度、满意度和信任等。早期相关领域的研究主要试图探究在线品牌社区顾客参与行为的性质与范围，如 Brodie 等人发现顾客参与具有复杂的多维性和动态性，并且随着时间的推移，顾客参与可能会表现出不同强度，从而反映出不同的参与状态[⊕]。随后，一些学者试图研究企业在线品牌社区中的顾客体验价值与其参与价值共创行为之间的关系。例如，Carlson 等人探究了企业在线品牌社区中，零售顾客如何从顾客参与中获取价值，并通过在线问卷收集了 584 名 Facebook 用户的数据，实证结果显示，顾客参与有利于企业在品牌社区中创造功能价值、情感价值、关系价值和实体价值，并转化为品牌关系绩效[⊛]。此外，李雷等人基于服务主导逻辑，研究了电子服务环境下服务企业实现价值共创的影响因素，通过对 634 名网上银行用户进行问卷调查与分析，结果表明，技术功能性、顾客技术准备度均对电子服务价值产生正向影响，

⊖ ZHANG H, LU Y B, WANG B, et al. The impacts of technological environments and co-creation experiences on customer participation[J]. Information & management, 2015, 52(4): 468-482.

⊖ ZHAO Y, CHEN Y W, ZHOU R X, et al. Factors influencing customers' willingness to participate in virtual brand community's value co-creation: the moderating effect of customer involvement [J]. Online information review, 2019, 43(3): 440-461.

⊜ SHIRAZI F, WU Y, HAJLI A, et al. Value co-creation in online healthcare communities[J]. Technological forecasting and social change, 2021, 167: 120665.

⊗ TAJVIDI M, WANG Y C, HAJLI N, et al. Brand value co-creation in social commerce: the role of interactivity, social support, and relationship quality[J]. Computers in human behavior, 2021, 115: 105238.

⊕ BRODIE R J, ILIC A, JURIC B, et al. Consumer engagement in a virtual brand community: an exploratory analysis[J]. Journal of business research, 2013, 66(1): 105-114.

⊛ CARLSON J, WYLLIE J, RAHMAN M M, et al. Enhancing brand relationship performance through customer participation and value creation in social media brand communities[J]. Journal of retailing and consumer services, 2019, 50: 333-341.

并且电子服务质量在人机交互对电子服务价值的影响中发挥中介作用⊖。除上述研究外，还有学者利用 VCC 研究了顾客在线参与企业价值共创行为与顾客黏性⊜⊜、顾客忠诚度⊛、品牌社区凝聚力⊛等的关系。

　　综上所述，VCC 在顾客在线参与企业价值共创的研究已经积累了不少成果，且具有两方面特征：① VCC 在该主题上的研究大多关注顾客在线参与企业价值共创意愿和行为的影响因素，较少有研究探讨顾客在线参与企业价值共创实际行为及其后续结果，明晰顾客具体的价值共创参与行为及其后果有助于构建完善的顾客在线参与企业价值共创机制，从而有利于企业量化顾客在线参与效益和优化顾客在线参与方式。②现有 VCC 在该主题上的应用研究主要采用问卷调查的方式收集数据，当研究顾客在线参与企业价值共创实际行为的影响因素时，通过实验法收集数据可以更好地监测顾客的实际行为，从而得到更为准确的结果。

15.2.4　价值共创理论在在线信息或知识共享行为研究中的应用

　　近些年来在线问答社区的出现和兴起，使得网络用户可以不受时间与空间的限制去传播或获取知识和信息。在线信息或知识共享行为是典型的用户价值共创行为之一，不同于顾企价值共创的是，其主要价值创造方是社区中的活跃用户。目前已有一些学者利用 VCC 来研究用户的在线信息或知识共享行为，并探讨了其内在机理。

　　用户在线信息或知识共享行为的影响因素是 VCC 在在线信息或知识共享行为应用研究中的重要议题。例如，Zhang 等人建立了一个实证模型来研究认知因素和社区技术因素如何影响用户的知识共创行为，从而影响社区的知识质量；通过对在线问答社区的 382 名知识贡献者进行问卷调研后发现，知识自我效能感、主题丰富性、个性化推荐和社交互动性对用户的知识共享与整合行为产生积极影响，进而影响知识质量，并且用户评级会调节知识共享与知识质量之间的关系⊛。Akman 等人则从更加宏观的角度探讨了社会因素和个

⊖　李雷，简兆权，杨怀珍 . 在电子服务环境下如何实现价值共创：一个有中介的交互效应模型 [J]. 管理工程学报，2018, 32(02): 34-43.

⊜　ZHANG M L, GUO L Y, HU M, et al. Influence of customer engagement with company social networks on stickiness: mediating effect of customer value creation[J]. International journal of information management, 2017, 37(3): 229-240.

⊜　REN J F, YANG J L, ZHU M Y, et al. Relationship between consumer participation behaviors and consumer stickiness on mobile short video social platform under the development of ICT: based on value co-creation theory perspective[J]. Information technology for development, 2021, 27(4): 1-21.

⊗　FANG Y H. An app a day keeps a customer connected: explicating loyalty to brands and branded applications through the lens of affordance and service-dominant logic[J]. Information & management, 2019, 56(3): 377-391.

⊗　SANZ-BLAS S, BIGNÉ E, BUZOVA D. Facebook brand community bonding: the direct and moderating effect of value creation behaviour[J]. Electronic commerce research and applications, 2019, 35: 100850.

⊗　ZHANG Y, ZHANG M L, LUO N, et al. Understanding the formation mechanism of high-quality knowledge in social question and answer communities: a knowledge co-creation perspective[J]. International journal of information management, 2019, 48: 72-84.

人因素如何影响用户的价值共创行为，他们发现共同愿景、信任等社会因素和激励、能力等个人因素会促进个人进行信息共享等价值共创活动[⊖]。基于前述研究，Liu 等人则系统地分析了在线健康社区中的成员进行价值共创的机制，并建立了归属感和社会支持对在线健康社区中四种价值共创行为（即信息共享、责任、反馈和倡导行为）的影响模型；通过对237 名在线健康社区成员进行调查发现，信息支持、情感支持、尊重支持和陪伴支持对成员归属感有积极影响，进而影响信息共享等价值共创行为，并且在线健康社区成员的感知健康能力可正向调节归属感与信息共享行为之间的关系[⊜]。此外，还有学者研究了知识共享行为如何影响用户的共同创造价值，如 Chen 等人对 239 名新浪微博用户进行了问卷调研，结果表明，知识共享行为有助于提高用户的学习价值、社会整合价值和享乐价值[⊜]。

　　通过文献回顾可以发现，VCC 在在线信息或知识共享行为中的应用研究呈现出两方面特征：①该主题的研究较多关注用户在线信息或知识共享行为的影响因素，而对用户在线信息或知识共享行为所产生的实际影响方面的研究仍较少。用户的在线信息或知识共享等价值共创行为可能更有利于其在社区平台建立社交网络，从而积累更多的社会资本，反过来，出于积累社会资本的动机也可能进一步激励用户进行在线信息或知识共享行为。因此，未来可探究在线问答社区中用户价值共创行为的动态性影响机制。②现有文献大多仅研究了某一类社区的用户信息或知识共享行为，关于社交网站的类型对用户的信息或知识共享等行为是否有影响尚未得到有效的探讨。例如，在线健康社区中成员贡献知识需要具备一定的专业素养基础，此类社区的用户信息或知识共享行为可能与其他社区有所差异，因此后续研究可以收集不同类型的社交网站用户数据，并加以分析探究。

15.2.5　价值共创理论在在线口碑传播与消费者购买意愿研究中的应用

　　在线口碑能够让消费者获取产品或服务相关的信息，减少消费者与商家之间的信息不对称，从而降低消费者的感知风险，帮助消费者更好地做出购买决策。作为价值共创的一种形式，在线口碑如何影响消费者购买意愿引起了学者们的广泛关注。

　　Kunja 等人探讨了社交网站中在线口碑如何影响消费者的价值共创和购买意愿，通过在线问卷方式对 5 个不同品牌智能手机的 Facebook 粉丝进行调研，结果表明，在线口碑对消费者的购买意愿有显著的正向影响，而这种影响会被消费者的价值共创所中介[⊗]；在此

⊖　AKMAN H, PLEWA C, CONDUIT J. Co-creating value in online innovation communities[J]. European journal of marketing, 2019, 53(6): 1205-1233.

⊜　LIU S, XIAO W Y, FANG C, et al. Social support, belongingness, and value co-creation behaviors in online health communities[J]. Telematics and informatics, 2020, 50: 101398.

⊜　CHEN C, DU R, LI J, et al. The impacts of knowledge sharing-based value co-creation on user continuance in online communities[J]. Information discovery and delivery, 2017, 45(4): 227-239.

⊗　KUNJA S R, GVRK A. Examining the effect of eWOM on the customer purchase intention through value co-creation (VCC) in social networking sites (SNSs): a study of select Facebook fan pages of smartphone brands in India[J]. Management research review, 2018, 43(3): 245-269.

基础上，See-To 等人基于信任理论和价值共创理论，通过理论分析也得出类似结论，但他们还发现社交网站的信息来源会调节在线口碑与消费者产品信任、价值共创、购买意愿之间的关系[⊖]。基于前述研究，Seifert 等人探究了社交网站中品牌相关口碑的情感如何影响消费者的购买意愿，并将中介效应价值共创细化为价值共创参与态度和参与行为，同时考虑了品牌信任转变的中介作用；通过对 237 名大学生进行在线调查发现，在社交网站上看到积极的品牌相关口碑后，消费者表现出更高水平的品牌价值共创参与态度和参与行为及品牌信任转变，并且品牌信任转变和价值共创参与态度对消费者购买意愿有正向影响[⊜]。此外，还有学者基于 VCC 构建了消费者在线口碑传播模型，如蔡淑琴等人基于 VCC 和线性阈值模型，构建了企业响应下负面口碑线性阈值传播模型，并通过仿真实验对负面口碑传播过程进行模拟，结果发现，消费者感知阈值、退出概率及消费者异质性等因素会显著影响负面口碑的传播过程[⊜]。

由以上分析可知，VCC 在在线口碑传播与消费者购买意愿研究中的应用呈现出两方面特征：①关于 VCC 在在线口碑传播与消费者购买意愿的应用研究仍很有限，且相关文献均采用定量分析的方法研究了在线口碑与消费者购买意愿的关系，虽然有研究关注了在线口碑的情感如何影响消费者购买意愿，但仅是通过问卷的方法测量了消费者对于在线口碑情感的感知，未通过定性或文本分析的方法对在线口碑进一步细化，如在线口碑的信息诊断性、文本复杂性等因素可能会影响消费者的购买意愿。②现有文献较为清晰地探讨了消费者价值共创在口碑传播与购买意愿之间的中介作用，但购买意愿不等同于购买行为，价值共创是否在口碑传播与购买行为之间发挥中介作用尚不得而知，且实际中商家往往更关注消费者的购买行为，未来研究可进一步深入分析。

15.3　结论与展望

通过文献综述发现，信息系统领域不乏基于 VCC 的应用研究成果。从研究主题来看，VCC 在信息系统领域的应用研究主要分为两类：第一类研究将 VCC 作为信息系统设计和信息技术服务创新的指导逻辑；第二类研究基于 VCC 来解释现象，具体表现在"顾客在线参与企业价值共创""在线信息或知识共享行为"及"在线口碑传播与消费者购买意愿"几个方面。

现有研究存在诸多不足之处：①在信息系统设计和信息技术服务创新的研究中，研究者主要关注如何基于服务主导逻辑去指导信息系统设计和信息技术服务创新，较少关注它们对于用户体验的影响；② VCC 对信息系统设计的研究仅涉及顾客和企业的二元交换，

⊖　SEE-TO E W K, HO K K W. Value co-creation and purchase intention in social network sites: the role of electronic Word-of-Mouth and trust: A theoretical analysis[J]. Computers in human behavior, 2014, 31: 182-189.

⊜　SEIFERT C, KWON W S. SNS eWOM sentiment: impacts on brand value co-creation and trust[J]. Marketing intelligence & planning, 2019, 38(1): 89-102.

⊜　蔡淑琴，袁乾，周鹏. 企业响应下负面口碑线性阈值传播模型研究 [J]. 系统工程学报，2017, 32(02): 145-155.

未能考虑服务提供方、服务接受方及其他利益相关者之间的多元交换；③问卷调查仍是VCC 在信息系统领域应用研究的主要数据收集方法，且较多研究采用了在线问卷的方式收集数据，虽然该方式简便易行，但由于互联网的开放性，被调查者性别、年龄、学历等个人信息的真实性容易被质疑，导致调查结果质量难以得到保证；④在顾客参与价值共创的研究中，分析价值共创的前因变量和结果变量的文献较多，其中学习价值、社会整合价值和享乐价值既是顾客参与价值共创的动机，也是顾客参与价值共创的结果，但鲜有研究分析这些价值与顾客价值共创之间的动态影响机制，即顾客在获得价值后是否愿意持续参与价值共创；⑤缺乏研究文化类型在用户价值共创中的作用，如东西方文化在集体主义和个人主义上表现出的差异可能是影响用户价值共创意愿及行为的重要因素；⑥ VCC 在用户信息或知识共享行为方面的研究较少关注用户信息或知识共享行为所产生的实际影响，且缺乏从多个不同社交平台收集数据的研究，尤其是对不同类型社交平台的用户信息或知识共享行为进行比较；⑦关于价值共创如何影响口碑传播与消费者购买意愿的研究较为欠缺，并且鲜有文献通过定性或文本分析的方法研究在线口碑的信息诊断性、文本复杂性等因素的作用；⑧现有文献较为细致地分析了价值共创在口碑传播与消费者购买意愿关系中的中介作用，但未对价值共创是否在口碑传播与消费者购买行为的关系中存在中介作用进行探讨。

针对上述不足，未来信息系统研究领域在应用 VCC 时应注意：①在信息系统开发过程中，采取迭代开发模式，在每一阶段利用 VCC 对用户需求及体验进行收集、分析、设计与实现，从而使得信息系统的设计更加满足用户需求，提升用户体验；②未来研究可以借助 VCC 关于“价值是由多个参与者共同创造”的思想，从多元交换关系的角度研究如何将价值共创应用到信息系统的设计中，从而扩展信息系统设计的法理性框架；③针对现有文献大多采用问卷方式收集数据的问题，未来研究可以获取消费者的真实在线共创行为数据以验证假设模型，或者结合实验、准实验等多种方法，以提高研究结论的可靠性；④在涉及顾客参与价值共创动机与效果的研究中，可以继续深入探究影响顾客参与价值共创的前因变量与结果变量，同时引入时间维度，利用面板数据分析顾客参与价值共创的动态作用机制；⑤研究文化差异在用户价值共创中的作用，选择不同文化背景的被试作为研究样本，分析跨文化情境下的用户价值共创机制，以扩展研究模型；⑥未来研究可以收集多个社交平台的用户数据，并根据社交平台的类型对其进行划分，研究不同类型的社交平台的用户价值共创，对研究结果加以比较与总结；⑦在涉及口碑传播与消费者购买意愿的研究中，可以结合定性、文本分析的方法深入挖掘在线口碑文本，以验证在线口碑的文本因素是否会影响消费者的购买意愿；⑧获取真实的消费者购买数据，研究价值共创在口碑传播与消费者购买行为关系中的中介作用，提高研究结论的实际应用价值。

第16章

协同演化理论的演化及其在
信息系统研究领域的应用与展望

　　协同演化，又称协同进化或共同演化，这一概念最初由 Ehrlich 和 Raven 提出，他们通过研究蝴蝶群与其食用植物的进化过程，确定了具有密切和明显生态关系的两个主要生物体之间的相互作用模式，即协同演化[一]。此概念提出后经 Janzen、Norgaard、Murmann、Jouhtio 等学者的丰富和拓展迅速成为生物学领域的一个重要分支，并于 21 世纪初建立起基本的理论体系，与此同时，该理论以类比的方式应用于经济学、管理学、遗传学、语言学、计算科学等多个领域[二]。协同演化理论（coevolution theory）的核心思想为：在较长时间跨度的动态演变过程中，具有明显联系的事物间由于双向或多向的相互作用关系而发生的共同进化。

　　由于协同演化理论广泛的适用性，越来越多的学者利用协同演化理论揭示不同物体演化过程中的生态互作关系，从而建立物体间的相互作用及共同演化模型，这使得协同演化理论的应用研究取得了丰硕的成果。有学者对相关研究进行了述评：郑春勇总结了西方学术界关于协同演化的理论研究进展和其在社会经济领域的应用情况[三]；更进一步地，聂峰英分析比较了国内外协同演化研究的应用进展和趋势[四]。随着该理论的内涵进一步被拓展和

　　[一]　EHRLICH P R, RAVEN P H. Butterflies and plants: a study in coevolution[J]. Evolution,1964,18(4): 586-608.
　　[二]　李超平，徐世勇. 管理与组织研究常用的 60 个理论 [M]. 北京：北京大学出版社，2019.
　　[三]　郑春勇. 西方学术界关于协同演化理论的研究进展及其评价 [J]. 河北经贸大学学报，2011, 32(5): 14-19.
　　[四]　聂峰英. 协同演进应用研究述评 [J]. 情报探索，2014, (10): 1-5.

丰富，其与信息系统相关的应用研究已积累了一些成果，但目前未见有文献全面、系统地对信息系统应用协同演化理论的研究进行述评，因此，本章拟在介绍该理论及其发展的基础上，梳理并总结其在信息系统研究领域的应用情况，以期帮助学者把握该理论的发展脉络和应用现状，为后续相关研究提供参考。

16.1   协同演化理论的起源与发展

16.1.1   协同演化理论的起源

经典的进化论将自然选择与生存竞争作为物种进化的主要动力，强调环境和竞争的作用，协同演化则强调物种之间的相互受益，这种物种间协同作用的思想最早来源于1955 年 Flor 提出的基因对基因假说，Flor 在对亚麻与亚麻锈菌的相互作用进行遗传学分析时发现：①亚麻对锈病的抗病基因与锈菌的无毒基因之间存在数量及功能上的一一对应关系；②亚麻抗病性和锈菌的无毒性是显性遗传，而亚麻感病性和锈菌的毒性是隐性遗传；③亚麻对锈菌的抗感反应类型不单纯由亚麻本身的遗传性状决定，而是由亚麻和锈菌二者相互作用所决定的，以上结论表明在病原—寄主体系中，无毒因子通过改变寄主的生理特性而起作用⊖，即物种间相互影响、共同进化。随后，生物进化相关研究从单向的自然选择逐渐过渡到物种间双向的交互选择，协同演化的概念也孕育而生，Mode 于 1958 年提出了协同进化遗传学的第一个数学模型⊜；1964 年，协同演化作为一个专业的术语被正式提出，Ehrlich 和 Raven 首次将"适应"与"物种形成"连接到互作物种中，在分析粉蝶幼虫与其宿主植物时，他们发现宿主植物产生的有毒次级代谢产物影响粉蝶幼虫的取食行为，粉蝶幼虫对毒性的抵抗性则反过来影响植物毒性的演化，基于此提出逃脱—辐射协同演化模型用于解释被子植物与植食昆虫由于相互作用而产生的适应辐射⊜。上述假说、模型和概念为协同演化理论发展奠定了重要基石。

16.1.2   协同演化理论的发展

1. 理论内涵的丰富

Ehrlich 和 Raven 在提出协同演化概念时并未对其进行明确定义，20 世纪 80 年代以后，学术界掀起了协同演化的研究热潮，大量学者为协同演化的内涵注入了更丰富的内容。Janzen 于 1980 年最早对协同演化进行了定义：一个物种的个体行为受另一个物种的

⊖   FLOR H H. Host-parasite interaction in flax rustits genetics and other implications[J]. Phytopathology, 1955, 45(12): 680-685.

⊜   MODE C J. A mathematical-model for the co-evolution of obligate parasites and their hosts[J]. Evolution, 1958, 12(2): 158-165.

⊜   EHRLICH P R, RAVEN P H. Butterflies and plants：a study in coevolution[J]. Evolution,1964,18(4):586-608.

个体行为影响而产生的两个物种在进化过程中发生的关系，是两种（或多种）具有密切的生态关系但不交换基因的生物的联合进化，其中，两种生物互相施加选择压力，使一方的进化部分地依靠另一方的进化⊖。为了不脱离经典的进化论体系，Volberda 等人认为，协同演化的理论必须符合达尔文主义的一般分析框架，即必须明确界定复制者和互动者，并运用"变异""复制"和"选择"的观点来描述共同演化过程⊖。为了强调协同演化的特性，Winder 等人指出共同演化是"相互影响的实体间的演化关系"，是两个演化系统的互动，只有当两个种群之间的演化存在"强影响"和"地理接近性"时才能构成共同演化⊜。另外，Jouhtio 对定义中物种间的依赖关系进行了补充，他将协同演化定义为：共同演化是指持续变化发生在两个或多个相互依赖、单一的物种上，它们的演化轨迹相互交织并相互适应，其中，物种的相互依赖关系包括共生关系、共栖关系和竞争关系，而在物种竞争过程中，竞争的结果可能是一个物种淘汰或驱逐另一个物种，也可能是演化出不同的细分环境，弱化原先的竞争压力⊗。Norgaard 第一次将协同演化的概念运用于社会文化、生态经济领域，注重从环境经济学的视角考虑概念中的长期反馈关系，他强调协同演化不仅是"协同"的，更是"演化"的，是"相互影响的实体间的演化关系"，在社会经济系统中，共同演化主要反映了知识、价值、组织、技术和环境五个子系统的长期反馈关系⊗。初期的协同演化将物种间的相互作用简单地限定在一对一的种间关系中，然而自然界中更常发生的是一对多或多对多的相互作用形式，如一种植物可能需要多种动物为其传粉或扩散种子，一种动物也可能服务于多种植物，因而一对一的协同演化关系不具有更广泛的适用性。为扩展协同演化理论的应用范围，Janzen 提出"扩散协同演化"，即多种群之间的适应性特征变化响应⊗，扩散协同演化可用来解释某一个或多个物种的特征受到多个其他物种特征的影响而产生的相互演化现象。

2. 演化特征的提炼

随着协同演化理论体系的逐渐完善，应用协同演化理论的研究大量涌现，但研究中存在许多文不对题的现象，一些题为"协同演化"的文章并非研究真正的协同演化问题⊕，因此 Murmann 区分了协同演化和并行发展，他提出协同演化的发生必然伴随着物种间改

⊖ JANZEN D H. When is it coevolution [J]. Evolution, 1980, 34(3): 611-612.

⊖ VOLBERDA H W, LEWIN A Y. Guest editors' introduction co-evolutionary dynamics within and between firms: from evolution to co-evolution[J]. Journal of management studies, 2003, 40(8): 2111-2136.

⊜ WINDER N, MCINTOSH B S, JEFFREY P. The origin, diagnostic attributes and practical application of co-evolutionary theory[J]. Ecological economics, 2005, 54(4):347-361.

⊠ JOUHTIO M. Coevolution of industry and its institutional environment[Z]. Working paper of The Institute of Strategy and International Business in Helsinki University of Technology, 2006.

⊗ NORGAARD R B. Environmental economics: An evolutionary critique and a plea for pluralism[J]. Journal of environmental economics and management, 1985, 12(4): 382-394.

⊗ JANZEN D H. When is it coevolution [J]. Evolution, 1980, 34(3): 611-612.

⊕ 李大元，项保华. 组织与环境共同演化理论研究述评 [J]. 外国经济与管理，2007, 29(11): 9-17.

变对方适应性特征的双向因果关系，而并行发展只是不同物种对周围环境的共同适应⊖。类似地，王德利等人则将协同进化与竞争进化进行了区分，他认为竞争进化的结果是生物间的相互制约，而协同进化是生物间的相互协调与平衡，最终物种共同受益⊜。针对误用术语问题，童泽宇等人提出目前使用协同演化理论的误区主要有：①将单向作用误解为双向互作；②将协作、共生、互惠等生态中的相互作用关系直接等同于协同演化关系；③将"演化"混同于"变化"⊝。由此可见，并非在所有相互作用的物种间均会产生协同演化关系，为了避免出现概念混淆和术语误用等现象，学界对协同演化理论的特征进行了提炼与总结：①双向或多向因果关系，即共同演化的各方必须互为因果关系，各成员均会被其他成员影响和改变；②多层级和嵌入性，多层级指协同演化并不仅仅发生在同一个层级中，不同层级之间的互动关联常会发生，嵌入性指个体并非独立存在，其行为应当被嵌入更广阔的自然、文化、社会环境中去；③复杂系统的特征，即互动者间的相互作用反馈机制往往呈现非线性或自组织的状态；④正反馈效应，即系统内外部的变化对系统的影响不断扩大，系统脱离原有状态，发生结构性改变；⑤路径依赖，即系统某一时期的演化方向受上一时期演化轨迹的影响，系统的演化轨迹将在某一特定的路径上持续较长的时间⊛。

3. 应用领域的扩展

协同演化理论起源于生物学并在进化生物领域具有十分广泛的研究内容，主要包括寄生物与宿主系统协同演化、昆虫与植物协同演化、捕食者与猎物系统协同演化等，其应用水平也涵盖分子水平、细胞水平、个体水平、种群水平和生态系统水平等多个层次。自1985年协同演化被首次运用于社会经济领域后，越来越多的西方学者将协同演化理论应用到社会经济问题中，组织与环境的协同演化、技术与制度的协同演化、个体与制度的协同演化是社会经济领域应用协同演化研究的最主要内容⊚。值得一提的是，协同演化已成为演化经济学的重要概念，协同演化理论与经济学的结合不仅为经济演化增加了新的研究内容，而且提供了强有力的新逻辑与独特分析工具，使演化经济学的研究不只是停留在过程思维上，还考察行为主体之间和主体与环境之间的相互影响⊗。随着协同演化理论内涵越来越丰富、体系越来越完善，学者们纷纷探索其在其他领域的拓展应用，计算科学领域以协同演化理论为基础提出的协同演化算法成为该领域近年来的研究热点。该算法应用协同演化思想，考虑环境与个体间的复杂联系对个体演化的影响，构造不同种群及其关系，利用种群间的相互作用提高各自性能⊕。

⊖ MURMANN J P. Knowledge and competitive advantage: the coevolution of firms, technology and national institutions[M]. Cambridge: Cambridge University Press, 2003.
⊜ 王德利，高莹. 竞争进化与协同进化 [J]. 生态学杂志，2005, 24(10): 1182-1186.
⊝ 童泽宇，黄双全. 协同演化概念的发展、使用误区与研究证据 [J]. 中国科学：生命科学，2019, 49(4): 421-435.
⊛ 黄凯南. 共同演化理论研究评述 [J]. 中国地质大学学报：社会科学版，2008, 8(4): 97-101.
⊚ 张福军. 共同演化理论研究进展 [J]. 经济学动态，2009, (3): 108-111.
⊗ 刘志高，王缉慈. 共同演化及其空间隐喻 [J]. 中国地质大学学报：社会科学版，2008, (4): 85-91.
⊕ 董红斌，黄厚宽，印桂生，等. 协同演化算法研究进展 [J]. 计算机研究与发展，2008, (3): 454-463.

16.2 协同演化理论在信息系统研究领域的应用进展

16.2.1 协同演化理论在知识网络动态演变研究中的应用

知识网络是基于知识的关系，网络中的知识内容、知识创建者、传播者及其相互关联均是知识网络的重要组成部分。学者们针对知识网络中各元素的相互作用进行了不同维度的协同演化分析，如 Xia 等人构建了知识与合作网络的协同演化元模型，该模型通过团队组装机制研究了复杂网络中知识的集体产生与传播及合作网络的动态演化[⊖]；除了网络合作关系研究，Al-Shyoukh 等人探讨了网络结构与信息内容的相互作用，他们按照时间细分网络和信息内容并进行了时间序列分析，结果表明通信网络结构与信息内容的多样性和新颖性存在协同演化关系[⊜]；聚焦于具体的学科知识，王梅从生态学视角揭示了各学科的协同演化机理，她指出学科内部以自组织的方式进行协同演化，学科间以竞争与互补的方式进行协同演化，学科的协同演化对于促进学科发展和学科建设尤为重要[⊝]；着眼于更细致的知识内容，Xie 等人分析了科学论文的引文和合著者同步增长并且动态相互作用的过程，建立了二者协同演化的几何模型，该模型有效解释了作者—引用的广义泊松分布和幂律分布规律，并捕捉到了论文、引文、合作者三者之间的经验正相关关系[⊗]；吴蕾等人则通过对科技文献中技术关键词的跨领域协同演化分析得出了技术关键词结构的发展轨迹，并发现落后发展学科领域的技术空白点[⊛]。

由以上研究可知，学者们已经从不同维度揭示了知识网络动态演变过程中的协同演化关系，然而以上研究只是根据知识网络中各元素间的相互作用探究了其协同演化过程，协同演化的生成原因并不明确，演化过程中的马太效应、守旧、跟风、创新等现象[⊛]未得到解释，协同演化过程的影响因素也未见探究，明确此类问题有助于进一步揭示知识网络的协同演化机理，明确演化规律，因此未来需要针对此类问题进行更深入的探索。

16.2.2 协同演化理论在在线网站用户信息行为研究中的应用

互联网拓展了人类交往的边界，不同时空的人们依靠网络产生联结并相互影响，为

⊖ XIA H X, XUAN Z G, LUO S L, et al. A meta-model for studying the coevolution of knowledge and collaboration networks[C]// KSEM 2011: Knowledge Science, Engineering and Management. Berlin/Heidelberg: Springer, 2011: 404-413.

⊜ AL-SHYOUKH I, CHASPARIS G, SHAMMA J S. Coevolutionary modeling in network formation[C]// Proceedings of the IEEE Global Conference on Signal and Information Processing (GlobalSIP). Atlanta: IEEE, 2014: 722-726.

⊝ 王梅. 基于生态原理的学科协同进化研究 [D]. 天津：天津大学，2006: 53-70.

⊗ XIE Z, XIE Z L, LI M. Modeling the coevolution between citations and coauthorship of scientific papers[J]. Scientometrics, 2017, 112(1): 483-507.

⊛ 吴蕾，梁晓贺，宋红燕. 基于技术关键词的学科领域协同演化分析实证研究 [J]. 现代情报，2019, 39(8): 137-142.

⊛ 陈果，赵以昕. 多因素驱动下的领域知识网络演化模型：跟风、守旧与创新 [J]. 情报学报，2020, 39(1): 1-11.

了探索不同情境下的网民在线相互作用关系，学者们将协同演化理论应用于不同网络平台中用户的信息行为研究，如 Costa 等人研究了社交投票网站中用户评论与投票行为之间的关系及其随时间的演变，结果表明用户评论数随着投票数幂律的增加而增加，基于此构建 VNC 模型，该模型可准确反映社交投票网站中用户活动的协同演化⊖；关于用户内容生成行为，Bhattacharya 等人以在线社交网站为背景，构建了用户网络结构与其所生产内容的协同演化模型，该模型阐释了网络结构对生成内容的影响和新生内容对网络结构的后续反馈，实证数据表明，用户倾向于与具有相似发布行为的人建立联系，从而改变网络结构，网络结构的变动反过来也改变了用户的发帖行为⊜；在在线政治讨论的研究中，Liang 采用文本挖掘技术和语义网络分析了在线论坛中用户的政治讨论与共同立场如何随着时间的推移共同发展，结果表明政治讨论可以促使用户达成共识，从而进一步促进参与者之间的政治讨论⊜。

由以上研究可知，学者们以不同网络情境为背景探讨了用户信息行为间的协同演化关系，然而由于研究情境不同，协同演化过程也存在差异，如以社交网站为背景的协同演化和以在线论坛为背景的协同演化各有其特点，探究不同情境下用户信息行为协同演化的差异，有助于把握不同类型网站的用户特征，对具体情境下的具体问题提出有针对性的策略，因此未来研究可比较不同情境下各元素间协同演化过程的差异，探索形成差异的深层原因。

16.2.3　协同演化理论在信息处理技术改进研究中的应用

随着信息爆炸时代的到来，互联网用户对信息技术的数据处理能力有着越来越高的要求，技术的进步需多种元素的协同配合，将协同演化理论应用于信息处理技术有利于结合不同元素的特点进行多种技术的共同演化，为此，已有学者展开了相关研究，如 Kupfer 等人将协同演化理论应用于数据库技术，实现了数据库模式和数据库本体的自动映射，即对数据库模式中的各元素执行创建、删除、修改等操作时，语义本体会随之进行相应的更改，无须手动重建㉘；为解决当前仿真系统灵活性、可拓展性不足等问题，Liu 等人提出了敏捷仿真的概念，将专家系统和仿真系统相融合，使二者相互合作并协同进化，为复杂系

⊖　COSTA A F, TRAINA A J M, TRAINA C, et al. Vote-and-comment: modeling the coevolution of user interactions in social voting web sites[C]// Proceedings of the 16th IEEE International Conference on Data Mining (ICDM). Barcelona: IEEE, 2016: 91-100.

⊜　BHATTACHARYA P, PHAN T Q, BAI X, et al. A coevolution model of network structure and user behavior: the case of content generation in online social networks[J]. Information systems research, 2019, 30(1): 117-132.

⊜　LIANG H. Coevolution of political discussion and common ground in web discussion forum[J]. Social science computer review, 2014, 32(2): 155-169.

㉘　KUPFER A, ECKSTEIN S, NEUMANN K, et al. A coevolution approach for database schemas and related ontologies[C]// Proceedings of the 19th IEEE International Symposium on Computer-Based Medical Systems (CBMS). Salt Lake City: IEEE, 2006: 605-610.

统的研究提供了新思路⊖；也有学者利用协同演化算法对数据挖掘技术进行了改进，Wong等人利用协同进化遗传算法从数据集中生成贝叶斯网络以提高学习的有效性，实验结果表明，新算法较反向传播神经网络和逻辑回归模型具有更好的性能⊜。另外，图像处理技术也利用协同演化得到了改进，Myszkowski 将基于规则的协同演化算法运用于图像标注技术⊜；Tan 等人则研究了图像识别中的协同演化算法，提出竞争性的协同进化有望在没有专家调整的情况下解决过度拟合和可靠性问题⊜。

16.2.4　协同演化理论在信息系统优化研究中的应用

信息系统服务于实际，随着实际问题的变化，系统的性能和解决问题的能力也须进行不断优化。大量研究表明将协同演化理论应用于系统优化能有效解决很多实际问题，推动不同领域信息系统的发展，如 Zhang 等人利用分布式协同演化算法对智能电网的需求管理系统进行了优化，优化后的系统能更充分地发挥智能调度程序和智能定价生成器的作用，不仅改善了电网波动、增加了净利润，而且提高了用户舒适度、节省了用电预算⊜；针对大规模全局优化问题，De Falco 等人认为协同演化算法是一种有效的分而治之策略，用于将大规模问题分解为低维子组件，因此提出了代理辅助协同演化优化器，使得优化元启发式方法在同时具有高维和计算意义的目标函数上得以应用⊛；在实时调度问题中，人为规则具有很强的问题相关性，Zhou 等人提出了基于机器分配规则和作业分类规则协同演化的调度策略，实验结果表明进化的调度策略能降低专业成本并实现大规模快速应用⊜；针对具体的航班调度问题，Lu 等人将大规模航班分配视作多目标组合优化问题，提出了引入合作式协同演化的多目标优化算法，通过仿真实验证实该方法有利于加强航班间的协作效

⊖　LIU B H, LI L. The collaboration and coevolution of experts system and simulation system in agile modeling and simulation[C]// ISDEA '13: Proceedings of the 2013 Third International Conference on Intelligent System Design and Engineering Applications. Washington: IEEE Computer Society, 2013: 1404-1407.

⊜　WONG M L, LEE S Y, LEUNG K S. Data mining of Bayesian networks using cooperative coevolution[J]. Decision Support Systems, 2004, 38(3): 451-472.

⊜　MYSZKOWSKI P B. Rule induction based-on coevolutionary algorithms for image annotation[C]// ACIIDS 2011: Intelligent Information and Database Systems. Berlin/Heidelberg: Springer, 2011: 232-241.

⊜　TAN J H, ZHANG J, SONG C X, et al. A coevolution algorithm in the image recognition system[C]// ISDEA '13: Proceedings of the 2013 Third International Conference on Intelligent System Design and Engineering Applications. Washington: IEEE Computer Society, 2013: 22-25.

⊜　ZHANG X Y, GONG Y J, ZHOU Y R, et al. A distributed coevolution algorithm for black box optimization of demand response[J]. IEEE access, 2019, 7: 51994-52006.

⊛　DE FALCO I, CIOPPA A D, TRUNFIO G A. Investigating surrogate-assisted cooperative coevolution for large-scale global optimization[J]. Information sciences, 2019, 482: 1-26.

⊜　ZHOU Y, YANG J J, ZHENG L Y. Hyper-Heuristic coevolution of machine assignment and job sequencing rules for multi-objective dynamic flexible job shop scheduling[J]. IEEE access, 2018, 7: 68-88.

率，有效解决了空域拥挤和航班延误等问题$^{\ominus}$；在通信领域中，Fan等人利用改进的协同演化算法实现了无线电接入网中的最佳资源分配，该算法用于优化终端传输功率和分配的无线电接入技术带宽，有效提高了系统性能和计算效率$^{\ominus}$。

由以上研究可知，协同演化理论应用于信息处理技术改进和信息系统优化大多体现在对协同演化算法的应用，而少有研究应用协同演化的理念与内涵思考信息处理技术和信息系统进一步的发展，在互联网时代，大数据、人工智能、决策支持系统等方面的发展涉及科学、制度、社会等多个因素，同时以上各方面也依赖于信息处理技术和信息系统的进步，未来研究可深入应用协同演化理论的概念内涵分析信息处理技术和信息系统与其他元素的相互作用。

16.2.5 协同演化理论在电子商务与物流协同发展研究中的应用

随着互联网时代的到来，各行各业的电子商务交易正变得越来越普遍，同时商家促销活动的成功使得包裹数量呈爆炸式增长，因此快递物流行业面临着巨大挑战。针对此类问题，学者们应用协同演化理论分析电子商务与物流的协同发展，如Wang等人研究了电子零售与快递物流协同演化的四种镶嵌运营模式，指出协同演化不仅是路径依赖的过程，还与位置依赖的机构有关$^{\ominus}$；考虑到农村电商近几年的快速发展，张诚等人构建了政府扶贫政策下农村电商与农村物流的协同演化博弈模型，分析指出政府积极推动的策略有利于农村电商与农村物流的协同演化，同时，农村电商"线上协同"、农村物流"线下协同"，能够有效提升线上电商的盈利能力和线下物流的服务能力$^{\circledR}$；针对物流主导的协同演化，吴群等人从种群协同进化的角度研究了为电商提供物流保障的服务主体及各构成要素，在分析了物流生态系统演化机理后，提出自组织演化和交互演化在协同演化过程中起到了关键作用，种群的领导力、种群生态位的选择和种群间的协同机制都对平台型电商企业物流生态系统的协同演化及形成稳定种群关系产生影响$^{\circledR}$。另外，孙鹏通过构建演化博弈模型分析了B2C物流服务供应链协同合作的动态演变规律，结果表明物流服务供应链协同产生的额外收益、激励水平、物流服务企业自身运作成本及物流企业的相互依赖程度都对物流服务供应链的协同演化有重要影响$^{\circledR}$。

$\ominus$ LU R L, GUAN X M, LI X Y, et al. A large-scale flight multi-objective assignment approach based on multi-island parallel evolution algorithm with cooperative coevolutionary[J]. Science China-information sciences, 2016, 59(7): 185-201.

$\ominus$ FAN W H, LIU Y A, WU F. Optimal resource allocation for transmission diversity in multi-radio access networks: a coevolutionary genetic algorithm approach [J]. Science China-information sciences, 2014, 57(2): 99-112.

$\ominus$ WANG J J, XIAO Z P. Co-evolution between etailing and parcel express industry and its geographical imprints: the case of China[J]. Journal of transport geography, 2015, 46: 20-34.

$\circledR$ 张诚，张广胜，王艳玲. 政府减贫的农村电商与农村物流协同演化及政策优化 [J]. 北京交通大学学报（社会科学版），2020, 19(1): 98-105.

$\circledR$ 吴群，程浩. 平台型电商企业物流生态系统协同演化研究 [J]. 江西社会科学，2019, 39(12): 199-207.

$\circledR$ 孙鹏. B2C 物流服务供应链协同演化机理与对策 [J]. 物流技术，2019, 38(12): 93-96.

由以上研究可知，电子商务的发展依赖于物流的运输能力，同时也推动了物流系统的快速发展，二者具有协同演化关系；类似地，电子商务是基于信息技术的全新商业模式，其与信息技术可能也存在着协同演化关系，然而目前这方面的研究数量较少。运用协同演化理论探究电子商务与信息技术的协同发展既有利于推动电子商务产业的智能化转变，又对信息技术应用于海量数据挖掘具有促进作用，因此未来可探索大数据、区块链、云计算等技术与电子商务的协同演化。

16.3 结论与展望

通过对协同演化理论相关文献的梳理和总结可知，目前应用协同演化理论的信息系统相关研究已经积累了一定成果，研究内容主要集中在知识网络动态演变、在线网站用户信息行为、信息处理技术改进、信息系统优化、电子商务与物流协同发展五个方面。

现有研究主要存在三点不足：①研究内容待拓展。在知识网络动态演变的相关研究中只指出了元素间协同演化关系，对协同演化的生成过程、特殊现象、影响因素等内容未进行更深一步的讨论。另外，在网站用户信息行为研究中，不同情境下的协同演化差异也需进一步探讨，电子商务与信息技术的协同演化也值得研究。②理论应用不深入。在信息处理技术改进和信息系统优化相关研究中，学者大多研究协同演化算法及其应用，而非深入理论内涵利用生态学意义探究信息技术与技术、系统与系统、技术与系统间的协同演化关系。③缺少多向因果关系的探索。从总体上说，当前协同演化理论在信息系统研究中的应用多注重两元素间的双向因果关系，已然跳出了以往单向因果关系的思维，然而协同演化理论在多向因果关系中也具有强大的解释力，目前少有文献探讨多个因素间的协同演化关系。

针对以上不足，未来研究可围绕三个方面展开：①针对研究内容的拓展，首先，未来可进一步细化知识网络中协同演化过程的研究内容，对其生成原因、演化过程中的重要现象和节点进行解释，并探究知识网络协同演化过程的影响因素；其次，可对不同网站中的动态演变进行归纳分类，分析比较不同应用情境下协同演化过程的差异，并收集不同在线平台的数据进行实证分析，探讨各种差异形成的深层原因；最后，可构建新兴的互联网技术与电子商务的协同演化模型，探讨二者的生态相互作用关系。②针对理论应用不深入的问题，未来研究可在协同演化算法的基础上加入生态学视角，利用物种间持续、双向或多向的相互作用关系及基因的适应性改变等协同演化的最本质特征研究信息处理技术改进和信息系统优化的问题。③针对多向因果关系的研究，未来可从更宏观的角度入手，将知识网络、信息系统、电子商务等事物的发展视为整体环境的产物，从经济、社会、技术等多角度入手构建具有多向因果关系的协同演化模型，避免忽视协同演化过程中的重要影响因素。

第17章

五大线索理论的演化及其在
信息系统研究领域的应用与展望

线索是代表事物发展脉络及事物属性的一种信号,这种信号会通过影响个体的感知进而对其判断与决策产生影响。目前线索理论主要有五种:线索效用理论(cue utilization theory)、线索诊断理论(cue diagnosticity theory)、线索一致性理论(cue consistency theory)、线索过滤理论(cue filtered-out theory)及线索竞争理论(cue competition theory)。

线索在某种意义上可以视作信息的集合。信息接收者视角下的判断与决策问题及信息发送者视角下的信息传播效率问题都可以基于线索理论得到合理的解释。因此,线索理论的应用越来越受到学界的关注,且积累了不少有价值的研究文献,然而,在文献调研的过程中并未发现有关线索理论的发展或应用的述评文献。为此,本章拟简要介绍线索理论的起源与发展,并对其在国内外的应用现状进行梳理,最后指出现有研究中存在的问题及该理论的潜在研究方向。

17.1　五大线索理论的起源与发展

17.1.1　线索效用理论的起源与发展

1. 线索效用理论的起源

线索效用理论最初是由 Cox 在 1962 年提出的,这一理论的核心思想是:消费者通常会对产品所传递的一系列线索进行综合分析，挑选其认为有用的线索作为判断产品质量及做出购买决策的依据[○]。

在消费者行为研究领域，信息不对称现象的存在使得消费者无法直接准确地判断商品质量，只能通过生产者及销售者所提供的线索对商品质量做出推断，并以此来降低决策过程中的不确定性。基于买方与卖方之间信息不对称这一背景和前提，线索效用理论得以提出和发展。

1932年，Laird对消费者如何通过感官印象判断产品质量这一问题进行研究，在研究中首次提出利用气味线索来感知产品质量[○]。在此之后，越来越多的研究开始关注线索在感知产品质量中的作用。1962年，Cox正式提出线索效用理论，认为线索就是价格、颜色之类的信息，而消费者对于产品的感知是将产品信息当作线索，并对其进行整体思考而形成的。Cox从线索给消费者带来的感知价值角度出发，将线索的价值分为预测价值和信心价值。预测价值代表的是消费者认为一条线索与产品质量关联的程度；信心价值则反映了消费者对其判断产品质量的能力的信心[○]。

2. 线索效用理论的发展

自线索效用理论正式提出后，学者们随着研究的深入对这一理论进行了补充和扩展。1972年，Olson等人建立了一个两阶段的产品质量评估过程模型，在第一阶段，消费者对线索进行感知和区分，并选择自己认为能够用来进行判断的线索；在第二阶段，消费者主要是将其对线索的判断演化成对整个事物的判断。

此外，Olson等人还根据线索的特点将其分为内部线索和外部线索[○]。内部线索是指产品本身所固有的特征，包括产品大小、形状、味道等[○]，这些特征属性不会被改变，且不受外界控制；而外部线索是指与产品相关，但可以被改变的属性，包括价格[○]、品牌名称[○]、颜色[○]、

○ COX D F. The measurement of information value: a study in consumer decision-making[M]. Chicago: American marketing association, 1962.

○ LAIRD D A. How the consumer estimates quality by subconscious sensory impressions[J]. Journal of applied psychology, 1932, 16(3): 241-246.

○ OLSON J C, JACOBY J. Cue utilization in the quality perception process[J]. Journal of travel research, 1972, 37(2): 131-137.

○ PETERSON R A. The price-perceived quality relationship: experimental evidence[J]. Journal of marketing research, 1970, 7(4): 525-528.

○ LEAVITT H J. A note on some experimental findings about the meanings of price[J]. Journal of business, 1954, 27(3): 205-210.

○ ALLISON R I, UHL K P. Influence of beer brand identification on taste perception[J]. Journal of marketing research, 1964, 1(3): 36-39.

○ PETERSON R A. Consumer perceptions as a function of product color, price, and nutrition labeling[J]. Advances in consumer research, 1976, 4(1): 61-63.

商店名称[⊖]、商店声誉[⊜]、原产地、生产国、品牌国[⊜]等。而随着该理论被引入电子商务情境中，网站的视觉吸引力、网站上的产品数量、网站的易用性及网站现有的浏览量也被纳入外部线索^{⊛⊕}。Richardson 等人还从 Cox 所提出的预测价值和信心价值的角度对内外部线索进行了研究：由于品牌名称、价格等外部线索更容易被消费者识别，因此外部线索比内部线索有着更高的信心价值；而由于内部线索对于质量的评估更加重要，所以内部线索的预测价值比外部线索更高[⊗]。

　　学者们还进一步对内外部线索的使用情况进行了更深入的探索。他们认为相较于外部线索，内部线索对于质量的评估更为有效[⊕]，但消费者往往更依赖于外部线索进行质量评估[Ⓐ]。但在不同情况下，消费者的选择也会有所不同：当内部线索可以被感知识别，或者其预测价值高于外部线索的预测价值时，消费者会倾向于使用内部线索；而当内部线索获取或评估成本较高，或者产品质量难以衡量时，消费者会倾向于使用外部线索[⊗]。在网络环境中，由于内部线索很难获取，消费者同样倾向于利用外部线索来评价产品的质量[⊕]。此外，内部线索的使用会受到产品因素的影响，如消费者在面对不同的产品时可能会使用不同的内部线索。而使用外部线索并不会受到产品因素的影响，如大多数情况下消费者都会使用品牌名称、价格等外部线索进行判断[⊕]。

17.1.2　线索诊断理论的起源与发展

　　线索诊断理论是由 Purohit 等人于 2001 年在线索效用理论的基础上提出的关于消费者

⊖ WHEATLEY J J, CHIU J, GOLDMAN A. Physical quality, price, and perceptions of product quality: implications for retailers[J]. Journal of retailing, 1981, 57(2): 100-116.

⊜ VAHIE A, PASWAN A. Private label brand image: Its relationship with store image and national brand[J]. International journal of retail & distribution management, 2006, 34(1): 67-84.

⊜ BILKEY W J, NES E. Country of origin effects on product evaluation[J]. Journal of international business studies, 1982, 8(1): 89-99.

⊛ LIU Y, LI H X, HU F. Website attributes in urging online impulse purchase: an empirical investigation on consumer perceptions[J]. Decision support systems, 2013, 55(3): 829-837.

⊕ FU W W, SIM C C. Aggregate bandwagon effect on online videos' viewership: value uncertainty, popularity cues, and heuristics[J]. Journal of the American society for information science and technology, 2011, 62(12): 2382-2395.

⊗ RICHARDSON P S, DICK A S, JAIN A K. Extrinsic and intrinsic cue effects on perceptions of store brand quality[J]. Journal of marketing, 1994, 58(4): 28-36.

⊕ OLSON J C. Cue utilization in the quality perception process: a cognitive model and an empirical test[D]. West Lafayette: Purdue University, 1972: 73-76.

Ⓐ PUROHIT D, SRIVASTAVA J. Effect of manufacturer reputation, retailer reputation, and product warranty on consumer judgments of products quality: a cue diagnosticity framework[J]. Journal of consumer psychology, 2001, 10(3): 123-134.

⊛ ZEITHAML V A. Consumer perceptions of price, quality, and value: a means-end model and synthesis of evidence[J]. Journal of marketing, 1988, 52(3): 2-22.

⊕ RAO A R, MONROE K B. The moderating effect of prior knowledge on cue utilization in product evaluations[J]. Journal of consumer research, 1988, 15(2): 253-264.

⊕ PARASURAMAN A P, ZEITHAML V A, BERRY L L. SERVQUAL a multiple: item scale for measuring consumer perceptions of service quality[J]. Journal of retailing, 1988, 64(1): 12-40.

研究领域的理论。这一理论指出：个体对产品质量的判断是利用合适的线索将产品归类到某一质量等级的过程。

根据 Slovic 等人对线索效用理论的理解，一个线索在评价产品质量方面的有用程度取决于其预测价值或诊断性○。基于此，为了进一步探索消费者如何综合运用多个线索进行判断和决策，Purohit 等人在 2001 年提出了线索诊断框架（cue diagnosticity framework），将对产品质量的评估视为一个分类过程，在这一过程中，消费者根据已知的线索将产品分到某一特定的质量类别中○。同时，Purohit 等人根据 Herr 等人对于诊断性与非诊断性信息的界定○○，将线索的诊断性定义为"用以区分质量类别的感知可靠性"，认为消费者在多线索情境下更倾向于使用诊断性高的线索来对产品进行质量分类，并根据线索诊断性的高低程度进一步将其分为高范围线索和低范围线索○，其中高范围线索是指效价不会随着时间变化的线索；低范围线索则是指效价可以在短时间内被改变的线索。此外，Purohit 等人还指出不同线索的诊断性之间存在交互效应：正面的高范围线索会加强低范围线索的诊断性；负面的高范围线索会削弱低范围线索的诊断性。因此，高范围线索既可以对产品质量评估产生直接影响，也可以通过低范围线索产生间接影响。

17.1.3 线索一致性理论的起源与发展

线索一致性理论最早是在 1981 年由心理学家 Anderson 提出的○，其理论核心是：消费者倾向于利用线性平均的方法分析指向性一致的线索，而当线索指向不一致时，消极的线索会对消费者的判断决策起到主导作用○。

为了解释个体是如何整合信息并形成认知态度的，Anderson 首次提出了线索一致性理论○。他认为人们在同时面对多个可以互相印证的信息时，倾向于利用线性组合或平均的方法对这些信息进行分析与理解，但当线索指向性不一致时，每条信息的权重会发生变

○ SLOVIC P, LICHTENSTEIN S. Comparison of Bayesian and regression approaches to the study of information processing in judgment[J]. Organizational behavior and human performance, 1971, 6(6): 649-744.

○ PUROHIT D, SRIVASTAVA J. Effect of manufacturer reputation, retailer reputation, and product warranty on consumer judgments of products quality: a cue diagnosticity framework[J]. Journal of consumer psychology, 2001, 10(3): 123-134.

○ HERR P M, KARDES F R, KIM J. Effects of word-of-mouth and product-attribute information on persuasion: an accessibility-diagnosticity perspective[J]. Journal of consumer research, 1991, 17(4): 454-462.

○ HOCH S J, DEIGHTON J. Managing what consumers learn from experience[J]. Journal of marketing, 1989, 53(2): 1-20.

○ GIDRON D, KOEHLER D J, TVERSKY A. Implicit quantification of personality traits[J]. Personality and social psychology bulletin, 1993, 19(5): 594-604.

○ ANDERSON N H. Foundations of information integration theory[J]. The American journal of psychology, 1981, 95(4): 389-410.

○ MAHESWARAN D, CHAIKEN S. Promoting systematic processing in low-motivation settings: effect of incongruent information on processing and judgment[J]. Journal of personality and social psychology, 1991, 61(1): 13-25.

化并且负面信息所占权重更高。

自线索一致性理论被提出后，随着研究的深入，Maheswaran 等人在 1991 年基于充足原则（sufficiency principle）和启发式系统模型（heuristic-systematic model）对这一理论进行了验证并做出了进一步的补充完善，研究了指向性一致或不一致的信息将如何影响个体的判断。其中，充足原则指高效的信息处理必须在最小化认知努力和最大化决策自信中取得平衡；启发式系统模型指个体对周围环境的反应表现为两个过程，即有意识的（系统的、分析式的）和无意识的（经验的、启发式的）。通过实证研究，他们发现当个体只接收到指向性一致的线索时，能够获得充足的决策自信，从而只依赖于启发式处理而不进行分析式处理；但当个体接收到指向性不一致的线索时，启发式处理不能使个体达到足够的决策自信水平，个体将进行分析式处理⊖⊖。也就是说，线索的不一致会导致个体对线索的进一步处理，并且个体可能会根据不一致的线索做出不同的决策。

Miyazaki 等人通过 5 个实验研究了不同的外部线索条件下价格与产品质量感知之间关系的变化，并证明了线索一致性理论。实验结果表明，当高价格这一外部线索与其他正向的外部线索同时出现时，价格对消费者的评价有显著的正向作用，且价格与正向外部线索之间会产生相互促进的交互作用；而当高价格这一外部线索与指向性不一致的负向外部线索同时出现时，价格对消费者评价的影响并不显著，而负向线索将主导消费者的感知和判断，即一个线索与指向性一致的线索同时出现所产生的效果要强于与指向性不一致的线索同时出现所产生的效果，且同时出现的线索指向性不一致时，负向的线索产生的效果更显著⊜。

但是，近年来一些学者进行的研究所得出的结论与线索一致性理论有所不同。这些研究表明，即使多个线索的方向一致，其作用效果也会有被减弱的情况；而在面对指向性不一致的线索时，负向线索也并不完全主导消费者的感知和意图⊗⊗。武平对此做出解释，认为这一矛盾是线索诊断理论与线索一致性理论共同作用的结果⊗。因此，可以结合线索诊断理论对线索一致性理论做出进一步补充扩展的研究。

⊖　王丽. 网络购物环境中多线索对消费者产品评价的影响：基于启发 – 分析模型 [D]. 杭州：浙江大学，2015：16-25.

⊖　武平. 网络购物信息环境对消费者购买意愿影响研究：基于不同产品类型 [D]. 杭州：浙江大学，2014：10-13.

⊜　MIYAZAKI A D, GREWAL D, GOODSTEIN R C. The effect of multiple extrinsic cues on quality perceptions: a matter of consistency[J]. Journal of consumer research, 2005, 32(1): 146-153.

⊗　DONG G H, HU Y B, LU Q L, et al. The presentation order of cue and target matters in deception study[J]. Behavioral and brain functions, 2010, 6(1): 63.

⊗　OOIJEN I V, FRANSEN M L, VERLEGH P W J, et al. Packaging design as an implicit communicator: effects on product quality inferences in the presence of explicit quality cues[J]. Food quality and preference, 2017, 62(1): 71-79.

⊗　武平. 网络购物信息环境对消费者购买意愿影响研究：基于不同产品类型 [D]. 杭州：浙江大学，2014：14-20.

17.1.4　线索过滤理论的起源与发展

线索过滤理论由 Culnan 等人在 1987 年提出，这一理论认为网络人际传播过滤了面部表情、目光接触、肢体语言等面对面交流的必要因素，从而将对话置于"社会真空"（social vacuum）中，对社交产生负面影响⊖。

在线索过滤理论提出之前，网络人际传播领域的主要理论包括社会临场感理论、媒介丰富度理论及交际情境线索缺失假说等。这些理论与假说均指出，面对面的信息交流互动的过程中包含的视觉线索、听觉线索、情境线索等有助于减少人际交往中不确定性的非语言线索的传递，但网络人际传播作为一种基于文本的传播方式，阻碍了包含非语言线索的社交功能的完成。因此，为了进一步强调非语言线索在网络人际传播过程中的重要性，Culnan 等人在这些理论的基础上提出了线索过滤理论。

17.1.5　线索竞争理论的起源与发展

线索竞争理论的核心思想是：所有可被感知的线索之间都存在着竞争，而这种竞争效应会对结果判断造成影响⊜。

1990 年，Gallistel 提出线索竞争是联结学习理论中最重要的现象，主要包含遮蔽（overshadowing）和阻碍（blocking）两种效应⊜。遮蔽效应是指当两种刺激同时出现时，它们与结果之间的联系会被对方影响⊗；阻碍效应则表明先前建立的一个线索与结果之间的联系会影响之后的线索与同一个结果之间的联系⊗。

线索竞争可以被认为是一种线索之间的相互影响，这一现象广泛存在于经典条件反射、人类学习情境、注意、语言及因果推理等其他各个领域中。在经典条件反射中，线索竞争指的是一个条件刺激与一个非条件刺激之间的联系因另一个条件刺激的出现而减弱⊗；在人类学习情境中，线索竞争则是指线索之间相互竞争以获得对于未来结果的预测价值⊕；在注意中，线索竞争是指线索之间会由于熟悉程度、情感倾向和动机强弱的不同而产生竞争，具有新异性的线索会减弱人们对其他线索的关注；在语言领域，线索竞争指的是具有不同含义的词汇线索会在判断句子含义时产生竞争，强度较大的线索会主导人们对句子的理解；在因果推理中，线索竞争则是指多个原因之间的竞争会影响对结果的判断⊖。

⊖　CULNAN M J, MARKUS M L. Information technologies[M]. Newbury Park, CA: Sage Publications, 1987.

⊜　张扬. 在线索竞争条件下对 PowerPC 理论和 ΔP 理论的检验 [D]. 西安：陕西师范大学，2010: 1.

⊜　GALLISTEL C R. The organization of learning[J]. Journal of cognitive neuroscience, 1991, 3(4): 382-384.

⊗　PAVLOV I P. Conditioned reflexes[M]. London: Oxford University Press, 1927.

⊗　KAMIN L J. Predictability, surprise, attention, and conditioning[M]. New York: Appleton-Century-Crofts, 1969.

⊗　WALTHER E, EBERT I, MEINERLING K. Does cue competition reduce conditioned liking of brands and products?[J]. Psychology & marketing, 2011, 28(5): 520-538.

⊕　JULIAN P, ROLAND P, CLARA C S, et al. How competitive is cue competition?[J]. The quarterly journal of experimental psychology, 2020, 73(1): 104-114.

17.2　五大线索理论在信息系统研究领域的应用进展

17.2.1　线索理论在线下产品感知质量研究中的应用

在传统的线下消费场景中，消费者对于商品质量的感知及购买意愿建立在对商品线索的分析和处理上，且消费者如何看待、利用产品相关的信息线索对于其最终的决策行为有着重要的影响。因此，除线索过滤理论外，许多学者利用其他四种线索理论对消费者如何使用线索来评估产品质量进行了深入的探索。

1. 线索效用理论在线下产品感知质量研究中的应用

线索效用理论从信息接收者的角度出发，强调了线索对个体感知、意愿及行为的影响，因此许多学者将其应用到多线索情境下产品的评估研究中。Herbes 等人基于线索效用理论研究了消费者如何利用产品相关线索来评估产品包装是否环保，发现标签是消费者最依赖的线索，并且强调文化背景对消费者线索选择的重要影响[一]。Leong 等人则将线索效用理论作为框架，建立了消费者对汽车品牌质量感知的多维测量模型，发现消费者会综合内外部线索进行质量感知评价[二]。类似地，Qasem 等人通过实证研究发现消费者对于产品外部线索的正面评价可以显著提高其品牌偏好和购买意愿，并且品牌偏好可以通过提供社会角色和地位的标志来提高消费者的购买意愿[三]。此外，Liu 等人结合了线索效用理论与一致性理论，在对中国市场的 703 名消费者进行问卷调查后发现，质量感知完全中介了自有品牌品类特征与购买意愿之间的关系，并且消费者的知识调节了质量感知与购买意愿之间的关系[四]。吕爽则将产品具体化为绿色食品，分析外部线索对绿色食品感知质量的影响及消费者产品知识的调节作用，结果表明，品牌名称、认证标识、商店形象及产品与零售商的关联程度均对绿色食品感知质量有显著的正向影响，并且消费者对绿色食品的产品知识了解得越少，品牌名称对绿色食品感知的质量影响越强、商店形象对绿色食品感知质量的影响越强、产品与零售商的关联程度对绿色食品感知质量的影响越强[五]。

2. 线索诊断理论在线下产品感知质量研究中的应用

线索诊断理论在一定程度上模拟了从发现线索、诊断线索到形成判断的个体决策的过程，因此被普遍应用于对产品感知质量的研究中。杨德锋等人基于线索诊断理论分析了

[一] HERBES C, BEUTHNER C, RAMME I. How green is your packaging: a comparative international study of cues consumers use to recognize environmentally friendly packaging[J]. International journal of consumer studies, 2020, 44(3): 258-271.

[二] LEONG V S, MUHAMAD N, SUMARDI W H. Cue utilisation theory: a multidimensional measurement on perceived quality of Asian automobile brands[C]// Australia & New Zealand Marketing Academy, 2013: 2-3.

[三] QASEM A, BAHARUN R, YASSIN A. The role of extrinsic product cues in consumers' preferences and purchase intentions: mediating and moderating effects[J]. TEM journal, 2016, 5(1): 85-96.

[四] LIU Y, FAN X J, LI J, et al. Extrinsic cues, perceived quality, and purchase intention for private labels: evidence from the Chinese market[J]. Asia Pacific journal of marketing and logistics, 2019, 31(3): 714-727.

[五] 吕爽. 外部线索对绿色食品感知质量的影响研究 [D]. 哈尔滨：哈尔滨商业大学，2019: 13-14.

零售商自有品牌感知质量的居中性，发现自有品牌的感知质量居于不知名制造商品牌和全国性品牌的中间⊖。程诗捷同样以线索诊断理论为基础，分析了再制造产品对消费者新产品购买意愿的影响，发现在同一市场竞争的情况下，具有价格优势的再制造产品对新产品销售具有负面影响，且品牌声誉和再制造产品认知对消费者关于新产品与再制造产品的感知相似度有显著的正向影响；服务一致性对新产品的购买意愿有直接的显著负向影响，但对感知相似性和质量感知信号没有直接影响⊜。

3. 线索一致性理论在线下产品感知质量研究中的应用

线索一致性理论的提出是为了解决多线索情境下的决策问题，由于用户所处环境中存在着大量线索，学者们在研究其行为如何被周围线索影响时广泛应用了这一理论。Gonçalves 设计了一个实验来研究消费者如何根据标签的颜色和形状这两个产品外部线索来评估产品质量，研究发现：当标签的颜色和形状含义一致时，消费者对于整体的产品质量的感知就会增强；当颜色和形状含义不一致时，消费者对于产品质量的感知则会被削弱⊜。Roggeveen 等人通过研究竞争性广告的表述方式如何调节消费者在产品性能风险评估中对外部信息线索的使用，发现在竞争性广告采用积极表述方式的情况下，当外部线索不一致或缺乏明确的信息线索时，消费者认为产品性能风险更大；而在消极表述方式下，外部线索对消费者的风险感知没有影响⊛。Akdeniz 等人则通过两项研究提出并检验了一个揭示营销控制的产品线索与非营销控制的产品线索之间相互作用并对消费者感知质量产生影响的概念框架，发现消费者在进行产品质量评估时，会以比先前文献中所提出的更复杂的方式通过线索进行感知⊝。然而，一些学者的研究结论与线索一致性理论存在一定的矛盾。例如，Ooijen 等人在研究包装设计线索与显性线索之间的交互作用对质量推断的影响时，预测包装设计线索在与显性线索一致时才会影响质量推断，但研究结果表明包装设计对产品感知质量的影响是独立于其他显性线索的，并不符合线索一致性理论所提出的线索之间存在的交互关系⊗。

⊖　杨德锋，王新新. 零售商自有品牌感知质量的居中性：基于线索诊断理论的研究 [J]. 商业经济与管理，2009，1(5): 81-89.

⊜　程诗捷. 再制造产品对消费者新产品购买意愿的影响研究 [D]. 上海：华东师范大学，.2020: 13-14.

⊜　GONÇALVES R P. Consumer behavior: product characteristics and quality perception[EB/OL].(2021-05-13) [2022-12-31]. https://mpra.ub.uni-muenchen.de/11142/1/MPRA_paper_11142.pdf.

⊛　ROGGEVEEN A L, GREWAL D, GOTLIEB J. Does the frame of a comparative ad moderate the effectiveness of extrinsic information cues?[J]. Journal of consumer research, 2006, 33(1): 115-122.

⑤　AKDENIZ B, CALANTONE R J, VOORHEES C M. Effectiveness of marketing cues on consumer perceptions of quality: the moderating roles of brand reputation and third - party information[J]. Psychology & marketing, 2013, 30(1): 76-89.

⊗　OOIJEN I V, FRANSEN M L, VERLEGH P W J, et al. Packaging design as an implicit communicator: effects on product quality inferences in the presence of explicit quality cues[J]. Food quality and preference, 2017, 62(1): 71-79.

4. 线索竞争理论在线下产品感知质量研究中的应用

随着线索理论在消费者行为研究中的作用不断加大，线索之间的相互竞争对消费者决策行为的影响逐渐吸引了学者们的注意，因此，他们试图将线索竞争理论引入这一领域的研究中。Van Osselaer 等人基于阻碍效应，通过一系列的实验证明了消费者会更多地关注先接触到的品牌名称线索，而相对忽视后了解到的产品属性线索，从而解释了消费者在质量评估时重视品牌线索而忽视属性线索的现象[⊖]。Walther 等人则将线索竞争与评价性条件反射结合起来研究消费者对产品的态度，结果表明，由于注意力的分散，多个线索的同时出现会对单个线索的效果造成影响，广告中呈现的线索越多，产品获得的喜爱就越少，因此研究认为应该尽量避免线索竞争的发生[⊜]。

由前述内容可知，线索理论在线下产品感知质量研究中的应用较为广泛，但仍存在诸多不足：①从数据收集方法来看，研究多采用问卷调查法，问卷回答仅代表消费者主观的感受，不能完全等同于实际行为，因此数据可靠性难以验证；②多数研究仅使用同一品牌或同种产品进行实验，研究结果的外部有效性不足；③某些可能影响消费者行为的因素，如心理因素，可能对现有关系有着显著的调节作用，但多数研究并没有考虑调节变量的存在。

17.2.2　线索理论在线上产品感知质量研究中的应用

随着互联网的迅速发展，网络的使用越来越普及，个体在线购买及使用网络的行为逐渐成为学者们研究的重点，因此，学者们逐渐将线索的范围扩展至线上，在线评论、浏览量等网站信息特征都被涵盖其中，而线索效用理论、线索一致性理论、线索诊断理论也被广泛应用到网络环境下的消费者感知质量研究中。

1. 线索效用理论在线上产品感知质量研究中的应用

章童利用线索效用理论从网站临场感与网上商品内外部线索的角度验证了网站临场感和商品信息内容对消费者的退货意愿具有直接或间接的负面影响，并且发现了认知失调的中介作用[⊜]。Xiao 等人基于线索效用理论分析了个性化推荐线索、社会评价线索、内容营销线索和网络推广线索四个外部线索对消费者跨境网购意愿的影响，并使用偏最小二乘结构方程模型进行了模型拟合效果的讨论，发现个性化推荐线索无论是对跨境网购意愿的影响还是对效果的影响都是最大的[⑳]。Johnson 等人则利用线索效用理论研究了网站感知质

⊖　VAN OSSELAER S M J, ALBA J W. Consumer Learning and Brand Equity[J]. Journal of consumer research, 2000, 27(1): 1-16.

⊜　WALTHER E, EBERT I, MEINERLING K. Does cue competition reduce conditioned liking of brands and products?[J]. Psychology & marketing, 2011, 28(5): 520-538.

⊜　章童 . 网站临场感及商品信息内容对顾客退货意愿的影响研究 [D]. 泉州：华侨大学，2019: 11.

⑳　XIAO L, GUO F P, YU F M, et al. The effects of online shopping context cues on consumers' purchase intention for cross-border e-commerce sustainability[J]. Sustainability, 2019, 11(10): 1-24.

量对用户个人信息披露行为的影响，发现网站的视觉吸引力这一外部线索，要比作为内部线索的网站安全特征对个人隐私披露行为的影响更大[一]。而通过探索不同文化背景下的外部线索对于网站信任感的影响，San-Martín 等人发现在不同的文化背景中外部线索有着不同的影响[二]。

2. 线索一致性理论在线上产品感知质量研究中的应用

在互联网情境下，使用线索一致性理论同样有助于理解用户的感知意愿及行为，为供应商提供有效的理论视角。Karimov 等人在关于在线供应商的信任保证的研究中发现，在线供应商可以通过采用多个指向性一致的电子保证机制（如不同的信任促进印章）来消除在线消费者的各种风险顾虑[三]。而在 Karimov 与 Brengman 的另一项研究中，线索一致性理论被用来探讨多重社交媒体线索是如何共同作用于消费者的线上初始信任的，其结果表明电子零售商同时使用包含照片的博客与社交网络（Facebook）可以增强消费者的购买意愿[四]。Xu 等人则以线索一致性理论与信号理论为基础，探讨了由多个网页组成的线上商品目录的设计对消费者网页价值感知及销售效果的影响，发现在合适范围内的价格线索与产品受欢迎度线索的协同组合对于提升网页整体价值感知有着积极的作用，并有助于促进销售[五]。

与线下环境中的研究相同，在线上环境中，一些学者也得出了与线索一致性理论不同的结论。Hu 等人针对第三方网络担保标识对消费者初始信任影响进行的研究发现隐私保证、安全保证和交易诚信保证同时呈现时，它们各自对消费者初始信任的作用会减弱，而非传统观点下的互相强化[六]。类似地，Utz 等人在研究消费者评论如何影响网上商店的可信赖性感知时发现，当消费者评论与网店声誉或担保标识成对出现时，评论都是消费者判断可信赖性的最强预测指标，网店的声誉和担保标识对消费者的影响并不显著，即使是指向性一致的线索同时出现时，它们也并非以加成的方式结合，难以操纵、可靠性强的线索将会占据支配地位[七]。Benedicktus 等人则在研究中证实了共识信息（以往的顾客之间达成的满意程度）、商店实体存在与品牌熟悉度对信任和购买意愿的积极影响，但共识信息所产

⊖ JOHNSON N, WELLS J. The effect of website quality on information disclosure: a cue utilization theory perspective[C]//17th Americas Conference on Information Systems(AMCIS), 2011, 5: 3640-3647.

⊜ SAN-MARTÍN S, CAMARERO C. A cross-national study on online consumer perceptions, trust, and loyalty[J]. Journal of organizational computing and electronic commerce, 2012, 22(1): 64-86.

⊜ KARIMOV F P, BRENGMAN M. An examination of trust assurances adopted by top internet retailers: unveiling some critical determinants[J]. Electronic commerce research, 2014, 14(4): 459-496.

㉃ BRENGMAN M, KARIMOV F P. The effect of web communities on consumers' initial trust in B2C e-commerce websites[J]. Management research review, 2012, 35(9): 791-817.

㊄ XU Y J, CAI S, KIM H W. Cue consistency and page value perception: implications for web-based catalog design[J]. Information & management, 2013, 50(1): 33-42.

㊅ HU X R, WU G H, WU Y H, et al. The effects of web assurance seals on consumers' initial trust in an online vendor: a functional perspective[J]. Decision support systems, 2010, 48(2): 407-418.

㊆ UTZ S, KERKHOF P, BOS J. Consumers rule: How consumer reviews influence perceived trustworthiness of online stores[J]. Electronic commerce research and applications, 2012, 11(1): 49-58.

生的影响效果基本独立于实体存在与品牌熟悉度，后两者所带来的积极影响几乎可以忽略不计[⊖]。

3. 线索诊断理论在线上产品感知质量研究中的应用

在网络情境中，学者们多将线索诊断理论与线索效用理论和线索一致性理论相结合，共同应用于产品感知质量及用户行为研究中。徐康锋基于线索理论得出了在网络环境下内部线索、外部线索和质量感知间的关系会因产品类型的差异而有所区别的结论，并且提出消费者在线上与线下环境中对内外部线索的使用和判断决策存在差异[⊜]。以线索理论为基础研究网络购物环境中多线索对消费者购买意愿的交互作用时，胡梓娴通过在手机端进行实验发现网络促销类型和品牌熟悉度及消费者在线评价之间均存在交互作用，并且高品牌熟悉度或在线评价水平高的商品采用价格促销的方式更能引起消费者的购买意愿，而低品牌熟悉度或在线评价水平低的商品采用非价格促销的方式更能引起消费者的购买意愿[⊜]。同样以网络购物为背景，唐晓莉通过分析价格和评价因素对消费者网络购物决策的影响，发现消费者会依据对产品的价格和评价两种线索的评估做出购买决策，但相较于价格线索，消费者更注重评价线索的参考价值，并且当两种线索效价一致时，消费者会遵循认知决策原则，采取更深入的认知加工方式[⊗]。武平则分析了品牌熟悉度、临场感与信誉机制对消费者在线信任和购买意愿的影响，发现受到线索诊断性的影响，在线索不一致的情况下消费者的评论并不一定会被负向线索主导，而是被高范围线索主导[⊗]。以 app 下载安装过程为情境，蔡茜以线索诊断理论等为框架研究了流行度、评价和隐私解释三个线索对个人隐私披露行为决策的交互影响，发现当高范围线索和低范围线索同时存在时，若高范围线索效价一致，个人对情境中线索的利用与线索效用理论的描述相一致；若高范围线索效价不一致，个人对情境中多个线索的利用不再与线索一致性理论和线索诊断理论的描述相一致，而是产生了线索趋同效应[⊗]。赵叶宇则以国内电影市场的首周票房作为因变量，讨论了导演、演员的影响力等内部线索对网络口碑等外部线索与电影首周票房之间关系的调节作用，发现网络口碑等外部线索对电影首周票房具有显著的正向影响，且更大的演员影响力和更高的电影质量对外部线索与电影票房之间的关系起到了积极的调节作用[⊕]。

综上所述，目前研究仍存在几点不足：①部分研究使用偏最小二乘结构方程模型进行建模，其结构模型拟合效果不如传统的基于协方差的结构方程模型。因此，需要针对研

⊖ BENEDICKTUS R L, BRADY M K, DARKE P R, et al. Conveying trustworthiness to online consumers: reactions to consensus, physical store presence, brand familiarity, and generalized suspicion[J]. Journal of retailing, 2010, 86(4): 310-323.

⊜ 徐康锋 . 网站信息环境对消费者感知质量的影响研究：基于线索理论 [D]. 杭州：浙江大学，2014: 11-19.

⊜ 胡梓娴 . 网购环境中多线索对消费者购买意愿的交互作用研究 [D]. 北京：北京邮电大学，2018: 5-8.

⊗ 唐晓莉 . 价格和评价因素对消费者网络购物决策的影响研究 [D]. 秦皇岛：燕山大学，2016: 9-11.

⊗ 武平 . 网络购物信息环境对消费者购买意愿影响研究：基于不同产品类型 [D]. 杭州：浙江大学，2014: 14-20.

⊗ 蔡茜 . APP 信息环境下多线索对个体隐私披露行为的影响研究论 [D]. 泉州：华侨大学，2019: 8-11.

⊕ 赵叶宇 . 在线用户评价对电影首周票房的影响研究：基于线索利用理论 [D]. 杭州：浙江大学，2018: 12-15.

究框架的理论通用性进行更多的实证研究。②多数研究并未对研究情境进行区分和深入探讨，后续研究可进一步分析不同场景如 PC 端和移动端对研究结果产生的影响。③在线购物情境下存在如原产国、广告等多种研究中未涉及的线索，在后续研究中可加入这些因素进行验证，进而增强模型的解释力度。

17.2.3　线索理论在线上人际交流及网络传播研究中的应用

由于线索过滤理论提供了人际传播方面的见解，学者们主要将其应用于线上人际交流、矛盾冲突等研究场景中。

Venter 就如何使婴儿潮一代和 Y 世代弥合代沟进行有效的人际交流这一问题进行了探索，发现虽然非语言线索和社会临场感会在网络人际传播中受到损失，但相比于不进行交流，通过数字媒体进行交流对于世代间关系的增进具有一定的帮助⊖。McEwan 等人则试图在自然环境下从线索过滤理论等三个理论视角探索当个体从纯在线环境转移到离线环境时人际关系可能发生的改变，发现线下见面提高了关系亲密度、满意度和预期结果值，证实了线索过滤理论提出的线索增加会带来积极影响的观点⊜。此外，在网络传播中，缺乏非语言线索的纯文本的交流方式似乎不能使信息传递双方达到有效沟通的目的，针对这一问题，Lo 基于线索过滤理论在研究中探讨了作为语言线索的表情符号所起到的非语言线索的作用，结果表明表情符号可以使信息接收者在缺乏非语言线索的纯文本环境中正确理解情绪、态度和表达意图，因此其可被称为"准非语言线索"（quasi-nonverbal cues）⊜。

发生矛盾冲突也属于沟通交流的一种，因此线索对冲突的产生与解决有着怎样的影响也是学者们研究的重点。Shin 等人在模拟了真实场景的情况下探讨了以不同的沟通方式发生冲突是否会影响个体的情绪唤醒、对冲突对象的态度和沟通满意度，发现虽然线索过滤理论主张在交流过程中线索越多越好，但在发生冲突的情况下，这一理论并不适用㉕。Hobman 等人通过对不同类型的冲突在不同沟通方式中随时间变化的研究比较了线索过滤理论与社会信息加工理论，研究发现以网络进行短期合作的小组可以在交流初期通过线下见面的方式来减少冲突的发生㊄。

综上所述，在线上人际交流和网络传播中，线索过滤理论对于研究特定场景下线索数量带来的影响有着重要的作用。然而前述文献中仍存在一些局限性：①自然环境与实验

⊖　VENTER E. Bridging the communication gap between generation Y and the baby boomer generation[J]. International journal of adolescence and youth, 2017, 22(4): 497-507.

⊜　MCEWAN B, ZANOLLA D. When online meets offline: a field investigation of modality switching[J]. Computers in human behavior, 2013, 29(4): 1565-1571.

⊜　LO S K. The nonverbal communication functions of emoticons in computer-mediated communication[J]. Cyberpsychology & behaviour, 2008, 11(5): 595-597.

㉕　SHIN S Y, LIU W Y, JANG J W, et al. The benefits of distance and mediation: how people react to conflicts in video chat vs. FtF[J]. Computers in human behavior, 2017, 73: 1-8.

㊄　HOBMAN E V, BORDIA P, IRMER B, et al. The expression of conflict in computer-mediated and face-to-face groups[J]. Small group research, 2002, 33(4): 439-465.

环境存在一定差距，放弃控制潜在变量与严格控制变量之间未达到平衡；②研究中并未探讨年龄、性别和教育水平等人口统计信息对研究的影响；③由于对研究对象的观察仅限于短时间内，部分研究的结论不具有推广性，无法证明在长期情况下是否具有同样的结果。

17.3　结论与展望

通过对线索理论相关文献的梳理和总结可以发现，关于线索理论的研究大多集中在"线下产品感知质量""线上产品感知质量""线上人际交流及网络传播"三个方面。

现有研究主要存在 5 点不足：①研究数据多通过问卷调查方法采集，数据容易受主观因素的影响而与真实情况有出入，数据质量无法保证，导致研究结论缺乏说服力；②现有研究模型中的影响因素不完整，性别、教育水平、人格特质、个体需求等变量未被纳入研究中，阻碍了一般性结论的得出与对各因素的影响机制的研究；③在现有的研究成果中，有部分实验是在特定的模拟场景下完成的，通常与真实的场景有一定的差距，也有部分实验是在自然场景下进行的，对于某些潜在关键变量无法进行更好的控制；④多数研究情境设定及研究对象的选取通常较为单一，使得结论外部有效性不足；⑤部分研究使用偏最小二乘结构方程模型建模，其结构模型拟合效果不如传统的基于协方差的结构方程模型。

基于如上几点不足，未来的研究可以从 5 个方面做出改进：①尽可能使用客观数据，或者将客观数据与主观数据相结合，以增强数据的可靠性，如针对在线行为的研究可以使用系统日志中的用户行为数据与问卷结合的形式进行探索；②通过引入性别、教育水平等人口变量和潜在的调节因素，完善模型的结构，提高模型的解释力；③采用关键事件等方法作为实验法的补充研究，从而减少实验环境下人为干预带来的影响，增强研究结果的效度和信度；④在线上环境中研究产品质量感知时，可结合移动终端类型、app 种类等划分具体场景，并增加产品或品牌的种类，增强现有结论的外部有效性；⑤结合传统结构方程模型建模或对模型进行拟合优度检验，提高研究框架的理论通用性。

第18章

期望不一致理论的演化及其在
信息系统研究领域的应用与展望

1980 年，Oliver 提出了期望不一致理论（expectancy disconfirmation theory，EDT），其核心思想是：消费者在购买或使用产品之前会对产品绩效形成初始期望，而之后消费者获得的实际产品绩效与初始期望比较形成不一致，这与初始期望共同影响消费者满意度[一]。

EDT 解释了消费者满意度的决定因素及随之而来的再次购买或继续使用决策，最初在解释和预测消费者满意度、购买后行为[二]等消费者决策方面得到了广泛应用。随后 EDT 开始应用于谈判心理[三]、公共服务和政府绩效满意度[四]等研究中，涵盖了营销服务、社会心理、公共管理等多个学科领域。虽然 EDT 在众多领域已经积累了一定的研究成果，但目前还没有学者对其进行较为全面的综述性研究，只有几位学者对其与消费者情绪、消费者满意度的关系研究做出述评。张跃先等人述评了三者关系研究中的主要模型及观点，指出期望不一致显著影响消费者满意度决策已经成为学界的共识，但其与消费者情绪间的关系

○ OLIVER R L. A cognitive model of the antecedents and consequences of satisfaction decisions[J]. Journal of marketing research, 1980, 17(4): 460-469.

○ OLIVER R L. Cognitive, affective, and attribute bases of the satisfaction response[J]. Journal of consumer research, 1993, 20(3): 418-430.

○ OLIVER R L, BALAKRISHNAN P V, BARRY B. Outcome satisfaction in negotiation: a test of expectancy disconfirmation[J]. Organizational behavior and human decision processes, 1994, 60(2): 252-275.

○ VAN RYZIN G G. Expectations, performance, and citizen satisfaction with urban services[J]. Journal of policy analysis & management, 2004, 23(3): 433-448.

仍存在争议，未来可对不同服务情境下和不同时点下的这种关系做进一步研究[⊖]；而高明则对旅游业中三者关系研究的相关文献进行归纳，发现由于研究假设、概念定义、测量方法和实证背景不同，研究得出的三者关系及相互作用机理具有明显的差异性[⊜]。

由于信息系统的开放性，用户同样会基于使用体验与期望之间的差距评估对信息系统的满意程度，从而决定后续的使用行为，这为 EDT 在信息系统中的应用提供了空间。目前信息系统领域的相关研究已经积累了丰富的成果，然而学界尚未对 EDT 在信息系统中的应用进行述评。因此，本章拟对 EDT 的起源与发展进行梳理，在此基础上系统地介绍 EDT 在信息系统中的应用，同时指出现有研究中的局限性和未来可能的研究方向，以帮助学界掌握 EDT 在信息系统中应用研究的现状及进展。

18.1　期望不一致理论的起源与发展

18.1.1　期望不一致理论的起源

1965 年，Cardozo 首先在市场营销中引入消费者满意度的概念，认为明晰消费者满意度的前因对营销实践具有重要意义。为此他进行了一项开创性实验，发现期望是满意决策的一个重要前因，产品未达到期望时的消费者满意度比达到期望时的低[⊜]。基于此，Engel 等人在 1968 年提出了将期望不一致与消费者满意度联系起来的早期主张，认为夸大产品绩效会导致消费者的满意度下降[⊛]。此后许多学者对此做了进一步的实验研究以探索期望及其与产品绩效的差距对满意度的影响。Olshavsky 和 Miller 补充了 Cardozo 实验中未考虑的产品绩效超出期望的情况，通过实验得出无论产品绩效是高于还是低于期望，消费者的满意度都与期望水平保持一致的结论，这与先前 Engel 的研究结论不符[⊚]。鉴于此，Anderson 通过析因实验检验实际或客观产品绩效与期望之间差异的效应，结果发现消费者的高期望与实际产品绩效间的较大差距会导致不满意[⊗]。1977 年，Oliver 回顾了以上研究，通过自我报告独立于期望水平测量了不一致效应，得出消费者使用产品后的满意度取决于

⊖　张跃先，马钦海，刘汝萍. 期望不一致、顾客情绪和顾客满意的关系研究述评 [J]. 管理评论，2010, 22(4): 56-63.

⊜　高明. 期望不一致、游客情绪和游客满意度的关系研究述评 [J]. 重庆工商大学学报 (社会科学版)，2011, 28(5): 59-67.

⊜　CARDOZO R N. An experimental study of customer effort, expectation, and satisfaction[J]. Journal of marketing research, 1965, 2(3): 244-249.

⊛　ENGEL J F, KOLLAT D T, BLACKWELL R D. Consumer behavior[M]. New York: Holt,Rinehart and Winston, 1968.

⊚　OLSHAVSKY R W, MILLER J A. Consumer expectations, product performance, and perceived product quality[J]. Journal of marketing research, 1972, 9(1): 19-21.

⊗　ANDERSON R E. Consumer dissatisfaction: the effect of disconfirmed expectancy on perceived product performance[J]. Journal of marketing research, 1973, 10(1): 38-44.

期望及其与实际体验不一致的程度的结论⊖。这些研究表明期望的确显著影响消费者满意度,但由于不同研究对期望水平及不一致水平的测量方式不同,学界对于期望及不一致的作用机制尚未形成统一的认识。

为了解决上述研究结论的矛盾性,1980 年,Oliver 整合了早期相关研究中的假设关系,构建并验证了满意度决策认知模型(cognitive model of satisfaction decision)⊖(见图 18-1)。他认为,产品的最终成功取决于几个阶段:消费者在购买产品之前会基于产品属性、广告宣传等信息形成对产品的使用前期望,这一期望作用于消费者对产品初始态度的形成,而此时用户的购买意愿受初始态度影响。当消费者使用产品后,他们基于实际的产品使用经历形成对产品性能的感知,从而将感知到的产品性能与先前的期望进行比较,并确认两者之间的不一致程度。这种不一致程度与最初的期望决定了消费者的满意度,进而影响消费者未来的购买意愿及购买后的态度。因此,此时消费者对产品的态度由使用前态度和使用后满意度决定,而未来的购买意愿则由初始购买意愿、满意度、使用后态度共同决定。

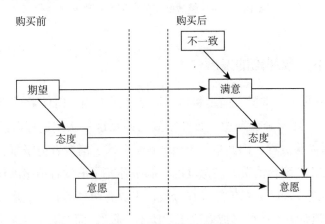

图 18-1　满意度决策认知模型

在满意度决策认知模型基础上,聚焦于满意决策的前因,Oliver 在《满意:消费者的行为视角》(*Satisfaction: A behavioral perspective on the consumer*)一书中提出简化的期望不一致模型⊜(见图 18-2),其主要内容是消费者在购买前形成初始期望,这种期望与购买后实际感知到的产品性能会形成差异即期望不一致,而消费者满意度取决于期望和不一致,这种满意度还会影响消费者未来的购买意愿。

图 18-2　简化的期望不一致模型

⊖ OLIVER R L. Effects of expectations and disconfirmation on post-exposure product evaluations[J]. Journal of applied psychology, 1977, 62(4): 480-486.

⊖ OLIVER R L. A cognitive model of the antecedents and consequences of satisfaction decisions[J]. Journal of marketing research, 1980, 17(4): 460-469.

⊜ OLIVER R L. Satisfaction: a behavioral perspective on the consumer[M]. 2nd ed. New York: Routledge, 2015.

Oliver 和其他学者忽略了消费者感知的产品体验也会直接影响消费者的满意决策，仅仅将产品绩效视作不一致变量形成的影响因素。1982 年，Churchill 和 Surprenant 的实验证明除了影响消费者感知到的不一致之外，感知绩效本身对满意度也有直接影响，因此在期望不一致模型中添加了感知绩效结构⊖，扩展后的模型称作包括绩效的完整期望不一致模型（complete expectancy disconfirmation with performance model，见图 18-3）⊜。具体而言，扩展后的模型在简化的期望不一致模型中增加了感知绩效作为直接影响满意度的前因，同时将感知绩效对不一致的影响、期望对感知绩效的效应纳入其中。这一完整模型是初始 EDT 模型的重要发展，成为之后消费者满意度研究中应用最广泛的模型之一。

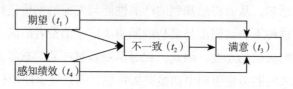

图 18-3　包括绩效的完整期望不一致模型

18.1.2　期望不一致理论的发展

EDT 模型扩展的一个重要方向是将情感因素考虑在内。EDT 将消费者满意度视为理性的认知评价过程，强调确认期望、感知绩效间差距这一认知过程对满意度的影响，忽略了消费者的情绪体验过程，因此最初 Westbrook 引入了消费者情绪概念作为满意度的前因⊜。许多学者在 EDT 解释消费者满意度的机制中补充了消费者情绪的作用，但目前期望不一致和消费者情绪之间的关系依然存在分歧，主要有两种具有代表性的综合情感和认知模型：Oliver 认为消费者情绪的形成取决于期望不一致⑭；而 Bigné 等人主张唤起情绪显著影响期望不一致和愉快情绪，进而影响消费者满意度㊄。

EDT 模型中关键结构的进一步划分是模型扩展的另一个方向，许多学者基于不同的研究背景将 EDT 的关键结构做了进一步的划分，在实践中对 EDT 做了进一步延伸和适应性修正。Chiu 等人将感知绩效结构分解为感知可用性、感知质量和感知价值，并将它们的不一致结构添加到 EDT 模型中㊅；Liu 等人从功利主义与享乐主义角度对 EDT 模型进行

⊖　CHURCHILL G A, SURPRENANT C C. An investigation into the determinants of customer satisfaction[J]. Journal of marketing research, 1982, 19(4): 491-504.

⊜　OLIVER R L. Satisfaction: a behavioral perspective on the consumer[M]. 2nd ed. New York: Routledge, 2015.

⊜　WESTBROOK R A. Product/consumption-based affective responses and postpurchase processes[J]. Journal of marketing research, 1989, 24(3): 258-270.

⑭　OLIVER R L. Cognitive, affective, and attribute bases of the satisfaction response[J]. Journal of consumer research, 1993, 20(3): 418-430.

㊄　BIGNÉ J E, MATTILA A S, ANDREU L. The impact of experiential consumption cognitions and emotions on behavioral intentions[J]. Journal of services marketing, 2008, 22(4): 303-315.

㊅　CHIU C M, HSU M H, SUN S Y, et al. Usability, quality, value and e-learning continuance decisions[J]. Computers & education, 2005, 45(4): 399-416.

拓展，将消费者对网上购物的期望分成功利期望和享乐期望，并探索了电子商务网站的功能性和美观性如何满足这些期望进而提升消费者满意度[⊖]。

18.2 期望不一致理论在信息系统研究领域的应用进展

18.2.1 期望不一致理论在在线服务消费者满意度研究中的应用

在线服务中消费者可在线获取多渠道信息从而形成对在线服务的期望，但由于在线服务存在着可靠性、交互性、隐私安全性等方面的问题，这种期望与实际服务体验更有可能出现不一致。因此，许多学者将 EDT 应用于在线服务情境下的消费者满意度研究。

1. 期望不一致理论在在线购物消费者满意度研究中的应用

与传统的线下消费不同，在线购物通常依托于电子商务网站，依赖于网站信息来弥补物理接触的缺失[⊖]。在这种情况下，消费者的期望与感知绩效间可能存在较大的差距，因此 EDT 被广泛用于在线购物环境下消费者满意度的影响因素及形成机制研究。其中，绝大多数学者更关注购买平台设计及其提供的信息对满意度的影响，将其视作期望和感知绩效的重要影响因素。Mckinney 等人将网站质量分为信息质量和系统质量，并使用信息质量期望、系统质量期望等九个关键结构来测量信息搜索阶段网络消费者满意度[⊜]；Cho 则基于 EDT 和 TAM 将感知绩效概念化为购买产品后对网站有用性的感知绩效，通过美韩两国日常交易网站的消费者满意对比检验了电子商务中消费者满意度的形成过程，结果表明网站的有用性绩效是消费者在线购买满意度的一个关键变量[⊕]。此类研究主要探索在线购物信息系统的某些属性对消费者满意度的影响机制，却忽略了产品本身的影响。少数研究对此做出了补充，Chen-Yu 等人将在线服装购物环境下的消费者满意度分为产品满意度和品牌满意度，并通过析因实验探讨了它们的前因，结果表明期望不一致性是产品满意度的决定因素，而网站可见产品属性和期望的不一致性是品牌满意度的前因[⊗]。

2. 期望不一致理论在在线知识社区用户满意度研究中的应用

在线知识社区成为网络用户分享信息和获取信息的主要渠道，EDT 为其中用户的满意度决策潜在机制提供了可能的解释，从期望角度揭示了影响在线知识社区用户满意度的

⊖ LIU F, LIM E T K, LI H X, et al. Disentangling utilitarian and hedonic consumption behavior in online shopping: an expectation disconfirmation perspective[J]. Information & management, 2020, 57(3).

⊖ KOUFARIS M, KAMBIL A, LABARBERA P A. Consumer behavior in Web-based commerce: an empirical study[J]. International journal of electronic commerce, 2001, 6(2): 115-138.

⊜ MCKINNEY V, YOON K, ZAHEDI F M. The measurement of Web-customer satisfaction: an expectation and disconfirmation approach[J]. Information systems research, 2002, 13(3): 296-315.

⊕ CHO Y. A consumer satisfaction model based on the integration of EDT and TAM: comparative study of Korean and US consumers[J]. Asia Pacific journal of marketing and logistics, 2017, 29(5): 978-993.

⊗ CHEN-YU J, KIM J, LIN H L. Antecedents of product satisfaction and brand satisfaction at product receipt in an online apparel shopping context[J]. Journal of global fashion marketing, 2017, 8(3): 207-219.

因素。Khalifa 和 Liu 认为基于内心需求而不受情境认知约束的欲望也会影响消费者满意度，从而基于 EDT 模型构造了期望不一致、欲望不一致和感知性能三种结构来解释在线知识社区环境中用户对基于互联网的服务的满意度[⊖]。Jin 等人在 EDT 和先前的满意度研究的基础上提出了解释虚拟知识社区中用户信息满意度的模型，认为感知信息准确性、及时性、全面性、相关性及其对应期望不一致是用户信息满意度的决定因素[⊜]。这些研究将 EDT 的应用范围从购买交易扩展到信息交换服务，通过构建新的关键结构增强 EDT 模型对在线社区中用户满意度的解释力。

3. 期望不一致理论在其他在线服务消费者满意度研究中的应用

除上述两种在线服务以外，EDT 还用于远程医疗、在线学习等多种服务的满意度解释和预测。Serrano 等人将 EDT 框架应用于糖尿病引发视网膜病变筛查的远程医疗患者满意度概念化和实证研究，结果表明患者满意度受远程医疗质量期望和期望不一致的影响[⊜]。与使用 EDT 框架解释满意度的直接前因不同，Medina 等人在 EDT 模型中考虑了努力期望、社会影响及激励条件变量，考察这些变量对电子学习满意度形成的中介关系^㉓。此外，Zainal 等人综合图书馆学和信息系统的观点，利用 EDT 结构测量了联机公共查询目录（online public access catalogue，OPAC）的最终用户满意度，将期望分为系统知识、系统性能等，测量了个人成就感、关于系统使用的态度、感知净收益等项目来衡量期望与感知绩效间的差异程度^㉔。

综上所述，EDT 已经被用于多种在线服务消费者满意度研究中，但现有研究仍有可扩展的空间：①由于 EDT 模型对不同种类产品的解释力度不同^㉕，因此需要扩展 EDT 模型在不同在线服务中的应用。从在线服务用途来看，可对在线政务服务、在线社会支持服务等其他在线服务中 EDT 的适用性做进一步研究，从用户角度出发理解他们对服务的期望并以此为依据来设计或完善在线服务系统；从在线服务渠道来看，移动端已经成为体验在线服务的主要渠道，在线服务移动应用程序的移动性和快速更新可能会引起用户感知的期

　⊖　KHALIFA M, LIU V. Satisfaction with Internet-based services: the role of expectations and desires[J]. International journal of electronic commerce, 2002, 7(2): 31-49.

　⊜　JIN X L, CHEUNG C M K, LEE M K O, et al. User information satisfaction with a knowledge-based virtual community: an empirical investigation[C]//Emerging Technologies and Information Systems for the Knowledge Society. Berlin: Springer,2008: 123-130.

　⊜　SERRANO C I, SHAH V, ABRAMOFF M D. Use of expectation disconfirmation theory to test patient satisfaction with asynchronous telemedicine for diabetic retinopathy detection[J]. International journal of telemedicine and applications, 2018:1-14.

　㉓　MEDINA C, RUFIN R, REY M. Mediating relationships in and satisfaction with online technologies: communications or features beyond expectations?[J]. Service business, 2015, 9(4): 587-609.

　㉔　ZAINAL H B, HUSSIN A B, SA'DON N F B, et al. Web OPAC end user satisfaction from library science and information system perspectives[C]// 2013 International Conference on Research and Innovation in Information Systems. Piscataway : IEEE, 2013: 487-492.

　㉕　OLSHAVSKY R W, MILLER J A. Consumer expectations, product performance, and perceived product quality[J]. Journal of marketing research, 1972, 9(1): 19-21.

望与服务体验之间的差距动态变化，因此可应用 EDT 对移动端在线服务满意认知过程做进一步的研究。②目前已有研究仅探讨了 EDT 模型中中介变量的作用，但用户的特质可能会影响感知到的期望与实际绩效间不一致的程度，因此未来可继续研究用户人格、性别、年龄等调节变量的效应，进一步扩展研究深度。

18.2.2　期望不一致理论在在线购买行为研究中的应用

在线购买的虚拟性可能加剧消费者感知到的期望与实际购买体验之间的差异。EDT 强调了这种差异程度对消费者购买后的满意度的影响，从认知角度为消费者的购买后行为决策提供了解释，因此学界将其应用于在线环境下的购买行为研究中。

1. 期望不一致理论在持续在线购物影响因素研究中的应用

与传统的线下购物过程不同，在线购物中的消费者还具有购物网站系统用户的角色。他们会基于实际体验选择是否持续使用网络购物，但由于网上购物涉及安全性、无形性等问题，消费者很可能因为购物体验与期望不一致而转向其他购物平台或线下购物，因此 EDT 能够为持续在线购物的影响机制提供一种认知视角的解释。Hsu 等人在计划行为理论模型中加入 EDT 模型中的不一致和满意结构，考察用户的认知信念和态度从使用前阶段到使用阶段的变化，以及影响用户继续网上购物的意愿的前因，结果表明不一致对用户信念随时间变化具有中介效应，感知行为控制对网上购物的持续意愿有显著影响[⊖]。Qin 在 EDT 模型的基础上加入电子商务中的信任、感知风险和购物乐趣结构，建立了扩展 EDT 以理解消费者的网上购物继续使用行为，研究结果表明消费者网上购物持续行为的意愿受满意度、信任和购物乐趣的影响[⊜]。这些研究主要从两个方面提出了促进消费者持续在线购物的建议：一是购物网站的设计与安全保障，包括信息质量、系统质量和服务质量的提高；二是营销策略的有效制定，如价格促销、定制产品推荐、口碑传播等。

2. 期望不一致理论在重复购买行为影响因素研究中的应用

在线购物中的消费者作为产品的购买者会根据购买或使用体验是否达到期望水平而决定是否重复购买，这与 EDT 模型所描述的过程一致，因此许多研究应用这一理论解释消费者的再次购买决策。部分学者利用横截面数据研究了重复购买决策的影响因素及机制，Yen 和 Lu 从在线拍卖的参与对象出发，指出投标人对拍卖师和卖家的期望有所不同，这两种期望分别与拍卖师和卖家的表现形成不一致，进而影响拍卖师和卖家的满意度，最终影响重复购买意愿[⊜]。但这些研究没有考虑时间的影响，因此 Lin 等人运用 EDT 从纵向

⊖　HSU M H, YEN C H, CHIU C M, et al. A longitudinal investigation of continued online shopping behavior: an extension of the theory of planned behavior[J]. International journal of human-computer studies, 2006, 64(9): 889-904.

⊜　QIN M. Consumer behavior towards continued use of online shopping: an extend expectation disconfirmation model[C]//The International Federation for Information Processing. Boston: Springer, 2017: 400-407.

⊜　YEN C H, LU H P. Factors influencing online auction repurchase intention[J]. Internet research, 2008, 18(1): 7-25.

角度考察了不一致如何影响消费者期望与再购买意愿之间的关系，结果表明在购买前和购买后不一致都受期望影响并且驱动满意度，从而影响重复购买意愿，不一致调节了购买后期望与满意度之间的关系，这种关系的强度会在一定时间范围内有所降低[⊖]。由于实际的在线购物行为数据较难获取，绝大多数研究采用自我报告方式测量重复购买的意愿，未来有必要将研究延伸至实际的重复购买行为。

3. 期望不一致理论在服务失败后果及补救措施研究中的应用

在在线购买服务中，消费者的购物体验更依赖于信息技术或系统，未达到消费者预期的可能性更高，服务失败的概率也相应增加。Tan 等人认为电子商务服务失败可划分为信息失败、功能失败和系统失败，并将其与消费者关于结果、过程和成本三方面的期望不一致联系起来探讨电子商务服务失败对在线消费者行为的影响，结果发现信息和功能失败分别与结果和过程期望不一致相关，而系统失败不会影响消费者期望不一致[⊜]。在线服务失败的类型划分仍未有统一的标准，部分研究探讨了特定类型服务失败的后果，Rao 等人运用 EDT 和公平理论研究了在线零售环境中运营故障与消费者的后续购物行为之间的关系，认为服务失败情况下服务绩效低于消费者期望，这对消费者后续行为有负面效应，结果表明订单交付失败会导致消费者后续订单频率和订单规模的降低及消费者焦虑水平的提高[⊛]。

在服务失败的情况下，消费者通常对企业提供的补救措施有明确的期望，服务补救效果和这种期望的匹配程度将直接决定满意度。Fan 和 Zheng 整合 EDT 和公平理论，通过析因实验探讨了在线零售环境下特定补救策略对消费者满意度、购买后态度和行为的影响，结果表明感知公平与期望不一致共同决定了消费者满意度、信任态度和购买意愿，而补偿、快速响应和道歉等补救措施将影响消费者感知公平的三个维度[⊗]。

由上述内容可知，应用 EDT 的在线购买行为研究主要探索了影响消费者行为的因素及潜在机制，可从两个方面进一步扩充目前的研究：①考虑电子口碑对消费者的满意决策及相应行为的影响。如今，电子口碑成为消费者形成期望的主要来源，但由于在线评论信息真假混杂、质量参差不齐，基于口碑形成的期望可能与实际体验有较大的差距，从而影响消费者的满意度和后续行为，因此未来可使用 EDT 解释这一过程。②考虑服务失败情境下消费者情绪的作用。在这一特殊情况下消费者很可能产生愤怒、失望等负面情绪，这些情绪可能进一步加大消费者感知到的实际体验与期望的差距，因此未来可在 EDT 描述的理性认知过程中加入负面情绪的作用来解释服务失败对消费者在线行为的影响机制。

⊖ LIN C H, WEI Y H, LEKHAWIPAT W. Time effect of disconfirmation on online shopping[J]. Behaviour & information technology, 2018, 37(1): 87-101.

⊜ TAN C W, BENBASAT I, CENFETELLI R T. An exploratory study of the formation and impact of electronic service failures[J]. MIS quarterly, 2016, 40(1): 1-29.

⊛ RAO S, GRIFFIS S E, GOLDSBY T J. Failure to deliver? Linking online order fulfillment glitches with future purchase behavior[J]. Journal of operations management, 2011, 29(7-8): 692-703.

⊗ FAN X C, ZHENG Q Y. Customer's evaluation process of service recovery in online retailing[C]// Proceedings of 2006 International Conference on Management Science and Engineering. Harbin: Harbin Institute of Technology Press, 2006: 19-24.

18.2.3 期望不一致理论在信息技术或系统使用研究中的应用

类似于 EDT 描述的消费者满意度及购买行为决策机制，用户在使用信息技术或系统前基于获得的信息形成对信息技术或系统功能、界面、性能等多方面的期望，以使用过程中的体验为标准判断这种期望被满足的程度，从而决定对该信息技术或系统的态度及此后的使用行为。因此，学界将 EDT 的应用拓展到信息技术或系统使用行为研究中。

1. 期望不一致理论在信息技术或系统使用的信念和态度变化研究中的应用

在最初对 EDT 的概念化中，Oliver 描述了一个中介模型，其中不一致和满意对意图的影响由态度中介，因此许多研究应用 EDT 来解释信息技术或系统使用的信念（期望）和态度随时间变化的过程。Bhattacherjee 和 Premkumar 借鉴 EDT 与 TAM 提出了信念和态度变化的两阶段模型。具体而言，他们将对信息技术的认知分为两个阶段，即使用前阶段和使用阶段，使用前的信念基于二手信息形成，从而造成对信息技术的期望不一致，在使用阶段用户获得第一手经验后被修正的信念决定对信息技术的满意度，这种满意度将修正使用前态度，实验结果证明了用户信念和态度会随时间变化，而不一致和满意度是驱动这种变化的突发因素[⊖]。Xu 等人在 Bhattacherjee 和 Premkumar 的模型基础上加入享乐元素，证明了感知有用性在初始阶段非常重要，但随着时间的推移，其重要性会随着重复使用而减弱，相反感知享乐性在最初采纳时不太重要，但随着重复使用，其重要性变得更加突出[⊖]。上述研究关注对信息技术的总体有用性感知，并未涉及信息技术的具体特性。而 Saeed 在 TAM、EDT 和信息系统采纳后行为相关文献基础上研究了具体的评价协同系统的信念变化过程，认为资源管理支持、协调支持和评估支持决定了用户信念，用户最初的期望和随后的评估是与可见特征联系在一起的[⊜]。

2. 期望不一致理论在信息技术或系统持续使用研究中的应用

信息系统的长期生存能力及其最终成功取决于持续使用。Bhattacherjee 在 2001 年首先突破了以往研究用户持续使用行为的框架，基于 EDT 提出了新的信息系统持续模型，即信息系统采纳后的持续使用模型（post-acceptance model of IS continuance）。该模型融合 TAM 模型中的感知有用性和 EDT 中的不一致及满意结构，是将 EDT 应用于信息系统持续使用领域的开创性研究[㉿]。随后大量研究采用该模型来解释信息系统和信息技术持续使用的机制。

⊖ BHATTACHERJEE A, PREMKUMAR G. Understanding changes in belief and attitude toward information technology usage: a theoretical model and longitudinal test[J]. MIS quarterly, 2004, 28(2): 229-254.

⊖ XU J J, ABDINNOUR S, CHAPARRO B. An integrated temporal model of belief and attitude change: an empirical test with the iPad[J]. Journal of the association for information systems, 2017, 18(2): 113-140.

⊜ SAEED K A. Evaluating the value of collaboration systems in collocated teams: a longitudinal analysis[J]. Computers in human behavior, 2012, 28(2): 552-560.

㉿ BHATTACHERJEE A. Understanding information systems continuance: an expectation-confirmation model[J]. MIS quarterly, 2001, 25(3): 351-370.

（1）EDT 在在线社交网络持续使用研究中的应用。对社交网站采纳后行为的研究大多基于 EDT 描述的用户基于使用体验和期望对持续使用做出理性决策。一些学者将社交网络特定的使用动机纳入 EDT 模型中，探讨其对在线社交网络持续使用的影响。Shi 等人提出保持线下联系和娱乐是使用社交网络的两大动机，证实了满意度由期望和对这两个动机的感知之间的不一致决定，而满意度与社交网络持续使用意愿呈正相关，性别对不一致和满意之间的关系具有调节作用[⊖]。此外，一些学者在此基础上补充了社交网络环境中社会因素的作用。Chan 等人在基于 EDT 的 IS 持续使用模型中加入感知的临界质量、社会规范和社会存在感三个社会因素，整合社交网络特定动机和社交网络环境衍生的社会因素的不一致，通过对 Facebook 用户的在线调查进行了实证检验，结果表明感知的临界质量、社会规范与社会存在感是影响和决定持续意愿的主要因素[⊜]。

（2）EDT 在在线学习持续使用研究中的应用。与其他信息系统相同，在线学习平台用户基于使用感受与期望的匹配程度决定是否持续使用，因此学界从多个角度应用 EDT 探讨了其影响因素。大多数研究从个人、系统和社会因素中的单个或多个视角展开讨论。Roca 等人结合 EDT 和 TAM 模型中的变量，从感知可用性和感知质量的角度探讨了在线学习的感知绩效结构，将这些结构之间的关系与确认、感知行为控制和主观规范集成在 EDT 模型中，构建了一个电子学习环境下的分解技术持续模型，结果表明，用户的持续意愿由满意度决定，而满意度又由感知有用性、信息质量、确认、服务质量、系统质量、感知易用性和认知吸收共同决定[⊜]。而 Cho 等人综合三个角度因素将自我效能（个人因素）、社会压力（社会因素）和系统支持（环境因素）纳入 EDT 与 TAM 扩展框架来解释电子学习工具的持续使用，研究结果表明，除了用户满意度和感知有用性之外，自我效能、系统服务支持和社会压力也是影响技术持续使用的重要因素^四。

（3）EDT 在其他信息技术或系统持续使用研究中的应用。除上述信息技术或系统外，学者还应用 EDT 研究了持续使用万维网、组织信息系统等技术或系统的动因。Hsu 等人综合 EDT 和社会认知理论研究了个体持续使用万维网的动机，发现用户的持续使用意愿由先前使用的满意度、网络自我效能和结果预期共同决定^五。与万维网这类信息技术的使用不同，组织环境中信息技术或系统使用行为除了受到自身特征影响，还需要考虑组织特征等多种因素的作用。有学者指出组织中强制使用的信息系统的用户行为也具有重要意义，

⊖ SHI N, CHEUNG C M K, LEE M K O, et al. Gender differences in the continuance of online social networks[C]// World Summit on Knowledge Society. Berlin: Springer, 2009: 216-225.

⊜ CHAN T K H, CHEUNG C M K, SHI N, et al. An empirical examination of continuance intention of social network sites[J]. Pacific Asia journal of the association for information systems, 2016, 8(4): 69-89.

⊜ ROCA J C, CHIU C M, MARTINEZ F J. Understanding e-learning continuance intention: an extension of the technology acceptance model[J]. International journal of human-computer studies, 2006, 64(8): 683-696.

四 CHO V, CHENG T C E, HUNG H. Continued usage of technology versus situational factors: an empirical analysis[J]. Journal of engineering and technology management, 2009, 26(4): 264-284.

五 HSU M H, CHIU C M, JU T L. Determinants of continued use of the WWW: an integration of two theoretical models[J]. Industrial management & data systems, 2004, 104(9): 766-775.

这与组织中成员的工作效率和态度密切相关[⊖]。Sorebo 和 Eikebrokk 认为在强制性环境下可以使用用户对特定技术的评价代替以往基于 EDT 的信息系统持续模型中的持续使用意愿，并对一个渡轮公司的现金交易系统进行了研究，结果表明满意度是强制性环境中最合适的标准因变量，易用性在这种环境下具有重要作用[⊜]。这些研究具有大多数信息技术或系统持续使用行为研究的共同局限性，即实际测量的是持续使用的意愿而不是真实的持续使用行为。

3. 期望不一致理论在信息技术或系统转换行为研究中的应用

技术或系统转换是信息系统采纳后行为的一种，用户根据实际使用体验与期望水平是否一致而选择继续使用或转向其他信息技术或系统，这与 EDT 描述的消费者购物决策过程相似，因此在这一领域中 EDT 也能提供理论支撑。与大量关注信息技术或系统持续使用的研究相比，较少有研究聚焦在其转换行为上。少量的现有研究从横向和纵向两个角度出发，基于 EDT 扩展模型加入转换成本因素构建技术或系统转换模型。Fan 和 Suh 提出了一个通用技术转换模型来解释信息技术用户从现有技术转换到颠覆性技术的原因，具体而言该模型在 EDT 结构中加入程序转换成本和财务转换成本结构，结果表明用户的转换意愿由他们对颠覆性技术的期望和对现有技术的不满决定，而转换成本对转换决策没有影响[⊜]。Xu 等人将转换成本和习惯变量整合到基于 EDT 的信息系统采纳后模型中，探索了云存储服务用户转换意愿和行为，采用两步数据收集方法证明了感知有用性和期望不一致影响用户满意度，转换意愿受到感知有用性、用户满意度和转换成本的影响，转换意愿和习惯共同决定了转换行为[⊗]。上述两种看似矛盾的结果是由于研究情境的不同所导致的，因此未来可对更多的不同情境进行研究，厘清在 EDT 模型中加入转换成本的规律。

综上所述，EDT 在信息技术或系统使用行为中的应用主要关注用户的态度变化、持续使用和转换行为，但相关研究存在一定的不足：①较少关注非持续使用、中止使用等行为。信息技术或系统使用过程中的期望不一致可能是变化的，用户感受到信息技术或系统使用体验与自己的期望存在差距时可能选择不再使用，但信息技术或系统改进或环境改变后这种差距有所减少，这可能导致用户的再次继续使用，因此可应用 EDT 探索中止使用行为的潜在机制。②研究方法和研究背景较为单一。研究多采用问卷调查法来收集数据，未来可考虑使用系统日志文件等更为客观的数据进行研究佐证现有发现；调查样本大多是某一地区在校大学生或某组织的工作人员，未来可考虑不同文化背景以提高结论的可扩展性。

⊖ BROWN S A, MASSEY A P, MONTOYA-WEISS M M, et al. Do I really have to? User acceptance of mandated technology[J]. European journal of information systems, 2002, 11(4): 283-295.

⊜ SOREBO O, EIKEBROKK T R. Explaining IS continuance in environments where usage is mandatory[J]. Computers in human behavior, 2008, 24(5): 2357-2371.

⊜ FAN L, SUH Y H. Why do users switch to a disruptive technology? An empirical study based on expectation-disconfirmation theory[J]. Information & management, 2014, 51(2): 240-248.

⊗ XU F, TIAN M, XU G H, et al. Understanding Chinese users' switching behaviour of cloud storage services[J]. The electronic library, 2017, 35(2): 214-232.

18.3　结论与展望

通过文献的梳理可以发现，EDT 由 Oliver 在满意度决策认知研究中提出，经过添加和修正感知绩效等关键结构逐渐形成了目前较为完善的消费者满意度决策解释模型。EDT 在信息系统领域的应用已经积累了一定数量的研究成果，具体而言 EDT 主要用于在线服务消费者满意度、在线购买行为、信息技术或系统使用三个方面。相关研究在电子商务、社交网络、电子学习等多个方面积累了多样化的丰富成果，为营销实践和信息系统开发设计提供了多方面建议。

现有研究主要存在五个方面的不足：①由于 EDT 模型对不同种类产品的解释度不同，因此需要进一步划分在线服务、信息系统、信息技术的类别，探讨 EDT 模型在不同类型信息系统中的应用；② EDT 将满意度视为理性的认知评价过程，但信息系统用户满意决策过程不是绝对理性客观的，EDT 忽略了用户的主观情绪作用，在未来研究中可考虑加入情绪的作用；③目前信息系统领域应用 EDT 的实证研究方法较为单一，多依靠问卷调查法来收集数据，通过被调查者的自我报告追溯性地测量模型相关结构；④多数研究并未测量用户的实际行为，而是使用用户的意愿来代替行为，但先前有研究表明信息系统用户的意愿与实际行为之间的相关系数仅为 0.35[⊖]，因此这种替代测量存在一定的局限；⑤研究很少考虑不同文化背景的影响，调查对象大多是在校大学生或某组织的工作人员，缺乏多样性，因此难以将结果推广到其他人群。

未来可着眼于四个方面来完善和丰富 EDT 模型及其在信息系统中的应用：①关注中止使用行为。考虑到信息系统中用户行为的多样性，可详细划分信息技术或系统的使用行为，系统化研究持续使用、中止使用、转换行为的区别及其影响机制，对现有研究进一步深入探索。②关注移动端信息系统用户行为。移动端已经成为用户网上购物、社交、学习的主要渠道，它与 Web 端信息系统的区别需要进一步地研究，丰富基于不同渠道的使用或购买行为研究。③可考虑扩展现有研究模型。虽然目前研究模型已经考虑了多种变量，但仍然存在大量未被研究的因素。如考虑不同类型的人格特征和基于品牌、社交网站内容、产品评论形成的偏见等变量的作用，加入性别、年龄、环境、用户属性等调节变量。④通过多种途径测量行为数据。采用情境实验、现场实验等方法来获取最大限度的与真实使用情境相似的行为数据，考虑使用实际的消费者行为数据（如购买数据、使用时间、使用频率等）以测量用户行为，而不是仅仅测量他们的行为意愿。

⊖　陈瑶，邵培基. 信息系统持续使用的实证研究综述 [J]. 管理学家 (学术版)，2010, (4): 59-69.

情感事件理论的演化及其在
信息系统研究领域的应用与展望

1996 年，美国心理学家 Weiss 与 Cropanzano 正式提出情感事件理论（affective event theory，AET）的概念[⊖]。AET 的核心思想是：组织中发生的事件将导致组织成员产生特定情感反应，进而影响其态度及行为。

作为情感研究的核心，AET 为研究组织环境中情感因素的作用提供了框架，被广泛应用于心理学、管理学、社会学、信息科学等领域。为了揭示 AET 的本质并进一步把握其应用现状，不少学者已从不同角度对 AET 相关文献进行述评，主要可概述为：① AET 的基本原理与发展的梳理。Weiss 等人概述了基于 AET 的重要研究，区分了情感反应与工作满意度、情感驱动行为与判断驱动行为等基本概念，并指出 "AET 不是一个可测试的模型，而是一个研究工作中情感的不同范例"[⊜]。Ashton-James 等人以情绪感知、情绪同化、情绪理解和情绪管理四个环节来解释情感事件对员工后续的认知、行为乃至工作表现的影响，揭示了 AET 模型背后的情绪调节过程，为探究组织情绪提供更深层次的视角[⊜]。② AET 应用研究的梳理。段锦云等人整理了国内外基于 AET 展开的实证研究，回顾了对

⊖ WEISS H M, CROPANZANO R. Affective events theory: a theoretical discussion of the structure, causes and consequences of affective experiences at work[J]. Research in organizational behavior, 1996,18(3): 1-74.

⊜ WEISS H M, BEAL D J. Reflections on affective events theory[J]. Research on emotion in organizations, 2005, 1: 1-21.

⊜ ASHTON-JAMES C E, ASHKANASY N M. What lies beneath? A process analysis of affective events theory[J]. Research on emotion in organizations, 2005, 1: 23-46.

于 AET 模型的多路径验证及 AET 在组织文化、员工心理契约、市场服务、绩效评估等多个领域中的具体应用[⊖]。Beare 等人从 AET 视角切入，总结了当前员工对数字化工作事件的情感反应研究，发现情感失调—支持与联系—任务—技术匹配—结果信念—个性—技术匹配—激励因素和工作环境的变化等特定因素在塑造员工的情感反应方面发挥着重要作用，而且这种影响往往是双向的[⊖]。

在信息系统研究领域中，情感能够显著影响用户的在线知识分享行为、信息系统使用以及信息安全政策遵守行为，且情感更是研究在线工作中组织成员情绪冲突的重要因素。而 AET 为在线行为中的情感因素研究提供了一个有效的宏观视角，能够帮助我们识别导致人们产生情感反应的各种因素，更好地理解情感因素如何影响人们的态度及行为。因此，AET 在信息系统领域获得了一定的关注，并涌现出一些有价值的研究成果。但是由前述内容可知，已有综述主要集中在理论本身及其发展上，缺少对 AET 在特定领域的应用研究的总结。然而，总结其在信息系统领域的应用可以帮助学界把握该理论在此领域的研究进展，为未来的研究指出可能的发展方向。因此，本章在介绍 AET 的起源与发展后，梳理了其在信息系统领域的应用现状，并在此基础上总结现有研究的局限，指出未来可拓展的研究方向。

19.1 情感事件理论的起源与发展

19.1.1 情感事件理论的起源

工作满意度被定义为个体对工作实际与期望比较结果的情感反应，然而 Weiss 在重新界定了工作满意度的前因后果后，发现工作满意度不仅仅是一种情感反应，还受到更抽象的个体信念（判断）的影响。因此，Weiss 与 Cropanzano 在工作满意度研究的基础上提出了 AET。

首先，AET 继承了工作满意度影响因素的研究，认为工作环境特征、社会信息及员工个人特征都能显著影响员工的工作态度。但 Weiss 的研究发现，工作事件（如晋升）会直接影响情感反应，并且情感水平会随时间发生变化。因此，与工作满意度研究不同，AET 还将时间作为考察情感和满意度的一个重要参数，强调情感体验随时间变化的特性。

其次，AET 还借鉴了情感归因理论中关于情感起源的观点，认为情感是多维的，不同的情感将引发不同的情感反应。基于此，AET 将情感分为离散情绪（emotion）和稳定情绪（mood），前者是由特定事件诱发的，通常具有高强度、低持续性的特征；而后者是一种受到工作环境与个人特质影响的相对稳定的情感反应，通常具有低强度、弥散的特征。

⊖ 段锦云，傅强，田晓明，等 . 情感事件理论的内容、应用及研究展望 [J]. 心理科学进展，2011, 19(4): 599-607.

⊖ BEARE E C, O'RAGHALLAIGH P, MCAVOY J, et al. Employees' emotional reactions to digitally enabled work events [J/ OL]. Journal of decision systems. 2020:1-17 [2021-07-01]. https://doi.org/10.1080/12460125.2020.1782085.

再次，AET 还吸收了认知评价理论的思想，认为是对工作事件的认知评价而非工作事件本身决定了情感反应。依据行为决策模式的不同，AET 将员工行为分为情感驱动行为（affect-driven behavior）与判断驱动行为（judgment-driven behavior，又称态度驱动行为），情感驱动行为由情感反应直接驱动；而判断驱动行为则由情感反应间接驱动，即情感反应通过员工态度的中介进而影响其行为。

最后，Weiss 和 Cropanzano 构建了由工作事件、情感反应、工作态度、行为（情感驱动行为、判断驱动行为）、工作环境特征及个人特质共同构成的 AET 概念框架（见图 19-1）。其核心是工作事件将通过情感反应的中介进而影响工作态度和行为，而这一关系还受到工作环境特征、个人特质的影响。

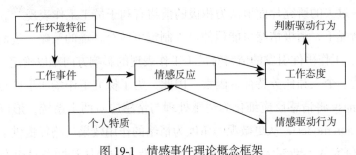

图 19-1　情感事件理论概念框架

19.1.2　情感事件理论的发展

AET 的提出引起了学界对于离散情绪的关注，但 AET 所提供的宏观框架仍难以满足应用需求，如 AET 认为满意度受到情感体验的影响，并指出了二者的因果关系，却没有进一步探讨这种关系的影响方向与路径，未能阐明其内在结构与作用机制。因此，学者们从微观层面上进一步完善了 AET 模型并对其适用场景进行拓展。

（1）情感体验与工作满意度的区分。AET 最初旨在表明传统工作满意度的研究忽略了满意度与主观情绪波动之间的相关性，然而在研究过程中，其主题发生了偏移，因而 AET 的最初构想未能清晰地区分工作满意度和情感体验。Fisher 发现一天中采取的积极和消极影响的措施与工作满意度的总体措施独立相关，但并不完全相同。他因此得出结论：工作中的情感只是整体工作满意度的一部分[⊖]。2002 年，Fisher 再次验证了积极和消极情感与整体工作满意度之间的零阶关系。有趣的是，当同时考虑其他各种因素时，情感与工作满意度的关系被降低到不显著的水平；然而，积极和消极情绪确实与组织中的重要变量，如情感承诺、帮助行为和角色冲突等相关[⊖]。Judge 等人通过在一段时间内多次测量被试的情感体验与工作满意度得到了相同的结论，即情感体验与工作满意度息息相关，但二者并

⊖　FISHER C D. Mood and emotions while working: missing pieces of job satisfaction?[J]. Journal of organizational behavior, 2000, 21(2): 185-202.

⊖　FISHER C D. Antecedents and consequences of real-time affective reactions at work[J]. Motivation and emotion, 2002, 26(1): 3-30.

不等同[⊖]。

（2）AET的适用性拓展。AET的研究以工作场所事件为起点，然而在理论发展之初，并未明确工作场所事件的定义。为明晰研究对象，2002年，Brief等人正式确定了五类有效的工作场所事件，即由工作中的压力事件或令人反感的情境、领导、人际与团队特征、物理环境及组织中的激励与惩罚引起的事件[⊜]。值得注意的是，这一定义将工作场所事件局限于组织内部，而Ashton-James证实了组织外部的事件（如组织变革、法律与政治变革、组织间谈判和经济交易等事件）也会通过组织影响员工情绪[⊜]，并将AET中的工作场所事件概念拓展到了组织内外。

（3）AET的理论深化。Weiss等人提出的AET仅为研究提供了一个框架，而并未解释其影响过程。过去的研究片面地认为积极的情绪有利于员工工作表现^{⑭⑮}，然而不少学者也发现在某些情况下，消极情绪可能促使员工制定更适合环境的策略，进而提高其工作表现^⑯。如上所述，工作事件引发的情绪对员工工作表现的影响方向难以确定，情绪的作用效果还取决于情境、个人和任务特征等因素。因此，为了探究工作场所事件与情感反应之间的关系，Ashkanasy将情感反应细化为情感处理与情感应对两个系统，形成了情感调节模型（affect regulation model），从更微观的角度为情绪的作用效果与路径提供了解释^⑰。此外，随着AET相关研究的不断深入，我们还发现行为背景与个体认知差异也会影响工作事件和员工情绪或行为反应之间的关系。

19.2　情感事件理论在信息系统研究领域的应用进展

19.2.1　情感事件理论在知识共享或隐藏的影响因素研究中的应用

知识所有者选择共享或隐藏知识是一种自主行为，这一决策不仅取决于成本效益、技术支持等客观因素，还受到其个人特质、情感反应等主观因素的影响。由此，不少学者从AET角度出发探究知识共享或隐藏的影响因素。

⊖　JUDGE T A, ILIES R. Affect and job satisfaction: a study of their relationship at work and at home[J]. Journal of applied psychology, 2004, 89(4): 661-673.

⊜　BRIEF A P, WEISS H M. Organizational behavior: affect in the workplace[J]. Annual review of psychology, 2002, 53: 279-307.

⊜　ASHTON-JAMES C E. The end of expressionism: a conditional approach to bounded emotionality in organizations[J]. Research on emotion in organization, 2007, 3: 1-30.

⑭　PEKRUN R. The impact of emotions on learning and achievement: towards a theory of cognitive motivational mediators[J]. Applied psychology-an international review-psychologie appliquee-revue internationale, 1992, 41(4): 359-376.

⑮　STAW B M, BARSADE S. Affect and managerial performance: a test of the sadder-but-wiser vs happier-and-smarter hypotheses[J]. Administrative science quarterly, 1993, 38(2): 304-331.

⑯　GEORGE J M, BRIEF A. Motivational agendas in the workplace: the effects of feelings on focus of attention and work motivation[J]. Research in organizational behavior, 1996, 18: 75-109.

⑰　ASHKANASY N. Emotion in organizations[J]. Human relations, 2004, 57(10): 1337-1343.

1. 情感事件理论在知识共享的影响因素研究中的应用

部分学者研究了个人特质对个体知识共享行为的影响。Anwar 从 AET 角度探究了人格特征与工作场所中的知识分享的关系，其实证研究结果表明：开放性、尽责性、外向性、宜人性、神经质五个广泛性格特质与主动性和创造性自我效能两个狭隘性格特质均能够显著影响员工的知识共享行为，且外向性、宜人性与创造性自我效能对知识共享行为的影响由积极情绪中介，而神经质对知识共享行为的影响则由消极情绪中介[一]。Penney 等人则从性格特质的相互作用角度和情境因素两方面研究了员工个人特质与其工作场所行为的关系，其研究同样证实性格特质是工作场所行为的重要决定因素，并进一步强调了性格特质并非独立存在，不同特质间的交互和情境因素都会通过个体的情感反应影响其行为表现[二]。

此外，由于在线知识共享社区的生存能力和可持续性在很大程度上依赖于用户的自主贡献，部分学者探究了在线社区中用户贡献知识的动机。Ke 等人将自我决定理论与 AET 相结合，探究了开放源码软件社区中用户动机自主性与知识贡献行为之间的关系，研究发现知识贡献者在能力、自主性及归属感三方面获得的满足感对外部动机—贡献行为之间的关系具有调节作用[三]，也就是说，外部动机并不能有效地留住项目参与者，社区应更多从情感认同角度提高用户的知识贡献意愿。

除了上述内部动机外，知识共享平台、知识共享背景等因素也会影响知识共享行为。Moqbel 等人还探究了企业社交媒体（enterprise social media，ESM）使用和知识型员工绩效之间的关系。区别于 Facebook 和 Twitter 等公共社交平台，ESM 是企业内部使用的、支持内部沟通和互动的社交媒体，其社交属性较弱，专业和任务属性更显著。他们对美国中西部一家大型信息技术公司员工的调查结果表明：ESM 的使用可以促进工作场所中的知识分享，通过积极的情绪直接和间接地提高绩效[四]。吴士健等人进一步将 ESM 使用细分为常载使用与过载使用，发现两种情况下的 ESM 使用将导致不同的情绪，但均能积极影响员工绩效。具体而言，其多重链路研究结果表明：两种情况下的 ESM 使用均能正向影响工作投入，但过载使用 ESM 将导致消极情绪并通过工作投入间接影响其工作绩效[五]。

2. 情感事件理论在知识隐藏的影响因素研究中的应用

部分学者从逆向思维出发，基于 AET 提供的"事件—情感—态度或行为"这一理论

○ ANWAR C M. Linkages between personality and knowledge sharing behavior in workplace: mediating role of affective states[J]. E & M ekonomie a management, 2017, 20(2): 102-115.

○ PENNEY L M, DAVID E, WITT L A. A review of personality and performance: identifying boundaries, contingencies, and future research directions[J]. Human resource management review, 2011, 21(4): 297-310.

○ KE W L, ZHANG P. Motivations for participating in open source software communities: roles of psychological needs and altruism[J]. International journal of electronic commerce, 2008, 13(4): 39-66.

○ MOQBEL M, NAH F F H. Enterprise social media use and impact on performance: the role of workplace integration and positive emotions[J]. AIS transactions on human-computer interaction, 2017, 9(4): 261-280.

○ 吴士健，刘国欣，聂国栋. 企业社交媒体常载与过载使用对员工工作绩效的影响 [J]. 软科学，2020, 34(7): 108-113.

框架研究了知识隐藏的影响因素与作用路径。Jiang 等人重新定义了核心贡献者退出的概念,并进一步提出了核心贡献者退出理论(或贡献者退出的过程理论),强调在在线社区中,集体效能、社区凝聚力、社区身份、社区结构或技术支持未达预期将影响核心贡献者的认知与情绪,产生预期下降、情绪消耗及心理退缩等问题,最终降低核心贡献者的活跃度[一]。而 Zhao 等人结合 AET 和社会网络理论进一步探究了个体在社交网络中的位置对知识隐藏行为的调节作用,其研究结果表明:角色压力通过情绪耗竭影响知识隐藏,网络中心性(即个体与他人的联系程度,反映了个体的影响力与知识获取能力)抑制了角色压力对情绪耗竭的影响,而结构洞(即无直接联系的个体间的距离,反映了个体对资源和信息的控制能力)促进了角色压力对情绪耗竭的影响,二者共同调节角色压力对知识隐藏的间接影响,且当低网络中心度与高结构洞特征兼具时,这一间接效应更显著[二]。

部分学者还利用 AET 探究了工作场所中的不文明现象与知识隐藏之间的关系。Irum 等人总结了多种工作场所不文明的前因、后果及受害人反应,发现工作场所中的不文明行为会带来负面情绪,导致其受害人通过伪装、推诿、保留知识等方式隐藏知识,并预测这一关系可能受到性别的影响,即男性对无礼行为的反应更强烈,更可能因此导致知识隐藏行为[三]。Zhang 等人借鉴了该模型并以韩国 309 名职工为对象展开了实证研究,证实了上述假设关系,并指出组织成员之间的从属关系对这一关系具有显著的负面调节作用。换言之,对从属关系需求高的员工在经历了无礼对待后产生的知识隐藏行为相对较少[四]。Peng 等人研究了群体内部关系冲突与知识隐藏之间的作用机制,并指出关系冲突将通过嫉妒间接导致知识隐藏,而个体的竞争性特质缓和了感知关系冲突与嫉妒之间的联系,间接影响了嫉妒与知识隐藏之间的联系[五]。此外,Yao 等人则将关系冲突进一步具体化,探究了工作场所欺凌行为与知识隐藏之间的关系,其实证研究结果表明:工作场所欺凌是员工知识隐藏行为的重要诱发因素,而情绪耗竭与组织认同不仅能分别对这一关系起到中介作用,还能共同产生联合中介作用[六]。

由上述内容可知,现有研究主要从分享者人格特征、分享动机、社交网络位置、群体冲突、不文明行为等角度总结了影响用户共享或隐藏知识的影响因素。然而,现有的研

[一] JIANG L, MIRKOVSKI K, WALL J D, et al. Proposing the core contributor withdrawal theory (ccwt) to understand core contributor withdrawal from online peer-production communities[J]. Internet research, 2018, 28(4): 988-1028.

[二] ZHAO H D, JIANG J R. Role stress, emotional exhaustion, and knowledge hiding: the joint moderating effects of network centrality and structural holes. [J/OL]. Current psychology, 2021:1-13 [2021-07-01]. https://doi.org/10.1007/s12144-021-01348-9.

[三] IRUM A, GHOSH K, PANDEY A. Workplace incivility and knowledge hiding: a research agenda[J]. Benchmarking: an international journal, 2020, 27(3): 958-980.

[四] ZHANG J H, HAN S J. Relationship between workplace incivility and knowledge hiding in organizations: moderating effects of need for affiliation[J]. Korean journal of human resources development, 2020, 23(1): 193-220.

[五] PENG H, BELL C, LI Y R. How and when intragroup relationship conflict leads to knowledge hiding: the roles of envy and trait competitiveness[J]. International journal of conflict management, 2020, 32(3): 383-406.

[六] YAO Z, ZHANG X C, LUO J L, et al. Offense is the best defense: the impact of workplace bullying on knowledge hiding[J]. Journal of knowledge management, 2020, 24(3): 675-695.

究还存在一些不足之处：①现有研究尚未区分知识类型，而仅将知识作为一个整体展开研究。然而，部分知识可能因涉及职场竞争力或个人隐私导致用户的分享意愿降低。因此，未来的研究中可针对不同类型的知识展开进一步的探究。②不同的情境中用户知识共享的范围可能发生变化，也可能影响其知识分享意愿与行为，然而现有研究却忽视了 AET 模型中的环境要素的作用。③知识共享与知识隐藏行为在时间上往往具有一定的连续性，现有研究多为基于横截面数据的研究，较少关注其动态性与长期性。

19.2.2 情感事件理论在信息系统使用研究中的应用

用户情感是影响信息系统使用的重要因素，AET 提供的理论框架不仅能帮助我们理解用户面对事件产生不同情感反应的原因，了解偶发事件的作用路径与结果，还有助于我们整合技术基础与偶发事件对用户在线行为的影响，构建综合模型。因此，不少学者将 AET 应用于在线行为相关问题的研究。

社交媒体使用的自愿属性使得用户情感成为在线社交中的重要研究方向，这种情感不仅与技术基础有关，还受到用户环境的影响。Wakefield 等人结合 AET 与自我决定理论探究了兴奋和用户的活动热情在激励其社交媒体使用上的作用，其实证研究结果表明，虽然个人的热情是社交媒体使用的关键动力，但这一关系还受到兴奋的调节，即高度的兴奋促进了活动激情对用户社交媒体使用的影响，而在兴奋度较低的情况下，用户的激情可能不足以促成交互式媒体中的创建和共享活动⊖。

理解消费者心理可以帮助我们提高在线服务的质量，增加用户黏性。在线消费者行为研究主要有两个大方向：其一侧重于中断和在线等待对消费者行为的影响；其二侧重于系统和信息质量作为系统成功的决定因素。就在线事件而言，Sarker 等人基于 AET 探究公交用户对服务中断的挫折感和行为反应，发现服务中断可能会导致乘客沮丧，但不同乘客的行为反应各不相同，高质量的服务可以降低乘客因服务中断事件而选择暂时退出的可能性，且这一关系还受到情感因素的调节。然而，模型结果一方面表明表达投诉有助于减轻服务中断后的挫折感，降低乘客的退出倾向；另一方面又指出乘客的社交媒体参与度与挫折感之间存在正相关，即社交抱怨行为可能放大负面情绪，导致更恶劣的影响。对此，研究人员建议交通部门提供官方渠道来帮助乘客"发泄"不满，抑制其在社交平台上的情绪发酵⊖。Luo 等人则利用 AET 的框架将系统质量和在线事件联系起来，将感知的网站质量、对事件处理的认知评估、情感反应、满意度和三种采纳系统后的行为意愿（持续使用意愿、推荐意愿和投诉意愿）整合成一个统一的消费者保留模型。其面向不同地区、不同身份的群体而展开的三项研究共同证实了该模型的有效性，即电子服务消费者的行为是由

⊖ WAKEFIELD R, WAKEFIELD K. Social media network behavior: a study of user passion and affect[J]. The journal of strategic information systems, 2016, 25(2): 140-156.

⊖ SARKER R I, KAPLAN S, MAILER M, et al. Applying affective event theory to explain transit users' reactions to service disruptions[J]. Transportation research part A: policy and practice, 2019, 130: 593-605.

感知的网站质量、情感反应和对事件处理的认知评估三个主要结构决定的[一]。

综上所述，现有文献主要基于 AET 研究了用户情绪对信息系统使用与持续使用的影响，然而用户个人特质如性格等因素也可能通过情感反应直接或间接影响用户的信息系统使用行为，还可对此展开进一步的研究。此外，关于当前在线行为的研究大多只强调了稳定情绪，忽视了在线行为中的许多决策是在即时情绪的作用下产生的，未来的研究可以通过实时测量探究用户的即时情绪对信息系统使用的影响。

19.2.3　情感事件理论在在线工作中的情感冲突问题研究中的应用

相较于传统工作场景，在线工作中的交流因缺少非语言线索在交换过程中失真严重，且因其可匿名性与入侵性，情绪表达受到的约束小，员工间更容易产生情绪冲突，甚至进一步发展成网络欺凌，影响员工工作表现。在这一研究问题中，情感反应与情感调节策略处于核心位置，AET 为我们提供了"事件—情感—态度或行为"的研究框架，有助于我们梳理在线工作中的情感冲突的起因、发展与后续影响，从而有效进行预防与干预。

部分学者利用 AET 研究了虚拟团队中的冲突管理。Ayoko 等人的研究指出虚拟团队成员主要通过在线交流负面情绪来应对冲突，消极情绪的交流将成员间的认知冲突转化为情感冲突，而情感冲突一旦暴发可能进一步影响工作表现[二]。相似地，孙利平等人通过行为者中心视角探索了员工职场偏差行为对其自身的影响，发现员工职场偏差行为将通过负面情绪间接影响其工作投入，且其职场偏差行为与负面情绪间的关系受到员工道德认同的调节，即当员工道德认同感不强时，影响关系不显著[三]。

还有学者从在线工作中的欺凌问题入手，探究员工经历了网络欺凌后的情感反应与行为变化。Branch 等人将工作场所欺凌视为工作场所事件，研究了对特定欺凌行为的情感反应，提出每个欺凌事件都会产生情感传递。在工作中，贬低经常与悲伤、不安、愤怒、困惑等消极情绪有关，且频繁发生的负面事件可能使员工对负面事件更敏感，并产生更多消极情绪。然而，随着通信技术的不断发展，越来越多的工作由线下转移到线上，工作场所欺凌行为也蔓延到在线工作中，衍生出了"工作场所网络欺凌"（workplace cyberbullying，WCB）[四]。Vranjes 等人认为相较于传统的工作欺凌问题，WCB 由于其电子环境缺少非语言线索、欺凌方的可匿名性、在线交流的侵入性等特征而变得更加复杂。因此，Vranjes 在原有文献的基础上提出了 WCB 的定义：工作场所网络欺凌是源于工作环

[一] LUO M M, CHEA S. Cognitive appraisal of incident handling, affects, and post-adoption behaviors: a test of affective events theory[J]. International journal of information management, 2018, 40: 120-131.

[二] AYOKO O B, KONRAD A M, BOYLE M V. Online work: managing conflict and emotions for performance in virtual teams[J]. European management journal, 2012, 30(2): 156-174.

[三] 孙利平, 陈晨, 陈煊煊, 等. 员工职场偏差行为对其自身的影响：基于情感事件理论的探讨 [J]. 外国经济与管理, 2021, 43(6):138-152.

[四] BRANCH S, RAMSAY S, BARKER M. Workplace bullying, mobbing and general harassment: a review[J]. International journal of management reviews, 2013, 15(3): 280-299.

境并通过使用通信技术发生的所有负面行为，这些行为可能重复进行并持续一段时间，侵犯个人隐私、将其暴露于广大的在线用户面前，且这种行为让被欺凌方感到无助和无力辩护。基于上述理论思考，Vranjes 等人建立了网络欺凌的情感反应模型，认为工作压力引起的情绪预测了网络欺凌的产生，这种关系受到情绪调节策略的影响[⊖]。这一模型在随后的研究中得到证实，研究结果还表明：恐惧和悲伤在工作压力因素与网络欺凌暴露之间的关系中起到核心作用，而重新评估对这一关系起到缓和作用[⊜]。此外，Vranjes 等人还验证了不同群体（青少年与成人）及网络化程度对 WCB 中的情感反应的影响，其研究结论表明，青少年更可能经历 WCB，且在青少年样本中情绪调节与 WCB 的联系更强[⊜]。Anwar 等人则探究了 WCB 受害者在经历了网络欺凌后是否会通过人际越轨（ID）对欺凌方进行报复，以资源节约理论和 AET 为指导框架，其实证结果证实了无效的沉默消极地调节了 WCB 与 ID 之间的关系，降低了将沉默作为应对机制的员工的越轨程度。然而，情绪耗竭积极调节了 WCB 和 ID 之间的关系。这意味着，当员工感到情绪不堪重负时，他们会通过从事反常行为和对同事的欺负行为进行报复[⊗]。

综上所述，现有研究主要从冲突管理、WCB 的成因、情感反应及态度行为变化等几方面探究了在线工作中的情绪问题，检验了个人特质、道德认同及情感调节策略如何调节情感冲突对员工情感反应的影响，还进一步研究了员工经历情感冲突后的后续行为，但仍然存在一些不足之处：①现有研究仅从在线工作中被欺凌者一方展开分析，未来还可探究欺凌者的情感反应及其后续行为态度，如欺凌者是否从欺凌行为中获得满足，是否产生愧疚不安等情绪；②当前研究局限于在线工作中的情感冲突，未来或可结合工作与生活，探究在线工作入侵生活对员工情感与态度行为产生的影响；③当前研究将在线工作中的情绪冲突定义为恶性事件，然而工作中的轻度冲突也可能促进员工交流，激发创新行为，这也可能是值得研究的新视角。

19.2.4　情感事件理论在信息安全遵从的影响因素研究中的应用

组织成员是否遵从信息安全政策（information security policy，ISP）不仅取决于组织威慑等外部因素，还受到员工对信息安全认知程度与情感反应等主观因素的影响。因此，许多学者结合 AET，从认知合理化、情感反应等角度探究了信息安全遵从的影响因素。

⊖ VRANJES I, BAILLIEN E, VANDEBOSCH H, et al. The dark side of working online: towards a definition and an emotion reaction model of workplace cyberbullying[J]. Computers in human behavior, 2017, 69: 324-334.

⊜ VRANJES I, BAILLIEN E, VANDEBOSCH H, et al. Kicking someone in cyberspace when they are down: testing the role of stressor evoked emotions on exposure to workplace cyberbullying[J]. Work and stress, 2018, 32(4): 379-399.

⊜ VRANJES I, ERREYGERS S,VANDEBOSCH H, et al. Patterns of cybervictimization and emotion regulation in adolescents and adults[J]. Aggressive behavior, 2018, 44(6): 647-657.

⊗ ANWAR A, KEE D M H, AHMED A. Workplace cyberbullying and interpersonal deviance: understanding the mediating effect of silence and emotional exhaustion[J]. Cyberpsychology behavior and social networking, 2020, 23(5): 290-296.

D'Arcy 等人概念化了安全相关压力（security-related stress，SRS），基于应对视角定义了 ISP 违规的中和效应，即 ISP 的烦琐、复杂与模糊性助长了用户的 ISP 违规行为，促使员工对此类行为进行认知合理化，而这种认知又反过来加剧了员工无视政策的现象⊖。随后，D'Arcy 等人进一步提出了一个理论模型，将 SRS、离散情绪、应对反应和 ISP 合规性联系起来，发现 SRS 将使员工产生挫折和疲劳的情绪，而这些负面情绪又将导致 ISP 违规的中和效应，形成恶性循环。此外，他还指出 ISP 违规的中和效应并不是一个完全稳定的现象，即使同一个体在不同时间也存在差异⊖。

除了情感反应，环境因素也可能会影响个体违反 ISP 倾向与行为。Farshadkhah 等人结合旁观者效应探究组织成员的情感对于其 ISP 违反意愿的影响，研究发现，当非恶意的内部人员认为自己违反了 ISP 时，尤其是当他们认为他人存在是一种威胁时，组织成员会产生羞耻、愧疚的情感反应，进而降低其违反 ISP 的意图⊜。如上所述，威慑是组织减少信息安全违规行为的常见手段，且其效用在实证研究中得到了证实®。然而，过度的监管可能使员工感觉不被信任，产生愤怒等负面情绪，进而增加其越轨行为，作为对行使权力的组织控制的抗议。对此，Jiang 等人从网络监控的副作用角度展开研究，发现网络监控降低了员工的 ISP 使用满意度、内在工作动机及组织情感承诺®。

综上所述，在信息安全方面，现有研究归纳了安全压力、旁观者效应对 ISP 违规的影响因素及过度监管对员工满意度的影响。然而，现有研究还存在一些不足之处：①现有研究大多将员工视作破坏信息安全的潜在威胁，忽视了员工可能基于其信息系统的使用经验及个人知识储备来维护企业的信息安全；②现有研究大多只关注工作事件与环境对信息安全行为的影响，忽略了员工个人特质也能显著影响员工对 ISP 违规行为的情绪反应，未来研究或可结合个人特质展开进一步的分析；③现有研究多为意愿研究，然而 ISP 违反意愿并不能代表其行为，且在信息安全受到广泛重视的背景下，员工对信息安全问题较为敏感，很可能出于自我保护的心理而在调查中有所隐瞒，造成实验结果的偏差。

19.3　结论与展望

通过前文综述，我们发现 AET 是在工作满意度研究基础上，吸收了情感归因理论和

⊖ D'ARCY J, HERATH T, SHOSS M K. Understanding employee responses to stressful information security requirements: a coping perspective[J]. Journal of management information systems, 2014, 31(2): 285-318.

⊖ D'ARCY J, TEH P L. Predicting employee information security policy compliance on a daily basis: the interplay of security-related stress, emotions, and neutralization[EB/ OL]. Information & Management, 2019, 56(7). [2021-07-01]. https://doi.org/10.1016/j.im.2019.02.006

⊜ FARSHADKHAH S, VAN SLYKE C, FULLER B. Onlooker effect and affective responses in information security violation mitigation[EB/ OL]. Computers & Security, 100:1-16. [2021-07-01]. https://doi.org/10.1016/j.cose.2020.102082.

⊛ D'ARCY J, HOVAV A, GALLETTA D. User awareness of security countermeasures and its impact on information systems misuse: a deterrence approach[J]. Information systems research, 2009, 20(1): 79-98.

⊛ JIANG H, TSOHOU A, SIPONEN M, et al. Examining the side effects of organizational Internet monitoring on employees[J]. Internet research, 2020, 30(6): 1613-1630.

认知评价理论后进一步发展形成的。该理论自形成后，宏观研究框架未经调整，其演化主要体现在适用场景的拓展、情感反应的构念界定与内在作用机制等微观层次上的深化。此外，由于 AET 为我们研究组织中的情感提供了一个有效的视角，能够帮助识别情感并更好地理解员工的态度行为，信息系统领域已涌现出不少有价值的成果，主要集中在知识共享或隐藏的影响因素、信息系统使用、在线工作中的情感冲突问题以及信息安全遵从的影响因素四个方面。

然而，现有研究还存在一些不足：①较少关注情感类别及强度对态度行为的影响。AET 区分了离散情绪和稳定情绪，强调不同的情感反应可能会导致判断驱动和情感驱动两种不同的行为。然而，现有研究大多模糊情感类别与强度对其态度行为的影响。②较少关注被试的个人特质对结果的影响。在情绪研究中，个体差异普遍存在，且对个体的态度行为有显著影响。除了性格因素外，个体所拥有的资源、文化背景等差异也会影响其情感反应，因此未来的研究还可以对被试人群进一步地细分，检验现有结论在多文化背景中的适用性。③情感构念的测量效度还有待考察。现有研究大多采用自我报告的形式测量情感指标，然而这还存在着一定的局限。一方面，部分情绪持续时间短，被试可能难以及时捕捉并记录这些瞬时情绪；另一方面，报告过程中被试可能有意进行印象管理，导致数据失真。此外，也有部分研究采用了重复测量的形式记录被试在一段时间内的情绪波动，但也可能出于记忆效应、测试疲劳等原因影响数据的可靠性。④忽视了情感反应的时滞性和动态性。事件引发的情感反应可能随着认知程度而变化，即用户的情感反应是变化发展的，然而现有研究大多只针对某一时间点或时间段做静态分析。⑤由于反映用户实际行为的数据难以采集，当前研究大多仍以行为意愿代替实际行为，然而二者并不等同。

为弥补当前研究的不足，未来在信息系统领域中应用 AET 的研究应该注意 5 点：①关注个体情绪及行为随时间推移而发生的变化，对用户展开持续的追踪与监测，进行长期的纵向历史性研究。②个体的情感可能是临时的、多变的，并且情感在问卷中的呈现可能是有偏差乃至虚假的，因此在未来的研究中可以尝试采用被试间设计、混合设计等方法减小重复测量带来的误差。③灵活运用数据驱动的研究方法，结合实验、准实验，借助眼动仪、脑电仪等先进科学设备，获取更为客观的用户行为数据，规避传统报告数据的不足，提高研究结果对实际行为的解释力度。④现有研究要么强调用户的个性特征对其行为的影响，要么强调用户工作环境特征或情感反应对其行为的影响，都只考虑了 AET 中的部分链路，忽略了要素间的影响，未来研究可以结合两条路径开展综合研究。⑤国内对于 AET 的应用还较少，未来研究中可更多地结合中国情境展开，进一步拓展 AET 的适用场景和范围。

第20章

行动者网络理论的演化及其在
信息系统研究领域的应用与展望

20 世纪 80 年代中期，以 Latour 和 Callon 为代表的科学知识社会学巴黎学派提出行动者网络理论（actor-network theory，ANT）。该理论的核心思想是：在当代社会和技术密不可分、互相嵌入的现实情境中，社会技术活动不仅取决于人类行动者的作用，还受到自然、物质和技术等非人类行动者的影响，这些异质行动者地位平等、通过相互联结形成动态网络，发展各类社会技术活动。

作为解释社会技术活动的重要理论之一，ANT 自提出以来就受到信息系统领域学者的关注，经常被用于分析信息技术及其对社会的影响。为帮助学界了解 ANT 在信息系统研究中的应用，相关学者主要从两个方面撰写了述评：① ANT 的基本原理与发展。早在理论迁移之初，Walsham 就回顾了 ANT 的关键概念，指出 ANT 提供跨学科理论框架的方法论优势，并且提醒未来研究注意技术的道德立场等问题[一]；Silvis 等人则梳理了用图形表示 ANT 的信息系统文献，认为图形语法能为理论的核心概念和语用分配符号，可以提高 ANT 作为概念工具的效用[二]。② ANT 在领域内特定方向上的应用。Luppicini 总结了 ANT 在网络犯罪方向上的研究，发现应用领域主要包括网络欺凌、网络盗窃、网络恐怖主义

[一] WALSHAM G. Actor-network theory and IS research: current status and future prospects[M]// Lee A S, Liebenau J, Degross J I. Information Systems and Qualitative Research. Boston: Springer, 1997.

[二] SILVIS E, ALEXANDER P M. A study using a graphical syntax for actor-network theory[J]. Information technology & people, 2014, 27(2): 110-128.

和网络间谍活动等[⊖]；Doolin 等人回顾了应用 ANT 的批判性信息系统研究，认为使用 ANT
视角重新揭露和解读信息系统现象能够为学界提供新的洞察点与理解[⊜]。

近四十年来，国内外信息系统领域积累了大量 ANT 应用文献，该理论的适用边界和
应用情境发生了相应演化，但由前述研究可知已有综述多集中于对理论本身和特定研究方
向的述评，目前未见有关 ANT 在信息系统领域整体应用进展的系统性述评。因此，为了
帮助学界积极挖掘 ANT 的理论潜力，本章拟对 ANT 及其在信息系统研究领域的应用现状
进行梳理，总结现有成果、存在的问题及未来的研究方向。

20.1　行动者网络理论的起源与发展

20.1.1　行动者网络理论的起源

20 世纪 70 年代中期，爱丁堡学派的社会建构观占据当时科学知识解释的主流，认为
不同社会情境下，有不同社会利益和属性的科学家对知识的解释不同，所以应该主要从社
会维度分析科学实践。但随着技术的进步及其对社会和日常生活的渗透，学界发现技术在
科学实践中的作用也不容忽略，纯粹的社会建构观已难以充分解释现有的社会技术活动。

基于对社会建构观的批判，结合在非洲和美国对科学家与工程师的多年民族志调查，
Latour 在 1987 年发表的《行动中的科学》[⊜]一书中正式提出 ANT。他认为，当今世界技术
和社会呈现出相互交织又彼此影响的状态，因此不能简单地将其二分对立。相反，学者应
该秉持"广义对称性原则"，即平等且统一地看待技术要素和社会要素对科学知识的解释
功能，对称地对待自然、物质、技术等非人类力量和人类力量在科学实践中的作用^⑩。据
此，Latour 与 Callon 认为人类和非人类等异质性力量都可以充当行动者且具有能动性，科
学实践活动可以看作是异质行动者相互联结、彼此作用发展动态稳定网络的行动。网络形
成过程被称为"转译"，Callon 通过对新型电动车开发^⑤和扇贝养殖^⑥的案例分析，进一步
将其划分为行动者网络问题界定、行动者利益赋予、行动者角色注册及行动者协调动员四
个主要步骤。

⊖　LUPPICINI R. Illuminating the dark side of the Internet with actor-network theory: an integrative review of current
　　cybercrime research[J]. Global media journal (Canadian edition), 2014, 7(1): 35-49.

⊜　DOOLIN B, LOWE A. To reveal is to critique: actor-network theory and critical information systems research[J].
　　Journal of information technology, 2002, 17(2): 69-78.

⊜　LATOUR B. Science in action: how to follow scientists and engineers through society[M]. Cambridge, MA: Harvard
　　University Press, 1987.

⑩　张学义，倪伟杰. 行动者网络理论视阈下的物联网技术 [J]. 自然辩证法研究，2011, 27(6): 33-38.

⑤　CALLON M. The sociology of an actor-network: the case of the electric vehicle[M]// Callon M, Law J, Rip A.
　　Mapping the Dynamics of Science and Technology. London: Macmillan Press, 1986.

⑥　CALLON M. Some elements of a sociology of translation: domestication of the scallops and the fishermen of St
　　Brieuc Bay[M]// Law J. Power, Action and Belief: A New Sociology of Knowledge. London: Routledge, 1986.

20.1.2　行动者网络理论的发展

ANT 的问世引发了学界的广泛讨论，认为其可能存在过分强调非人类因素、网络本体定义模糊和适用情境仅局限于科学实践等问题。针对这些争议，Latour 和 Callon 等人主要从两个方面对 ANT 进行了相应的修正、完善和拓展。

一方面是对广义对称性原则的修正。针对 ANT 过分强调非人类因素的批评，Latour 在 1999 年答复爱丁堡学派的文章⊖中补充到，正是为了不让社会要素享有特殊的解释权力、充分记录技术（或自然）和社会要素对科学知识的多样性解释，才必须平等对称地看待这些要素在科学实践中发挥的作用，实现科学研究"人的去中心化"⊜。具体而言，他修正了广义对称性原则的观点，不再强调"绝对"对称地看待技术要素和社会要素，而是将两者的关系表述为一种杂交状态，认为它们相辅相成、水乳交融。

另一方面是"网络"内涵的拓展。Latour 最初将网络简单地认为是不同行动者之间可能存在的联结关系，在吸收转译的观点后，他后来补充了网络的动态特征⊕：在静态的联结关系以外，网络还应包括各类行动者如何相互作用、积极构建联结的动态轨迹。此外，针对外界认为 ANT 只关注具体技术的当前行动者网络、忽略外部背景的批判，Law 等人于1992 年以在原点处相交的二维坐标轴为喻，论证了当前行动者网络及其外部背景如何通过相关行动者的重叠和交叉进行联结⊗。这一观点提高了在全球技术变革背景下使用 ANT 分析具体技术活动的适用性和解释力。

在理论发展以外，Latour 也拓展了 ANT 的适用情境，除了"跟随"科学事实发现（如巴斯德微生物实验）和科学技术创新（如法国地铁系统 Aramis）过程，他在后续研究中使用 ANT 分析了市场经济、政治、环境等领域的一些问题⊛，并且在 21 世纪初的讲座中鼓励学界在 ANT 视角下积极探究新时代的各类社会技术现象。

20.2　行动者网络理论在信息系统研究领域的应用进展

ANT 发展至今，其异质行动者共同发展网络的观点开拓了学界理解社会和技术关系的视角，为研究信息系统领域问题的整体性和动态性提供了有效的分析框架⊘，产生了丰富的研究成果。它们主要集中为以下两类：一类关注如何解构科学技术的诞生和发展，传承了 ANT 蕴含的科学知识社会学内核，具体表现为 ANT 在"信息技术创新与发展"和"信

⊖　B. 拉图尔，张敦敏. 答复 D. 布鲁尔的"反拉图尔论"[J]. 世界哲学，2008, (4): 73-83.

⊜　郭俊立. 巴黎学派的行动者网络理论及其哲学意蕴评析 [J]. 自然辩证法研究，2007, 23(2): 104-108.

⊕　LATOUR B. The social as association[M]// Gane N. The Future of Social Theory. London: Continuum, 2004.

⊗　LAW J, CALLON M. The life and death of an aircraft: a network analysis of technical change[M]// Bijker W E, Law J. Shaping Technology/Building Society: Studies in Sociotechnical Change. Cambridge, MA: MIT Press, 1992.

⊛　LATOUR B. Pandora's Hope[M]. Cambridge, MA: Harvard University Press, 1999.

⊘　HANSETH O, AANESTAD M, BERG M. Guest editors' introduction: actor-network theory and information systems. What's so special? [J]. Information technology & people, 2004, 17(2): 116-123.

息技术采纳与使用"研究中的应用；另一类关注解释各种现象或已有陈述的本质，即打破理所当然的断言、拆解"黑箱"，表现为基于 ANT 视角的"社交媒体信息交互行为研究"和"信息系统领域知识构建研究"。

20.2.1　行动者网络理论在信息技术创新与发展研究中的应用

在 ANT 视角下，技术成果是特定情境中各类行动者相互作用的结果[⊖]，行动者网络被学界视为研究载体，用以解释信息技术的创新和发展。例如，Shim 等人以银联和支付宝两个技术创新为例对我国金融技术产业进行了多层次的动态过程分析，探讨在行动者元素组装过程中如何有效调动技术和政策，形成促进产业发展的行动者联盟[⊜]；张学义等人关注物联网发展，认为技术之网、物和人联动之网、产业链之网和技术管理之网重叠并存且交叉作用，转译形成更大的物联网联盟，发展了多种技术实体结合、多个产业链条交织、政府引导、企业参与的行动者网络集合[⊖]；Ranerup 则利用广义对称性原则解读电子政务实践，认为电子政务是在人类与技术行动者的密集互动网络中发展起来的，经过了多层复杂的行动者利益结合与转变的修补过程[⊜]。

部分学者也研究了信息技术创新和发展中的标准化问题。一些研究关注标准化进程中的行动者，如 Troshani 等人讨论了焦点行动者在标准化 XBRL 中的关键作用，认为是他们有效地界定了标准化问题，使技术标准化工作适应社会和战略导向，更易获得社会和政治支持[⊛]；Gao 则分析了中国 WAPI 标准化进程中的两个对抗性行动者网络（以我国为主要行动者的防御网络和以美国为主要行动者的挑战网络），指出围绕标准实施的谈判是利益问题，而利益平衡点是双方行动者在转译对抗中通过试验市场、技术和贸易力量决定的[⊛]；另一些研究关注标准化进程中的转译和联盟活动，如王能能等人探讨了我国自主通信标准 TD-SCDMA 的技术创新动力机制，指出技术形成和演化过程与技术产生的社会环境紧密相连，成功的技术创新要通过构建强大的异质性行动者网络来实现[⊛]；詹爱岚等人同样在标准化战略研究中指出，技术创新和变革的成功在于通过稳定发展的转译，打造囊括各

⊖　张学义，倪伟杰.行动者网络理论视阈下的物联网技术 [J].自然辩证法研究，2011, 27(6): 33-38.

⊜　SHIM Y, SHIN D H. Analyzing China's Fintech industry from the perspective of actor-network theory[J]. Telecommunications policy, 2016, 40(2-3): 168-181.

⊜　RANERUP A. The socio-material pragmatics of e-governance mobilization[J]. Government information quarterly, 2012, 29(3): 413-423.

⊜　TROSHANI I, LYMER A. Translation in XBRL standardization[J]. Information technology & people, 2010, 23(2): 136-164.

⊛　GAO P. Counter-networks in standardization: a perspective of developing countries[J]. Information systems journal, 2007, 17(4): 391-420.

⊛　王能能，孙启贵，徐飞.行动者网络理论视角下的技术创新动力机制研究：以中国自主通信标准 TD-SCDMA 技术创新为例 [J].自然辩证法研究，2009, 25(3): 29-34.

主要利益相关者的支撑性联盟网络[⊖]。这两方面的研究都表明，技术标准化的进步主要在于调动一切可用资源吸引有益行动者，在联盟基础上逐步扩大网络的规模，扩散技术影响力。

部分国内学者尤为关注技术发展后期、较为成形的信息系统项目机制。徐孝娟等人将 ANT 引入 CALIS 运行机制，指出管理中心等人类行动者和数字资源等非人类行动者存在经费不足、忽略以用户为中心的资源建设及技术支持不足等七个层面的障碍，在共建、共享及共知等维度上有共同利益，并基于这两方面分析了发展 CALIS 行动者网络的转译过程[⊜]。类似地，刘咏梅等人对嵌入式信息素养教育运行机制进行了行动者识别和转译分析，认为高校行政管理部门充当了核心行动者，行动者网络的运行关键是开设嵌入式教学课程，在教学中完成知识与技能的融合[⊜]。

综上所述，现有研究基于 ANT 分析了多种信息技术的创新和发展模式，但还存在两方面不足：①尽管 ANT 的广义对称性原则提倡平等看待各类行动者及其权力，但是在技术实践的现实情境中，科技巨头或政府等核心行动者可能比网络内其他行动者享有更多技术和社会资源、拥有较多联结路径，甚至可以控制网络的规模和稳定性[⊛]。然而，多数研究回避了此类差异、缺乏对权力型行动者的充分讨论，可能影响行动者关系分析结果的可靠性。②在全球化日益发展的当代，技术的创新和发展、技术标准化等问题往往也涉及政治经济局势、国际竞争等外部背景，可能对行动者网络的发展产生积极或消极的影响，但是现有研究较多关注技术创新和发展过程本身涉及的行动者及其网络，少见对此类背景的涉及和讨论，部分行动者网络的外部效度有待进一步论证。

20.2.2 行动者网络理论在信息技术采纳与使用研究中的应用

信息和通信技术促进发展（简称"ICT4D"，强调使用 ICT 技术帮助贫困与边缘化的人民和地区）作为信息技术采纳与使用方向的重要国际性议题，吸引了相关学者的研究兴趣。Luo 等人以柬埔寨农村的互联网 Motoman 项目为例，借助 ANT 分析农村接受新技术面临的问题和挑战，指出用户使用互联网的行为不仅由其认知决策决定，还受社会互动网络的影响，而后者可以更好地解释用户需求动机和项目的非预期效果[⊛]。Andrade 等人则分析了秘鲁某些农村的计算机和网络接入项目，认为当行动者利益不一致，即用户不熟悉

⊖ 詹爱岚，李峰. 基于行动者网络理论的通信标准化战略研究：以 TD-SCDMA 标准为实证 [J]. 科学学研究，2011, 29(1): 56-63.

⊜ 徐孝娟，赵宇翔，孙建军. 行动者网络理论视角下的 CALIS 运行机制 [J]. 情报资料工作，2015, (5): 45-52.

⊜ 刘咏梅，赵宇翔，朱庆华. 行动者网络理论视角下嵌入式信息素养教育运行机制分析 [J]. 图书情报工作，2016, 60(18): 35-42,70.

⊛ 王能能，孙启贵，徐飞. 行动者网络理论视角下的技术创新动力机制研究：以中国自主通信标准 TD-SCDMA 技术创新为例 [J]. 自然辩证法研究，2009, 25(3): 29-34.

⊛ LUO M M, CHEA S. Internet village Motoman project in rural Cambodia: bridging the digital divide[J]. Information technology & people, 2018, 31(1): 2-20.

ICT4D 倡议发起者所定义的技术目标和使用程序时，当地人通常不愿采用新技术，因此对技术方和管理方而言，ICT4D 项目的实施过程需要关注并协调不同参与者目标的一致性、关心目标用户的利益诉求$^{\ominus}$。

部分学者关注具体组织采用信息技术或信息系统的项目实例。Eze 等人利用 ANT 揭示中小企业采用新兴 ICT 过程的递归性和动态性，发现采纳已从简单的目标用户参与转变为不断参与并同时与各类行动者交互，尤其是与新兴 ICT 技术等非人类力量交互$^{\ominus}$。也有学者进一步考虑采用过程中的行动者权力问题。Shoib 等人回顾了大型运输公司实施计算机化预订系统的案例，在权力循环理论和 ANT 结合视角下，指出不同行动者在软件概念与应用上存在社会和技术视角的差异，导致其在网络中权力关系的变化和矛盾冲突$^{\tbigcirc}$。类似地，Macome 以某发票信息系统在一家电力公司内被采用的实践为例，认为管理人员虽然拥有引入新 ICT 计划的权力，但不足以让信息系统按照其意愿顺利实施，还需要说服技术培训、组织权力、组织文化、组织结构方面行动者的转变，从组织内部开始实践，因此权力型行动者也需培养管理整个实施过程的能力$^{\tbigcirc}$。

一些学者也分析了技术采用情境中创新扩散理论与 ANT 的适用性。Wu 等人基于 ANT 阐述了 MRI 技术如何一步步吸引患者、政府、企业、基金和社会群体等行动者，并向食品科学领域转化和扩散，指出技术知识扩散到不同领域不仅是科学家努力的结果，还是技术与社会多种要素相互作用的结果$^{\tbigcirc}$。Tatnall 等人则以老年人采用电子商务技术为例，比较了创新扩散理论和 ANT，认为后者的转译说法更适合该研究情境，因为一个实体把角色和功能赋予其他实体的方式，符合老年人在采用时需要考虑自己与其他人的关系及其他技术产物的实际情况$^{\tbigcirc}$。Carroll 更进一步地比较了创新扩散理论和 ANT 的关键概念的重叠性，认为前者的获知、说服、决定和确认等过程同 ANT 的问题化、利益赋予、注册和不可逆转等概念或属性相对应$^{\tbigcirc}$。这些研究表明，相比创新扩散理论关注技术本身的特性，ANT 更倾向于通过分析人类和非人类行动者网络的形成过程，帮助回答人们可能怎样使用技术及如何实现这些使用等问题。

$\ominus$　ANDRADE A D, URQUHART C. The affordances of actor network theory in ICT for development research[J]. Information technology & people, 2010, 23(4): 352-374.

$\ominus$　EZE S C, DUAN Y Q, CHEN H. Examining emerging ICT's adoption in SMEs from a dynamic process approach[J]. Information technology & people, 2014, 27(1): 63-82.

$\tbigcirc$　SHOIB G, NANDHAKUMAR J, MITEV N. In and out of actor-network theory: a necessary but insufficient journey[J]. Information technology & people, 2009, 22(1): 9-25.

$\tbigcirc$　MACOME E. On implementation of an information system in the Mozambican context: the EDM case viewed through ANT lenses[J]. Information technology for development, 2008, 14(2): 154-170.

$\tbigcirc$　WU F F, LI X, HUANG L C. Research on knowledge diffusion in disciplines based on actor network theory[C]// 2011 Proceedings of PICMET'11: Technology Management in the Energy Smart World (PICMET) . Portland: IEEE, 2011: 1-9.

$\tbigcirc$　TATNALL A, LEPA J. The Internet, e-commerce and older people: an actor-network approach to researching reasons for adoption and use[J]. Logistics information management, 2003, 16(1): 56-63.

$\tbigcirc$　CARROLL N. Actor-network theory: a bureaucratic view of public service innovation[M]// Tatnall E. Technological Advancements and the Impact of Actor-Network Theory. Hershey, PA: IGI Global, 2014.

综上所述，ANT 在信息技术采纳与使用方面的应用成果大致具有两类特征：①偏重定性研究，多采用案例分析法结合参与式观察、访谈等民族志方法，极少利用问卷调查法收集目标用户的评价或纳入信息系统的数据，ANT 分析结果的客观性有待提高。②研究内容主要局限于特定主体对单一信息技术的采用，多主体和多技术情境也值得探讨，如对比分析同一主体对不同信息技术、不同主体对同一信息技术的采用情况可能为分析行动者网络转译过程带来新的启发。

20.2.3　行动者网络理论在社交媒体信息交互行为研究中的应用

社交媒体是典型的社会技术环境，许多学者基于 ANT 研究了大量的社交媒体信息交互行为。用户的各类信息活动首先受到学界关注，如 Hung 从单一行动者网络集合、网络内和网络间的转译过程及其他影响网络这三个维度，分析青少年的网络游戏行为，认为不同游戏通过不同的行动者网络适应玩家的现实生活，从而影响青少年选择网络游戏的决定[一]；Duguay 关注在线交友行为，研究用户对在线交友应用程序 Tinder 的功能使用，认为 Tinder 利用其技术架构、宣传材料和相关媒体构建了以自身为核心的行动者网络，将其应用程序定位为关注用户真实性的解决方案，成功动员用户开启软件的真实性功能[二]；Hondros 则将网络视频发布实践定义为人类与技术"纠缠"的过程，认为在线视频发布过程受托管平台或各种社会动态的影响，发布者使用的多种相关技术不是没有思想和行动的工具，而是在线视频时代强有力的创造者，不稳定的技术有时甚至会妨碍视频发布[三]。

部分学者关注社交媒体用户的政治性行为。Jørgensen 使用 ANT 分析格陵兰人在 Facebook 上的政治动员和公众示威行为，指出社交媒体是在线政治建设过程中的重要行动者，在与公民、议会之间的利益赋予和动员程序中既建设了政治民主，也反对了传统殖民思想[四]。Pantumsinchai 则研究了社会危机事件后社交媒体人肉搜索这一暴民司法行为是如何发生的，指出黑箱和集体情报反馈两种类型的网络互相交叉，使虚假新闻和"事实"不断扩散，提出社交媒体没有客观事实的观点[五]。此外，Marres 关注网络民主实践，认为 ANT 能提供在议题形成过程中解释民主的方法论，围绕特定问题进行配置的分布式行动者网络可以看作是民主程序的载体，超越了社交网络（即建立伙伴关系）和信息网络（即

⊖ HUNG A C Y. Beyond the player: a user-centered approach to analyzing digital games and players using actor-network theory[J]. E-learning and digital media, 2016, 13(5-6): 227-243.

⊜ DUGUAY S. Dressing up Tinderella: interrogating authenticity claims on the mobile dating app Tinder[J]. Information, communication & society, 2017, 20(3): 351-367.

⊜ HONDROS J J. Problematizing the Internet as a video distribution technology: an assemblage theory analysis[J]. Information, communication & society, 2016, 19(2): 221-233.

⊛ JØRGENSEN A M. Kunuk took it to the streets of Greenland: single-issue protests in a young online democracy[J]. Information, communication & society, 2017, 20(8): 1204-1219.

⊕ PANTUMSINCHAI P. Armchair detectives and the social construction of falsehoods: an actor-network approach[J]. Information, communication & society, 2018, 21(5): 761-778.

知识和意见的交流）的界限⊖。然而，在网络民主实践中过于强大的行动者也会控制行动者网络的走向，如 Shirazi 对伊朗的国家互联网公共云服务的分析指出，拥有更强和更多互联网资源的军政代理人、部分权力精英和数字社区将公共云作为操纵权力的手段，限制了公民对网络信息的获取权⊖。

虚拟社区作为典型的知识共享性社交媒体平台，孕育了大量 ANT 应用成果。Conole 等人明确指出 ANT 的基本思想适用于虚拟社区等技术交流和交互环境，将其评为四种适用于研究在线学术社交实践的理论框架之一，可用于分析与理解不断发展的用户行为和互动⊜。周桂林等人关注电子商务虚拟社区的社会建构活动，识别出消费者、电子商务企业、政府、第三方和电子商务信任等行动者，认为信息技术和虚拟社区的"去蔽"作用赋予消费者更大的话语权，使电子商务信任这一抽象行动者在社区的社会建构中发挥核心作用㉿。Godbold 则关注在线的肾脏支持小组的话题讨论活动，利用 ANT 来寻找意想不到的信息来源，如肾衰竭患者从生活经历、身体或用于维持健康的机器中获得信息，认为这些信息来源被嵌入患者所关联的元素网络中，使得患者成为潜在的信息确认中心㊄。

部分学者还关注虚拟社区技术产物的信息交互活动和影响。Bozkurt 等人关注 MOOC 社区的机器人教师增强学习活动和辅助教学过程的有限功能，评价其虽然不能直接教学和设计课程，但仍是改变和塑造 MOOC 学习网络结构的重要实体㊅。类似地，Ackland 等人通过对"谷歌＋在线社区"中专业学习项目的案例研究，使用 ANT 刻画社交学习网络的异质性组成和发展动态，探讨在线学习平台的设计，指出数据和学习材料等物质因素为用户提供了方便，但也提升了在线学习体验的技术门槛㊆。更进一步地，还有学者讨论了技术产物对社区运营的影响。Massanari 认为 Reddit 新闻社区提供的 karma 积分系统、板块贴文的聚类算法、便捷创建板块和用户账户的功能、社区治理结构和关于攻击性内容的审核

⊖　MARRES N. Tracing the trajectories of issues, and their democratic deficits, on the Web: the case of the development gateway and its doubles[J]. Information technology & people, 2004, 17(2): 124-149.

⊖　SHIRAZI F. Interrogating Iran's restricted public cloud: an actor network theory perspective[J]. Telematics and informatics, 2014, 31(2): 228-236.

⊜　CONOLE G, GALLEY R, CULVER J. Frameworks for understanding the nature of interactions, networking, and community in a social networking site for academic practice[J]. International review of research in open and distance learning, 2011, 12(3): 119-138.

㉿　周桂林，何明升．行动者网络理论的困境及出路：以虚拟社区系统的社会建构为例 [J]. 自然辩证法研究，2009, 25(9): 78-83.

㊄　GODBOLD N. Listening to bodies and watching machines: developing health information skills, tools and services for people living with chronic kidney disease[J]. Australian academic & research libraries, 2013, 44(1): 14-28.

㊅　BOZKURT A, KILGORE W, CROSSLIN M. Bot-teachers in hybrid massive open online courses (MOOCs): a post-humanist experience[J]. Australasian journal of educational technology, 2018, 34(3): 39-59.

㊆　ACKLAND A, SWINNEY A. Material matters for learning in virtual networks: a case study of a professional learning programme hosted in a Google + online community[J/OL]. Research in learning technology, 2015, 23:1-14 [2020-4-27]. https://journal.alt.ac.uk/index.php/rlt/article/view/1654/pdf_17.

政策为该社区盛行的反女权主义活动提供了肥沃的土壤⊖。Beekhuyzen 等人使用 ANT 探索地下音乐社区的会员制度和运营规则，指出这一亚文化社区发展和稳定其成员的行动者网络主要源于音乐文件共享非法性与否的争议，结构、技术和规则等非人类行动者则为支持社区内的文件共享活动提供了良好的工具⊖。此外，将 ANT 与连接主义结合，能够有效分析社区形成过程中内在驱动力（数字身份和主题标签等）和外在驱动力（学习空间的系统功能和界面设计等）的持续构建作用⊜。

在梳理文献后发现，该主题的研究多以用户信息活动为出发点，借助用户串联社交媒体相关的社会要素和技术要素。然而，现有研究还存在三方面问题：①外部性因素关注不足，不仅社交媒体是个体交流活动的公共空间，而且用户本身也有线上和线下两类信息交互行为，这些外部环境因素可能会为行动者网络的发展提供另外的解释，未来研究可能需要扩大相关有效行动者的识别范围，或者增加对外部环境的补充讨论。②对权力型行动者的分析欠缺，虽然社交媒体空间相对开放和平等，但是部分核心行动者也可能出于种种原因拥有更高的权力或地位⊕⊗，未来研究可以结合权力相关理论和社会学理论进行深入探讨。③研究主题有待丰富，现有成果多为社交媒体在线参与行为的探讨和分析，未来可以进一步探索多样性信息交互行为，如从行动者地位角度理解当代青年的社交媒体依赖，从行动者网络扩散角度理解社交媒体舆情传播，或者从网络建构失败的角度理解社交媒体倦怠现象。

20.2.4 行动者网络理论在信息系统领域知识构建研究中的应用

在 ANT 视角下，技术产物等非人类行动者会根据其固有身份和功能影响人类行动者甚至社会，对当今信息系统研究构建信息技术的知识领域有着致命的吸引力⊗，已有学者利用 ANT 打开信息安全、信息技术能力、信息技术本体论等抽象信息系统概念的黑箱。Tsohou 等人使用 ANT 检验组织环境中信息安全意识的内涵，认为意识涉及不同的且彼此利益冲突的利益相关者，计划实践者除了掌握技术外，还必须掌握沟通、谈判和管理等技

⊖ MASSANARI A. Gamergate and the fappening: how reddit's algorithm, governance, and culture support toxic technocultures[J]. New media & society, 2015, 19(3): 329-346.

⊖ BEEKHUYZEN J, VON HELLENS L, NIELSEN S. Illuminating the underground: the reality of unauthorised file sharing[J]. Information systems journal, 2015, 25(3): 171-192.

⊜ BOZKURT A, KEEFER J. Participatory learning culture and community formation in connectivist MOOCs[J]. Interactive learning environments, 2018, 26(6): 776-788.

⊕ SHIRAZI F. Interrogating Iran's restricted public cloud: an actor network theory perspective[J]. Telematics and informatics, 2014, 31(2): 228-236.

⊕ 周桂林，何明升. 行动者网络理论的困境及出路：以虚拟社区系统的社会建构为例 [J]. 自然辩证法研究，2009, 25(9): 78-83.

⊗ HANSETH O, AANESTAD M, BERG M. Guest editors' introduction: actor-network theory and information systems. What's so special? [J]. Information Technology & People, 2004, 17(2): 116-123.

能，以便积极影响组织过程[⊖]。Pieters 则将转译的概念框架应用于计算科学背景下证明和信任的关系研究，指出技术产物会通过程序解释、信心解释和信任解释三种机制的联合转译，对自身意图和可能性进行解释，从而获得用户信任[⊖]。此外，Berg 关注信息技术的生成能力，以医院和实验室中的电子病历实践为例探究嵌入在工作实践中的信息技术发挥的作用，在 ANT 视角下讨论了信息技术支持工作的能力和技术透明度的概念[⊜]。类似地，Quattrone 等人反思信息技术的本体论，认为 ANT 有助于说明像信息技术这样看起来同质的、可操作性的技术对象为何拥有多样性和异质性，如何通过动员与吸引其他行动者和技术在组织中寻求发挥其可见性及存在性^⑩。

除了解构概念的内涵，ANT 也为学者接近知识活动的本质行动者和知识网络的运作方式提供了思路，甚至孕育了共词分析这一信息系统领域科学计量方向的关键技术思想。在共词分析中，行动者表现为词，通常是关键词，行动者网络的联结方式是共现。共词分析生成了包容性极高的广泛关键词词对，通过赋予所有文章相同的权重，根据关键词及其频率建构出来的交叉网络描绘文献关系^⑤。在 ANT 视角下，关键词共现网络的中心度和密度是成功构建的知识网络属性的结果，成功的知识建设是超越早期学者直觉的社会技术过程；同一关键词可能在不同网络中充当行动者并联结这些大大小小的关键词共现网络。更进一步地，通过关键词等行动者构成网络形成的聚类与层次结构，可以在考虑时间因素的情况下分析某主题的演化过程，从而达到对领域知识和发展情况的认识与总结^⑥。

上述成果展示了 ANT 在发展概念和技术思想过程中重新认识知识、解构未知属性的作用，然而与 Latour 和 Callon 等人包含行动者识别、转译分析和网络运作讨论等完整环节的经典 ANT 研究相比，部分知识建构研究仅仅借鉴了 ANT 的异质行动者概念且没有进行转译分析。ANT 应用环节的不完整性可能削弱此类研究的解释力，因此 ANT 应用环节的部分使用及其有效性问题应该引起相关学者重视，可以考虑使用元分析和扎根理论方法论进一步探讨。除此之外，未来研究可以多关注 5G、人工智能、机器学习和区块链等前沿方向，充分发挥 ANT 的知识建构作用。

20.3 结论与展望

通过文献综述发现，ANT 目前在国内外信息系统研究中的应用成果主要集中在信息

⊖ TSOHOU A, KARYDA M, KOKOLAKIS S, et al. Managing the introduction of information security awareness programmes in organisations[J]. European journal of information systems, 2015, 24(1): 38-58.
⊖ PIETERS W. Explanation and trust: what to tell the user in security and AI?[J]. Ethics and information technology, 2011, 13(1): 53-64.
⊜ BERG M. Accumulating and coordinating: occasions for information technologies in medical work[J]. Computer supported cooperative work, 1999, 8(4): 373-401.
⑩ QUATTRONE P, HOPPER T. What is IT?: SAP, accounting, and visibility in a multinational organisation[J]. Information and organization, 2006, 16(3): 212-250.
⑤ COURTIAL J P. A coword analysis of scientometrics[J]. Scientometrics, 1994, 31(3): 251-260.
⑥ 滕立，沈君，高继平. 共词知识网络中的认知结构：理论、方法与实证 [J]. 情报学报，2013, 32(9): 976-989.

技术创新与发展、信息技术采纳与使用、社交媒体信息交互行为、信息系统领域知识构建四个方面。

综合 ANT 的上述演化和应用思路，使用 ANT 进行信息系统相关研究的局限性及未来值得关注的研究方向可归纳为以下四个方面：

（1）网络的宏观视角有待拓展。信息技术的创新与发展、采纳与使用多发生在国际局势和全球化背景下，社交媒体的信息交互也发生在开放动态的网络环境中，外部背景涉及的相关因素可能会为行动者网络分析提供另外的解释。未来研究可以以 Law 等人兼顾当前行动者网络和外部背景的观点为起点[⊖]，在局部行动者网络以外纳入对宏观背景的讨论，如考虑国家政治经济需求对特定信息技术产业发展的影响、全球化和国际竞争对某一信息技术标准化进程的影响，或者在社交媒体情境中考虑网络生态环境和线下活动对某类信息交互行为的影响，从而加强 ANT 对现实世界的解释力。

（2）行动者权力有待辩证讨论。ANT 的广义对称性原则可能与实际情境中某些行动者拥有较多权力或资源的情况有出入，对行动者的权力分析还需深入。未来研究应该秉持具体问题具体分析的基本理念，在现实权力差异相对较小的行动者网络中，重点识别各类行动者角色和先后顺序之分，充分讨论核心行动者发展网络、其他参与者积极参与的作用；当行动者现实权力差异较大时，可以将 ANT 与相关权力理论或社会理论结合，充分讨论权力型行动者作用，辩证分析行动者权力关系。

（3）方法论框架有待丰富。现有 ANT 应用多为使用案例分析和民族志方法的定性研究，未来可以尝试增加定量方法，如以问卷调查法收集某类行动者群体的看法，或者使用客观数据（如行业报告、业绩报表或系统数据等）刻画技术等非人类行动者，亦或者在社交媒体情境中使用在线行为数据（如点击量和点赞数等）分析用户与技术产物的交互活动，等等，通过定性、定量相结合的方法提高 ANT 分析结果的客观性和可靠性。

（4）中国情境下的理论应用和发展有待深化。目前，国内研究多为 ANT 分析框架的直接应用，分析行动者明显、网络较成熟的社会技术活动，较少涉及理论思考和改进，在广度和深度上与国际研究仍有差距，可能是因为理论引入较晚，相关研究开展较少导致的。对国内学者而言，未来的 ANT 实证研究不仅需要进一步丰富应用情境，如新兴的 5G 和区块链技术、大热的人工智能和机器学习领域，而且应该根据中国情境因地制宜发展理论，充分发挥 ANT 对中国社会技术活动的解释能力。

⊖　LAW J, CALLON M. The life and death of an aircraft: a network analysis of technical change[M]// BIJKER W E, LAW J. Shaping Technology/Building Society: Studies in Sociotechnical Change. Cambridge, MA: MIT Press, 1992.